Classes des lycées

LE NOUVEAU FRANÇAIS

MÉTHODES ET TECHNIQUES

Évelyne POUZALGUES-DAMON
Agrégée de Lettres classiques

Christophe DESAINTGHISLAIN
Professeur Formateur

Christian MORISSET
Ancien élève de l'École Normale Supérieure (Saint-Cloud)
Agrégé de Lettres modernes

Patrick WALD LASOWSKI
Agrégé de Lettres modernes
Docteur ès Lettres

NATHAN

Mode d'emploi

Chacun des 27 chapitres du manuel répond à la même logique d'organisation. Une première double page permet une phase d'observation. Puis, les pages repères apportent les explications et les exemples concrets nécessaires à la compréhension des notions étudiées. Les pages d'exercices fournissent, en lecture et en écriture, les applications nécessaires à l'appropriation des savoirs et des savoir-faire. Des fiches synthèse proposent des démarches d'utilisation des connaissances acquises après chaque partie du manuel.

En fin d'ouvrage, des annexes offrent les références fondamentales d'une culture littéraire : tableau des mouvements littéraires, chronologie du Moyen Âge à nos jours et lexique.

L'observation initiale

L'introduction définit et resitue dans un contexte littéraire global la notion ou la technique étudiée.

Deux ou trois textes (ou documents) sont mis en confrontation pour comprendre la problématique du chapitre.

Des questions précises guident la confrontation des textes pour dégager les constantes de la problématique étudiée.

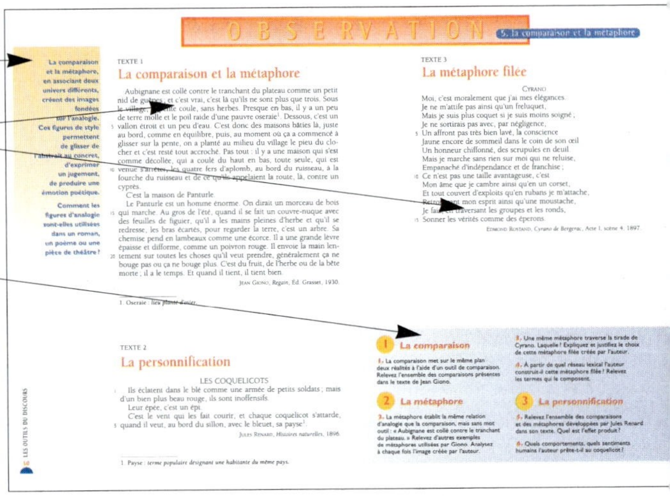

Les repères

Les étapes successives du cours sont clairement identifiées par des titres et des sous-titres. Explicites, ils facilitent la compréhension immédiate du plan de la double-page.

Les exemples jouent un rôle essentiel de concrétisation des notions abordées. Ils peuvent être développés et concourir alors à la mise en place de l'explication.

Le repère littéraire d'histoire : un encadré, à la suite du cours, offre une ouverture littéraire sur l'histoire de la notion abordée.

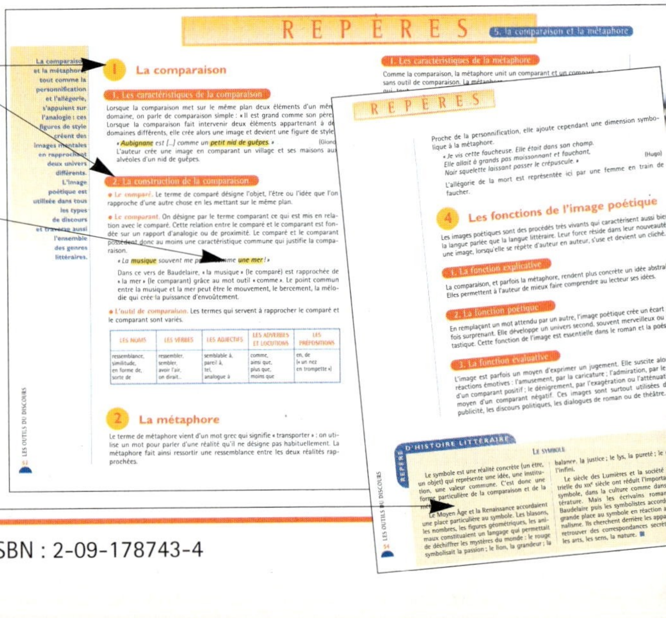

© Nathan/H... Méchain – 75014 Paris – 2000 – ISBN : 2-09-178743-4

Les exercices

Les exercices suivent systématiquement la même progression que le cours. Ils sont destinés à l'appropriation immédiate de ce qui est expliqué.

Le niveau de difficulté des exercices se repère au nombre d'étoiles.

L'encadré « Pour étudier le texte » décrit la technique d'écriture mise en œuvre dans l'exercice.

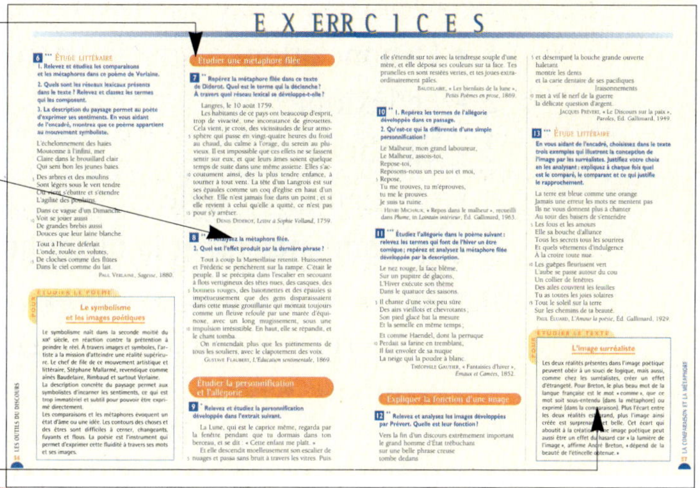

Les activités d'écriture

Les activités d'écriture : des exercices de production de textes sont liés à la technique littéraire ou à la notion du chapitre.

Des exercices demandent la mise en œuvre de plusieurs techniques littéraires.

L'iconographie est un support privilégié des activités d'écriture.

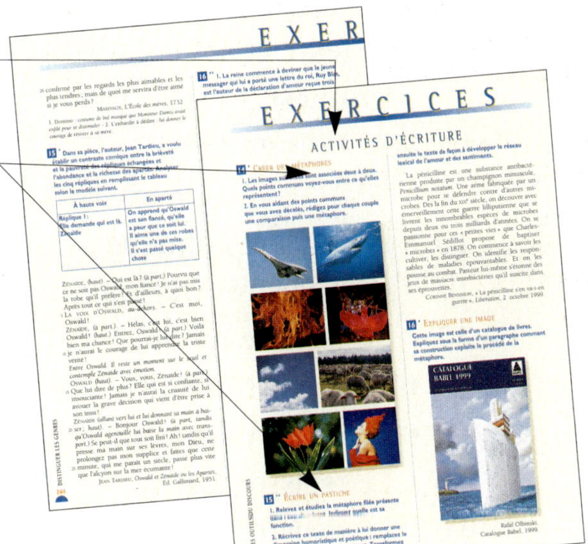

Les fiches synthèse

L'objectif méthodologique à atteindre.

L'introduction situe de façon concrète la démarche méthodologique mise en place.

Les étapes de la démarche à suivre pour atteindre l'objectif.

Les questions clés à se poser face à un texte pour en dégager les principales caractéristiques.

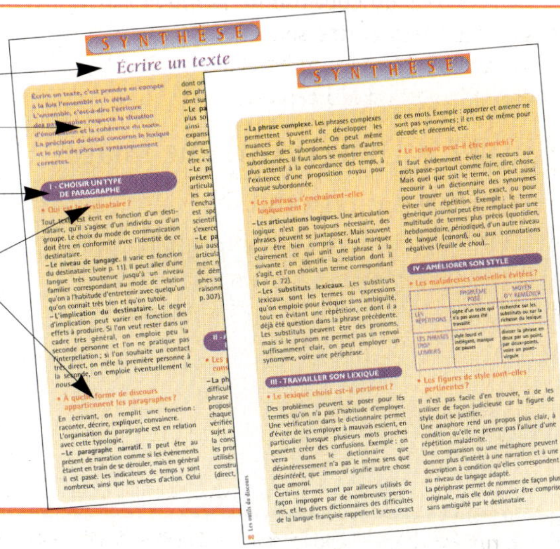

Sommaire

PARTIE I
LES OUTILS DU DISCOURS

CHAPITRE

1 L'énonciation

Celui qui parle, comme celui qui écrit, est l'émetteur d'un message adressé à un destinataire. La langue existe donc à travers l'usage qu'en font ceux qui l'utilisent. Le message se développe en fonction du contexte et des règles de l'énonciation. Les XVIe et XVIIe siècles ont ainsi imposé la distinction très rigoureuse entre la langue écrite et la langue orale, et à l'oral, entre le langage familier et le langage soutenu. Cette distinction culturelle et sociale existe encore aujourd'hui.

Nombreux sont les genres littéraires, comme le théâtre, les fabliaux, le roman comique, les mémoires ou le roman par lettres, qui ont mis en évidence le dynamisme d'une langue ancrée sur l'énonciation. Aux XIXe et XXe siècles, on retrouve l'énergie et l'expressivité de l'émetteur. Écrites à la première personne, les œuvres de Marcel Proust, Louis-Ferdinand Céline ou Marguerite Duras manifestent les émotions et les sentiments du narrateur, jouent sur les niveaux de langage et sur la présence des discours rapportés.

Le roman par lettres de Choderlos de Laclos, *Les Liaisons dangereuses*, met en scène les stratégies du libertin qui se sert de la correspondance pour faire aboutir ses projets. L'étude de ces deux extraits permet de mesurer l'habileté du vicomte de Valmont : il confie à sa complice, la marquise de Merteuil, son intention de séduire une jeune femme vertueuse et réservée, madame de Tourvel.

Quels sont les indices qui permettent de comprendre les relations qui se créent entre les personnages ?

TEXTE 1

Le piège conçu par le vicomte de Valmont

Lettre XXI

Le vicomte de Valmont à la marquise de Merteuil

Vous vous souvenez qu'on[1] faisait épier mes démarches. Eh bien ! j'ai voulu que ce moyen scandaleux tournât à l'édification publique[2], et voici ce que j'ai fait. J'ai chargé mon confident de me trouver, dans les environs, quelque malheureux qui eût besoin de secours. Cette commission n'était pas difficile à remplir. Hier après-midi, il me rendit compte qu'on devait saisir aujourd'hui, dans la matinée, les meubles d'une famille entière qui ne pouvait payer la taille[3]. Je m'assurai qu'il n'y eût dans cette maison, aucune fille ou femme dont l'âge ou la figure pussent rendre mon action suspecte ; et, quand je fus bien informé, je déclarai à souper mon projet d'aller à la chasse le lendemain. [...]

J'arrive au village ; je vois de la rumeur ; je m'avance : j'interroge ; on me raconte le fait. Je fais venir le collecteur[4], et cédant à ma généreuse compassion, je paie noblement cinquante-six livres, pour lesquelles on réduisait cinq personnes à la paille et au désespoir. Après cette action si simple, vous n'imaginez pas quel chœur de bénédictions retentit autour de moi de la part des assistants ! [...]

Cependant au milieu des bénédictions bavardes de cette famille, je ne ressemblais pas mal au héros d'un drame, dans la scène du dénouement. Vous remarquerez que dans cette foule était surtout le fidèle espion. Mon but était rempli : je me dégageai d'eux tous et regagnai le château.

De..., ce 20 août 17..

PIERRE CHODERLOS DE LACLOS, *Les Liaisons dangereuses*, 1782.

---

1. On : *il s'agit de madame de Tourvel, qui fait suivre le vicomte de Valmont par un domestique* - 2. Tournât à l'édification publique : *serve publiquement d'exemple de vertu* - 3. La taille : *l'impôt* - 4. Le collecteur : *le percepteur de l'impôt.*

TEXTE 2

Le récit de la victime, madame de Tourvel

Lettre XXII

La présidente de Tourvel à madame de Volanges

[M. de Valmont] a fait ce matin une de ces courses qui pouvaient faire supposer quelque projet de sa part dans les environs, comme l'idée vous en était venue ; idée que je m'accuse d'avoir saisie peut-être avec trop de vivacité. Heureusement pour lui, et surtout heureusement pour nous, puisque cela nous sauve d'être injustes, un de mes gens devait aller du même côté que lui ; et c'est par là que ma curiosité répréhensible, mais heureuse, a été satisfaite. Il nous a rapporté que M. de Valmont, ayant trouvé au village de... une malheureuse famille dont on vendait les meubles, faute d'avoir pu payer les impositions, non seulement s'était empressé d'acquitter la dette de ces pauvres gens, mais même leur avait donné une somme d'argent assez considérable. Mon domestique a été témoin de cette vertueuse action ; et il m'a rapporté de plus que les paysans, causant entre eux et avec lui, avaient dit qu'un domestique, qu'ils ont désigné, et que le mien croit être celui de M. de Valmont, avait pris hier des informations sur ceux des habitants du village qui pouvaient avoir besoin de secours. Si cela est ainsi, ce n'est même plus seulement une compassion passagère, et que l'occasion détermine : c'est le projet formé de faire du bien ; c'est la sollicitude de la bienfaisance ; c'est la plus belle vertu des plus belles âmes : mais, soit hasard ou projet, c'est toujours une action honnête et louable, et dont le seul récit m'a attendrie jusqu'aux larmes.

De..., ce 20 août 17..

PIERRE CHODERLOS DE LACLOS, *Les Liaisons dangereuses*, 1782.

1 Les marques de l'énonciation

1. Repérez les indices qui permettent de dire qui sont l'émetteur et le destinataire dans chacun des deux textes. Quel type de relation entretiennent-ils ?

2. Relevez les indices de temps et de lieu. Quels renseignements apportent-ils au lecteur ?

2 Le niveau de langage

3. Le vicomte de Valmont, qui appartient au milieu aristocratique, a le mépris facile : relevez dans le premier texte un certain nombre de termes révélant ce mépris d'autrui.

4. Madame de Tourvel, quant à elle, manifeste son admiration. Relevez dans sa lettre les détails qui le montrent. D'après le lexique employé et la construction des phrases, indiquez quel est le niveau de langage utilisé.

3 Les discours rapportés

5. Retrouvez, dans l'une et l'autre lettre, le passage où Valmont et la présidente de Tourvel évoquent des faits qu'on leur a rapportés. Quelles ressemblances et quelles différences constatez-vous entre ces deux passages au discours indirect ?

6. Pourquoi, à votre avis, le romancier a-t-il choisi de raconter deux fois le même événement à travers deux émetteurs différents ?

L'énonciation est l'action qui consiste à produire un message écrit ou oral. L'émetteur transmet un énoncé à un destinataire, dans un lieu et à une époque donnés, dans une certaine disposition d'esprit et avec une intention déterminée.

1 Les marques de l'énonciation

Dans tout énoncé qui repose sur une relation entre un émetteur et un destinataire (lettre, dialogue, argumentation...), on peut relever un certain nombre d'indices qui révèlent la présence du locuteur, le moment et l'endroit où il parle ou écrit, sa disposition d'esprit et son intention.

1. Les indices de la situation d'énonciation

- **Les pronoms.** Les indices personnels sont constitués par l'ensemble des pronoms personnels (« je », « tu », « vous »...), des adjectifs et des pronoms possessifs (« mon », « le tien »...), qui renseignent sur l'identité des interlocuteurs et sur les relations qu'ils entretiennent.

- **Les indicateurs de temps et de lieu.** Les indices spatio-temporels sont constitués par les adverbes et compléments de temps et de lieu (« ici », « demain »...). Les indices de la situation d'énonciation comprennent également le temps et l'aspect accompli ou non accompli des temps composés (présent, passé, futur).

2. Les indices du sentiment et du jugement

- **Les marques de l'émotion.** L'expression des sentiments du locuteur se repère à travers les termes affectifs, à connotations positives ou négatives. L'émotion du locuteur se traduit par l'intonation, souvent liée au type de phrase :

  « Ah ! Si j'avais connu Julien il y a dix ans quand je pouvais encore passer pour jolie ! » (Stendhal, *Le Rouge et le Noir*)

- **Les marques du jugement.** Le locuteur peut exprimer un jugement de valeur, à travers l'emploi de termes évaluatifs :

  « La civilisation mécanique vient de parvenir à son dernier degré de sauvagerie. » (Camus, *Combat*)

- **Les termes modalisateurs.** Le locuteur exprime son degré d'adhésion au contenu de son énoncé. Il emploie pour cela des termes modalisateurs qui marquent le doute ou la certitude. Il peut s'agir de verbes (douter, sembler, croire, assurer que...) ; d'adverbes et de locutions adverbiales (peut-être, certainement, sans doute, probablement, de toute évidence...) ; de l'emploi du conditionnel (« il aurait travaillé chez son voisin ce jour-là ») ou du subjonctif (« qui l'eût cru ? »).

2 Les niveaux de langage et l'énonciation

En fonction de la situation d'énonciation dans laquelle il se trouve, le locuteur dispose de trois niveaux de langage différents pour s'exprimer.

Le choix d'un niveau de langage permet des effets d'humour et d'ironie. Il est l'occasion de créer un univers original, ou d'instaurer une relation de complicité avec le lecteur.

	NIVEAU FAMILIER	NIVEAU COURANT	NIVEAU SOUTENU
Lexique utilisé	Vocabulaire de la vie quotidienne, termes familiers, voire argotiques. *Emploi* : se pratique dans la conversation entre amis.	Vocabulaire usuel, compris par tous, qui ne comporte pas de termes recherchés ou spécialisés. *Emploi* : se pratique, par exemple, dans la presse ou dans la correspondance quotidienne.	Vocabulaire riche et recherché, littéraire, voire rare, choisi avec soin. *Emploi* : se retrouve dans le roman, la poésie, le théâtre classique.
Syntaxe	Ruptures de constructions, répétitions, ellipses, suppression de la négation « ne ».	Règles respectées mais sans recherche ; temps simples de l'indicatif, passé composé, plus-que-parfait et présent du subjonctif.	Règles respectées, constructions complexes, concordance des temps.
Figures de style	Nombreuses métaphores et périphrases, expressions toutes faites. Exemple : « Il s'est tiré ».	Effets de style limités, ton neutre. Exemple : « Il est parti ».	Utilisation de figures de style, recherche d'effets (métaphores, métonymies...). Exemple : « Il s'est évaporé ».
Ce que révèle le niveau de langage	- Un milieu populaire, - des relations amicales ou familiales, - un jeu sur le langage.	- Une certaine neutralité de l'échange, dans des circonstances quotidiennes.	- Un milieu socioculturel élevé, - la déférence, la politesse du locuteur.

3 Les discours rapportés

Dans le cadre d'un récit, d'un reportage, d'un roman, l'émetteur s'efface pour rapporter les paroles d'autres personnes, ou celles des personnages. Il peut le faire au discours direct, au discours indirect ou au discours indirect libre.

1. Le discours direct

Le discours direct reproduit les paroles telles qu'elles ont été prononcées par le locuteur. Il donne une forme de vivacité et d'authenticité au récit. Il permet de caractériser la personne qui parle à travers ses propos.

On trouve au style direct les marques du discours (ponctuation, pronoms, temps...), mais aussi différents niveaux de langage, et notamment les tournures caractéristiques de l'oral ou du langage familier :

> *« Un jour que j'étais seul à la maison, Bargabot apparut, comme toujours à l'improviste. Il portait au bout d'un crochet une alose énorme. Il me dit : "C'est pour toi, tiens, je te la donne." »* (H. Bosco, *L'Enfant et la rivière*)

Dans cette phrase, le premier « je » (« j'étais seul ») représente l'émetteur premier, le narrateur du récit. Le deuxième « je » (« je te la donne ») représente, quant à lui, Bargabot, dont les paroles sont rapportées sans modification. Un verbe introducteur (*dire*) et des signes typographiques (les guillemets) les détachent du reste de la phrase.

2. Le discours indirect

Le discours indirect rapporte des propos en les introduisant par un verbe de parole suivi d'une proposition subordonnée. Les marques du discours direct sont effacées (changement de temps, de personnes...). L'émetteur reformule les propos qui ont été tenus. Le discours indirect permet une mise à distance par rapport au moment de l'énonciation. Il atténue ainsi la spontanéité et l'authenticité du discours direct :

1. Le discours direct : *Il me dit : « C'est pour toi, tiens, je te la donne. »*
2. Le discours indirect : *Il me dit que c'était pour moi et qu'il me la donnait.*

La deuxième phrase est au discours indirect : les signes de ponctuation ont été enlevés, le verbe introducteur est suivi d'une proposition subordonnée, le pronom « toi » de la première phrase passe à la première personne. Les adverbes de lieu ou de temps changent et l'on passe, par exemple, de « demain » à « le lendemain » car les paroles rapportées sont prises en charge par le narrateur.

3. Le discours indirect libre

Le discours indirect libre reprend les modifications de temps et de personnes du discours indirect ; mais il rapporte les paroles prononcées, sans indiquer le changement de situation d'énonciation. Il permet de garder l'expressivité des propos tenus grâce à la ponctuation et au niveau de langage :

« Elle s'exclamait sur la grosse chaleur de la boutique : vrai, on aurait cru entrer dans un four. » (E. Zola, *L'Assommoir*)

À travers le changement d'énonciation, on retrouve, sans marque de ponctuation, les paroles prononcées par la cliente qui entre dans la blanchisserie : « ... grosse chaleur... entrer dans un four ». Le discours indirect libre crée parfois une ambiguïté sur l'identité de l'émetteur. Le lecteur ne sait plus si c'est le narrateur ou l'un des personnages qui s'exprime.

REPÈRE D'HISTOIRE LITTÉRAIRE

L'ARGOT

Jusqu'au XVIIe siècle, l'argot est, d'après le dictionnaire de Richelet, « le langage des gueux et des coupeurs de bourse » (1680). Il crée une connivence entre les gens d'un même groupe social, liés par la même activité, appartenant souvent à la même génération. Ce code particulier transforme le lexique de la langue courante.

Les argots se sont développés au fur et à mesure que le français prenait la place des patois : Rabelais, Molière ou Marivaux n'hésitaient pas à faire parler leurs personnages en patois. Au XIXe siècle, l'argot entre à son tour dans la littérature. Par souci de réalisme, Eugène Sue, Victor Hugo, Émile Zola mettent en scène des personnages au langage argotique. Victor Hugo a d'ailleurs intitulé « L'argot » un des chapitres des *Misérables* : « argot de la misère », que parlent Gavroche et les personnages qui peuplent le pavé de Paris.

La littérature contemporaine ne renie pas cet héritage qui, avec l'accélération des évolutions sociologiques, devient multiforme et changeant. La littérature, le cinéma, la chanson témoignent de cette vitalité du langage argotique qui se renouvelle et se recrée sans cesse.

EXERCICES

Analyser la situation d'énonciation

1 * **1. En lisant ce début de nouvelle, quelles hypothèses pouvez-vous émettre sur l'identité de l'émetteur et du destinataire ? À travers quels indices ces derniers apparaissent-ils ?**
2. Résumez la situation d'énonciation en une phrase.

Vous me demandez, frère, si j'ai aimé ; oui. C'est une histoire singulière et terrible, et, quoique j'aie soixante-six ans, j'ose à peine remuer la cendre de ce souvenir. Je ne veux rien vous refuser, mais je ne ferais pas à une âme moins éprouvée un pareil récit. Ce sont des événements si étranges, que je ne puis croire qu'ils me soient arrivés. J'ai été pendant plus de trois ans le jouet d'une illusion singulière et diabolique.

THÉOPHILE GAUTIER, *La Morte amoureuse*, 1836.

2 * **1. Relevez les indices de la situation d'énonciation dans cet extrait.**
2. Quel est l'effet produit par les indices temporels ?

M. SMITH, *dans son journal.* – Tiens, c'est écrit que Bobby Watson est mort.

Mme SMITH. – Mon Dieu, le pauvre, quand est-ce qu'il est mort ?

M. SMITH. – Pourquoi prends-tu cet air étonné ? Tu le savais bien ? Il est mort il y a deux ans. Tu te rappelles, on a été à son enterrement, il y a un an et demi.

EUGÈNE IONESCO, *La Cantatrice chauve*, scène 1, Éd. Gallimard, 1950.

3 ** **1. Définissez la situation d'énonciation présentée dans ce début de nouvelle : relevez les indices spatio-temporels et les indices personnels.**
2. Pourquoi l'auteur a-t-il choisi cette date ? Pourquoi a-t-il choisi un narrateur s'exprimant à la première personne ?
3. Pourquoi, selon vous, l'émetteur de la lettre n'est-il pas dévoilé ?

C'était hier, 31 décembre.

Je venais de déjeuner avec mon vieil ami Georges Garin. Le domestique lui apporta une lettre couverte de cachets et de timbres étrangers.

Georges me dit :

« Tu permets ?

– Certainement. »

Et il se mit à lire huit pages d'une grande écriture anglaise, croisée dans tous les sens. Il les lisait lentement, avec une attention sérieuse, avec cet intérêt qu'on met aux choses qui vous touchent le cœur.

Puis il posa la lettre sur un coin de la cheminée, et il dit :

– Tiens, en voilà une drôle d'histoire que je ne t'ai jamais racontée, une histoire sentimentale pourtant et qui m'est arrivée ! Oh ! ce fut un singulier jour de l'an, cette année-là. Il y a de cela vingt ans... puisque j'avais trente ans et que j'en ai cinquante !...

J'étais alors inspecteur de la Compagnie d'assurances maritimes que je dirige aujourd'hui. Je me disposais à passer à Paris la fête du 1er janvier.

GUY DE MAUPASSANT, *L'Épave*, nouvelle parue dans *Le Gaulois* du 1er janvier 1886.

Relever les indices du sentiment et du jugement

4 * **1. Identifiez le locuteur et le destinataire présents dans cette vignette de bande dessinée.**
2. Relevez et classez les marques de l'énonciation dans les propos du locuteur : marques du jugement, marques de l'émotion, termes modalisateurs.

E.P. JACOBS, *La Marque jaune*, Éd. Blake et Mortimer.

5 ** REPÈRES LITTÉRAIRES

1. Relevez les indices de la situation d'énonciation.

2. Relevez les indices du sentiment et du jugement de l'émetteur.

3. En vous aidant de l'encadré, expliquez comment cette confidence intime révèle l'intensité des liens qui unissent Madame de Sévigné à sa fille.

À Montélimar, jeudi 5 octobre [1673].

Voici un terrible jour, ma chère fille ; je vous avoue que je n'en puis plus. Je vous ai quittée dans un état qui augmente ma douleur. Je songe à tous les pas que vous faites et à tous ceux que je fais, et combien il s'en faut qu'en marchant toujours de cette sorte, nous puissions jamais nous rencontrer. Mon cœur est en repos quand il est auprès de vous : c'est son état naturel, et le seul qui peut lui plaire. Ce qui s'est passé ce matin me donne une douleur sensible, et me fait un déchirement, dont votre philosophie sait les raisons : je les ai senties et les sentirai longtemps. J'ai le cœur et l'imagination tout remplis de vous ; je n'y puis penser sans pleurer, et j'y pense toujours : de sorte que l'état où je suis n'est pas une chose soutenable ; comme il est extrême, j'espère qu'il ne durera pas dans cette violence. Je vous cherche toujours et je trouve que tout me manque, parce que vous me manquez. Mes yeux qui vous ont tant rencontrée depuis quatorze mois ne vous trouvent plus. Le temps agréable qui est passé rend celui-ci douloureux, jusqu'à ce que j'y sois un peu accoutumée ; mais ce ne sera jamais assez pour ne pas souhaiter ardemment de vous revoir et de vous embrasser.

MADAME DE SÉVIGNÉ, *Lettre à madame de Grignan*, 5 octobre 1673.

POUR ÉTUDIER LE TEXTE

La correspondance intime

La correspondance révèle la part cachée de l'écrivain. Séparée de sa fille après le mariage de celle-ci, Madame de Sévigné lui envoie des centaines de lettres qui rythment sa vie. L'étude de ses lettres, qui n'étaient pas destinées à être publiées, révèle, à travers la multiplication des marques de l'émotion et du sentiment, l'intensité de son amour maternel. La correspondance intime souligne aussi l'opposition entre la cruauté de la séparation et la douceur des moments partagés.

6 ** **1. Relevez et étudiez l'ensemble des marques de l'énonciation dans ce texte.**

2. Avec ces marques, quels effets l'auteur cherche-t-il à produire ?

Le soleil et la gloire

Quiconque a regardé le soleil fixement
Croit voir devant ses yeux danser obstinément
Partout, à terre, au ciel – une tache livide !

Ainsi bien jeune encore et plus audacieux
Je vis briller la gloire et j'y fixai les yeux, –
Hélas ! c'en était trop pour mon regard avide !

Depuis, m'importunant comme un oiseau de [deuil,
Partout, sur quelque objet que j'arrête mon œil,
Je la vois se poser aussi, la tache noire !...

Quoi ! partout entre moi sans cesse et le bonheur !
Oh ! c'est que l'aigle seul, – malheur à nous, [malheur –
Contemple impunément le soleil et la gloire !

GÉRARD DE NERVAL, *Odelettes*, 1883.

Analyser les différents niveaux de langage

7 * **1. Quelle est la cible visée par cette publicité ? En quoi le niveau de langage adopté contribue-t-il à accrocher le lecteur ?**

2. Pour solliciter l'attention d'une mère de famille préoccupée par l'éducation de ses enfants, quel autre slogan faudrait-il imaginer ?

8 *** ÉTUDE LITTÉRAIRE

1. Dans ce texte, relevez sous forme de tableau les mots, les expressions ou les phrases qui appartiennent aux niveaux de langage familier et soutenu.

2. Quel est l'effet produit par ce mélange de deux niveaux de langage opposés ?

3. En vous aidant de l'encadré, répondez à la question suivante : quelles caractéristiques de l'oralité retrouve-t-on dans ce texte de Céline ?

La nourriture du bord me sembla fort acceptable. Je n'arrêtais pas de bafouiller. Rapidement, comme il l'avait prédit le capitaine, je retrouvai assez de force pour aller ramer de temps en temps avec les camarades. Mais où il y en avait dix des copains j'en voyais cent : la berlue.

On se fatiguait assez peu pendant cette traversée parce qu'on voguait la plupart du temps sous voiles. Notre condition dans l'entrepont n'était guère plus nauséeuse que celle des ordinaires voyageurs des basses classes dans un wagon du dimanche et moins périlleuse que celle que j'avais endurée à bord de l'*Amiral Bragueton* pour venir. Nous fûmes toujours largement éventés pendant ce passage de l'est à l'ouest de l'Atlantique. La température baissa. On ne s'en plaignait guère dans les entreponts. On trouvait seulement que c'était un peu long. Pour moi, j'en avais assez pris des spectacles de la mer et de la forêt pour une éternité.

LOUIS-FERDINAND CÉLINE,
Voyage au bout de la nuit, Éd. Gallimard, 1932.

POUR ÉTUDIER LE TEXTE

L'oralité dans le récit

Louis-Ferdinand Céline renouvelle le genre romanesque en restituant dans le récit l'émotion du langage parlé. La narration à la première personne adopte les marques du discours, en n'hésitant pas à mêler les niveaux de langage. Céline introduit dans ses romans un vocabulaire expressif : termes familiers, mots argotiques qui contrastent avec le vocabulaire plus rare du langage soutenu. La phrase elle-même est bouleversée par les tournures orales : propositions courtes ou inachevées, ruptures de construction, inversion du sujet et du verbe... Céline cherche ainsi à « retrouver l'émotion du parlé à travers l'écrit ».

Étudier les discours rapportés

9 *

1. Repérez les passages au discours direct.

2. Récrivez au style indirect le deuxième paragraphe de l'extrait. Quelles transformations avez-vous effectuées ?

Londres (de l'un de nos envoyés spéciaux) :

« Qu'est-ce qui se passe ? Vous ne faites pas la gueule, au moins ? » Il y a du doute dans la question de ce journaliste anglais. Il regarde attentivement Jean-Claude Skrela derrière son micro, et il croit voir sur le visage de l'entraîneur de l'équipe de France de rugby la mine d'un coach vaincu. De quelques mots, l'intéressé se veut rassurant : « Non, mais que dire ? Simplement que la France est en finale. »

Dans sa bouche, c'est tout simple. Mais bigre, qu'il a été compliqué, le chemin qui l'a conduit à la tête de sa troupe au presque bout d'un rêve jugé impossible. Au presque bout seulement : « Il nous reste une semaine et 80 minutes à jouer. Il faut oublier ce match. » Sage mot d'ordre, mais comment tourner si vite la page de ce fabuleux exploit ?

PIERRE FORNEROD, *Ouest-France*,
Lundi 1er novembre 1999.

10 *

1. Repérez et analysez les passages écrits au discours indirect et indirect libre dans cet extrait.

2. Récrivez au style direct le passage au style indirect. Quelles transformations avez-vous effectuées ?

Dans les couloirs de la maison, Rieux regarda machinalement vers les recoins et demanda à Grand si les rats avaient totalement disparu de son quartier. L'employé n'en savait rien. On lui avait parlé en effet de cette histoire, mais il ne prêtait pas beaucoup d'attention aux bruits du quartier.

ALBERT CAMUS, *La Peste*, Éd. Gallimard, 1947.

11 *

À quel moment le texte a-t-il recours au discours indirect libre ? Justifiez votre réponse par des indices précis.

Il se demanda, sérieusement, s'il serait un grand peintre ou un grand poète – et il se décida pour la peinture, car les exigences de ce métier le rapprocheraient de Mme Arnoux. Il avait donc trouvé sa vocation ! Le but de son existence était clair maintenant, et l'avenir infaillible.

GUSTAVE FLAUBERT,
L'Éducation sentimentale, 1869.

ACTIVITÉS D'ÉCRITURE

12 ** ADAPTER UN TEXTE À SON DESTINATAIRE

1. La présentation de cet ouvrage s'adresse à des enfants de dix ans. Quels indices vous permettent de le savoir ?

2. En transformant le système d'énonciation, et en introduisant d'autres jugements de valeurs, récrivez cette présentation à destination de parents que vous voulez persuader d'acheter ces livres pour la bibliothèque familiale.

LES EXPLORATEURS DE NOTRE PLANÈTE

Geneviève Duroselle
« Le grenier des merveilles »,
Hatier, 1990

Ce beau livre documentaire aura sa place dans la bibliothèque familiale. Tu le feuilletteras avec plaisir car il est très bien illustré. Tu y reconnaîtras de grands personnages comme Marco Polo, Christophe Colomb, Magellan... mais tu découvriras aussi les grands aventuriers du Far-West, les explorateurs des pôles, des fonds marins, les voyageurs de l'Espace... Tu ne liras sans doute pas toutes leurs aventures mais la plupart te passionneront.

N. CHAUVEAU, M.-C. COURTOIS, H. GUEDJ, *À mots contés, CM2*, Éd. Belin, 1998.

13 *** POURSUIVRE UN SCÉNARIO

Le roman *La Dentellière* a été adapté pour le cinéma : il s'agit ici de la scène de rencontre entre Aimery (François dans le film) et Pomme.

1. Quels changements le scénariste a-t-il choisi d'effectuer ?

2. À quel passage du roman renvoient les répliques du scénario ? Analysez les choix effectués par le scénariste pour transposer les discours indirect et indirect libre.

3. Poursuivez le scénario pour adapter la fin de l'extrait de roman.

TEXTE 1

C'est alors qu'Aimery de Béligné remarqua Pomme, assise à la terrasse d'un pâtissier glacier, les yeux baissés sur les dégoulinements d'une boule de chocolat : cette contemplation nourrissait en elle un discret sentiment de l'irrémédiable, et elle ne fit pas mine de repousser l'individu qui s'assit à côté d'elle.

C'était, bien sûr, Aimery de Béligné, qui commanda une glace au chocolat, « et une autre pour Mademoiselle ».

Il avait fini de se présenter quand les coupes arrivèrent ; il était étudiant à Paris, à l'École des chartes. Mais il était natif de la région, où se trouvait le château de ses aïeux (en réalité il dit seulement « de mes parents ») ; il y passait chaque année des vacances. « Et vous ? » demanda-t-il à Pomme. Pomme regardait sa boule de chocolat toute neuve et se demandait ce qu'on pouvait bien apprendre à l'École des chartes. Elle dit qu'elle était visagiste.

PASCAL LAINÉ, *La Dentellière*, Éd. Gallimard, 1974.

TEXTE 2

FRANÇOIS : C'est la première fois que vous venez à Cabourg ?

POMME : Oui.

Retour au plan rapproché de Pomme, puis à celle de François, il prend le coca-cola que lui apporte le serveur et se verse à boire.

FRANÇOIS : Moi, je passe mes vacances dans ce trou depuis ma plus tendre enfance, hélas.

POMME *(plan rapproché)* : C'est joli pourtant.

FRANÇOIS *(off)* : Joli ? Oui, c'est vrai. *(Plan rapproché de François. Il récite.)* Cabourg, perle de la côte normande. Sa digue de 1 800 mètres, son casino et ses jardins [...], son Avenue de la Mer, son Grand Hôtel, avec sa... *(Pomme, plan rapproché, se détend un peu, sourit. Off)* chambre de Marcel Proust, sa spécialité de caramel mou, son Garden Tennis Club, son golf à 18 trous, pour les moins fortunés son golf miniature, son cercle hippique, son marchand de cycle *(Plan rapproché de François)*... sa poste, sa promenade des Anglais, son boulevard des Belges et puis surtout son ennui monumental.

POMME : Pourquoi vous revenez, alors ?

FRANÇOIS *(off)* : Pour ses glaces au chocolat. *(Pomme sourit. Plan demi ensemble des deux, chacun tourné vers l'autre.)*

Scénario publié par *L'Avant-Scène*.

PARTIE I
LES OUTILS DU DISCOURS

CHAPITRE 2
Le lexique

Les mots ont une histoire. Leur origine (leur étymologie), leur formation, leur évolution obéissent à des règles et dépendent du contexte historique et social de leur apparition. Au XVIe siècle, François Ier impose l'usage du français, contre le latin, dans l'administration. Les poètes de la Pléiade prennent la défense de la langue française. Rabelais mêle dans *Gargantua* les mots français, issus du grec et du latin, les patois régionaux, les mots savants et le langage populaire, dans une grande fête lexicale.

Des dictionnaires, au XVIIe siècle, fixent pour la première fois le sens, la prononciation et l'orthographe des mots. La jeune Académie française reçoit alors pour tâche de veiller sur le lexique. Cependant, la langue évolue, et au XVIIIe siècle, l'*Encyclopédie* de Diderot utilise un langage plus proche de la langue usuelle des lecteurs pour répandre les savoirs et les idées nouvelles.

Au XIXe siècle, Hugo – qui met « un bonnet rouge au vieux dictionnaire » – , Balzac, Dumas, Zola revendiquent plus de liberté dans l'utilisation des mots, au moment où le vocabulaire s'accroît considérablement. Le lexique, nourri d'emprunts successifs à l'italien, à l'espagnol, à l'arabe et à l'anglais, s'enrichit au XXe siècle de termes technologiques. La littérature, la radio, le cinéma, la presse, la télévision et le multimédia accélèrent la diffusion d'un lexique qui se renouvelle de plus en plus rapidement.

Un même mot, utilisé dans des contextes différents, révèle des significations diverses. Alors que le dictionnaire s'attache à sa définition, l'écrivain, comme Giono ou Huysmans, joue sur les connotations du mot et les réseaux qu'il tisse dans le texte.

Comment les mots contribuent-ils à la richesse du texte ?

TEXTE 1

La signification du mot « rouge »

Rouge : couleur qui frappe à la fois notre vue et notre sensibilité. Le rouge fait partie aussi bien des couleurs matière que des couleurs lumière. C'est la couleur du feu et du sang. Il est présent partout : il donne leur éclat et leur vivacité aux fleurs, son rayonnement au soleil couchant, il traduit nos émotions par la couleur de notre peau ; il est apprécié en décoration, dans l'habillement et sur les carrosseries des voitures. Rien d'étonnant donc si près de 600 livres comptent le mot « rouge » dans leur titre.

Le rouge joue tellement bien sur les sens comme sur l'imagination que, dans certaines langues, on emploie ce mot pour désigner tout ce qui est coloré ; dans d'autres, le russe par exemple, « rouge » est synonyme de « beau ».

L'origine du mot **rouge** est sans mystère : il vient, par le latin *ruber* = rouge, d'une racine indo-européenne de même sens, *reudh-*, *rouhd-*, que l'on retrouve d'ailleurs dans l'anglais *red*.

COLETTE GUILLEMARD, *Le Dico des mots de la couleur*, Éd. du Seuil, 1998.

TEXTE 2

Les connotations du mot « blanc » et du mot « rouge »

Écrire, c'est créer un phénomène à partir d'éléments algébriques. Il a fallu bien entendu, au préalable, convenir de la valeur des signes. Mais cette valeur n'est jamais qu'une convention. Quand j'écris le mot « blanc », par exemple, l'assemblage des lettres qui le forment n'a aucun rapport direct avec le sens que le mot exprime : de même quand j'écris le mot « rouge ». Nous avons simplement, une bonne fois pour toutes, décidé et convenu que ces lettres assemblées dans cet ordre désigneraient la couleur donnée par le mélange des sept couleurs du prisme, et que les lettres assemblées dans l'ordre qui se lit « rouge » désigneraient la septième couleur du prisme. Ainsi de suite. Mais on voit immédiatement que cet ainsi de suite nous mène fort loin.

Si je place par exemple le mot « blanc » ou le mot « rouge » après le mot « drapeau », voilà que ma notion de couleur (dont nous étions convenus) se charge de sens nouveaux (dont nous n'étions pas tout à fait convenus mais qui nous conviennent) ; à la couleur blanche, voilà que s'ajoutent les sens de défaite, de reddition, peut-être même de couardise, ou de lâcheté, ou de trahison, de « dernières cartouches », de garde meurt et ne se rend pas, etc., etc., à l'infini [...].

Voilà une complication succulente ! On voit que l'outil est subtil et capable, quand on le connaît bien, d'aller jusqu'au fond de tous les secrets. On imagine facilement, à partir de là, le plaisir d'écrire.

JEAN GIONO, « Une question d'écriture », chronique parue dans *Le Dauphiné libéré*. Publiée dans *Les Héraclides*, Éd. Quatuor, 1995.

TEXTE 3

Le réseau lexical du rouge

La chambre était tendue de satin rose broché de ramages[1] cramoisis, les rideaux tombaient amplement des fenêtres, cassant sur un tapis à fleurs de pourpre leurs grands plis de velours grenat. Aux murs étaient appendues des sanguines de Boucher[2] et des plats ronds en cuivre fleuronnés et niellés[3] par un artiste de la Renaissance.

Le divan, les fauteuils, les chaises, étaient couverts d'étoffe pareille aux tentures, avec crépines[4] incarnates[5], et sur la cheminée que surmontait une glace sans tain, découvrant un ciel d'automne tout empourpré par un soleil couchant et des forêts aux feuillages lie-de-vin, s'épanouissait, dans une vaste jardinière, un énorme bouquet d'azalées carminées, de sauges, de digitales et d'amarantes[6].

JORIS-KARL HUYSMANS, *À Rebours*, 1884.

1. Ramages : *dessins de fleurs sur une étoffe* - 2. Sanguines de Boucher : *dessins à l'encre rouge du peintre Boucher* - 3. Fleuronnés et niellés : *ornés de motifs de fleurs incrustés* - 4. Crépines : *franges* - 5. Incarnat : *rouge clair et vif* - 6. Azalées, sauges, digitales, amarantes : *variétés de fleurs*.

1 Le sens d'un mot

1. Observez la définition proposée par le texte 1. Quelle est l'étymologie du mot « rouge » ? Conserve-t-il le même sens dans toutes les langues ?

2. Retrouvez deux autres sens que celui de couleur. Comment cette polysémie peut-elle s'expliquer ?

2 Les connotations d'un mot

3. La définition du mot « rouge » donnée par le dictionnaire convient-elle à Jean Giono (texte 2) ? Pourquoi ?

4. Relevez les différents sens seconds suggérés à Giono par le mot « blanc ». En adoptant le même principe que l'auteur, quels sens nouveaux pourriez-vous ajouter au mot « rouge » ?

3 Les réseaux lexicaux

5. Relevez dans le texte 3 tous les termes qui évoquent la couleur rouge. Pouvez-vous en trouver deux qui soient synonymes ? Pourquoi ?

6. Outre le réseau lexical du rouge, quels sont les autres réseaux lexicaux présents dans le texte 3 ? Quelle est l'impression donnée par leur association avec le réseau lexical du rouge ?

Étudier le lexique d'un texte, c'est s'arrêter sur certains termes pour définir leur origine et leur sens. Mais les mots n'ont pas seulement un sens dénoté, c'est-à-dire le sens défini dans les dictionnaires. Ils ont également des sens déterminés par le contexte de leur emploi. L'étude du lexique repose sur l'analyse des relations qu'entretiennent entre eux les mots du texte.

I Le sens d'un mot

1. Le signifiant et le signifié du mot

Les mots sont des signes composés d'un signifiant (leur forme sonore et visible) et d'un signifié (leur sens) que comprennent tous les utilisateurs d'une même langue. Mais un mot ne correspond pas à un seul signifié et, inversement, un signifié ne se limite pas à un seul mot.

2. La formation du mot

La formation d'un mot nouveau peut procéder par dérivation, à travers l'usage des préfixes et des suffixes, ou par composition, c'est-à-dire par la formation de mots composés.

• **Les mots dérivés.** Les préfixes et les suffixes contribuent à la création de mots nouveaux à partir d'un mot déjà existant, qui sert de radical. Situé avant le radical, le préfixe lui donne un autre sens : porter et *ex*porter, vision et *télé*-vision, légal et *il*légal. Le suffixe est, pour sa part, situé après le radical. Il crée un dérivé appartenant à une classe grammaticale différente de celle du radical : événement et événement*iel*, embrasser et embrass*ade*.

• **Les mots composés.** La composition consiste à former de nouveaux mots à partir de mots qui existent déjà de manière autonome dans la langue. Le trait d'union est un signe de composition (*chien-loup*, *porte-plume*) mais les mots composés sans trait d'union sont nombreux (*pomme de terre*, *chaise longue* ou *trait d'union*). Il arrive que les mots composés fusionnent en un seul mot : c'est par exemple le cas de *portefeuille*.

3. La polysémie d'un mot

Un même mot peut avoir plusieurs sens. Dans ce cas, le même signifiant possède plusieurs signifiés. On dit alors que ce mot est polysémique. Le sens dans lequel il est employé dépend du contexte de son utilisation. La polysémie d'un mot participe à la richesse d'un texte, particulièrement en poésie. Elle permet de jouer sur le langage, de produire des effets comiques ou inattendus.

> *« Un homme [...] entra dans le bureau. Il portait un dossier sous le bras.*
> *– Vous avez cassé une chaise, dit le directeur. »*
>
> Dans cet extrait de *L'Écume des jours* de Boris Vian, le jeu de mots sur « dossier » entretient une ambiguïté comique : l'homme qui entre porte-t-il des documents ou un morceau de chaise ?

L'ensemble des sens d'un mot constitue le champ sémantique de ce mot.

Le champ sémantique du mot « histoire » est constitué par les emplois suivants : *les leçons de l'Histoire, l'histoire naturelle, les enfants aiment les histoires, il ne nous raconte que des histoires, il m'est arrivé une bien drôle d'histoire.*

2 Les connotations d'un mot

Les mots ont un sens premier, explicite : le sens dénoté. Mais ils ont aussi des sens seconds et implicites : les sens connotés. Les connotations des mots dépendent du contexte de leur utilisation, mais aussi de la sensibilité de l'émetteur et du destinataire, de leur culture et de leurs souvenirs personnels.

TYPES	EXPLICATIONS	EXEMPLES
Connotations thématiques	Les mots évoquent d'autres mots avec lesquels ils partagent un thème commun.	→ *Le mot « plage » évoque le soleil, la mer, le repos, les vacances, etc.*
Connotations de caractérisation	Certains termes caractérisent implicitement un milieu social, une époque, un pays, une profession, etc.	→ *Les noms inventés des personnages de roman ou de théâtre :* Poil de Carotte, *par exemple.*
Connotations appréciatives	Les mots peuvent suggérer une appréciation, positive ou négative, par ce qu'ils évoquent. Ils donnent parfois une clé pour l'explication du texte littéraire.	→ *Les mots « hauteur », « élevé » lorsqu'ils renvoient à un paysage, par exemple, peuvent suggérer la supériorité, la grandeur d'âme d'un personnage.*
Connotations culturelles	Certains mots, certaines expressions font référence à la culture commune, aux coutumes, à l'histoire ou aux arts.	→ *« Après Austerlitz, on redoutait la Bérézina » : cette phrase d'un journaliste sportif évoque l'épopée napoléonienne pour parler de cyclisme.*

3 Les réseaux lexicaux

On appelle réseau lexical l'ensemble des mots qui, par leur sens dénoté ou par leurs connotations, se rattachent à un même domaine. Le réseau lexical donne une unité thématique au texte.

1. La recherche des réseaux lexicaux

Certains réseaux lexicaux fondamentaux apparaissent fréquemment dans les textes. Le repérage et l'étude de ces réseaux lexicaux révèlent les intentions de l'auteur et les techniques qu'il utilise.

• **Les quatre éléments naturels : l'eau, la terre, l'air, le feu.** Un ou plusieurs éléments peuvent être évoqués avec insistance et sous de multiples formes. *Exemple :* une description de tempête peut associer les quatre éléments naturels.

• **Les cinq sens : la vue, l'ouïe, le goût, l'odorat, le toucher.** L'analyse des mots renvoyant aux cinq sens renseigne sur la perception ou l'imaginaire de l'auteur. *Exemple :* « Un port retentissant où mon âme peut boire / À grands flots le parfum, le son et la couleur. » (Baudelaire)

● **Le déplacement, le mouvement, la verticalité, la profondeur.** Un récit, un poème, une description peuvent évoquer le mouvement ou, au contraire, l'immobilité, la profondeur ou l'étendue. Dans un texte, par exemple, le réseau lexical du mouvement accélère le rythme d'un texte narratif.

2. L'interprétation des réseaux lexicaux

● **Les réseaux lexicaux et le thème du texte.** La succession des réseaux lexicaux donne des informations sur la progression thématique d'un texte, l'évolution d'une situation ou d'un personnage. Le repérage de leurs oppositions ou de leurs associations renseigne le lecteur sur l'imaginaire de l'auteur, sur sa vision personnelle :

> *« Au moment où ils abandonnaient un tube de mayonnaise, un régime de bananes leur tombait sous la main, ils le prenaient, ou bien un poulet rôti au lieu d'une grande brosse en nylon [...]. La famille avec ses provisions, montait et descendait par les escalators et, à chaque étage, de quelque côté qu'elle se tournât, elle se trouvait devant des passages obligatoires au bout desquels une caissière pointait une caisse-comptable crépitante comme une mitrailleuse contre tous ceux qui faisaient mine de sortir. »*
>
> (Italo Calvino, *Marcovaldo ou les Saisons en ville*)

Avec le réseau lexical de la consommation (« mayonnaise, bananes, poulet, brosse en nylon... »), celui de la guerre (« prenaient, passages, pointait, mitrailleuse... ») nous indique que pour cette famille qui fait ses courses, le supermarché est un lieu à la fois d'abondance et de tentation qu'il faut combattre.

● **Les réseaux lexicaux et le registre du texte.** La présence dans un texte d'un réseau lexical permet aussi d'identifier le registre de ce texte. Ainsi, par exemple, le relevé du réseau lexical de la mort peut-il signifier que le texte s'inscrit dans le registre tragique.

REPÈRE D'HISTOIRE LITTÉRAIRE

L'ORIGINE DE LA LANGUE FRANÇAISE

L'histoire révèle que de nombreux mots du français sont issus d'emprunts à des langues étrangères qui, à toutes les époques, ont contribué à son développement et à sa vitalité. « Bouleau », « chêne », « tonneau » et « talus » sont, par exemple, issus de la langue celte, que parlaient les Gaulois au IIe siècle avant J.-C.

Avec l'occupation de la Gaule, les Romains imposent l'usage du latin parlé, la langue des soldats et des marchands : la *lingua romana*, par opposition au latin écrit, la *lingua latina*. Ce latin populaire forme le fonds essentiel du français actuel. Il évolue par la suite au contact des populations locales, et surtout avec les invasions des Germains, des Francs venus de l'est qui, à leur tour, introduisent de nombreux mots nouveaux : des termes militaires comme « épieu » ou « gant », des termes administratifs comme « maréchal », « bannir », ou des mots de l'agriculture comme « blé », « jardin », ou encore « troupeau ».

À partir du IXe siècle, on prend l'habitude d'opposer la langue des régions du Nord, le français, à la langue du Midi, le provençal. Au XVIe siècle, l'usage du français s'étend de plus en plus. Utilisé dans les textes littéraires de la Renaissance, il finit par s'imposer définitivement. ■

EXERCICES

Étudier le signifiant et le signifié

1 ** **1. Observez le premier texte. Comment l'auteur joue-t-il sur le signifiant, c'est-à-dire la forme visuelle et sonore du mot, et le signifié, c'est-à-dire le sens du mot ?**

2. Procédez à la même analyse sur le second extrait de Francis Ponge.

TEXTE 1

Le LÉZARD dans le monde des mots n'a pas pour rien ce *zède* ou *zèle* tortillard, et pas pour rien sa désinence en *ard*, comme fuyard, flemmard, musard, pendard, hagard. Il apparaît, disparaît, réapparaît. Jamais familier pourtant. Toujours un peu égaré, toujours cherchant furtivement sa route.

FRANCIS PONGE, « Le Lézard » in *Pièces*, Éd. Gallimard, 1961.

TEXTE 2

Pas d'autre mot qui sonne comme cruche. Grâce à cet U qui s'ouvre en son milieu, cruche est plus creux que creux et l'est à sa façon. C'est un creux entouré d'une terre fragile : rugueuse et fêlable à merci.

Cruche d'abord est vide et le plus tôt possible vide encore.

Cruche vide est sonore.

Cruche d'abord est vide et s'emplit en chantant.

De si peu haut que l'eau s'y précipite, cruche d'abord est vide et s'emplit en chantant.

Cruche d'abord est vide et le plus tôt possible vide encore.

C'est un objet médiocre, un simple intermédiaire [...].

FRANCIS PONGE, « La Cruche » in *Pièces*, Éd. Gallimard, 1961.

Étudier la formation d'un mot

2 * **1. Trouvez le plus grand nombre possible de termes se formant à l'aide des suffixes : -able ; -âtre ; -et ; -ien. Quelle est la signification de chacun de ces quatre suffixes ?**

2. Trouvez des noms dérivés ou composés à partir des verbes suivants : prendre, dire, mouvoir, porter.

3 * **Observez les listes de préfixes les plus courants présentés dans les tableaux ci-contre, en haut. Recherchez ensuite, pour chaque préfixe, deux exemples de mots illustrant son emploi.**

PRÉFIXES D'ORIGINE GRECQUE

Le préfixe	Sa signification
a-	négation, privation
ana-	à l'inverse
anti-	opposition
hyper-	à l'excès
hypo-	au-dessous de
syn- ; sym-	avec

PRÉFIXES D'ORIGINE LATINE

Le préfixe	Sa signification
ab-	loin de, séparation
ad-	vers
com-	avec
in-	dans, sur
in-	peut aussi signifier la négation
sub-	sous

Étudier la polysémie d'un mot

4 ** **1. Dans la liste suivante, certains noms sont monosémiques, d'autres polysémiques. Lesquels ? Recherchez pour chaque terme polysémique tous les sens possibles du nom.**

2. Rédigez un court texte narratif dans lequel vous jouerez sur la polysémie d'un ou de plusieurs termes pour créer un effet comique.

Bélier, lion, canard, puce, loup, koala, paresseux, abeille, cafard, chien, fourmi, souris.

5 ** **1. Autour de quelles expressions la publicité est-elle construite ?**

2. Comment l'image joue-t-elle sur les sens de ces expressions pour contribuer à la force du message publicitaire ?

Identifier et étudier les connotations

6 * **Le jeu sur les connotations participe à la richesse du texte littéraire. Dans les listes qui suivent, indiquez pour chaque mot quelles connotations s'ajoutent au sens premier.**

- **manger** : avaler, becqueter, ingurgiter, dévorer.
- **étourdi** : écervelé, irréfléchi, évaporé, distrait.
- **maigre** : décharné, mince, efflanqué, filiforme.
- **étonnant** : insolite, prodigieux, troublant.

7 * **Recherchez les connotations qu'évoquent pour vous les noms de personnages, de lieux ou de titres d'œuvres suivants :**

- Esméralda - Bonnemort - Lancelot du Lac - Bel Ami - Boule-de-Suif.
- Paris - Waterloo - Venise - la Corse - Hawaï.
- *Germinal* - *Un cœur simple* - *Le Rivage des Syrtes* - *L'Écume des jours*.

Rechercher un réseau lexical

8 * **1. Indiquez à quel réseau lexical correspond chacune des listes suivantes.**

2. Complétez chaque liste par trois nouveaux mots.

3. Composez un court texte descriptif qui mêle les deux réseaux lexicaux.

a) odeurs - effluves - arôme - fermenter - âcreté - sentir - nez - parfum ;
b) mâture - vergue - tempête - mousse - coque - voile.

9 ** **1. Relevez les termes qui décrivent le personnage. À quel réseau lexical appartiennent-ils ?**

2. Quelles connotations ce réseau lexical développe-t-il dans le texte ?

3. Récrivez le portrait en développant le réseau lexical opposé à celui que vous avez relevé. Adaptez la scène en conséquence.

J'étais en train de me demander où j'avais lu ça quand le géant a fait irruption dans mon bureau. La porte n'avait pas encore claqué derrière lui qu'il était déjà penché sur moi :

– C'est vous, Malaussène ?

Un squelette immense avec une forme approximative autour. Des os comme des massues et le taillis des cheveux planté au ras du pif.

– Benjamin Malaussène, c'est vous ?

Courbé comme un arc par-dessus ma table de travail, il me maintenait prisonnier dans mon fauteuil, ses mains énormes étranglant les accoudoirs. La préhistoire en personne. J'étais plaqué à mon dossier, ma tête s'enlisait dans mes épaules et j'étais incapable de dire si j'étais moi. Je me demandais seulement où j'avais lu cette phrase : « *La mort est un processus rectiligne* », si c'était de l'anglais, du français, une traduction...

DANIEL PENNAC, *La Petite Marchande de prose*, Éd. Gallimard, 1989.

Interpréter un réseau lexical

10 * **1. Quel est le réseau lexical dominant dans ce texte ? À quel élément naturel est-il lié ?**

2. Quelle atmosphère l'auteur a-t-il voulu recréer ?

La pente se raidissait, l'entrelacs des ruelles se compliquait quand, tout à coup, le groupe achoppa sur un énorme égout à ciel ouvert où l'eau stagnait, engorgée d'ordures.

Un petit pont enjambait le dépotoir et sa guirlande de saloperies qui cascadait en ligne droite du haut de la favela jusqu'en bas. Cataracte de matières corrompues, de sacs de plastique bleus, éventrés, dégobillant leur contenu de reliefs[1] biscornus, tout un grouillement d'épluchures, de cartons, de guenilles déchiquetées, bidons, boîtes de conserve et tessons de bouteilles. L'avalanche partageait en deux la favela d'une artère puante, d'un grand boyau arborescent.

PATRICK GRAINVILLE, *Colère*, Éd. du Seuil, 1992.

1. Reliefs : *déchets*.

11 *** **1. Relevez les réseaux lexicaux en étudiant les deux domaines de la nature et les deux domaines sensoriels dont il est question. Comment ces réseaux lexicaux sont-ils répartis dans le texte ?**

2. Expliquez comment la description est organisée dans cet extrait.

Les souvenirs affluaient par longues vagues : toutes les odeurs des bois, l'âcreté du terrain mouillé sur quoi fermentent les feuilles mortes, l'arôme farineux d'un champignon écrasé en passant ; tous les murmures, tous les froissements, toutes les envolées dans les branches, les fracas d'ailes traversant les futaies[1], les essors[2] au ras des sillons ; et tous les cris des crépuscules, la crécelle rouillée des coqs-faisans, les rappels croisés des perdrix, les piaulements courts des tourterelles, et déjà, dans la nuit commençante, le grincement qui approche et passe à frôler votre tête avec le vol de la première chevêche[3] en chasse.

MAURICE GENEVOIX, *Raboliot*,
Éd. Grasset, 1925.

1. Futaies : *forêts exploitées pour leur bois* - 2. Essors : *envolées d'oiseaux* - 3. Chevêche : *chouette de petite taille.*

12 *** ÉTUDE LITTÉRAIRE

1. Relevez dans le poème les connotations du mot soleil. À quels thèmes ces connotations renvoient-elles ?

2. Quel est le réseau lexical développé par le poème à partir du titre ?

3. En vous aidant de l'encadré, observez dans chaque strophe les utilisations de synonymes. À quelles intentions de l'auteur correspondent-elles ?

Soleils noirs

Apporte-moi le soleil du soir
Le soleil couchant, le soleil de la nuit
Le soleil qui coule et s'abîme.

Apporte-moi le soleil qui dort
Ou s'assoupit, le soleil qui sombre,
Le soleil qui se noie ou s'oublie.

Apporte-moi le soleil qui murmure,
Le soleil qui soupire. Le soleil qui gémit
Le soleil qui crie et se lamente.

Ô peintre, apporte-moi, apporte-moi, peintre,
Le soleil qui meurt dans le soir,
Le soleil qui se meurt dans la brune[1].

Soleil du matin, soleil qui s'ouvre,
Soleil qui perce ! Soleil qui naît !
Non ! C'est la vie ! Et la vie m'est odieuse !

Apporte-moi le soleil qui rougeoie,
Le soleil éclatant dans le ciel d'Afrique,
Aux heures noires des jours de retraite.

Apporte-moi le soleil de repos,
Après la peine du matin, et l'effort du jour
Quand l'ouvrage accompli dans le Souvenir se perd.

Ô peintre, apporte-moi, apporte-moi, peintre,
Le soleil d'Adieu ; le soleil de la mort,
Au soir de mon terrestre voyage.

JEAN-PIERRE MAKOUTA-MBOUKOU,
« Soleil noirs », *L'Âme bleue*,
Éd. Clé, 1971.

1. La brune : *moment où le jour baisse.*

POUR ÉTUDIER LE TEXTE

Le réseau lexical et les synonymes

Un même signifié peut avoir plusieurs signifiants : on parle alors de synonymie. Mais, chaque mot présentant des nuances de sens, la vraie synonymie est rare. Le poète, en utilisant des synonymes, joue sur les subtilités de la langue pour évoquer parfois l'évolution d'une impression ou la complexité des sentiments, comme dans ce vers de Ronsard : « Rêver, songer, penser le moyen de vous plaire. »

13 ***

1. La langue de Sponde est celle du XVIe siècle. Cherchez, comme dans l'exemple, la signification des termes « entrepreneurs », « hommagers », « louayeurs » et « fantaisie ».

Entrepreneur
→ **Une personne qui entreprend quelque chose (XIIIe siècle).**
→ **Une personne qui se charge de l'exécution d'un travail spécialement en matière de construction (XVIIe siècle).**

2. Repérez dans ce poème les termes appartenant aux réseaux lexicaux suivants : la féodalité - le mépris du poète - l'illusion - le divertissement.

3. Analysez l'effet produit par l'opposition des réseaux lexicaux du poème.

Qui sont, qui sont ceux-là, dont le cœur idolâtre
Se jette aux pieds du Monde, et flatte ses honneurs,
Et qui sont ces valets, et qui sont ces Seigneurs ?
Et ces Âmes d'Ébène[1], et ces Faces d'Albâtre[2] ?

Ces masques déguisés, dont la troupe folâtre[3]
S'amuse à caresser je ne sais quels donneurs
De fumées de Cour, et ces entrepreneurs
De vaincre encor le Ciel qu'ils ne peuvent combattre ?

Qui sont ces louayeurs qui s'éloignent du Port,
Hommagers à la vie, et félons à la Mort,
Dont l'Étoile est leur Bien, le Vent, leur Fantaisie ?

Je vogue en même mer, et craindrais de périr,
Si ce n'est que je sais que cette même vie
N'est rien que le fanal qui me guide au mourir.

JEAN DE SPONDE, sonnet IX,
Essai de quelques poèmes chrétiens, 1588.

1. Ébène : *bois noir* - 2. Albâtre : *pierre blanche* - 3. Folâtre : *gaie, enjouée.*

EXERCICES

ACTIVITÉS D'ÉCRITURE

14 ** RÉDIGER UNE DESCRIPTION

1. Cette description de lieu comporte trois énumérations. Lesquelles ? Justifiez l'emploi de termes du lexique spécialisé dans chacune de ces trois énumérations.

2. Choisissez à votre tour un quatrième domaine pour compléter la description. Utilisez des termes du lexique spécialisé pour inventer et décrire cette quatrième zone de la pièce.

Sous la verrière se tassait le matériel ordinaire d'un cabinet de sciences physico-chimiques, et tout autour tournait en rond un chemin de pierrailles imitant le plus mauvais muletier, bordé d'arbrisseaux et de buissons en pot ou en caisses, plantes grasses, petits conifères, palmiers nains, rhododendrons. Le long du sentier, collées aux vitres ou accrochées aux arbustes, ou pendant du plafond, de sorte que l'espace libre était utilisé au maximum, s'offraient à la vue des centaines de petites pancartes. Chacune portait un dessin, une photographie ou une inscription, et leur ensemble constituait une véritable encyclopédie de ce que nous appelons les « connaissances humaines ».

Un schéma d'une cellule végétale, - le tableau des corps simples de Mendeléïev, - les clefs de l'écriture chinoise, - une coupe du cœur humain, - les formules de transformations de Lorrains, - chaque planète avec ses caractéristiques, - la série des chevaux fossiles, - des hiéroglyphes maya, - des statistiques économiques et démographiques, - des phrases musicales, - les représentants des grandes familles végétales et animales, - les types de cristaux, - le plan de la Grande Pyramide, - des encéphalogrammes, - des formules logistiques, - des tableaux de tous les sons employés dans toutes les langues, - des cartes géographiques, - des généalogies ; enfin, tout ce qui devrait meubler le cerveau d'un Mariolle du XXe siècle.

Par-ci, par-là, des bocaux, des aquariums, des cages contenaient des faunes extravagantes. Mais mon hôtesse ne me laissa pas m'attarder à regarder ses holothuries, ses calmars, ses argyronètes, ses termites, ses fourmilions, ses axolotls... ; elle m'entraîna sur le sentier, où nous pouvions tout juste tenir tous les deux de front, et m'invita à me mettre en marche autour du laboratoire.

RENÉ DAUMAL, *Le Mont Analogue*,
Éd. Gallimard, 1952.

15 ** COMMENTER UN TEXTE

En un paragraphe, expliquez comment l'auteur de cette chanson joue sur le lexique.

Rock-Monsieur

Dans un café des boulevards
Une famille arriva tard
Voulant dîner frugalement
De sardin' au fromage blanc
Mais le maître d'hôtel en noir
Répondit : nous avons ce soir
Potage : Rock en bol
Poisson : Rockillages
Dessert : Rockignoles
Rockfort comm' fromage
Mais si vous aimez mieux
Voilà des rock-monsieur *(Chœur polka)*
Rock-monsieur, rock-madame
Rock les p'tits enfants *(Stupeur générale)*

BORIS VIAN, *Textes et Chansons*,
Éditeur Christian Bourgois, 1966.

16 *** RÉDIGER UN PASTICHE

1. Relevez dans cet extrait de critique d'un roman de Jean Echenoz tous les termes qui évoquent le réseau lexical du froid. Lesquels sont utilisés au sens propre, lesquels au sens figuré ?

2. Transformez le texte en transposant l'action du roman dans un désert brûlant. Vous y développerez le réseau lexical de la chaleur.

Il fait froid dans ce livre. Dès la première page, un homme s'en va de chez lui, comme on va acheter une boîte d'allumettes. Pour ne plus revenir. Ça jette un froid. Et ce n'est que le début d'une lente glaciation qui saisira le lecteur tout au long de 253 pages, comme cryogénisé par une histoire qui file sans qu'on ait le temps de reprendre son souffle. Félix Ferrer, le héros, est un drôle de type, cavaleur en cavale, galeriste en manque d'acheteurs (les tractations en cette période de crise sont quasiment gelées), embarqué pour le pôle Nord afin de mettre la main sur une cargaison d'antiquités inuit d'une grande valeur financière. Celle-là gît depuis le 11 septembre 1957 au fond de la cale de « La Nechilik », bloquée dans la banquise « entre Cambridge Bay et Tuktoyaktuk ». On est échoués du côté de Paul-Émile Victor et de Jean Malaurie dans un monde blanc où les mots ne sont ni blancs ni noirs.

FABRICE GAIGNAULT, *Elle*, n° 2807, 18 octobre 1999.

CHAPITRE

3 La phrase

Dès qu'il s'agit de s'exprimer avec précision, de développer un point de vue pour convaincre ou émouvoir, de raconter dans le détail, chacun a nécessairement recours à des phrases articulées selon les règles de la grammaire. La maîtrise de l'expression passe par la maîtrise de la phrase, qui permet de distribuer les mots, varier la syntaxe, accélérer ou ralentir le rythme du texte. C'est, en outre, ce qui caractérise le style d'un écrivain. Alors que Bossuet, Rousseau, Chateaubriand cherchent à retrouver et à renouveler les cadences harmonieuses de certaines phrases latines, Pascal, La Bruyère et Voltaire ont le goût de la brièveté incisive.

Cependant, la phrase a évolué, en s'ouvrant aux structures du langage oral. De nombreux écrivains contemporains, comme Le Clézio ou Marguerite Duras, prennent ainsi plaisir à multiplier les phrases courtes qui traduisent une pulsion, une vitesse, un lyrisme modernes. À la façon dont les phrases sont agencées, coupées, liées, on perçoit la singularité d'une présence, la force d'une vision, le timbre d'une voix.

Les quatre textes qui suivent sont les premières lignes d'un roman. Celles-ci apportent des indications sur l'histoire qui s'engage. Ces premières lignes donnent aussi le ton de l'œuvre à venir.

Comment la construction et le rythme des phrases contribuent-ils à créer l'univers de chaque romancier ?

La première page d'un roman épistolaire

PREMIÈRE LETTRE

Considère, mon amour, jusqu'à quel excès tu as manqué de prévoyance. Ah ! malheureux ! tu as été trahi, et tu m'as trahie par des espérances trompeuses. Une passion sur laquelle tu avais fait tant de projets de plaisirs, ne te cause présentement qu'un mortel désespoir, qui ne peut être comparé qu'à la cruauté de l'absence qui le cause. Quoi ? cette absence, à laquelle ma douleur, tout ingénieuse qu'elle est, ne peut donner un nom assez funeste, me privera donc pour toujours de regarder ces yeux dans lesquels je voyais tant d'amour, et qui me faisaient connaître des mouvements qui me comblaient de joie, qui me tenaient lieu de toutes choses, et qui enfin me suffisaient ? Hélas !

GUILLERAGUES, *Lettres portugaises*, 1669.

La première page d'un roman picaresque

DE LA NAISSANCE DE GIL BLAS,
ET DE SON ÉDUCATION

Blas de Santillane, mon père, après avoir longtemps porté les armes pour le service de la monarchie espagnole, se retira dans la ville où il avait pris naissance. Il y épousa une petite bourgeoise qui n'était plus dans sa première jeunesse, et je vins au monde dix mois après leur mariage. Ils allèrent ensuite demeurer à Oviédo, où ma mère se mit femme de chambre, et mon père écuyer. Comme ils n'avaient pour tout bien que leurs gages, j'aurais couru risque d'être assez mal élevé, si je n'eusse pas eu dans la ville un oncle chanoine. Il se nommait Gil Perez.

ALAIN-RENÉ LESAGE, *Histoire de Gil Blas de Santillane*, 1715.

La première page d'une nouvelle romantique

AVENTURE ESPAGNOLE

Par une belle matinée du mois de mai 182., don Blas Bustos y Mosquera, suivi de douze cavaliers, entrait dans le village d'Alcolote, à une lieue de Grenade. À son approche, les paysans rentraient précipitamment dans leurs maisons et fermaient leurs portes. Les femmes regardaient avec terreur par un petit coin de leurs fenêtres ce terrible directeur de police de Grenade. Le ciel a puni sa cruauté en mettant sur sa figure l'empreinte de son âme. C'est un homme de six pieds de haut, noir, et d'une effrayante maigreur ; il n'est que directeur de la police, mais l'évêque de Grenade lui-même et le gouverneur tremblent devant lui.

STENDHAL, *Le Coffre et le revenant,* 1830.

La première page d'un roman contemporain

Soudain il s'interrompt, il lève la main, l'index dressé, il tend l'oreille... Vous les entendez ?... Un attendrissement mélancolique amollit ses traits... Ils sont gais, hein ? Ils s'amusent... Que voulez-vous, c'est de leur âge... Nous aussi, on avait de ces fous rires... il n'y avait pas moyen de s'arrêter...

– Oui, c'est vrai... Il sent comme ses lèvres à lui aussi s'étirent, un sourire bonhomme plisse ses joues, donne à sa bouche un aspect édenté... c'est bien vrai, nous étions comme eux... Il ne faut pas grand-chose, n'est-ce pas ? pour les faire rire... Oui, ils sont gais...

Tous deux la tête levée écoutent... Oui, des rires jeunes. Des rires frais. Des rires insouciants. Des rires argentins. Clochettes. Gouttelettes. Jets d'eau. Cascades légères. Gazouillis d'oiselets... ils s'ébrouent, ils s'ébattent... Aussitôt restés entre eux ils nous ont oubliés.

NATHALIE SARRAUTE, *Vous les entendez ?*, Éd. Gallimard, 1972.

1 La phrase et l'énoncé sans verbe

1. Soigneusement travaillée par l'écrivain, la première phrase tente d'entraîner le lecteur dans le récit. Comparez ces premières phrases : quelles différences observez-vous ?

2. Quel texte multiplie les énoncés sans verbe ? Quels effets produisent-ils ?

2 Les modalités de la phrase

3. Quels auteurs utilisent dans leur première page des phrases interrogatives et des phrases exclamatives ? Comment justifier cet emploi ?

4. Relevez dans les différents textes les indices de l'énonciation (pronoms personnels, formes verbales, adverbes de lieu et de temps). Comment sont-ils liés aux modalités des phrases ?

3 La construction et le rythme de la phrase

5. Quels sont les auteurs qui privilégient dans leurs premières lignes la phrase longue ? Quels sont ceux qui préfèrent les phrases brèves ? Quels effets différents ces choix produisent-ils ?

6. En confrontant ces quatre premières pages, quelles différences peut-on observer dans l'usage de la ponctuation ? En quoi cette ponctuation contribue-t-elle au rythme de ces premières pages ?

La phrase, marquée à l'oral par une intonation particulière, à l'écrit par des signes de ponctuation, est une suite de mots organisés de manière à produire un sens. La façon dont les groupes qui la constituent sont structurés, modulés, ordonnés, contribue à la qualité expressive de chaque énoncé.

1 La phrase verbale et l'énoncé sans verbe

1. La phrase verbale

Les phrases verbales comportent un verbe qui est le pivot de la phrase autour duquel s'organisent les groupes définis par la grammaire.

« Et nous avons des nuits plus belles que vos jours. » (Racine)

2. L'énoncé sans verbe

Certaines phrases ne comportent pas de verbe. Le pivot de la phrase n'est plus le verbe mais il peut être un adverbe, un nom, un adjectif.

« Le Rouge et le Noir » (titre du roman de Stendhal)
« Ailleurs, bien loin d'ici ! trop tard ! jamais peut-être ! » (Baudelaire)
« Pas si bête, pourtant, pas si bête ! » (Beaumarchais)

Le groupe sans verbe se limite parfois à des interjections, voire des onomatopées, qui ne peuvent se comprendre qu'à partir d'un contexte précis.

« Euh ? Quoi ? Assurément ? Assurément ! » (Molière)

2 La modalité de la phrase

- **La modalité déclarative.** Elle présente l'énoncé comme certain. Une intonation montante est suivie d'une intonation descendante.

  « Ce qui n'est pas clair n'est pas français. » (Rivarol)

- **La modalité interrogative.** L'énoncé prend la forme d'une question et s'achève par un point d'interrogation. L'intonation est suspensive.

  « Ai-je passé le temps d'aimer ? » (La Fontaine)

- **La modalité impérative.** Elle appelle à modifier une situation. L'intonation est descendante.

  « Ne dis pas : va, mais vas-y toi-même ! » (Mallarmé)

- **La modalité exclamative.** Elle cherche à faire agir. L'intonation est montante ou descendante.

  « Que vous êtes joli ! Que vous me semblez beau ! » (La Fontaine)

3 La construction de la phrase

1. La phrase simple

Une proposition comprend au minimum un groupe sujet et un groupe verbal. On appelle phrase simple une phrase qui se compose d'une seule proposition.

« *[Tout à coup, la secousse d'arrêt me réveilla.] [J'ouvris les yeux.]* » (Hugo)

Les deux actions qui se succèdent sont présentées comme deux événements distincts dans deux phrases simples.

2. La phrase complexe

● **La coordination, la juxtaposition.** Une phrase complexe comprend plusieurs propositions. Les propositions indépendantes l'une de l'autre peuvent être coordonnées par une conjonction de coordination ou simplement juxtaposées.

Tout à coup, la secousse d'arrêt me réveilla et j'ouvris les yeux.
(Coordination : les deux actions sont liées ; la conjonction de coordination « et » atténue l'effet de rupture.)

Tout à coup la secousse d'arrêt me réveilla, j'ouvris les yeux.
(Juxtaposition : dans une seule phrase, les deux faits semblent rapprochés et se succèdent.)

● **La subordination.** Les propositions subordonnées dépendent d'une proposition principale. La subordination hiérarchise ainsi les informations et explicite certaines relations entre les faits rapportés (temps, but, cause, conséquence, etc.).

(1) *Quand la secousse d'arrêt me réveilla, j'ouvris les yeux.*

(2) *La secousse d'arrêt me réveilla, si bien que j'ouvris les yeux.*

Dans la phrase (1), l'ouverture des yeux est présentée comme l'événement essentiel : la subordonnée sert à situer ce fait dans le temps. Dans la phrase (2), c'est la secousse de l'arrêt qui est l'événement majeur : l'indication fournie par la subordonnée sert à marquer une conséquence.

3. La période

On appelle période une phrase complexe amplement, clairement et harmonieusement développée. Des effets divers sont tirés des rapports entre la phase montante de la période qui fait attendre la principale et la phase descendante vers le point conclusif.

« *La voûte du ciel bleu s'enfonçait à l'horizon, d'un côté dans le poudroiement des plaines, de l'autre dans les brumes de la mer, et sur le sommet de l'Acropole des cyprès pyramidaux bordant le temple d'Eschmoûn se balançaient, et faisaient un murmure, comme les flots réguliers qui battaient lentement le long du môle, en bas des remparts.* » (Flaubert)

La phase montante (protase), lancée par le verbe « s'enfonçait », s'appuie sur les deux compléments annoncés par « d'un côté » et « de l'autre ». Elle aboutit dans un second temps aux deux verbes « se balançaient » et « faisaient un murmure ». La retombée de la période, la phase descendante (apodose), se fait par une comparaison et le dernier groupe circonstanciel, « en bas des remparts », plus bref, vient ponctuer l'ensemble par un effet conclusif nettement marqué.

4 Le rythme de la phrase

La phrase possède un rythme, c'est-à-dire une certaine rapidité ou lenteur, un balancement, des ruptures, des reprises, qui aident à l'expression des idées ou des sentiments.

Le rythme binaire	La phrase s'organise à partir de groupes de même nature qui vont par deux. *Notre vie et notre cœur sont entre les mains de Dieu : laissons-le donc disposer de l'une comme de l'autre.* (Chateaubriand) Ces deux propositions de même longueur commencent par deux groupes nominaux qui trouvent un écho dans les deux termes, « l'une », « l'autre » : rythme apaisé.
Le rythme ternaire	La phrase s'organise à partir de groupes de même nature (noms, verbes, adjectifs) qui vont par trois. *C'était à Mégara, faubourg de Carthage, dans les jardins d'Hamilcar.* (Flaubert) Le retour de l'accent sur le [a] met en valeur les trois noms propres : rythme ample, solennel.
L'accumulation	La multiplication de groupes, de noms, d'adjectifs, de verbes, donne une sensation d'abondance désordonnée. *Tout l'hiver va rentrer dans mon être : colère,* *Haine, frissons, horreur, labeur dur et forcé.* (Baudelaire) La multiplication des verbes crée des effets d'accélération : *Va, cours, vole et nous venge.* (Corneille)
La dislocation	L'ordre habituel des termes peut être modifié : le sujet peut être séparé de son verbe, tel groupe peut être déplacé au début ou en fin de phrase. *Il se leva, donna par-dessus la table, sur le buste d'Étienne,* *une tape.* (J. Renard) Les deux groupes circonstanciels repoussent le complément d'objet mis en vedette à la fin de la phrase.

REPÈRE D'HISTOIRE LITTÉRAIRE

Le goût des longues phrases

Longtemps, la phrase latine, logiquement organisée, a servi de modèle de beau style. On comprend que les clercs, les savants, les juristes, les orateurs, qui connaissaient parfois mieux le latin que le français, aient été inspirés par les cadences de Cicéron. Au XVIIe siècle, les longues phrases, appelées périodes, résonnent dans les sermons, dans les oraisons funèbres de Bossuet, dans les écrits religieux et moraux. On en trouvera des échos dans les discours politiques de Hugo au XIXe siècle, de Malraux au XXe siècle.

Mais toutes les phrases longues ne sont pas organisées comme des périodes. Certaines se grossissent d'incises, d'ajouts, de nouveaux exemples ; la phrase semble alors reproduire le rythme même d'une pensée qui s'invente, d'une voix qui s'enflamme, comme dans les *Essais* de Montaigne au XVIe siècle ou les *Mémoires* de Saint-Simon au XVIIIe siècle. C'est de là sans doute que vient la longue phrase qu'on trouve chez M. Proust, M. Butor ou C. Simon : loin de chercher à imposer un ordre, retrouvant le souffle de l'oral, elle tente d'enserrer en elle une multiplicité de notations, pour mieux faire sentir la richesse désordonnée du monde qu'elle recrée. ■

EXERCICES

Étudier la phrase et l'énoncé sans verbe

1 * **1. Dans les slogans publicitaires, on a souvent recours à des phrases brèves ou à des énoncés sans verbe. Indiquez leur composition et l'effet produit.**

2. D'où vient l'effet produit par chaque énoncé : de sa brièveté, du jeu sur les mots, du jeu sur les sons ?

3. Sur le même modèle, imaginez trois slogans qui évoqueront les défauts : a) d'une marque de vêtements ; b) d'une voiture ; c) d'un parfum.

Culture - Arts - Savoir
TOUT SAVOIR AVANT DE VOIR

CRISTAL D'ARQUES
LE CRISTAL GRAND CRU

CINNA
Envie de chez soi
Envie de dire oui

RÉVOLUTION TECHNOLOGIQUE
DANS LA COULEUR
L'ORÉAL
La fin des couleurs uniformes

2 * **1. Dans les textes suivants, repérez les énoncés sans verbe. Quel est le pivot essentiel de chaque groupe : un nom, un adjectif ou un adverbe ?**

2. Repérez les phrases verbales.

3. Quel effet les auteurs cherchent-ils à produire en alternant phrases verbales et énoncés sans verbe ?

1. Vous voulez apprendre la géographie à cet enfant, et vous lui allez chercher des globes, des sphères, des cartes : que de machines ! Pourquoi toutes ces représentations ? Que ne commencez-vous par lui montrer l'objet même, afin qu'il sache au moins de quoi vous lui parlez !

JEAN-JACQUES ROUSSEAU, *Émile*, 1762.

2. Drôle de gens. De ceux qui ne laissent sur leur passage qu'une buée vite dissipée. Nous nous entretenions souvent avec Hutte de ces êtres dont les traces se perdent. Ils surgissent un beau jour du néant et y retournent après avoir brillé de quelques paillettes. Reines de beauté. Gigolos. Papillons.

PATRICK MODIANO, *Rue des Boutiques obscures*, Éd. Gallimard, 1978.

Analyser la modalité de la phrase

3 * **Dans les titres qui suivent, quelles modalités de phrase ont été retenues ? Pourquoi ?**

1. INVENTEURS, FAITES VOS PREUVES !
Parmi les innovations technologiques, comment distinguer les utiles des futiles ?
(*Libération*)
2. COMMENT LISEZ-VOUS ?
250 abonnés ont répondu à notre sondage.
(*Lire*)
3. Samedi 18 septembre, dans les rues de Paris.
TECHNO PARADONS ! (*Les Inrockuptibles*)
4. Le nom du peintre a été transformé en marque.
À QUAND LE BARIL DE LESSIVE PICASSO ?
(*Challenges*)

4 ** **1. Identifiez les différentes modalités utilisées dans ce passage.**

2. Que révèlent ces diverses modalités de l'état d'esprit du personnage ?

HARPAGON. – Au voleur ! au voleur ! à l'assassin ! au meurtrier ! Justice, juste Ciel ! je suis perdu, je suis assassiné, on m'a coupé la gorge, on m'a dérobé mon argent. Qui peut-ce être ? Qu'est-il devenu ? Où est-il ? Où se cache-t-il ? Que ferai-je pour le trouver ? Où courir ? Où ne pas courir ? N'est-il point là ? N'est-il point ici ? Qui est-ce ? Arrête. Rends-moi mon argent, coquin... *(Il se prend lui-même le bras.)* Ah ! c'est moi. Mon esprit est troublé, et j'ignore où je suis, qui je suis et ce que je fais.

MOLIÈRE, *L'Avare*, Acte IV, scène 7, 1669.

Étudier la construction de la phrase

5 * **Étudiez l'effet produit par la place des termes en italique.**

1. Le long d'un clair ruisseau buvait une *colombe*.
(La Fontaine)
2. Un jour, sur ses longs pieds, allait je ne sais où,
Le *héron* au long bec emmanché d'un long cou.
(La Fontaine)
3. Il n'y a rien que les hommes aiment mieux à conserver et qu'ils ménagent moins, que leur propre *vie*. (La Bruyère)
4. Nous montâmes sur la terrasse d'où la vue à l'infini *s'étendait*. (Gide)

6 ** **Analysez les ruptures de construction et expliquez quels mots sont mis en valeur.**

1. Le nez de Cléopâtre s'il eût été plus court toute la face de la terre aurait changé. (Pascal)
2. Le plus grand philosophe du monde sur une planche plus large qu'il ne faut, s'il y a au-dessous un précipice, quoique sa raison le convainque de sa sûreté, son imagination prévaudra. (Pascal)
3. *La reine Athalie reconnaît l'enfant qu'elle a vu en songe en train de la tuer.*
   Ô ciel ! plus j'examine, et plus je le regarde,
   C'est lui. D'horreur encor tous mes sens sont saisis. (Racine)
4. *Abner reproche au prêtre sacrilège Mathan de vouloir sacrifier un enfant.*
   Et vous, qui lui devez des entrailles de père,
   Vous, ministre de paix dans les temps de colère,
   Couvrant d'un zèle dévot votre ressentiment,
   Le sang à votre gré coule trop lentement ? (Racine)

7 * **1. Dans cette série de phrases, précisez la valeur et le sens de la coordination « et » (succession, opposition, simple liaison).**
2. Quand c'est possible, remplacez-la par une conjonction plus explicite.

1. On ne meurt qu'une fois et c'est pour si longtemps. (Molière)
2. Vous êtes empereur, Seigneur, et vous pleurez. (Racine)
3. C'est mon opinion et je la partage. (H. Monnier)
4. J'ai l'habit d'un laquais et vous en avez l'âme. (Hugo)
5. L'homme est né libre et partout il est dans les fers. (Rousseau)
6. *À propos de Giton, l'homme riche.*
   Il s'arrête, et l'on s'arrête ; il continue de marcher, et l'on marche. (La Bruyère)

Étudier une période

8 * **Distinguez les différentes étapes du développement de cette période.**

Celui qui règne dans les cieux et de qui relèvent tous les empires, à qui seul appartient la gloire, la majesté et l'indépendance, est aussi le seul qui se glorifie de faire la loi aux rois et de leur donner, quand il lui plaît, de grandes et de terribles leçons.

BOSSUET, *Oraison funèbre d'Henriette de France*, 1669.

9 ** **1. Distinguez la phase montante qui fait attendre la principale de la phase descendante qui la suit. Situez ainsi la proposition principale.**
2. À partir de quels groupes grammaticaux la période se développe-t-elle ?
3. Quel sentiment l'auteur cherche-t-il à suggérer ?

Quand le lac agité ne me permettait pas la navigation, je passais mon après-midi à parcourir l'île, en herborisant à droite et à gauche, m'asseyant tantôt dans les réduits les plus riants et les plus solitaires pour y rêver à mon aise, tantôt sur les terrasses et les tertres, pour parcourir des yeux le superbe et ravissant coup d'œil du lac et de ses rivages, couronnés d'un côté par des montagnes prochaines, et de l'autre élargis en riches et fertiles plaines, dans lesquelles la vue s'étendait jusqu'aux montagnes bleuâtres, plus éloignées, qui la bornaient.

JEAN-JACQUES ROUSSEAU,
Les Rêveries du promeneur solitaire, 1782.

10 ** **1. Dans les lignes suivantes, le cardinal de Retz évoque la reine Anne d'Autriche, mère de Louis XIV. Comment la période est-elle construite ? Peut-on distinguer une phase montante et une phase descendante ?**
2. Pourquoi la dernière remarque a-t-elle un effet conclusif ?

Elle avait plus d'aigreur que de hauteur, plus de hauteur que de grandeur, plus de manières que de fond, plus d'inapplication à l'argent que de libéralité, plus de libéralité que d'intérêt, plus d'intérêt que de désintéressement, plus d'attachement que de passion, plus de dureté que de fierté, plus de mémoire des injures que des bienfaits, plus d'intention de piété que de piété, plus d'opiniâtreté que de fermeté et plus d'incapacité que de tout ce que dessus.

CARDINAL DE RETZ, *Mémoires*, 1717 (Éd. posthume).

11 ** **Sur le modèle de la phrase citée dans l'exercice précédent, construisez une phrase où reviendra la formule « moins que » ou « plus que » à partir d'une série de synonymes les uns péjoratifs, les autres louangeurs. Vous distinguerez le courage de la témérité, l'élégance de la coquetterie, la vanité de l'orgueil, l'honnêteté de la mesquinerie, la générosité de la prodigalité, l'énergie de l'énervement. Vous pourrez évoquer soit une personne imaginaire (Rastignac, la princesse de Clèves, etc.), soit un objet, un monument (une gare, une place, etc.).**

Étudier le rythme d'une phrase

12 ** **1. Dans ces phrases de Chateaubriand (1768-1848), repérez les groupes qui vont par deux (rythme binaire) ou par trois (rythme ternaire).**
2. Comparez leur longueur et leur place dans la phrase : vont-ils en ordre croissant ? Sont-ils dans la partie montante de la phrase ou dans la partie descendante ?
3. En vous aidant de l'encadré ci-dessous, précisez quels sentiments sont suggérés par le rythme de ces phrases.

1. Je n'ai plus rien à apprendre, j'ai marché plus vite qu'un autre, et j'ai fait le tour de ma vie.
(*Mémoires d'outre-tombe*, 1848-1850).
2. Ainsi disant, je marchais à grands pas, le visage enflammé, le vent sifflant dans ma chevelure, ne sentant ni pluie, ni frimas, enchanté, tourmenté et comme possédé par le démon de mon cœur (*René*, 1802).
3. La nuit, lorsque l'aquilon ébranlait ma chaumière, que les pluies tombaient en torrent sur mon toit, qu'à travers ma fenêtre je voyais la lune sillonner les nuages amoncelés, comme un pâle vaisseau qui laboure les vagues, il me semblait que la vie redoublait au fond de mon cœur, que j'aurais la puissance de créer des mondes. (*René*, 1802).
4. Rien n'est comparable pour la beauté aux lignes de l'horizon romain, à la douce inclinaison des plans, aux contours suaves et fuyants des montagnes qui le terminent.
(*Lettre sur la campagne romaine*, 1804).

POUR ÉTUDIER LA PHRASE

Le développement de la phrase

Une des techniques possibles pour rendre harmonieux le développement d'une phrase consiste à équilibrer les groupes qui la composent en les combinant par deux ou par trois. Au début du XIXe siècle, Chateaubriand est passé maître dans l'art de construire ses phrases selon ces cadences binaires ou ternaires pour les rendre plus expressives. Ces rythmes lui permettent tantôt d'évoquer l'harmonie d'un paysage, l'accord de l'homme et du monde, tantôt de suggérer les troubles de la passion, les ardeurs d'une âme inquiète.

13 ** **1. Comparez la construction des deux phrases du passage suivant.**
2. Analysez le rythme de la seconde phrase : distinguez trois temps dans son développement.

Biarritz est un village blanc à toits roux et à contrevents verts posé sur des croupes de gazon et de bruyère, dont il suit les ondulations. On sort du village, on descend la dune, le sable s'écroule sous vos talons, et tout à coup on se trouve sur une grève douce et unie au milieu d'un labyrinthe inextricable de rochers, de chambres, d'arcades, de grottes et de cavernes, étrange architecture jetée au milieu des flots, que le ciel remplit d'azur, le soleil de lumière et d'ombre, la mer d'écume, le vent de bruit.

VICTOR HUGO, *Voyage aux Pyrénées*, 1843.

14 ** **1. Confrontez le rythme de ces deux périodes.**
2. Comparez la place et le sens des comparaisons qui concluent chaque phrase.

Charles Bovary, nouvel élève, a provoqué l'hilarité générale en prononçant son nom.

Ce fut un vacarme qui s'élança d'un bond, monta en *crescendo*, avec des éclats de voix aigus (on hurlait, on aboyait, on trépignait, on répétait : *Charbovari ! Charbovari !*), puis qui roula en notes isolées, se calmant à grand-peine, et parfois qui reprenait tout à coup sur la ligne d'un banc où saillissait encore çà et là, comme un pétard mal éteint, quelque rire étouffé.

GUSTAVE FLAUBERT, *Madame Bovary*, 1857.

Emma vient d'avaler l'arsenic qui causera sa mort.

Elle ne haïssait personne, maintenant ; une confusion de crépuscule s'abattait en sa pensée, et de tous les bruits de la terre Emma n'entendait plus que l'intermittente lamentation de ce pauvre cœur, douce et indistincte, comme le dernier écho d'une symphonie qui s'éloigne.

GUSTAVE FLAUBERT, *Madame Bovary*, 1857.

15 ** **Commentez le rythme de cette phrase.**

On entend sortir du fond des bois une sorte de rumeur menaçante qui se compose du cri des branches sèches, du frôlement des feuilles qui tombent, de la plainte confuse des bêtes de proie que la prévoyance d'un hiver rigoureux alarme sur les petits, de rumeurs, de soupirs, de gémissements quelquefois semblables à des voix humaines, qui étonnent l'oreille et saisissent le cœur.

CHARLES NODIER, *Trilby*, 1822.

16 ** **1. Dans les phrases suivantes, analysez le rythme et le procédé de l'accumulation.**

2. Quel phénomène l'auteur a-t-il voulu rendre sensible ?

1. Le capitaine était un grand homme blond, entre deux âges, maigre, et d'un aspect narquois et fripon, rien d'engageant, au contraire. (Stendhal)
2. Ce n'est pas seulement par plaisanterie que Paris a été nommé un enfer. Tenez ce mot pour vrai. Là tout fume, tout brûle, tout brille, tout bouillonne, tout flambe, tout s'évapore, s'éteint, se rallume, étincelle, pétille et se consume. (Balzac)
3. Il est dix heures, ou peut-être onze, car comment être sûr que tu as bien entendu, il est tard, il est tôt, le jour naît, la nuit tombe, les bruits ne cessent jamais tout à fait, le temps ne s'arrête jamais totalement, même s'il n'est plus qu'imperceptible. (Georges Perec)
4. Quand il se pavane, elle est fière comme un dindon. Il a des casquettes de tout acabit : en drap, en feutre, en poil de bichard, en loutre, en martre ; des cravates, des foulards ; il a une peau de bique, bien entendu ; enfin, des systèmes extraordinaires : un fixe-moustaches, tiens ! Et je l'ai vu. (Jean Giono)
5. C'était un petit homme ventru monté sur des échasses tant ses souliers étaient hauts, toujours paré comme une femme, plein de bagues, de bracelets, de pierreries partout, avec une longue perruque toute étalée en devant, noire et poudrée, et des rubans partout où il en pouvait mettre, plein de toutes sortes de parfums, et, en toutes choses, la propreté[1] même. On l'accusait de mettre imperceptiblement du rouge. Le nez fort long, la bouche et les yeux beaux, le visage plein, mais fort long. (Saint-Simon)

1. Propreté : *qualité de ce qui est bien net, bien orné.*

17 *** **En vous aidant de l'encadré ci-dessous, expliquez l'emploi des points de suspension dans les passages suivants. En quoi contribuent-ils au rythme de chaque passage ?**

1. *George Dandin doit affronter la colère injustifiée de ses beaux-parents.*
   GEORGE DANDIN. – J'atteste le Ciel que j'étais dans la maison et que...
   MME DE SOTTENVILLE. – Taisez-vous, c'est une extravagance qui n'est pas supportable.
   GEORGE DANDIN. – Que la foudre m'écrase tout à l'heure si...
   M. DE SOTTENVILLE. – Ne vous trompez pas davantage la tête, et songez à demander pardon à votre femme.
   MOLIÈRE, *George Dandin*, Acte III, scène 7, 1668.
2. – Ma foi, tout est fini, dit-il tout haut en revenant à lui... Oui, dans quinze jours la guillotine... ou se tuer d'ici là.
   STENDHAL, *Le Rouge et le Noir*, 1830.
3. *Les camarades d'école de Daniel s'inquiètent de sa disparition.*
   « Tu crois qu'il est arrivé maintenant ?
   – Tu crois ? Pas encore, c'est loin, tu sais.
   – Demain ?
   – Oui, peut-être... » Les plus audacieux disaient : « Peut-être qu'il est en Amérique, déjà... » Et les pessimistes : « Bah, peut-être qu'il va revenir aujourd'hui. »
   J.-M.G. LE CLÉZIO, *Celui qui n'avait jamais vu la mer*, Éd. Gallimard, 1978.
4. *Des blessés sont à la recherche d'un hôpital de banlieue.*
   La pluie aspire, c'est pire, elle arrive en de ces rafales... Ah loin là-bas je vois des lumières... Ce doit être Paris, c'est lumineux... c'est l'autre côté... après le plateau... de petits clignotements... Oh oh on descend dans quelque chose... c'est un grand fossé... Ah là-bas je vois... là-bas après le remblai... c'est là... « Regarde, regarde... » Il voit rien. « Tu vois pas ? »
   L.-F. CÉLINE, *Féerie pour une autre fois*, chapitre inédit, Éd. Gallimard-L'imaginaire, 1999.

POUR ÉTUDIER LES CITATIONS

Les points de suspension

Apparus au XVIIe siècle, les points de suspension marquent d'abord une interruption de la phrase. Fréquents dans les dialogues, ils sont rares dans les discours et les récits qui éliminent nécessairement toute improvisation. Pourtant, les écrivains du XXe siècle, comme Céline, y ont souvent recours : le mouvement de la phrase perd sa belle organisation de façade et s'ouvre au souffle de l'oral, plein d'hésitation, d'élans inachevés ou d'arrière-pensées. Les points de suspension interrompent la phrase, précipitent son rythme, ou le ralentissent sous le coup d'une hésitation, d'une pensée qu'on a du mal à formuler.

ACTIVITÉS D'ÉCRITURE

18 * VARIER LE TYPE ET LA MODALITÉ DES PHRASES

1. Repérez la succession des phrases simples et des phrases complexes.

2. Quelles sont les différentes modalités des phrases utilisées dans le dialogue ? Que suggèrent ces choix sur les relations entre les deux personnages ?

3. À votre tour, jouez sur la longueur et le type des phrases pour rédiger une scène similaire : un homme veut récupérer sa voiture chez le garagiste mais il est trop tard, car le mécanicien doit récupérer ses enfants à l'école.

Il aborda l'hôtesse d'accueil assise bien droite derrière une longue table de verre.

– Je voudrais voir Monsieur le Maire, pour affaire grave.

– Avez-vous pris rendez-vous ? demanda-t-elle d'une voix métallique.

– Non, non, mais c'est urgent, très urgent.

Elle haussa les sourcils, désolée, élégante, et se mit en devoir d'expliquer que les affaires que traitait le maire chaque jour dès sept heures du matin étaient toutes, sans exception, de la première urgence, que l'on confiait les autres aux secrétaires ou aux employés, et qu'il lui était impossible de laisser Hermann prendre la place de quelqu'un qui, pour une affaire pareillement urgente, avait demandé un rendez-vous parfois plusieurs semaines auparavant.

– Mais mon affaire est particulièrement grave ! s'écria Hermann, déjà vaincu cependant.

MARIE NDIAYE, *Un temps de saison*, Éd. de Minuit, 1994.

19 * EXPLIQUER L'EMPLOI DE LA VIRGULE

Rétablissez les six virgules disparues dans la phrase suivante. Expliquez ensuite quelle est la fonction des virgules dans ce texte.

Les préparatifs de guerre que le plus faux des adages préconise pour faire triompher la volonté de paix créent au contraire d'abord la croyance chez chacun des deux adversaires que l'autre veut la rupture croyance qui ramène la rupture et quand elle a eu lieu cette autre croyance chez chacun des deux que c'est l'autre qui l'a voulue.

MARCEL PROUST, *À la recherche du temps perdu*, Éd. Gallimard, 1922.

20 * PONCTUER UN TEXTE

Dans le texte suivant manquent 5 points, les majuscules qui les suivent et 9 virgules. Rétablissez-les. À quels moments les points auraient-ils pu être remplacés par des pauses moins fortes, points virgules ou deux points ?

L'éducation ne se borne pas à l'enfance et à l'adolescence l'enseignement ne se limite pas à l'école toute la vie notre milieu est notre éducateur et un éducateur à la fois sévère et dangereux sévère car les fautes ici se paient plus sérieusement que dans les collèges et dangereux car nous n'avons guère conscience de cette action éducatrice bonne ou mauvaise du milieu et de nos semblables nous apprenons quelque chose à chaque instant ; mais ces leçons immédiates sont en général insensibles nous sommes faits pour une grande part de tous les événements qui ont eu prise sur nous ; mais nous n'en distinguons pas les effets qui s'accumulent et se combinent en nous.

PAUL VALÉRY, « Le Bilan de l'intelligence », in *Variété*, Éd. Gallimard, 1935.

21 *** RÉDIGER UN COMMENTAIRE

1. Au cours d'une soirée mondaine, Mme d'Arpajon s'est engagée dans un passage bordé de colonnes pour surprendre son ancien amant avec une rivale. Analysez la construction de la phrase qui décrit le rire du grand-duc (l. 13 à l. 21) : quelle comparaison développe la partie montante ? Quel est le sommet de la phrase ?

2. Analysez la construction de la phrase qui décrit les « excuses » du grand-duc (l. 22 à l. 34). Montrez qu'elle se développe en liant deux scènes indépendantes.

3. Relevez deux phrases qui frappent par leur brièveté. En quoi contribuent-elles à l'humour du passage ?

4. En vous fondant sur les réponses précédentes, rédigez un paragraphe où vous expliquerez comment la longueur et le rythme des phrases contribuent à la construction de ce récit.

On avait fait croire à Mme Arpajon que le duc de Guermantes – en réalité non encore arrivé – était avec Mme de Surgis dans les galeries de marbre rose où on accédait par une double colonnade, creusée à l'intérieur, qui s'élevait à la margelle du bassin.

ACTIVITÉS D'ÉCRITURE

Or, au moment où Mme d'Arpajon allait s'engager dans l'une des colonnes, un fort coup de chaude brise tordit le jet d'eau et inonda si complètement la belle dame que l'eau dégoulinant de son décolletage dans l'intérieur de sa robe, elle fut aussi trempée que si on l'avait plongée dans un bain. Alors non loin d'elle, un grognement scandé retentit assez fort pour pouvoir se faire entendre à toute une armée et pourtant prolongé par périodes comme s'il s'adressait non pas à l'ensemble, mais successivement à chaque partie des troupes ; c'était le grand-duc Wladimir qui riait de tout son cœur en voyant l'immersion de Mme d'Arpajon, une des choses les plus gaies, aimait-il à dire ensuite, à laquelle il eût assisté de toute sa vie. Comme quelques personnes charitables faisaient remarquer au Moscovite qu'un mot de condoléances de lui serait peut-être mérité et ferait plaisir à cette femme qui, malgré sa quarantaine bien sonnée, et tout en s'épongeant avec son écharpe, sans demander le secours de personne, se dégageait malgré l'eau qui mouillait malicieusement la margelle de la vasque, le grand-duc, qui avait bon cœur, crut devoir s'exécuter et les derniers roulements militaires du rire à peine apaisés, on entendit un nouveau grondement plus violent encore que l'autre. « Bravo, la vieille ! » s'écriait-il en battant des mains comme au théâtre. Mme d'Arpajon ne fut pas sensible à ce qu'on vantât sa dextérité aux dépens de sa jeunesse. Et comme quelqu'un lui disait, assourdi par le bruit de l'eau, que dominait pourtant le tonnerre de Monseigneur : « Je crois que Son Altesse Impériale vous a dit quelque chose. – Non ! c'était à Mme de Souvré », répondit-elle.

MARCEL PROUST, *À la recherche du temps perdu*, 1922.

22 ** RÉDIGER UNE ANALYSE LITTÉRAIRE

1. Combien de phrases le texte qui suit comprend-il ? Combien de temps, à votre avis, le moment évoqué dure-t-il ?

2. Analysez la construction de la première phrase. Distinguez la phase montante et la phase descendante. Quel est l'effet produit par la multiplication de ces diverses indications ?

3. Repérez la proposition principale de la deuxième phrase. Analysez les éléments qui permettent l'enrichissement des divers groupes de cette phrase minimale. Que décrivent ces « ajouts » ? En quoi sont-ils essentiels ?

4. Rédigez un paragraphe dans lequel vous montrerez comment l'auteur suggère la solitude des deux personnages.

Le narrateur, un Français qui travaille en Angleterre, à Bleston, a rencontré un autre exilé, un Noir dont il a « presque oublié le visage ». Il le retrouve par hasard en sortant du cinéma.

C'est comme j'en sortais, ce soir du dimanche 11 novembre, après avoir regardé pendant près de trois heures, demi-endormi, au sec, Yvonne de Carlo ou quelque actrice équivalente servir en chantant du « Bourbon »[1] à des cavaliers à chemise en carreaux dans des tavernes fantaisistes de l'Arizona, et des galops de vrais chevaux dans ces prairies près de rochers, c'est comme je traversais la foule qui se dispersait sous la pluie, dans la nuit froide et lourde où clignotaient les enseignes « Bovril », « Player's », « Evening News », tandis que les bus, un par un, quittaient leur enclos en éclaboussant, vers tous les quartiers de la ville, c'est comme je traversais cette foule aux visages de la même couleur que les tickets piétinés dont l'encre se dissolvait dans la boue, que je me suis retourné soudain, ayant entendu quelqu'un crier : « hello », ne croyant nullement que c'était à moi que cet appel s'adressait (car si je sais bien maintenant que cette voix ne pouvait être que la sienne, j'étais alors si loin de penser à lui, je m'attendais si peu à le revoir !), simplement par curiosité et par réflexe.

Le regard qui cherchait le mien dans la foule et la nuit, le regard qui s'était brouillé d'inquiétude et comme d'une atroce déception pendant les instants qu'il m'avait fallu pour l'identifier, a retrouvé son grand sourire au moment où je l'ai enfin reconnu, tandis que la voix lente, rauque, amère, et comme brûlée, avec cette prononciation pesante, écrasée, qui m'était pourtant plus compréhensible que celle des indigènes[2] de Bleston, cette prononciation si différente de la mienne, mais largement aussi mauvaise et qui ne s'améliorerait pas, disait sur un ton de soulagement :

« Je me demandais si vous auriez envie de vous souvenir de moi. »

MICHEL BUTOR, *L'Emploi du temps*, Éd. de Minuit, 1956.

1 Bourbon : *whisky américain.*
2 Indigène : *né dans le pays où il vit, autochtone.*

CHAPITRE 4 Les figures de style

Celui qui s'exprime utilise naturellement les figures de style. La figure fait en effet partie du processus du langage. Elle facilite l'expression de l'opinion et la manifestation des sentiments. On disait au XVIIe siècle qu'il se fait en une heure, parmi les maraîchers et les poissonniers des Halles, autant de figures qu'en une séance de l'Académie française.

Mais la figure de style fait aussi partie de l'histoire de la littérature. Utiliser des figures, c'est-à-dire substituer une forme recherchée à une forme immédiate ou familière, relève du travail du style. La substitution, l'opposition et l'insistance produisent un effet de surprise et de séduction. La figure est une beauté, un ornement du discours, qui ajoute de l'éclat ou de l'énergie à la pensée.

Le XXe siècle reconnaît l'importance des figures de style. Leur étude permet de comprendre les mécanismes du langage et de la pensée, et d'analyser le style d'un écrivain. La presse et la publicité utilisent également les figures de style dans un souci de communication, cherchant ce qui favorise la lisibilité et l'intérêt du message de presse, ou la persuasion dans le texte et l'image publicitaires.

Les figures de style permettent de mettre en relief l'objet du discours, d'exprimer avec force la pensée et de séduire le lecteur. L'analyse de ces figures révèle les caractéristiques de l'écriture d'un auteur. C'est ainsi que dans *Les Châtiments*, pour évoquer les troupes de Napoléon qui traversent l'Europe, comme dans son discours à la tribune du congrès de la Paix, Victor Hugo utilise les figures de style qui donnent puissance, énergie et densité au texte.

Quelles caractéristiques communes la confrontation des deux passages met-elle en évidence ?

TEXTE 1

L'empire : l'Europe en guerre

Dans cet extrait des Châtiments, *Victor Hugo évoque la débâcle de l'armée napoléonienne, surprise par l'hiver aux portes de Moscou.*

Il neigeait. On était vaincu par sa conquête.
Pour la première fois l'aigle baissait la tête.
Sombres jours ! l'empereur revenait lentement,
Laissant derrière lui brûler Moscou fumant.
Il neigeait. L'âpre hiver fondait en avalanche.
Après la plaine blanche, une autre plaine blanche.
On ne connaissait plus les chefs ni le drapeau.
Hier la grande armée, et maintenant troupeau.
On ne distinguait plus ni les ailes ni le centre.
Il neigeait. Les blessés s'abritaient dans le ventre
Des chevaux morts ; au seuil des bivouacs[1] désolés
On voyait des clairons à leur poste gelés,
Restés debout, en selle et muets, blancs de givre,
Collant leur bouche en pierre aux trompettes de cuivre.
Boulets, mitraille, obus, mêlés aux flocons blancs,
Pleuvaient. Les grenadiers[2], surpris d'être tremblants,
Marchaient pensifs, la glace à leur moustache grise.
Il neigeait, il neigeait toujours ! La froide bise
Sifflait ; sur les verglas, dans des lieux inconnus,
On n'avait pas de pain et on allait pieds nus.
Ce n'étaient plus des cœurs vivants, des gens de guerre :
C'était un rêve errant dans la brume, un mystère.

VICTOR HUGO, *Les Châtiments*, 1853.

1. Bivouacs : *lieux où la troupe s'est arrêtée* - 2. Grenadiers : *soldats d'élite.*

TEXTE 2

L'avenir : la paix en Europe

Président du congrès de la Paix à Paris, Victor Hugo évoque dans son discours d'ouverture, le 21 août 1849, un avenir de « paix universelle ».

Un jour viendra où la guerre paraîtra aussi absurde et sera aussi impossible entre Paris et Londres, entre Pétersbourg et Berlin, entre Vienne et Turin, qu'elle serait impossible et qu'elle paraîtrait absurde aujourd'hui entre Rouen et Amiens, entre Boston et Philadelphie. Un jour viendra où vous France, vous Russie, vous Italie, vous

Angleterre, vous Allemagne, vous toutes, nations du continent, sans perdre vos qualités distinctes et votre glorieuse individualité, vous vous fondrez étroitement dans une unité supérieure, et vous constituerez la fraternité européenne, absolument comme la Normandie, la Bretagne, la Bourgogne, la Lorraine, l'Alsace, toutes nos provinces, se sont fondues dans la France. Un jour viendra où il n'y aura plus d'autres champs de bataille que les marchés s'ouvrant au commerce et les esprits s'ouvrant aux idées. – Un jour viendra où les boulets et les bombes seront remplacés par les votes, par les suffrages universels des peuples, par le vénérable arbitrage d'un grand sénat souverain qui sera à l'Europe ce que le Parlement est à l'Angleterre, ce que la Diète est à l'Allemagne, ce que l'Assemblée législative est à la France ! Un jour viendra où l'on montrera un canon dans les musées comme on y montre aujourd'hui un instrument de torture, en s'étonnant que cela ait pu être ! Un jour viendra où l'on verra ces deux groupes immenses, les États-Unis d'Amérique, les États-Unis d'Europe, placés l'un en face de l'autre, se tendant la main par-dessus les mers, échangeant leurs produits, leur commerce, leur industrie, leurs arts, leurs génies...

VICTOR HUGO, « Discours d'ouverture du congrès de la Paix »,
21 août 1849, *Actes et Paroles I.*

1 Les figures de substitution

1. Au vers 2 du poème, Victor Hugo utilise une figure de substitution : il emploie le mot « aigle » pour désigner Napoléon. Quel est l'effet produit par cette substitution ?

2. Recherchez dans le poème et dans le discours des figures de substitution, c'est-à-dire des figures de style qui remplacent un mot par un autre mot ou une expression inattendus.

2 Les figures d'opposition

3. Au vers 1 du poème, Victor Hugo utilise une figure d'opposition : il met en parallèle dans la même phrase les mots « vaincu » et « conquête ». Quel est l'effet recherché par l'auteur à travers ce rapprochement ?

4. Repérez dans le poème et dans le discours d'autres figures d'opposition.

3 Les figures d'insistance

5. L'expression « Il neigeait » revient plusieurs fois dans le poème (vers 1, 5, 10, 18). Montrez qu'en utilisant cette anaphore, Victor Hugo joue sur le rythme du poème et insiste sur une thématique.

6. Repérez dans le discours une autre figure d'insistance, c'est-à-dire une autre figure fondée sur la répétition. Expliquez quel est l'effet recherché.

4 Les figures d'amplification

7. Victor Hugo déforme la réalité dont il parle pour en montrer la grandeur. Repérez, dans chaque texte, un passage qui utilise cet effet d'amplification.

Les figures de style rendent l'énoncé plus expressif tout en attirant l'attention du destinataire. Bien qu'étant souvent désignées par un terme savant, les figures de style sont fréquemment utilisées dans le langage courant. Elles constituent des tours de langage qui produisent des effets de sens particuliers.

1 Les figures de substitution

Dans une figure de substitution, on remplace un mot par un autre mot ou une expression inattendus. La nouvelle construction ajoute un effet poétique ou crée parfois un effet de surprise.

FIGURES ET EXEMPLES	CONSTRUCTION	EFFETS
La métonymie	« Boire un verre » : la métonymie désigne une chose par un terme proche de la chose désignée parce qu'il entretient avec elle une relation logique facilement identifiable.	La métonymie permet une désignation imagée et un raccourci d'expression. Elle peut désigner le contenant pour le contenu (« boire un verre »), l'instrument pour celui qui l'emploie (« une fine lame »), le lieu pour la chose (« un bon Bordeaux »).
La synecdoque	« Avoir un toit » : la synecdoque emploie, pour parler d'un être ou d'un objet, un mot désignant une partie de cet être ou de cet objet, ou la matière dont il est fait.	La synecdoque donne une vision fragmentée de la réalité et frappe, surprend par sa forme concentrée : « les cuivres et les bois » pour les instruments à vent.
La périphrase	« L'auteur de la *Comédie humaine* » : la périphrase remplace un mot par une expression équivalente et exprime les qualités de la réalité désignée sans la nommer.	La périphrase crée une attente, attire l'attention sur une qualité, permet d'éviter une répétition.
L'antiphrase	« C'est du joli ! » : l'antiphrase dit le contraire de ce que l'on veut faire entendre tout en ne laissant aucun doute sur le sens réel qu'on lui donne.	L'antiphrase provoque et soutient l'ironie, instaure une complicité entre le locuteur et le destinataire.

2 Les figures d'opposition

La figure d'opposition rapproche, dans un même énoncé, deux termes opposés afin de souligner leur contradiction. Elle met en évidence ce qu'il y a d'opposé ou de contradictoire entre deux notions, entre deux situations ou entre deux personnages.

1. L'antithèse

Elle présente deux idées opposées à l'intérieur d'un même groupe syntaxique (phrase, paragraphe ou strophe). Elle crée un effet de contraste entre deux termes (« capable du meilleur comme du pire »), parfois mis en valeur par la structure syntaxique.

- **Effet produit.** L'antithèse met en évidence un conflit d'idées ou de sentiments.

« Paris est tout petit
C'est là sa vraie grandeur. » (Prévert)

Les mots « petit » et « grandeur », très proches dans l'énoncé, s'opposent en fin de vers pour provoquer une opposition inattendue.

2. L'oxymore

Cette figure permet de relier étroitement dans la même expression deux termes évoquant des réalités contradictoires.

- **Effet produit.** En exprimant ce qui est inconcevable, l'oxymore crée une nouvelle réalité poétique.

« Je la comparerais à un soleil noir, si l'on pouvait concevoir un astre noir versant la lumière et le bonheur. » (Baudelaire)

3. Le chiasme

Dans le chiasme, on fait se suivre deux expressions contenant les mêmes éléments syntaxiques ou lexicaux, et dans la deuxième expression on intervertit leur ordre. Les énoncés s'opposent mais sont symétriques par leurs sons, leur rythme, leur sens ou leur syntaxe.

- **Effet produit.** Le chiasme établit une vision synthétique, souligne l'union ou renforce l'opposition entre deux réalités : *« Des cadavres dessous et dessus des fantômes »* (Hugo). Dans cet exemple, les termes sont symétriques et s'opposent par leur sens (« dessous » / « dessus ») et par leur disposition syntaxique (nom + adverbe // adverbe + nom).

3 Les figures d'insistance

Les figures d'insistance – ou d'accumulation – sont les plus simples et certainement les plus anciennes des figures de style. Elles peuvent assumer une fonction descriptive mais aussi, du fait des répétitions, mettre en évidence une idée obsessionnelle dont elles renforcent l'intensité.

FIGURES	PROCÉDÉ ET EFFET	EXEMPLE
Le parallélisme	On utilise une construction semblable pour deux énoncés. *Effet :* le parallélisme met en évidence une similitude ou une opposition.	« Il n'avait pas de fange dans l'eau de son moulin. / Il n'avait pas d'enfer dans le feu de sa forge. » (Hugo)
L'anaphore	On répète le même mot ou la même expression en tête de vers, de phrase, ou de paragraphe. *Effet :* l'anaphore met l'accent sur une idée, pour exprimer une obsession ou pour convaincre.	« Il y a des petits ponts épatants Il y a mon cœur qui bat pour toi Il y a une femme triste sur la route... » (Apollinaire)
La gradation	On fait se succéder des termes d'intensité croissante ou décroissante. *Effet :* la gradation produit un effet de grossissement, elle peut tendre à l'hyperbole.	« Je me meurs, je suis mort, je suis enterré. » (Molière)

7 ** **1. Repérez dans ces extraits les antithèses et les oxymores.**

2. Dites, pour chaque texte, quel est l'effet produit.

3. Que pensez-vous de la vision de l'homme proposée par Pascal dans le texte 1 ? Développez votre point de vue en un paragraphe argumenté. Utilisez une antithèse et un oxymore.

TEXTE 1

Quelle chimère[1] est-ce donc que l'homme ? Quelle nouveauté, quel monstre, quel chaos, quel sujet de contradiction, quel prodige ! Juge de toute chose, imbécile ver de terre ; dépositaire du vrai, cloaque[2] d'incertitude et d'erreur : gloire et rebut de l'univers.

PASCAL, *Pensées*, 1670.

1. Chimère : *monstre fabuleux* - 2. Cloaque : *amas d'ordures*.

TEXTE 2

Il me paraît qu'en général l'esprit dans lequel M. Pascal écrivit ses *Pensées* était de montrer l'homme dans un jour odieux. Il s'acharne à nous peindre tous méchants et malheureux. Il écrit contre la nature humaine à peu près comme il écrivait contre les jésuites : il impute à l'essence de notre nature ce qui n'appartient qu'à certains hommes ; il dit éloquemment des injures au genre humain. J'ose prendre le parti de l'humanité contre ce misanthrope sublime ; j'ose assurer que nous ne sommes ni si méchants, ni si malheureux qu'il le dit.

VOLTAIRE, *Lettres philosophiques*, Lettre XXV, 1734.

Identifier et analyser les figures d'insistance

8 * **Analysez l'amplification dans le texte suivant. Quelle est sa fonction ?**

Incroyable, insensé, inimaginable, fabuleux, fantastique ! On ne sait plus ce qu'il faut dire, crier, hurler, pour exprimer la réalité :
ON EST CHAMPION DU MONDE !

Extrait du *Parisien* du 13 juillet 1998.

9 ** **Relevez l'anaphore et précisez les effets produits par l'emploi de cette figure.**

OCTAVE. – Je ne sais point aimer ; Coelio seul le savait. La cendre que renferme cette tombe est tout ce que j'ai aimé sur la terre, tout ce que j'aimerai. Lui seul savait verser dans une autre âme toutes les sources de bonheur qui reposaient dans la sienne. Lui seul était capable d'un dévouement sans bornes ; lui seul eût consacré sa vie entière à la femme qu'il aimait, aussi facilement qu'il aurait bravé la mort pour elle. Je ne suis qu'un débauché sans cœur ; je n'estime point les femmes ; l'amour que j'inspire est comme celui que je ressens, l'ivresse passagère d'un songe. Je ne sais pas les secrets qu'il savait. Ma gaieté est comme le masque d'un histrion ; mon cœur est plus vieux qu'elle, mes sens blasés n'en veulent plus. Je ne suis qu'un lâche ; sa mort n'est point vengée.

ALFRED DE MUSSET, *Les Caprices de Marianne*, Acte II, scène 6, 1833.

10 ** **1. Relevez dans chacune des citations suivantes les parallélismes de construction.**

2. En vous aidant de l'encadré, indiquez pour chaque citation :
– le fonctionnement du parallélisme ;
– les effets recherchés.

- « L'intérêt parle toutes sortes de langues et joue toutes sortes de personnages, même celui du désintéressé. » (La Rochefoucauld, *Maximes*)
- « Les uns criaient : "Sainte Barbe !", les autres "Sainte Nitouche !", les autres "Notre-Dame de Cunault, de Lorette, de Bonnes Nouvelles...". Les uns se vouaient à saint Jacques ; les autres au saint suaire de Chambéry... Les uns mouraient sans parler, les autres mouraient en parlant, les autres parlaient en mourant. » (Rabelais, *Gargantua*)
- « De profil, une insolente minceur. De face, une souveraine assurance. » (Publicité pour les montres Oméga)

POUR ÉTUDIER LES CITATIONS

Les parallélismes de construction

Le parallélisme établit des correspondances entre deux éléments d'un énoncé, grâce à des répétitions de construction. Il souligne une similitude ou une opposition en répétant des tournures syntaxiques : articles, terminaisons, conjonctions ou prépositions identiques. Il crée un effet de symétrie ou de régularité, donne à l'énoncé un rythme binaire, voire ternaire, tout en facilitant sa lisibilité. C'est pourquoi le parallélisme est très utilisé en publicité.

Étudier l'euphémisme, la litote et l'hyperbole

11 * **L'euphémisme est une figure de style fréquente dans les articles de presse. Trouvez ceux qui, dans un journal, seraient employés à la place des mots ci-dessous. À votre avis, pourquoi les emploie-t-on ?**

Vieillards - pays sous-développés - pauvres - cancer - aveugle - sourd - chômeur.

12 * **La litote feint d'atténuer une vérité en utilisant une tournure moins forte, souvent négative. Repérez et expliquez les litotes utilisées dans les citations suivantes.**

- « Ce garçon-ci n'est pas sot, je ne plains pas la soubrette qui l'aura. » (Marivaux).
- « La grande modestie de l'homme n'est pas apparue dans les blasons. » (Michaux)
- « Ce n'est pas un mauvais sort que d'être jeune, beau et mince. » (Giraudoux)

13 ** **1. Relevez les hyperboles dans le texte suivant.**
2. Quels effets produit la multiplication des hyperboles dans le texte ?

Dans l'extrait suivant, Charlemagne fait un songe qui annonce les combats futurs.

Charles a levé son regard vers le ciel. Il y voit les tonnerres et les vents et les gelées, et les orages et les tempêtes prodigieuses, un appareil de feux et de flammes, qui soudainement choit sur toute son armée. Les lances de frêne et de pommier s'embrasent et les écus jusqu'à leurs boucles d'or pur. Les hampes des épieux tranchants éclatent, les hauberts et les heaumes d'acier se tordent ; Charles voit ses chevaliers en grande détresse. Puis des ours et des léopards veulent les dévorer, des serpents et des guivres[1], des dragons et des démons. Et plus de trente milliers de griffons[2] sont là, qui tous fondent sur les Français. Et les Français crient : « Charlemagne, à notre aide ! »

La Chanson de Roland, vers 1100 ;
Trad. Philippe Sellier.

1. Guivre : *serpent fantastique* - 2. Griffon : *animal fabuleux, doté d'un corps de lion, d'une tête et d'ailes d'aigle, d'oreilles de cheval et de nageoires de poisson.*

Analyser les figures de style

14 ** **1. Relevez et identifiez les figures de style présentes dans le texte suivant.**
2. Dans son article, quelle est l'opinion exprimée par la journaliste sur la langue actuelle ? Partagez-vous son point de vue ?

Notre monde est flou, c'est clair

« C'est clair. » Ils le disent tous, les jeunes et maintenant les moins jeunes, à la récréation, au téléphone, dans les bistrots : c'est devenu un tic collectif, un vrai prurit[1] verbal. L'assistante d'anglais est sympa, c'est clair. Le PSG a joué un match d'enfer, c'est clair. Le prof de math est une tache, c'est clair. Tu vas au concert de La Tordue ? C'est clair. Tu m'aimes un peu ? C'est clair. On le dit pour acquiescer, pour opiner, pour renchérir, pour abonder, bref, pour souligner qu'on est d'accord en évitant de le dire. Avant, on hoquetait OK, mais c'est ringard. Encore avant, on glissait un « entendu » très policé. Avec « c'est clair », on sort de la relation duale[2], on passe de la subjectivité à l'objectivité. On évacue sa phobie[3] des embrouilles. C'est clair, quoi, comme une évidence mathématique ou un cordage de marin bien lové.

Bref, ils le disent tous, et pourtant rien ne l'est, clair. On peut même avancer que le monde n'a jamais été aussi flou, sombre et compliqué.

Jacqueline Rémy, *L'Express*, 4 décembre 1997.

1. Prurit : *démangeaison* - 2. Duale : *relation de face-à-face* - 3. Phobie : *peur maladive.*

15 ** **Relevez, identifiez et analysez les figures de style dans le poème suivant. Montrez comment elles donnent de la force aux idées exprimées par le poète.**

Tandis que les crachats rouges de la mitraille
Sifflent tout le jour par l'infini du ciel bleu ;
Qu'écarlates ou verts, près du Roi qui les raille,
Croulent les bataillons en masse dans le feu ;

Tandis qu'une folie épouvantable, broie
Et fait de cent milliers d'hommes un tas fumant ;
– Pauvres morts ! dans l'été, dans l'herbe, [dans ta joie,
Nature ! ô toi qui fis ces hommes saintement !...
– Il est un Dieu, qui rit aux nappes damassées[1]
Des autels, à l'encens, aux grands calices d'or ;
Qui dans le bercement des hosannah[2] s'endort,

Et se réveille, quand des mères, ramassées
Dans l'angoisse, et pleurant sous leur vieux [bonnet noir
Lui donnent un gros sou lié dans leur mouchoir !

Arthur Rimbaud, « Le Mal », *Poésies*, 1870-1871.

1. Damassé : *recouvert d'un motif* - 2. Hosannah : *prières, louanges.*

ACTIVITÉS D'ÉCRITURE

16 ** RÉDIGER UN PASTICHE

1. Repérez l'anaphore dans le discours du roi. Justifiez son utilisation en étudiant les indications scéniques fournies par les didascalies.

2. Sur le même modèle, rédigez la tirade d'un père autoritaire. Adaptez les didascalies à cette nouvelle situation tout en conservant le ton du théâtre de l'absurde.

Le roi qui va mourir est en train de perdre tout pouvoir. Il voudrait retrouver sa toute-puissance pour échapper à la mort.

J'ordonne que des arbres poussent du plancher. *(Pause.)* J'ordonne que le toit disparaisse. *(Pause.)* Quoi ? Rien ? J'ordonne qu'il y ait la pluie. *(Pause. Toujours rien ne se passe.)* J'ordonne qu'il y ait la foudre et que je la tienne dans ma main. *(Pause)* J'ordonne que les feuilles repoussent. *(Il va à la fenêtre.)* Quoi ! Rien ? J'ordonne que Juliette entre par la grande porte. *(Juliette entre par la petite porte au fond à droite.)* Pas par celle-là, par celle-ci. Sors par cette porte. *(Il montre la grande porte. Elle sort par la petite porte, à droite, en face. À Juliette.)* J'ordonne que tu restes. *(Juliette sort.)* J'ordonne qu'on entende les clairons. J'ordonne que les cloches sonnent. J'ordonne que cent vingt et un coups de canon se fassent entendre en mon honneur. *(Il prête l'oreille.)* Rien !...

EUGÈNE IONESCO, *Le roi se meurt*, Éd. Gallimard, 1963.

17 ** COMMENTER L'EMPLOI D'UNE FIGURE DE STYLE

Identifiez et analysez les figures de style en italique dans le texte. Rédigez à chaque fois une explication qui identifie la figure étudiée, la cite puis associe sa construction à l'effet recherché par l'auteur.

Misérables médecins des âmes, vous criez pendant *cinq quarts d'heure*, sur quelques *piqûres d'épingle*, et vous ne dites rien sur *la maladie qui nous déchire en mille morceaux* ! Philosophes moralistes, brûlez tous vos livres. Tant que le caprice de quelques hommes fera loyalement égorger des milliers de nos frères, la partie du genre humain consacrée à l'héroïsme sera ce qu'il y a de plus affreux dans la nature entière.

Que deviennent et que m'importent l'humanité, la bienfaisance, la modestie, la tempérance, la douceur, la sagesse, la piété, tandis qu'une demi-livre de plomb tirée de six cents pas me fracasse le corps et que je meurs à vingt ans dans des tourments inexprimables, au milieu de cinq ou six mille mourants, tandis que mes yeux, qui s'ouvrent pour la dernière fois, voient la ville où je suis né détruite *par le fer et par la flamme*, et que les derniers sons qu'entendent mes oreilles sont des cris des femmes et des enfants expirant sous des ruines, le tout pour des prétendus intérêts d'un homme que nous ne connaissons pas ?

VOLTAIRE, article « Guerre », *Dictionnaire philosophique*, 1764.

18 *** COMMENTER UN POÈME

1. Dans ce poème repérez les figures suivantes : parallélisme, gradation, anaphore.

2. Quel est le thème du poème ? Comment ces figures de style contribuent-elles à le mettre en valeur ?

3. Rédigez votre commentaire.

Ô douleurs de l'amour !

Comme vous m'êtes nécessaires et comme vous m'êtes chères.
Mes yeux qui se ferment sur des larmes imaginaires, mes mains qui se tendent sans cesse vers le vide.
J'ai rêvé cette nuit de paysages insensés et d'aventures dangereuses aussi bien du point de vue de la mort que du point de vue de la vie, qui sont aussi le point de vue de l'amour.
Au réveil vous étiez présentes, ô douleurs de l'amour, ô muses du désert, ô muses exigeantes.
Mon rire et ma joie se cristallisent autour de vous.
C'est votre fard, c'est votre poudre, c'est votre rouge, c'est votre sac de peau de serpent, c'est vos bas de soie... et c'est aussi ce petit pli entre l'oreille et la nuque, à la naissance du cou, c'est votre pantalon de soie et votre fine chemise et votre manteau de fourrure, votre ventre rond, c'est mon rire et mes joies, vos pieds et tous vos bijoux.
En vérité, comme vous êtes bien vêtue et bien parée.
Ô douleurs de l'amour, anges exigeants, voilà que je vous imagine à l'image même de mon amour, que je vous confonds avec lui...
Ô douleurs de l'amour, vous que je crée et habille, vous vous confondez avec mon amour dont je ne connais que les vêtements et aussi les yeux, la voix, le visage, les mains, les cheveux, les dents, les yeux...

ROBERT DESNOS, « Corps et biens » in *À la mystérieuse*, Éd. Gallimard, 1930.

CHAPITRE

5 La comparaison et la métaphore

Parce qu'elles rapprochent deux réalités différentes en créant un effet poétique, la comparaison et la métaphore représentent la figure de style par excellence. À travers elles se manifestent pleinement le talent de l'orateur, le génie de l'écrivain, la fantaisie du poète.

L'image s'appuie sur un effet de ressemblance qui doit s'imposer à l'esprit du lecteur. Pour Ronsard, la femme aimée resplendit comme une rose à l'aurore. Pour Bossuet, la mort retentit comme un coup de tonnerre. La Fontaine rapproche le concret et l'abstrait, l'animé et l'inanimé, le monde humain et le monde animal.

L'écrivain, mais aussi le journaliste, demandent à la comparaison et à la métaphore de stimuler l'imagination, de créer une réalité nouvelle, par des rapprochements inattendus. Zola évoque les « râles » de la locomotive, qu'il appelle « la bête humaine ». Le reporter Albert Londres, dans ses articles, invente la métaphore des « forçats de la route » pour désigner les coureurs du Tour de France. André Malraux raconte le « chuchotement de la douleur » du peuple de Shanghaï. L'image, cependant, peut apparaître comme une énigme qui stimule et provoque l'imagination du lecteur, comme dans les *Illuminations* de Rimbaud, la poésie surréaliste ou celle de René Char.

La comparaison et la métaphore, en associant deux univers différents, créent des images fondées sur l'analogie. Ces figures de style permettent de glisser de l'abstrait au concret, d'exprimer un jugement, de produire une émotion poétique.

Comment les figures d'analogie sont-elles utilisées dans un roman, un poème ou une pièce de théâtre ?

TEXTE 1

La comparaison et la métaphore

Aubignane est collé contre le tranchant du plateau comme un petit nid de guêpes ; et c'est vrai, c'est là qu'ils ne sont plus que trois. Sous le village, la pente coule, sans herbes. Presque en bas, il y a un peu de terre molle et le poil raide d'une pauvre oseraie[1]. Dessous, c'est un vallon étroit et un peu d'eau. C'est donc des maisons bâties là, juste au bord, comme en équilibre, puis, au moment où ça a commencé à glisser sur la pente, on a planté au milieu du village le pieu du clocher et c'est resté tout accroché. Pas tout : il y a une maison qui s'est comme décollée, qui a coulé du haut en bas, toute seule, qui est venue s'arrêter, les quatre fers d'aplomb, au bord du ruisseau, à la fourche du ruisseau et de ce qu'ils appelaient la route, là, contre un cyprès.

C'est la maison de Panturle.

Le Panturle est un homme énorme. On dirait un morceau de bois qui marche. Au gros de l'été, quand il se fait un couvre-nuque avec des feuilles de figuier, qu'il a les mains pleines d'herbe et qu'il se redresse, les bras écartés, pour regarder la terre, c'est un arbre. Sa chemise pend en lambeaux comme une écorce. Il a une grande lèvre épaisse et difforme, comme un poivron rouge. Il envoie la main lentement sur toutes les choses qu'il veut prendre, généralement ça ne bouge pas ou ça ne bouge plus. C'est du fruit, de l'herbe ou de la bête morte ; il a le temps. Et quand il tient, il tient bien.

JEAN GIONO, *Regain*, Éd. Grasset, 1930.

1. Oseraie : *lieu planté d'osier.*

TEXTE 2

La personnification

LES COQUELICOTS

Ils éclatent dans le blé comme une armée de petits soldats ; mais d'un bien plus beau rouge, ils sont inoffensifs.

Leur épée, c'est un épi.

C'est le vent qui les fait courir, et chaque coquelicot s'attarde, quand il veut, au bord du sillon, avec le bleuet, sa payse[1].

JULES RENARD, *Histoires naturelles*, 1896.

1. Payse : *terme populaire désignant une habitante du même pays.*

TEXTE 3

La métaphore filée

CYRANO

Moi, c'est moralement que j'ai mes élégances.
Je ne m'attife pas ainsi qu'un freluquet,
Mais je suis plus coquet si je suis moins soigné ;
Je ne sortirais pas avec, par négligence,
Un affront pas très bien lavé, la conscience
Jaune encore de sommeil dans le coin de son œil,
Un honneur chiffonné, des scrupules en deuil.
Mais je marche sans rien sur moi qui ne reluise,
Empanaché d'indépendance et de franchise ;
Ce n'est pas une taille avantageuse, c'est
Mon âme que je cambre ainsi qu'en un corset,
Et tout couvert d'exploits qu'en rubans je m'attache,
Retroussant mon esprit ainsi qu'une moustache,
Je fais, en traversant les groupes et les ronds,
Sonner les vérités comme des éperons.

EDMOND ROSTAND, *Cyrano de Bergerac*, Acte I, scène 4, 1897.

1 La comparaison

1. La comparaison met sur le même plan deux réalités à l'aide d'un outil de comparaison. Relevez l'ensemble des comparaisons présentes dans le texte de Jean Giono.

2 La métaphore

2. La métaphore établit la même relation d'analogie que la comparaison, mais sans mot outil : « Aubignane est collé contre le tranchant du plateau. » Relevez d'autres exemples de métaphores utilisées par Giono. Analysez à chaque fois l'image créée par l'auteur.

3. Une même métaphore traverse la tirade de Cyrano. Laquelle ? Expliquez et justifiez le choix de cette métaphore filée créée par l'auteur.

4. À partir de quel réseau lexical l'auteur construit-il cette métaphore filée ? Relevez les termes qui le composent.

3 La personnification

5. Relevez l'ensemble des comparaisons et des métaphores développées par Jules Renard dans son texte. Quel est l'effet produit ?

6. Quels comportements, quels sentiments humains l'auteur prête-t-il au coquelicot ?

EXERCICES

ACTIVITÉS D'ÉCRITURE

14 * Créer des métaphores

1. Les images suivantes sont associées deux à deux. Quels points communs voyez-vous entre ce qu'elles représentent ?

2. En vous aidant des points communs que vous avez décelés, rédigez pour chaque couple une comparaison puis une métaphore.

15 ** Écrire un pastiche

1. Relevez et étudiez la métaphore filée présente dans l'extrait suivant. Indiquez quelle est sa fonction.

2. Récrivez ce texte de manière à lui donner une dimension humoristique et poétique : remplacez le terme pénicilline par le mot amour. Transformez ensuite le texte de façon à développer le réseau lexical de l'amour et des sentiments.

La pénicilline est une substance antibactérienne produite par un champignon minuscule, *Penicillium notatum*. Une arme fabriquée par un microbe pour se défendre contre d'autres microbes. Dès la fin du XIXe siècle, on découvre avec émerveillement cette guerre lilliputienne que se livrent les innombrables espèces de microbes depuis deux ou trois milliards d'années. On se passionne pour ces « petites vies » que Charles-Emmanuel Sédillot propose de baptiser « microbes » en 1878. On commence à savoir les cultiver, les distinguer. On identifie les responsables de maladies épouvantables. Et on les pousse au combat. Pasteur lui-même s'étonne des jeux de massacre interbactéries qu'il suscite dans ses éprouvettes.

Corinne Bensimon, « La pénicilline s'en va-t-en guerre », *Libération*, 2 octobre 1999.

16 * Expliquer une image

Cette image est celle d'un catalogue de livres. Expliquez sous la forme d'un paragraphe comment sa construction exploite le procédé de la métaphore.

Rafal Olbinski.
Catalogue Babel, 1999.

CHAPITRE 6 Le verbe

Le verbe lie entre eux les divers éléments constitutifs de la phrase. Il met en place l'énoncé minimal, c'est-à-dire ce qui est et ce qui se passe, que ce soit par rapport à un référent dans le réel, ou par rapport à un référent dans l'imaginaire.

Fondamental dans l'acte d'énonciation, le système verbal est à la fois riche, complexe, et très évolutif, si bien que dès le XVIIe siècle les grammairiens ont cherché à légiférer pour en fixer les usages et les emplois.

Dans la langue parlée, l'évolution de l'utilisation du verbe va en général vers la simplification : le subjonctif imparfait est tombé en désuétude, le passé simple semble en voie de disparition. Dans la langue écrite, les écrivains exploitent toutes les possibilités et provoquent une diversification de plus en plus grande des emplois des divers temps et modes. C'est ainsi que le récit au passé, qui jouait essentiellement de l'imparfait et du passé simple à l'indicatif, fait de plus en plus intervenir d'autres temps : le présent, comme le montre le jeu subtil de Nathalie Sarraute dans *Le Planétarium*, le passé composé et même, chez Claude Simon, le participe présent dans le déroulement de longues phrases.

Les trois textes qui suivent évoquent le poète Charles Baudelaire. Le premier fournit quelques repères chronologiques. Le deuxième raconte un épisode célèbre de l'histoire littéraire : la condamnation du chef-d'œuvre du poète, *Les Fleurs du mal*. Enfin, le troisième texte provient d'une encyclopédie.

Par quels moyens chacun de ces textes situe-t-il dans le temps les épisodes évoqués ?

TEXTE 1

Repères chronologiques autour des *Fleurs du mal*

Vie et Œuvre de Baudelaire	Événements politiques, sociaux et culturels
1845 Publication du *Salon de 1845* et de la traduction du *Scarabée d'or* d'Edgar Poe. (...)	
1851 Dénonciation du coup d'État. *Du vin et du haschisch.*	1851 Coup d'État du 2 décembre.
1852 Début de sa passion pour Apollonie Sabatier.	1852 Victor Hugo à Jersey.
	1853 *Les Châtiments* (V. Hugo).
1854 Publie les *Contes extraordinaires* de Poe.	1854 *Les Filles du feu* (Nerval).
1855 *L'Exposition universelle*, et dix-huit poèmes des futures *Fleurs du mal.*	1855 *Aurélia.* Suicide de Nerval.
1856 Commence la traduction des *Histoires extraordinaires.*	1856 Victor Hugo publie *Les Contemplations.*
1857 Mort du général Aupick. *Les Fleurs du mal* sont publiées chez Poulet-Malassis. Procès. Édition des *Nouvelles Histoires extraordinaires.* (...)	1857 Flaubert publie *Madame Bovary.*

DOMINIQUE RINCÉ, *Les Fleurs du mal*, Éd. Nathan, coll. « Balises », 1994.

TEXTE 2

Le procès des *Fleurs du mal*

Baudelaire, qui s'est fait couper les cheveux ras – toilette de guillotiné, diront les Goncourt en octobre –, se présenta en deuil : son beau-père, le général Aupick, était mort, sénateur, le 27 avril. Ernest Pinard, futur ministre de l'Intérieur de l'Empire en décomposition, requit contre l'auteur et les éditeurs des *Fleurs du mal* avec quelque embarras. Le poète fut condamné à 300 F d'amende, Poulet-Malassis et De Broise à 100 F chacun. Le jugement ordonnait la suppression de six poèmes, parmi les plus beaux du livre. Baudelaire fut étourdi de la condamnation. « Vous vous attendiez à être acquitté ? lui demanda Asselineau au sortir du Palais de Justice – Acquitté ! répondit le poète, j'attendais qu'on me ferait réparation d'honneur ! »

CLAUDE PICHOIS, Album Baudelaire *La Pléiade*, Éd. Gallimard, 1974.

TEXTE 3

Extrait de la biographie de Baudelaire

En 1839, il commence à fréquenter la bohème parisienne et à écrire. Mais son beau-père veut l'arracher à ce milieu délétère[1] et à cette vocation maudite par toute famille bourgeoise ; il l'envoie d'abord faire un voyage aux Indes qui prend fin à l'île Maurice (1841), puis il impose un conseil judiciaire sous prétexte qu'il dilapide l'héritage paternel. Baudelaire mène en effet une vie dissipée : il s'est lié avec une mulâtresse, Jeanne Duval, use de l'opium et du haschisch, tente de se suicider. Couvert de dettes et jouissant désormais d'une rente trop maigre, il est contraint d'écrire pour vivre ; les comptes rendus des salons, les traductions de Poe seront d'abord des besognes alimentaires. 1852 est l'année décisive : une rupture – temporaire – avec Jeanne, la rencontre de « l'ange gardien, la muse et la madone », Mme Sabatier, constituent un terrain favorable à l'éclosion des *Fleurs du mal*. L'année où paraît le recueil est en revanche celle d'une crise : fin du rêve Sabatier et agonie de l'idéal, enlisement dans l'aventure Duval, maladie, dettes, remords, angoisse, procès... Après la rupture avec Jeanne en 1862, définitive cette fois, Baudelaire vit quelques années pathétiques. Sa force physique et morale n'a cessé de se délabrer. Au cours d'un voyage en Belgique, en 1866, il est frappé par une attaque d'hémiplégie. Aphasique, immobilisé, il n'est plus jusqu'à sa mort prochaine qu'un regard chargé de mystère.

Henri Lemaître, Encyclopædia Universalis, 1997.

1. Délétère : *nuisible à la santé et à la morale.*

1 Les temps verbaux et le déroulement chronologique

1. Pourquoi les textes 1 et 3 sont-ils au présent ? Comparez ce choix avec celui du texte 2.

2. Dans le texte 2, recherchez une forme verbale marquant l'antériorité, et une forme verbale marquant la postériorité. Pourquoi ne trouve-t-on pas ces marques dans le texte 1 ?

2 La valeur d'aspect des temps

3. Relevez dans le texte 3 les deux occurrences du passé composé. Quelle est la valeur de ces passés composés ?

4. Dans le texte 2, pourquoi a-t-on l'imparfait dans « le jugement ordonnait » ?

3 La valeur modale

5. À quel mode appartient la forme verbale employée pour le dernier verbe du texte 2 ? Quelle en est la valeur ? Quel autre sens aurait pris la proposition si Baudelaire avait dit « qu'on me fît » ?

4 La valeur stylistique du passif

6. Relevez les deux verbes conjugués au passif dans le texte 3. Quelle est la valeur de ces passifs ?

7. Quelle autre valeur a le passif employé à la fin du texte 1 ?

Le temps d'un verbe, comme sa dénomination l'indique, situe l'action sur l'axe du temps. Mais il est aussi un moyen de caractériser la façon dont l'action se déroule. Son mode et la voix à laquelle il est conjugué sont aussi des éléments de construction du sens.

1 Les temps verbaux et le déroulement chronologique

Les temps situent l'action par rapport à un déroulement chronologique.

1. L'action extérieure à tout déroulement chronologique

L'action est intemporelle, ne renvoie à aucun moment particulier sur l'axe des temps. On emploie alors généralement le présent, mais aussi parfois le futur :

« Selon que vous serez puissant ou misérable, / Les jugements de cours vous rendront blanc ou noir. » (La Fontaine)

2. L'action située dans un déroulement chronologique

Dans le déroulement chronologique de l'action, un point de repère, c'est-à-dire un moment donné, permet de définir ce qui se passait avant et ce qui se passera après.

- Si ce point de repère est le moment de l'énonciation, le discours est alors au présent et les autres temps s'organisent selon ce schéma :

Imparfait *Passé simple* *Passé composé*	← *Présent* →	*Futur simple*

- Si ce point de repère est situé dans le passé, les temps s'organisent ainsi :

Plus-que-parfait *Passé antérieur*	← *Passé* → *(imparfait* *passé simple* *passé composé)*	*Futur du passé* *(les formes* *du conditionnel* *présent)*

- La volonté de rendre très vivant le passé peut conduire à employer le présent pour raconter le passé : on parle alors de présent de narration.

2 La valeur d'aspect des temps

Un temps verbal peut donner des indications sur le déroulement de l'action. C'est ce qu'on appelle la valeur d'aspect d'un temps.

1. L'aspect accompli/non accompli : les temps composés

Les temps composés ont une valeur temporelle, mais aussi une valeur aspectuelle. Ils signifient une action accomplie au moment repère. La distinction entre leurs deux valeurs s'effectue en fonction du contexte.

« J'ai lu le livre que tu m'avais conseillé » : le plus-que-parfait n'exprime que l'antériorité.
« Quand je suis arrivé, il avait mangé » : le plus-que-parfait souligne qu'il n'était plus question de se mettre à table avec lui.

2. L'aspect limitatif/non limitatif : l'imparfait et le passé simple

La distinction entre l'action perçue dans sa totalité (aspect limitatif), et l'action saisie en voie de réalisation, sans considérer son début et sa fin (aspect non limitatif), est fondamentale pour distinguer imparfait et passé simple : l'action délimitée au passé simple se détache sur fond d'imparfait non limitatif.

« Il neigeait quand il arriva » : on ne cherche pas à dire si la neige continuera ou non à tomber ; l'imparfait indique seulement le décor, la toile de fond sur laquelle se dessine l'événement, qui, lui, est parfaitement délimité dans le temps.

3. L'aspect itératif

Le passé simple ne peut être itératif – du latin *iterare*, qui signifie « répéter » – qu'exceptionnellement et accompagné de précisions lexicales (il recommença *trois fois*), mais le présent et l'imparfait peuvent l'être en fonction du contexte.

« Chez l'un ou chez l'autre, ils organisaient des dîners presque monstrueux, de véritables fêtes. » (Georges Perec)

3 La valeur modale

L'action exprimée par le verbe peut être considérée comme réelle, virtuelle ou irréelle. Les modes et les temps expriment ces différentes attitudes.

1. L'expression du réel

Le mode indicatif est par excellence le mode d'expression du réel, à tous les temps, même au futur, puisque dans ce cas l'action non encore réalisée est considérée comme devant se réaliser de façon certaine dans l'avenir.

2. L'expression du virtuel

Si la réalisation est liée au désir, à la volonté, on emploie alors l'impératif, qui exprime le souhait, l'ordre, et qui est relayé par le subjonctif aux temps que l'impératif ne possède pas. Si la réalisation dépend des événements, on emploie alors le conditionnel présent, qui exprime l'éventualité, l'hypothèse.

3. L'expression de l'irréel

Il existe deux types d'irréel :

– soit l'action n'a jamais pu être réalisée, on parle alors d'irréel du passé, traduit par le conditionnel passé (*il aurait aimé faire un long voyage*) ;

– soit l'action ne sera jamais réalisée et, dans ce cas, seul le contexte permet de faire la différence avec le virtuel, puisque dans les deux cas on peut employer le conditionnel présent. *« Si ma voiture était réparée, je pourrais sortir aujourd'hui »* est un virtuel (ou potentiel) si l'on a l'intention de demander la réponse au garagiste, et devient irréel si l'on sait déjà qu'elle est toujours en panne.

4 La valeur stylistique du passif

Pour créer dans une phrase ou dans un texte un effet de style, on peut employer les temps au passif plutôt qu'à l'actif.

1. Pour insister sur celui qui est le sujet de l'action à l'actif

Le passif permet de déplacer le sujet du verbe. Ce sujet, le thème de la phrase, en devenant complément, en devient le propos, il est ainsi mis en relief :

« *[Le gros lot a été gagné]* par mon voisin » donne plus d'importance au fait que ce soit le voisin que la phrase : « *[Mon voisin a gagné le gros lot].* »

2. Pour ne pas donner l'identité du responsable de l'action

Le passif donne plus d'impact à l'action (« *il a été condamné* » est plus fort que « *il a été condamné par le tribunal* ») et peut créer des sous-entendus.

3. Pour mieux montrer que l'action est subie par quelqu'un

Le passif permet de mettre en valeur et d'insister sur l'action elle-même et sur celui qui la subit :

« *Ce cheval est sans cesse battu par son propriétaire* » insiste sur ce que subit l'animal alors que « *ce propriétaire bat sans cesse son cheval* » met plutôt l'accent sur la responsabilité du propriétaire.

REPÈRE D'HISTOIRE LITTÉRAIRE

Le passé composé

En latin, il existait une forme qu'on appelle le parfait, dont le passé simple est l'héritage. Mais il n'existait pas de passé composé. Dans l'histoire du français, le passé composé a concurrencé le passé simple, et les frontières entre les deux n'ont jamais été très stables.

Au XVIIe siècle, on a légiféré sur les temps du récit, en créant la règle des vingt-quatre heures, qui réservait le passé composé aux événements postérieurs à la dernière nuit écoulée. Racine respectait cette règle lorsque les personnages racontaient un événement, et l'Académie française reprocha à Corneille de faire dire au Cid : « Quand je lui fis l'affront », alors que l'événement s'était déroulé le jour même.

De nos jours, le passé composé a remplacé le passé simple à l'oral. À l'écrit, des romanciers adoptent volontiers le passé composé pour un récit situé dans le passé, comme Giono dans *Regain*, ou Michel Butor dans *La Modification*, ou Camus dans *L'Étranger*. L'intérêt du récit au passé composé provient de son lien avec le présent, puisqu'il est accompli dans le présent. Le récit devient plus proche du lecteur, plus ancré dans le moment de la lecture.

Analyser les temps verbaux

1 * **Repérez les temps employés et expliquez leur rôle dans la chronologie du récit.**

Le narrateur décrit le spectacle que le neveu de Rameau offre aux clients du café de La Régence.

Tous les pousse-bois avaient quitté leurs échiquiers et s'étaient rassemblés autour de lui. Les fenêtres du café étaient occupées, en dehors, par les passants qui s'étaient arrêtés au bruit. On faisait des éclats de rire à entr'ouvrir le plafond. Lui n'apercevait rien ; il continuait, saisi d'une aliénation d'esprit, d'un enthousiasme si voisin de la folie qu'il est incertain qu'il en revienne, s'il ne faudra pas le jeter dans un fiacre et le mener droit aux Petites-Maisons[1].

DENIS DIDEROT, *Le Neveu de Rameau*, écrit en 1762.

1. Petites-Maisons : *hospice pour les malades mentaux.*

2 ** **Ce texte est un récit au passé. Expliquez l'intrusion du présent.**

Le commissaire Malandre, en chemise cachou et souliers jaunes, salua son reflet dans le miroir en pied du vestiaire et resserra le cordon qui lui servait de cravate. Je suis au plein de mes forces. Les femmes baissent les yeux. L'affaire Sénevé que je croyais ridicule devient la source d'un enchantement. J'ai l'impression, mon ami, que la vie reprend un sens. Il empocha des cigarettes à bouts dorés qu'il avait confisquées lors d'un interrogatoire, traversa les bureaux qui sentaient le mâle, sortit de l'hôtel de police et se dirigea vers le jardin public.

DANIEL BOULANGER, *Mes Coquins*, 1990, Éd. Gallimard.

3 *** ÉTUDE LITTÉRAIRE

1. Dans le premier paragraphe, étudiez la position de Pise et de Gênes pour savoir dans quelle direction va le train.

2. En vous appuyant sur les informations données par l'encadré, dites s'il s'agit du même voyage dans le deuxième paragraphe, et expliquez comment fonctionne le système des temps dans cet extrait.

Le héros de La Modification *utilise le « vous » pour dérouler sa vie intérieure.*

Le soleil achevait de se coucher quand vous êtes arrivé à Pise ; il pleuvait sur Gênes tandis que vous déjeuniez au wagon-restaurant, et vous regardiez le nombre des gouttes d'eau augmenter de l'autre côté de la vitre ; vous avez passé la frontière vers une heure du matin, puis on a éteint la lumière et vous vous êtes endormi confortablement pour ne vous réveiller que vers les cinq heures du matin : entrouvrant le rideau bleu à votre droite, vous avez vu, interrompant la nuit encore complète, les lumières d'une gare dont vous avez pu lire le nom comme le train ralentissait : Tournus.

Au-delà de la fenêtre toujours aussi brouillée de pluie, se superposant à la série de pylônes réguliers comme un coup inattendu légèrement plus fort, un signal en damier tourne d'un quart de tour. Une secousse un peu violente fait sursauter le couvercle du cendrier sous votre main droite. De l'autre côté du corridor, au-delà de la vitre rayée d'une gerbe de petits fleuves semblables à des trajectoires de très lentes et très hésitantes particules dans une chambre de Wilson, un camion bâché lève d'énormes éclaboussures parmi les flaques jaunes de la route.

Cette fois-ci vous n'aurez pas besoin de retourner à l'Albergo Quirinale, ni de vous presser après le repas puisque vous rentrerez passer la soirée au cinquante-six via Monte della Farina, dans cette chambre que Cécile va bientôt quitter et que vous ne verrez plus qu'une ou deux fois par conséquent.

MICHEL BUTOR, *La Modification*, 1957, Éd. de Minuit.

POUR ÉTUDIER LE TEXTE

Les temps dans le Nouveau Roman

Le Nouveau Roman conteste la tradition du récit. Il ne s'organise pas en une histoire qui se déroulerait sur un axe des temps reproduisant la succession des faits dans le réel. Les romanciers considèrent que le système des temps est au service d'une construction du texte, et non pas de la construction d'un récit. Dans *La Modification*, le texte se construit sur trois axes temporels : le voyage en cours du narrateur qui rejoint définitivement sa maîtresse, le souvenir d'anciens voyages en train où le narrateur la rejoignait et l'imagination d'un avenir. Des éléments textuels permettent le passage d'un axe temporel à un autre.

Analyser les valeurs d'aspect

4 * **1. Relevez les deux verbes au plus-que-parfait. Lequel a une valeur d'aspect ? Pourquoi ?**

2. Relevez les imparfaits et les passés simples. Quelle est la distinction entre l'imparfait et le passé simple ? Mettez cette analyse en relation avec les indicateurs de temps présents dans le texte.

Le narrateur a été convoqué par son supérieur, M. Sureau.

Différentes images se succédaient dans mon esprit, quand, soudain, je m'aperçus que j'avais remué un peu le bras droit, l'index en avant et, tout de suite, je compris que j'avais envie de poser mon doigt là, sur l'oreille de M. Sureau.

À ce moment, le gros homme grogna dans le cahier, et sa tête changea de place. J'en fus, à la fois, furieux et soulagé. Mais il se remit à lire et je sentis mon bras qui recommençait à bouger doucement.

J'avais d'abord été scandalisé par ce besoin de ma main de toucher l'oreille de M. Sureau. Graduellement, je sentis que mon esprit acquiesçait. Pour mille raisons que j'entrevoyais confusément, il me devenait nécessaire de toucher l'oreille de M. Sureau, de me prouver à moi-même que cette oreille n'était pas une chose interdite, inexistante, imaginaire, que ce n'était que de la chair humaine, comme ma propre oreille.

GEORGES DUHAMEL, *Confession de minuit*, Éd. Mercure de France, 1925.

5 ** **1. Quelle est la valeur d'aspect des imparfaits de l'indicatif ?**

2. L'auteur emploie ensuite un autre mode. Repérez lequel.

3. Quelle indication cet emploi donne-t-il sur les personnages ?

4. Quelle relation peut-on faire avec la valeur de l'imparfait de l'indicatif ?

Ils consacraient parfois des soirées entières à boire, resserrés autour de deux tables rapprochées pour la circonstance, et ils parlaient, interminablement, de la vie qu'ils auraient aimé mener, des livres qu'ils écriraient un jour, des travaux qu'ils aimeraient entreprendre, des films qu'ils avaient vus ou qu'ils allaient voir, de l'avenir de l'humanité, de la situation politique, de leurs vacances prochaines, de leurs vacances passées...

GEORGES PEREC, *Les Choses*, Éd. Julliard, 1965.

6 ** **1. Quelle est la valeur d'aspect de l'imparfait (de la ligne 1 à la ligne 19) ? Quels indices permettent de répondre ?**

2. Quel est le mot clef de l'avant-dernière phrase (lignes 15 à 19) expliquant cette prédominance de l'imparfait ?

3. Quelle est la valeur d'aspect de la dernière phrase du passage ?

À Combray, tous les jours dès la fin de l'après-midi, longtemps avant le moment où il faudrait me mettre au lit et rester, sans dormir, loin de ma mère et de ma grand-mère, ma chambre à coucher devenait le point fixe et douloureux de mes préoccupations. On avait bien inventé, pour me distraire les soirs où on me trouvait l'air trop malheureux, de me donner une lanterne magique dont, en attendant l'heure du dîner, on coiffait ma lampe ; et, à l'instar des premiers architectes et maîtres verriers de l'âge gothique, elle substituait à l'opacité des murs d'impalpables irisations, de surnaturelles apparitions multicolores, où des légendes étaient dépeintes comme dans un vitrail vacillant et momentané. Mais ma tristesse n'en était qu'accrue, parce que le changement d'éclairage détruisait l'habitude que j'avais de ma chambre et grâce à quoi, sauf le supplice du coucher, elle m'était devenue supportable. Maintenant, je ne la reconnaissais plus et j'y étais inquiet, comme dans une chambre d'hôtel ou de « chalet », où je fusse arrivé pour la première fois en descendant de chemin de fer.

MARCEL PROUST, *Du côté de chez Swann*, 1913.

Identifier les diverses valeurs modales

7 * **Relevez les conditionnels présents. S'agit-il du virtuel ou de l'irréel du présent ? Quel élément du contexte vous permet de répondre sans hésitation à cette question ?**

ISABELLE. – Ainsi vous quitteriez Alcippe pour un [autre
De qui l'humeur aurait de quoi plaire à la vôtre ?
CLARICE. – Oui je le quitterais ; mais pour ce chan-[gement
Il me faudrait en main avoir un autre amant,
Savoir qu'il me fût propre, et que son hyménée
Dût bientôt à la sienne unir ma destinée.
Mon humeur sans cela ne s'y résout pas bien.

CORNEILLE, *Le Menteur*, Acte II, scène 2, 1644.

8 * **Rousseau imagine ce qu'il serait devenu s'il était resté apprenti à Genève. Quel est ici le temps dominant ? Quelle valeur modale a-t-il ? En vous référant à la dernière phrase, dites quelle tonalité ce mode donne à l'évocation ?**

J'aurais aimé mon état, je l'aurais honoré peut-être, et après avoir passé une vie obscure et simple, mais égale et douce, je serais mort paisiblement dans le sein des miens. Bientôt oublié sans doute, j'aurais été regretté du moins aussi longtemps qu'on se serait souvenu de moi.

Au lieu de cela... quel tableau vais-je faire ? Ah ! n'anticipons point sur les misères de ma vie !

JEAN-JACQUES ROUSSEAU, *Les Confessions*, 1782.

9 *** **Relevez dans cet extrait les impératifs, les subjonctifs et les conditionnels, et analysez la valeur de chacun d'eux dans son contexte.**

DE CIZ. – Est-ce que tu as souffert avec moi ?
Quelle est cette chose,
Jamais, si j'ai pu te la donner, dont je t'ai fait défense ?
YSE. – Plût au ciel que tu me défendisses quelque chose, et que tu me défendisses moi-même !
Après tout, je suis une femme, ce n'est pas si compliqué.
Que lui faut-il
Que sécurité comme la mouche-à-miel active dans la ruche bien fermée.
Et non pas une liberté épouvantable ? Ne m'étais-je pas donnée ?
Et je voulais penser que je serais maintenant tranquille,
Que j'étais garantie, qu'il y avait toujours quelqu'un avec moi
Pour me conduire, un homme, quelque idée que j'aie, quelqu'un
Qui saurait bien toujours être plus fort que moi.
Et qu'importe que tu me fasses mal pourvu que je sente
Que tu me serres et que je te sers,
Mais toi, qui te connaît, qui aura foi, qui trouvera en toi
De quoi comprendre et se dévouer ? Tu fuis, tu n'es pas là. Tu es comme un enfant faible et tendre,
Capricieux, caché, plein de mensonges et l'on ne peut rien voir dans tes yeux,
N'achève pas de partir : ne sois pas absent dans le milieu de ma vie !

PAUL CLAUDEL, *Partage de midi*, Éd. Gallimard, 1906.

Reconnaître les valeurs stylistiques du passif

10 * **Dans chacune de ces citations, relevez les verbes au passif et analysez l'effet produit par l'emploi du passif.**

- Quand on a une fois trompé, on ne peut plus être cru de personne ; on est haï, craint, détesté, et on est enfin attrapé par ses propres finesses. (Fénelon)
- S'il est ordinaire d'être vivement touché des choses rares, pourquoi le sommes-nous si peu de la vertu ? (La Bruyère)
- Commandez qu'on vous aime, et vous serez aimé. (Racine)

11 ** **La narratrice parle de la difficile jeunesse de son père. À votre avis, pourquoi cet épisode est-il raconté avec autant de verbes au passif ?**

Il est resté gars de ferme jusqu'au régiment. Les heures de travail ne se comptaient pas. Les fermiers rognaient sur la nourriture. Un jour, la tranche de viande servie dans l'assiette d'un vieux vacher a ondulé doucement, dessous elle était pleine de vers. Le supportable venait d'être dépassé. Le vieux s'est levé, réclamant qu'ils ne soient plus traités comme des chiens. La viande a été changée. Ce n'est pas *Le Cuirassé Potemkine*[1].

ANNIE ERNAUX, *La Place*, Éd. Gallimard, 1983.

1. Cuirassé Potemkine : *référence à la révolte des marins du* cuirassé Potemkine *en 1905 en Mer noire. Cet épisode de l'histoire russe est le sujet d'un film d'Eisenstein (1925).*

12 ** **Relevez les verbes conjugués au passif dans cet extrait.**

2. Pourquoi le passif contribue-t-il ici à l'ironie ?

Au plus fort de la guerre, l'attention des puissances belligérantes fut attirée par le problème de l'heure d'été, lequel, semblait-il, n'avait pas été envisagé dans toute son ampleur. On pressentait déjà que rien de sérieux n'avait été entrepris dans cette voie-là et que le génie humain, ainsi qu'il arrive si souvent, s'était laissé imposer par des habitudes.

MARCEL AYMÉ, « Le Décret », dans *Le Passe-Muraille*, Éd. Gallimard, 1943.

ACTIVITÉS D'ÉCRITURE

13 * TRANSFORMER UN TEXTE

1. Récrivez le texte avec les temps du passé habituellement utilisés dans un récit. Justifiez les choix entre le passé simple et l'imparfait.

2. En comparant texte au présent et texte au passé, dans un paragraphe, expliquez l'effet produit par l'emploi du présent de narration.

Les soldats partis du port désert où les rails étincellent aux rayons du soleil mourant, des chiens surgissent, ils se disputent un quartier de viande pourrie que les soldats ont tiré de sous la ferraille et traîné dans la poussière. La viande frappe l'asphalte, les dents des chiens claquent dans le silence bleu, les mouches s'abattent sur les chiens qui les mordent et les recrachent, sur la viande qui, secouée, les écrase. L'enfant, ses tempes déchirées par les boucles du casque, court sous les arbres, dans l'ombre fraîche et verte des fontaines antiques. Dans la poussière, éclats de verre, goulots acérés coupent les gencives des chiens furieux...

PIERRE GUYOTAT, *Tombeau pour cinq cent mille soldats*, Éd. Gallimard, 1967.

14 * RÉTABLIR LE TEXTE D'ORIGINE

Ce texte, rédigé au passé par l'auteur, a été mis au présent. Rétablissez tous les verbes dans leur conjugaison d'origine : imparfait, passé simple, plus-que-parfait.
Expliquez ce qui a motivé votre choix.

L'auteur se souvient que, tout jeune, il avait écrit de nombreuses pièces pour marionnettes.

Puis peu à peu *je m'enhardis* : *j'emporte* mes marionnettes au Luxembourg avec une serviette, *je choisis* une chaise dans une des allées des « Jardins anglais », *je m'accroupis* derrière cette chaise en masquant les pieds de la chaise avec ma serviette et *je fais* paraître les guignols enfilés à mes mains levées, entre les montants du dossier. La chaise *est* ainsi transformée en une petite scène fort acceptable. *Je joue et je parle* haut, comme pour moi tout seul. Mais *je sais* bien *ce que j'attends* et *qui ne manque pas* de se produire, dès la première fois au bout d'un quart d'heure : les enfants *interrompent* leurs jeux, *s'assoient* sagement sur des chaises et *contemplent* avec attention ce spectacle gratuit. Je me *fais* des amies par ce moyen, particulièrement une certaine Nicole, qui *doit* être de mon âge, et dont le visage *est parsemé* de taches de rousseur. *C'est* ma « fiancée » du moment, et elle m'*est* particulièrement chère parce que *j'obtiens* son affection par le moyen de mes inventions.

JEAN-PAUL SARTRE, *Carnets de la drôle de guerre*, Éd. Gallimard, 1995.

15 *** COMMENTER UN TEXTE

1. Faites la différence entre les valeurs du présent dans le premier paragraphe et dans le dernier.

2. Comment expliquer le passage au passé aux lignes 22-24 ?

3. Quel nouvel axe temporel introduit la dernière phrase ?

4. En vous aidant de vos réponses aux questions précédentes, faites en deux ou trois paragraphes un commentaire sur l'originalité du récit dans cette œuvre de Cendrars.

Le héros, Johann August Suter, veut aller vers l'ouest de l'Amérique pour faire fortune.

L'Ouest ? Qu'est-ce que c'est ? Qu'est-ce qu'il y a ? Pourquoi y a-t-il tant d'hommes qui s'y rendent et qui n'en reviennent jamais ? Ils sont tués par les Peaux Rouges ; mais celui qui passe outre ? Il meurt de soif ; mais celui qui traverse les déserts ? Il est arrêté par les montagnes ; mais celui qui franchit le col ? Où est-il ? Qu'a-t-il vu ? Pourquoi y en a-t-il tant parmi ceux qui passent chez moi qui piquent directement au Nord et qui, à peine dans la solitude, obliquent brusquement à l'Ouest ?

La plupart vont à Santa Fé, cette colonie mexicaine avancée dans les montagnes rocheuses, mais ce ne sont que de vulgaires marchands que le gain facile attire et qui ne s'occupent jamais de ce qu'il y a plus loin.

Johann August Suter est un homme d'action.

Il bazarde sa ferme et réalise tout son avoir. Il achète trois wagons couverts, les remplit de marchandises, monte à cheval armé du fusil à deux coups. Il s'adjoint à une compagnie de trente-cinq marchands qui se rendent à Santa Fé, à plus de 800 lieues. Mais l'affaire était mal montée, l'organisation peu sérieuse et ses compagnons, des vauriens qui s'égaillèrent rapidement. Aussi bien Suter y aurait tout perdu, car la saison était trop avancée, s'il ne s'était établi parmi les Indiens de ces territoires, aux extrêmes confins du monde civilisé, troquant et trafiquant.

BLAISE CENDRARS, *L'Or*, Éd. Denoël, 1925.

PARTIE I
LES OUTILS
DU DISCOURS

CHAPITRE 7 Les termes d'articulation logique

Les termes d'articulation logique sont des mots ou des locutions qui explicitent le rapport que l'on établit entre deux faits ou deux idées. Ce rapport peut être l'addition, l'explication, la cause, la conséquence, la condition, l'hypothèse, le but, la concession ou l'opposition.

Les rapports logiques, qui unissent les mots, les phrases ou les paragraphes entre eux, sont soulignés par l'emploi de ces termes d'articulation. Leur emploi permet de comprendre le déroulement de la pensée de l'auteur. « En effet » souligne par exemple la cause, tandis que « toutefois » marque l'opposition.

Mais la relation logique d'une phrase à l'autre peut également être implicite. Dans ce cas, aucun terme d'articulation ne la souligne. Seul le contexte permet au lecteur de comprendre la nature du lien logique qui unit les différents éléments du texte. La ponctuation, les temps verbaux, les marques de l'énonciation, la disposition en paragraphes constituent alors les indices qui facilitent l'analyse et la compréhension du raisonnement de l'auteur.

Les premières pages de *Vingt Mille Lieues sous les mers*, le roman de Jules Verne, évoquent une série de naufrages inexpliqués. Le roman met en scène les interrogations des scientifiques et de l'opinion publique sur l'origine de ces catastrophes.

Sur quels termes d'articulation logique le débat doit-il s'appuyer ?

TEXTE 1

L'origine des naufrages : les hypothèses envisagées

Alors qu'une série de naufrages reste inexpliquée et préoccupe gravement l'opinion publique mondiale, le professeur Aronnax, narrateur du roman de Jules Verne, débarque à New York.

À mon arrivée à New York, la question brûlait. L'hypothèse de l'îlot flottant, de l'écueil insaisissable, soutenue par quelques esprits peu compétents, était absolument abandonnée. Et, en effet, à moins que cet écueil n'eût une machine dans le ventre, comment pouvait-il se déplacer avec une rapidité si prodigieuse ?

De même fut repoussée l'existence d'une coque flottante, d'une énorme épave, et toujours à cause de la rapidité du déplacement.

Restaient donc deux solutions possibles à la question, qui créaient deux clans très distincts de partisans : d'un côté, ceux qui tenaient pour un monstre d'une force colossale ; de l'autre, ceux qui tenaient pour un bateau « sous-marin » d'une extrême puissance motrice. Or, cette dernière hypothèse, admissible après tout, ne put résister aux enquêtes qui furent poursuivies dans les deux mondes[1]. Qu'un simple particulier eût à sa disposition un tel engin mécanique, c'était peu probable. Où et quand l'eût-il fait construire, et comment aurait-il tenu cette construction secrète ? [...]

Le monstre revint donc à flot, en dépit des incessantes plaisanteries dont le lardait la petite presse et, dans cette voie, les imaginations se laissèrent bientôt aller aux plus absurdes rêveries d'une ichtyologie[2] fantastique.

JULES VERNE, *Vingt Mille Lieues sous les mers*, 1869.

1. Ici, les deux mondes sont l'Europe et l'Amérique - 2. Ichtyologie : *science qui étudie les poissons.*

TEXTE 2

L'origine des naufrages : l'explication retenue

Après avoir minutieusement examiné toutes les hypothèses envisagées, le professeur Aronnax, héros de Vingt Mille Lieues sous les mers, *expose dans un article la seule explication plausible des naufrages dans l'Atlantique.*

Il faut nécessairement admettre l'existence d'un animal marin d'une puissance excessive.

Les grandes profondeurs de l'océan nous sont totalement inconnues. La sonde n'a su les atteindre. Que se passe-t-il dans ces abîmes reculés ? Quels êtres habitent et peuvent habiter à douze ou quinze milles[1] au-dessous de la surface des eaux ? Quel est l'organisme de ces animaux ? On saurait à peine le conjecturer.

Cependant, la solution du problème qui m'est soumis peut affecter la forme du dilemme.

Ou nous connaissons toutes les variétés d'êtres qui peuplent notre planète, ou nous ne les connaissons pas.

Si nous ne les connaissons pas toutes, si la nature a encore des secrets pour nous en ichtyologie, rien de plus acceptable que d'admettre l'existence de poissons ou de cétacés, d'espèces ou même de genres nouveaux, d'une organisation essentiellement « fondrière[2] », qui habitent les couches inaccessibles à la sonde, et qu'un événement quelconque, une fantaisie, un caprice, si l'on veut, ramène à de longs intervalles vers le niveau supérieur de l'océan.

Si, au contraire, nous connaissons toutes les espèces vivantes, il faut nécessairement chercher l'animal en question parmi les êtres marins déjà catalogués, et dans ce cas, je serais disposé à admettre l'existence d'un *Narval géant*.

JULES VERNE, *Vingt Mille Lieues sous les mers*, 1869.

---

1. Milles : *unités de mesure maritime (1 800 m environ)* - 2. Fondrière : *qui vit dans les crevasses des profondeurs marines.*

1 L'addition

1. Dans le troisième paragraphe du premier texte, deux « solutions » sont mises en parallèle. Lesquelles ? Sur quels termes d'articulation ce rapprochement s'appuie-t-il ? Retrouvez dans le second texte un terme d'articulation qui exprime également l'alternative.

2 L'explication

2. Dans le premier paragraphe du texte 1, le narrateur apporte une explication qui justifie l'abandon d'une hypothèse. Quel est le terme d'articulation qui introduit cette explication ?

3 La cause et la conséquence

3. Deux causes à l'origine des catastrophes sont éliminées dans les deux premiers paragraphes du texte 1. Lesquelles ? Quel est le terme d'articulation logique qui les relie ?

4. Analysez la fonction de « donc » (ligne 8 du premier texte). La conjonction introduit-elle une cause ou une conséquence ? Justifiez votre réponse.

4 L'hypothèse et le but

5. Examinez le cheminement de l'explication dans le second texte. Le narrateur, avant d'aboutir à sa conclusion, formule plusieurs suppositions. Lesquelles ? Par quels termes d'articulation sont-elles introduites ?

6. À quelle conclusion le narrateur parvient-il ? Confirme-t-elle ou infirme-t-elle la thèse émise au début du second texte ?

Tout texte possède une logique interne. Son organisation souligne l'enchaînement des idées par la présence d'un terme d'articulation logique. Certaines idées sont ainsi mises en relief, en fonction du raisonnement suivi par l'auteur. Mais la relation logique n'est pas toujours explicitée. C'est le contexte qui permet alors de la déduire.

1 L'addition

1. La relation logique

L'addition ajoute une idée à une autre idée. Elle peut préciser l'ordre des éléments développés, les hiérarchiser en fonction de leur importance. Elle peut également les mettre en parallèle ou indiquer une alternative.

2. Les termes d'articulation

RELATION LOGIQUE	TERMES D'ARTICULATION
Additionner, préciser l'ordre des éléments, renchérir	Pour commencer : premièrement, d'abord, tout d'abord, en premier lieu, avant tout... Pour continuer : et, en outre, puis, de plus, par ailleurs, ensuite, de surcroît, qui plus est, en plus de, voire, et de plus, et même... Pour terminer : enfin, en dernier lieu, en définitive, en conclusion...
Mettre en parallèle, indiquer une alternative	D'une part... d'autre part, non seulement... mais encore, ni... ni, ou bien... ou bien, soit... soit, ou... ou...

2 La comparaison et l'explication

1. La relation logique

L'explication éclaire un mot, une situation, un phénomène en leur apportant une définition, des informations ou une description.

Elle peut aussi illustrer une idée au moyen d'un exemple ou d'une citation.

Elle peut enfin établir un rapport d'analogie entre deux idées ou deux situations de manière à éclairer l'idée défendue ou la situation constatée, au moyen d'une comparaison.

2. Les termes d'articulation

RELATION LOGIQUE	TERMES D'ARTICULATION
Expliciter	c'est-à-dire, en effet, en d'autres termes, d'ailleurs, effectivement...
Illustrer	par exemple, c'est ainsi que, c'est le cas de, notamment, comme...
Comparer	comme, tel, tel que, de même que, plus que, moins que, ainsi que, de la même façon, aussi... que, autant... que...

3 La cause et la conséquence

1. La relation logique

La cause souligne l'origine d'un fait, d'un phénomène ou d'une attitude tandis que la conséquence correspond à leurs résultats, à l'effet qu'ils entraînent. Cause et conséquence sont intimement liées.

2. Les termes d'articulation

RELATION LOGIQUE	TERMES D'ARTICULATION
Indiquer une cause	car, parce que, puisque, grâce à, par, en effet, en raison de, du fait que, vu que, sous prétexte que, à cause de...
Indiquer une conséquence	ainsi, c'est pourquoi, en conséquence, si bien que, de sorte que, donc, par conséquent, de telle façon que...

4 L'hypothèse et le but

1. La relation logique

L'hypothèse est une supposition sur laquelle repose une idée. Le but est l'objet qu'on se fixe, l'objectif à atteindre.

2. Les termes d'articulation

RELATION LOGIQUE	TERMES D'ARTICULATION
Supposer	si, au cas où, à la condition que, dans l'hypothèse où...
Préciser le but	pour, afin de, afin que, pour que, de peur que, en vue de, pour faire montre de...

5 L'opposition et la concession

1. La relation logique

L'opposition souligne une contradiction entre deux idées ou deux faits. La concession constate l'existence de faits ou d'idées apparemment contraires à l'idée défendue ou à la situation constatée, pour les rectifier ensuite.

2. Les termes d'articulation

RELATION LOGIQUE	TERMES D'ARTICULATION
Marquer une contradiction	au contraire, or, en revanche, mais, alors que, tandis que, et non, bien que, nonobstant, en dépit de...
Marquer une restriction ou une concession	cependant, néanmoins, pourtant, toutefois, quoique, au moins, tout au plus, même si, certes... mais, il est vrai que... cependant...
Rectifier	en réalité, en vérité, en fait...

6 Les liens logiques implicites

1. Le rôle de la ponctuation

La ponctuation donne une cohérence au texte. La simple juxtaposition peut jouer le rôle d'une articulation logique implicite entre deux phrases. La parenthèse, les deux points annoncent un exemple, une explication, une opposition, une cause ou une conséquence.

« Les bêtes n'ont point les suprêmes avantages que nous avons ; elles en ont que nous n'avons pas. » (Montesquieu)

Le point virgule qui sépare les propositions pourrait être remplacé par « mais ».

2. Le rôle de l'organisation grammaticale et de l'énonciation

Les indices personnels, les termes appréciatifs, affectifs ou modalisateurs, les modes et les temps verbaux donnent des indications sur la structure logique du texte. On peut aussi opposer le passé et le présent, formuler l'hypothèse ou le doute au moyen du jeu sur les temps verbaux.

« Vous chantiez ? j'en suis fort aise :
Eh bien ! dansez maintenant. » (La Fontaine)

Le terme appréciatif « fort aise » à la fin du vers oppose le passé (« vous chantiez ») au présent (« dansez maintenant »).

REPÈRE D'HISTOIRE LITTÉRAIRE

La ponctuation et les liens logiques

Dans l'Antiquité, en grec comme en latin, la ponctuation n'existait pas. On s'appuyait alors sur les termes d'articulation pour signaler le passage d'une phrase à une autre. La ponctuation commence à apparaître dans les manuscrits du Moyen Âge, mais de façon chaotique. Les troubadours, qui récitaient le texte devant une assistance, soulignaient de la voix les articulations du récit. Avec l'apparition de l'imprimerie, en 1470, la lecture silencieuse et individuelle se développe. Au lecteur, qui est seul devant le texte, la ponctuation doit désormais fournir des repères : la virgule, le point d'interrogation et le point d'exclamation, les deux points s'imposent progressivement... Dès lors, la ponctuation peut se substituer à l'utilisation des termes d'articulation pour marquer la cohérence de la pensée. ■

EXERCICES

Étudier l'addition et l'explication

1 *

1. Repérez, dans les extraits suivants, les explications et les exemples. Reliez, dans le premier texte, l'explication et les exemples au moyen d'un terme d'articulation.

2. Repérez dans le second extrait les termes d'articulation utilisés et expliquez la relation logique qu'ils établissent.

TEXTE 1

Le numérique, c'est le miracle de la multiplication des pains. Une foison de nouveaux canaux disponibles pour votre récepteur qui deviendra un terminal multimédia : jeux vidéo, lecteur compact-vidéo, télétexte, audiotexte, *pay per view* (programme de films ou de sport à la carte), canal d'achat.

JACQUES SÉGUÉLA, *Le futur a de l'avenir*, Éd. Ramsay, 1996.

TEXTE 2

Quant à l'intérêt du téléspectateur pour le numérique, il est triple. D'une part, les informations sont plus nombreuses, puisque la transmission en compression numérique permet le transport de cinq à huit fois plus d'informations que la technique analogique dans la même bande passante. D'autre part, l'image est de meilleure qualité. En outre, elle offre l'interactivité. Par exemple, un spectateur de match de football peut visionner autant de fois qu'il le souhaite les coups au but, tout en changeant d'angle comme s'il était lui-même le caméraman.

JEAN CLUZEL, *La Télévision*, Éd. Flammarion, 1996.

2 ***

1. Tous les termes d'articulation logique de ce passage sont en italique. Relevez et classez ceux qui expriment l'addition ou la comparaison.

2. Remplacez chacun des termes exprimant l'addition par un terme de même sens.

3. Quelle est la fonction des comparaisons ? Justifiez votre réponse.

Plus le même nombre d'habitants occupe une grande surface, *plus* les révoltes deviennent difficiles, *parce qu*'on ne peut se concentrer *ni* promptement *ni* secrètement, *et qu*'il est toujours facile au gouvernement d'éventer les projets *et* de couper les communications.

Mais plus un peuple nombreux se rapproche, *moins* le gouvernement peut usurper sur le souverain[1]: les chefs délibèrent *aussi* sûrement dans leurs chambres *que* le prince dans son conseil, et la foule s'assemble aussitôt dans les places que les troupes dans leurs quartiers.

L'avantage d'un gouvernement tyrannique est *donc* en ceci d'agir à grandes distances. À l'aide des points d'appui qu'il se donne, sa force augmente au loin *comme* celle des leviers.

Celle du peuple, *au contraire*, n'agit que concentrée : elle s'évapore et se perd en s'étendant, *comme* l'effet de la poudre éparse à terre, et qui ne prend feu que grain à grain.

Les pays les moins peuplés sont *ainsi* les plus propres à la tyrannie : les bêtes féroces ne règnent que dans les déserts.

JEAN-JACQUES ROUSSEAU, *Du contrat social*, 1762.

1. Le souverain : *le peuple, pour Rousseau.*

Étudier la cause et la conséquence

3 **

1. Sur quelle relation logique le raisonnement de l'auteur s'appuie-t-il ? Justifiez votre réponse.

2. Reformulez le passage en une phrase.

Les hommes peuvent faire des injustices, parce qu'ils ont intérêt de les commettre et qu'ils préfèrent leur propre satisfaction à celle des autres. C'est toujours par un retour sur eux-mêmes qu'ils agissent : nul n'est mauvais gratuitement. Il faut qu'il y ait une raison qui détermine, et cette raison est toujours une raison d'intérêt.

MONTESQUIEU, *Lettres persanes*, 1721.

4 **

1. Relevez les termes d'articulation logique présents dans l'extrait suivant.

2. « Or » marque l'opposition. Quelle est la relation logique soulignée par les autres termes ?

3. Quel est l'effet produit par la répétition du même terme d'articulation logique ?

4. Remplacez l'expression « Voici ma preuve » par un terme d'articulation indiquant la cause.

Il me paraît presque démontré que les bêtes ne peuvent être de simples machines. Voici ma preuve : Dieu leur a fait précisément les mêmes organes de sentiment que les nôtres ; donc, s'ils ne sentent point, Dieu a fait un ouvrage inutile. Or Dieu, de votre aveu même, ne fait rien en vain ; donc il n'a point fabriqué tant d'organes de sentiment pour qu'il n'y eut point de sentiment ; donc les bêtes ne sont point de pures machines.

VOLTAIRE, *Lettres philosophiques*, 1734.

Étudier l'hypothèse et le but

5 ** **1. À partir de quel point de départ, de quelle supposition absurde, le comique de l'extrait se développe-t-il ? Quelles sont les conséquences entraînées par cette supposition ?**

2. Repérez l'ensemble des termes d'articulation logique dans l'extrait suivant. Indiquez, à chaque fois, quelle est la relation logique exprimée.

3. L'utilisation des termes d'articulation logique participe également au comique du sketch. À votre avis, pourquoi ?

Actuellement, mon immeuble est sens dessus dessous. Tous les locataires du dessous voudraient habiter au-dessus ! Tout cela parce que le locataire qui est au-dessus est allé raconter par en dessous que l'air que l'on respirait à l'étage au-dessus était meilleur que celui que l'on respirait à l'étage en dessous ! Alors, le locataire qui est en dessous a tendance à envier celui qui est au-dessus et à mépriser celui qui est en dessous.

Moi, je suis au-dessus de ça ! Si je méprise celui qui est en dessous, ce n'est pas parce qu'il est en dessous, c'est parce qu'il convoite l'appartement qui est au-dessus, le mien ! Remarquez... moi, je lui céderais bien mon appartement à celui du dessous à condition d'obtenir celui du dessus ! Mais je ne compte pas trop dessus. D'abord, parce que je n'ai pas de sous ! Ensuite, au-dessus de celui qui est au-dessus, il n'y a plus d'appartement ! Alors, le locataire du dessous qui monterait au-dessus obligerait celui du dessus à redescendre en dessous. Or, je sais que celui du dessus n'y tient pas ! D'autant que, comme la femme du dessous est tombée amoureuse de celui du dessus, celui du dessus n'a aucun intérêt à ce que le mari de la femme du dessous monte au-dessus !

Alors, là-dessus... quelqu'un est-il allé raconter à celui du dessous qu'il avait vu sa femme bras dessus, bras dessous avec celui du dessus ? Toujours est-il que celui du dessous l'a su ! Et un jour que la femme du dessous était allée rejoindre celui du dessus, comme elle retirait ses dessous... et lui, ses dessus... soi-disant parce qu'il avait trop chaud en dessous... Je l'ai su... parce que d'en dessous, on entend tout ce qui se passe au-dessus... Bref ! Celui du dessous leur est tombé dessus ! Comme ils étaient tous les deux saouls, ils se sont tapés dessus ! Finalement, c'est celui du dessous qui a eu le dessus !

RAYMOND DEVOS, *Sens dessus dessous*, Éd. Stock, 1976.

Étudier l'opposition et la concession

6 ** ÉTUDE LITTÉRAIRE

1. En vous aidant de l'encadré, étudiez le sens que prend « mais » dans chacune des citations suivantes.

2. Remplacez, dans chaque citation, la conjonction « mais » par un terme d'articulation exprimant le même relation logique.

- Les philosophes anciens se disputaient sur l'origine des idées, mais ils tombaient d'accord s'il s'agissait d'abhorrer le travail.
  LAFARGUE, *Le Droit à la paresse*, 1883.
- Des Esseintes haussa les épaules : – Tu n'y es pas ; oh, mais pas du tout, fit-il.
  HUYSMANS, *À Rebours*, 1884.
- Au temps des Grecs les astres étaient lointains et étrangers. Ces grands signes étaient arbitraires et absolus. Mais maintenant nous sommes dans les astres. ALAIN, *Les Saisons de l'esprit*, 1908.
- « Excusez, monsieur, dit-il à Derville en l'arrêtant par le bras, si je prends la liberté de vous parler, mais je me suis douté, en vous voyant, que vous étiez l'ami de notre général. »
  BALZAC, *Le Colonel Chabert*.
- Alors, je pris la parole et je racontai ce que croyais être la vérité, parlant, non en politique, mais en homme.
  DAUDET, *Souvenirs d'un homme de lettres*, 1888.

POUR ÉTUDIER LES CITATIONS

La coordination par « mais »

Cette conjonction de coordination revêt des sens multiples en fonction du contexte dans lequel elle est employée. On peut identifier quatre grandes fonctions de la conjonction « mais » :
– elle souligne une opposition (« Il est pauvre mais son père est riche ») ;
– elle traduit une concession, une correction (« Il est riche mais généreux ») ;
– lorsqu'elle prolonge une négation, elle présente une justification du refus que l'on oppose (« Je n'y vais pas mais tu peux y aller si tu veux ») ;
– elle présente une explication (« Excusez-moi de vous déranger, mais je suis perdu »).

Analyser les relations logiques implicites

7 ** **1. Comment la relation logique implicite est-elle exprimée dans les citations suivantes ?**

2. Récrivez les phrases en explicitant la relation logique établie par les auteurs.

- « Messieurs, je vous ai fait sortir tantôt... À présent je vous prie de rester. »
  ALFRED DE MUSSET, *André del Sarto*, 1833.
- « Quand je me levai, ma voix tremblait de colère ; en l'approchant... c'était de crainte. »
  BALZAC, *Une lutte*, 1827.

8 ** **1. Recherchez dans l'extrait les relations logiques explicites. Indiquez à chaque fois leur valeur.**

2. Repérez deux relations logiques implicites et explicitez-les par des termes d'articulation.

Dans l'espèce humaine l'influence du climat ne se marque que par des variétés assez légères, parce que cette espèce est une, et qu'elle est très distinctement séparée de toutes les autres espèces ; l'homme blanc en Europe, noir en Afrique, jaune en Asie, et rouge en Amérique, n'est que le même homme teint de la couleur du climat : comme il est fait pour régner sur la Terre, que le globe entier est son domaine, il semble que la nature se soit prêtée à toutes les situations ; sous les feux du Midi, dans les glaces du Nord il vit, il multiplie, il se trouve partout si anciennement répandu, qu'il ne paraît affecter[1] aucun climat particulier.

BUFFON, *Histoire naturelle*, 1761.

1. Affecter : *craindre.*

Analyser la construction d'un texte

9 ** **1. Étudiez l'ensemble des termes d'articulation logique utilisés dans le texte suivant.**

2. Dressez le plan du texte.

L'argot vivant grouille, fermente, résonne, rebondit et cascade dans les rues, les bistrots, les boîtes, les cités (de banlieue ou non), ou ailleurs. Car il y a deux façons de mourir, pour un mot de la marge : la désuétude (qui parlerait encore aujourd'hui de « cliquet » pour revolver, de « couache » pour tête ou de « dos-vert » pour maquereau ?), et la récupération par le français courant, banal. Qui s'aventurerait à affirmer en effet que, de nos jours, « flic » ou « fric » peuvent encore être considérés comme argotiques ? Il en a d'ailleurs toujours été ainsi : amadouer, baluchon, larbin, trac, truc et tant d'autres furent d'abord argotiques avant d'acquérir une belle respectabilité en intégrant le français dit central. La marge, donc, est ailleurs. Du côté des minorités, par exemple. Dans l'effervescence langagière des banlieues, très à la mode ces temps-ci. Dans les codages nombreux et variés qui entourent le trafic et la consommation de drogue (fléau comparable à ce qu'était l'ivrognerie au siècle dernier), et donc créateurs frénétiques de langage secret. La marge, elle est aussi dans le franglais rock ou rap largement repris par le jargon des boîtes plus ou moins branchées. On la trouve aussi dans les créations spontanées de la rue et du bistrot, même s'il est vrai qu'il n'y règne plus la même ambiance qu'autrefois. Et, bien sûr, dans l'élaboration d'un verlan de plus en plus travaillé, donc de plus en plus codé.

PIERRE MERLE, *Dico de l'argot fin de siècle*, Éd. du Seuil, 1996.

10 ** **Retrouvez les termes d'articulation à placer dans le texte, en fonction des indications données entre parenthèses.**

La voile est une affaire d'hommes « responsables ». Ce sont (*expliciter*) les représentants des classes moyennes et supérieures qui forment la majorité des passionnés. Les responsabilités d'un chef de bord sont (*expliciter*) écrasantes (*indiquer une cause*) la mer est toujours dangereuse, au moins potentiellement. Une erreur peut entraîner une catastrophe (*illustrer*) le révèle une observation des comptes rendus des accidents maritimes. Cet exercice des responsabilités dans un cadre à risque peut donner libre cours à des abus de pouvoir (*indiquer une cause*) il faut un seul chef à bord, qui dirige toutes les opérations en cas de besoin, la dérive est facile. Il arrive (*expliciter*) qu'un équipier débarque à la première escale.

(...) La navigation est, (*expliciter*), un exercice privilégié (*indiquer un but*) ses qualités viriles dans des situations dangereuses. (*illustrer*) des manœuvres de port par fort vent. Le plaisancier peut, dans de telles circonstances, exhiber son savoir-faire devant ses pairs (*additionner*) les badauds, (*marquer une contradiction*) en mer son public est constitué des seuls équipiers.

D'après MAURICE DUVAL, « Toutes voiles dehors, cap sur le rêve ! », *Passions ordinaires*, sous la direction de Ch. Bromberger, Bayard Éditions, 1998.

ACTIVITÉS D'ÉCRITURE

11 ** UTILISER DES TERMES D'ARTICULATION LOGIQUE

1. Complétez le texte suivant en ajoutant des termes d'articulation logique marquant l'addition (◆) ou l'opposition (❑).

2. Récrivez le texte en développant le point de vue suivant : entre l'écrit et l'image, il n'y a pas de différence de nature.

Entre l'écrit et l'image, voici la différence de nature : l'écrit est un code alphabétique tandis que l'image est une représentation brute de la réalité. De là tout découle. (◆) L'image se reçoit, (❑) l'écrit se visite. (❑) L'image est donnée, (◆) l'écrit s'acquiert. (◆) L'image se perçoit d'emblée, (❑) l'écrit se décrypte. (◆) L'image sollicite, séduit, capte, captive le récepteur, (❑) l'écrit implique le libre-arbitre et l'activité volontaire du lecteur. Si bien que l'image transmet plus volontiers de l'impression et de l'émotion, (❑) l'écrit privilégie les champs d'un esprit en activité : l'idée, la pensée formelle, la définition, la précision, la critique.

CLAUDE IMBERT, « Vive l'écrit », *Le Point*, 16 novembre 1991.

12 ** POURSUIVRE UNE ARGUMENTATION

1. Quel est le point de vue exprimé par l'auteur de chacun de ces textes ?

2. Le second texte utilise des liens logiques implicites. Remplacez ces liens implicites par des termes d'articulation logique.

3. Poursuivez le second texte en adoptant le même ton ironique que celui adopté par l'auteur. Évoquez avec humour d'autres cas où il faut protéger le citoyen contre lui-même. Utilisez les termes d'articulation logique appropriés.

TEXTE 1

Il est possible d'imposer le port du casque dans des compétitions cyclistes et, dans un premier temps, il faut le rendre obligatoire dans les descentes de cols. Il n'est pas plus difficile de se mettre un casque sur la tête que de placer un journal sous son maillot. Nous avons vu, dans les Alpes, Chiappucci attacher son casque sur la barre de son vélo dans les ascensions et le mettre dans les descentes. Une telle obligation valoriserait le port du casque et favoriserait sa diffusion en dehors du sport cycliste.

CLAUDE GOT, *Libération*, 31 juillet 1995.

TEXTE 2

Il faut aller plus loin : rendre le casque obligatoire tout le temps. Pour tout le monde. Il l'est déjà en Vélosolex. La ceinture l'est en voiture, à l'avant et à l'arrière.

Mais ce dispositif réglementaire ne précise rien en matière de simple bicyclette ; n'évoque pas les risques d'accidents de cyclorameur chez les enfants de moins de sept ans. Ne mentionne en aucune façon les risques de chute de poutre d'un rebord de fenêtre (qu'on se rappelle la mort de Cyrano) : risque si réel qu'il justifierait à lui seul l'obligation de porter le casque, pour tout piéton urbain.

Or, s'il convient de protéger le citoyen contre lui-même, il faut être conséquent.

FRANÇOIS CAMÉ, *Libération*, 8 août 1995.

13 *** DÉVELOPPER UN POINT DE VUE

1. Relevez tous les liens logiques du texte.

2. Sur le même modèle, rédigez deux paragraphes expliquant qu'il existe deux sortes de courage : celui lié au quotidien et celui provoqué par des circonstances exceptionnelles.

Il y a deux sortes de mensonges : celui de fait qui regarde le passé, celui de droit qui regarde l'avenir. Le premier a lieu quand on nie d'avoir fait ce qu'on a fait, ou quand on affirme avoir fait ce qu'on n'a pas fait, et en général quand on parle sciemment contre la vérité des choses. L'autre a lieu quand on promet ce qu'on n'a pas dessein de tenir, et en général quand on montre une intention contraire à celle qu'on a. Ces deux mensonges peuvent quelquefois se rassembler dans le même ; mais je les considère ici par ce qu'ils ont de différent.

Celui qui sent le besoin qu'il a du secours des autres, et qui ne cesse d'éprouver leur bienveillance, n'a nul intérêt de les tromper : au contraire, il a un intérêt sensible qu'ils voient les choses comme elles sont, de peur qu'ils ne se trompent à son préjudice. Il est donc clair que le mensonge de fait n'est pas naturel aux enfants ; mais c'est la loi de l'obéissance qui produit la nécessité de mentir, parce que l'obéissance étant pénible, on s'en dispense en secret le plus qu'on peut, et que l'intérêt présent d'éviter le châtiment ou le reproche l'emporte sur l'intérêt éloigné d'exposer la vérité.

JEAN-JACQUES ROUSSEAU, *Émile ou De l'éducation*, 1762.

SYNTHÈSE

Écrire un texte

Écrire un texte, c'est prendre en compte à la fois l'ensemble et le détail. L'ensemble, c'est-à-dire l'écriture des paragraphes, respecte la situation d'énonciation et la cohérence du texte. La précision du détail concerne le lexique et le style de phrases, syntaxiquement correctes.

I - CHOISIR UN TYPE DE PARAGRAPHE

• Qui est le destinataire ?

Tout texte est écrit en fonction d'un destinataire, qu'il s'agisse d'un individu ou d'un groupe. Le choix du mode de communication doit être en conformité avec l'identité de ce destinataire.

– **Le niveau de langage.** Il varie en fonction du destinataire (voir p. 11). Il peut aller d'une langue très soutenue jusqu'à un niveau familier correspondant au mode de relation qu'on a l'habitude d'entretenir avec quelqu'un qu'on connaît très bien et qu'on tutoie.

– **L'implication du destinataire.** Le degré d'implication peut varier en fonction des effets à produire. Si l'on veut rester dans un cadre très général, on emploie peu la seconde personne et l'on ne pratique pas l'interpellation ; si l'on souhaite un contact très direct, on mêle la première personne à la seconde, on emploie éventuellement le *nous*.

• À quelle forme de discours appartiennent les paragraphes ?

En écrivant, on remplit une fonction : raconter, décrire, expliquer, convaincre.
L'organisation du paragraphe est en relation avec cette typologie.

– **Le paragraphe narratif.** Il peut être au présent de narration comme si les événements étaient en train de se dérouler, mais en général il est au passé. Les indicateurs de temps y sont nombreux, ainsi que les verbes d'action. Celui dont on décrit l'action est le sujet de la plupart des phrases. Les verbes sont nombreux, et ce sont surtout des verbes d'action.

– **Le paragraphe descriptif.** Il fait partie, le plus souvent, d'un récit ; l'imparfait domine ainsi que les indicateurs spatiaux. Les expansions du nom sont nombreuses, donnant ainsi des précisions concrètes pour que les personnes et objets évoqués puissent être « visualisés » par le lecteur.

– **Le paragraphe explicatif.** Il est écrit au présent de vérité générale. Il comporte des articulations logiques qui mettent en évidence les causes et conséquences, qui montrent l'enchaînement des processus. Le vocabulaire est spécialisé, correspondant au domaine scientifique, technique ou concret sur lequel s'exerce l'explication.

– **Le paragraphe argumentatif.** Il est écrit lui aussi au présent de vérité générale. Les articulations logiques y sont particulièrement nombreuses et diverses puisqu'il s'agit de démontrer. Plusieurs types de paragraphes sont possibles, en fonction du mode de raisonnement qu'on veut employer (voir p. 307).

II - ASSURER LA COHÉRENCE DU DISCOURS

• Les phrases sont-elles correctement construites ?

– **La phrase courte.** Si l'on rencontre quelque difficulté d'expression, il faut recourir à la phrase courte, comportant peu de propositions subordonnées. La construction de chaque subordonnée doit être soigneusement vérifiée : chaque verbe conjugué a-t-il un sujet avec lequel il est correctement accordé, la concordance des temps est-elle respectée, les pronoms relatifs (*qui, que, dont...*) sont-ils utilisés à bon escient ? Chaque verbe est-il construit avec le bon type de complément (direct, indirect) ?

– **La phrase complexe.** Les phrases complexes permettent souvent de développer les nuances de la pensée. On peut même enchâsser des subordonnées dans d'autres subordonnées. Il faut alors se montrer encore plus attentif à la concordance des temps, à l'existence d'une proposition noyau pour chaque subordonnée.

• Les phrases s'enchaînent-elles logiquement ?

– **Les articulations logiques.** Une articulation logique n'est pas toujours nécessaire, des phrases peuvent se juxtaposer. Mais souvent pour être bien compris il faut marquer clairement ce qui unit une phrase à la suivante : on identifie la relation dont il s'agit, et l'on choisit un terme correspondant (voir p. 72).

– **Les substituts lexicaux.** Les substituts lexicaux sont les termes ou expressions qu'on emploie pour évoquer sans ambiguïté, tout en évitant une répétition, ce dont il a déjà été question dans la phrase précédente. Les substituts peuvent être des pronoms, mais si le pronom ne permet pas un renvoi suffisamment clair, on peut employer un synonyme, voire une périphrase.

III - TRAVAILLER SON LEXIQUE

• Le lexique choisi est-il pertinent ?

Des problèmes peuvent se poser pour les termes qu'on n'a pas l'habitude d'utiliser. Une vérification dans le dictionnaire permet d'éviter de les employer à mauvais escient, en particulier lorsque plusieurs mots proches peuvent créer des confusions. Exemple : on verra dans le dictionnaire que *désintéressement* n'a pas le même sens que *désintérêt*, que *immoral* signifie autre chose que *amoral*.

Certains termes sont, par ailleurs, utilisés de façon impropre par de nombreuses personnes, et les divers dictionnaires des difficultés de la langue française rappellent le sens exact de ces mots. Exemple : *apporter* et *amener* ne sont pas synonymes ; il en est de même pour *décade* et *décennie*, etc.

• Le lexique peut-il être enrichi ?

Il faut évidemment éviter le recours aux mots passe-partout comme *faire*, *dire*, *chose*. Mais quel que soit le terme, on peut aussi recourir à un dictionnaire des synonymes pour trouver un mot plus exact, ou pour éviter une répétition. Exemple : le terme générique *journal* peut être remplacé par une multitude de termes plus précis (*quotidien*, *hebdomadaire*, *périodique*), d'un autre niveau de langue (*canard*), ou aux connotations négatives (*feuille de chou*)...

IV - AMÉLIORER SON STYLE

• Les maladresses sont-elles évitées ?

	PROBLÈME POSÉ	MOYEN D'Y REMÉDIER
LES RÉPÉTITIONS	signe d'un texte qui n'a pas assez été travaillé	recherche sur les substituts ou sur la richesse du lexique
LES PHRASES TROP LONGUES	style lourd et inélégant, manque de pauses	diviser la phrase en deux par un point, par deux-points, voire un point-virgule

• Les figures de style sont-elles pertinentes ?

Il n'est pas facile d'en trouver, ni de les utiliser de façon judicieuse car la figure de style doit se justifier.

Une anaphore rend un propos plus clair, à condition qu'elle ne prenne pas l'allure d'une répétition maladroite.

Une comparaison, ou une métaphore, peuvent donner plus d'intérêt à une narration et à une description, à condition qu'elles correspondent au niveau de langage adapté.

La périphrase permet de nommer de façon plus originale, mais elle doit pouvoir être comprise sans ambiguïté par le destinataire.

PARTIE II
LIRE, ÉCRIRE ET PUBLIER

CHAPITRE

8 Les étapes de la création

L'étude des carnets, des notes, du dossier préparatoire établi par l'écrivain, permet de déterminer les circonstances dans lesquelles une œuvre a pris naissance et s'est imposée à son esprit. Elle met en évidence l'élaboration progressive du texte, les premières étapes de son développement, depuis l'ébauche jusqu'à l'élaboration du plan, depuis le choix des personnages jusqu'à celui du titre.

Les brouillons révèlent alors toutes les difficultés de l'écrivain confronté à la rédaction de l'œuvre en cours, avec ses moments d'hésitation et d'enthousiasme : sur le manuscrit, les ratures et les ajouts témoignent de l'exigence du travail du style. Avec l'étude de la genèse d'une œuvre, on entre ainsi dans l'atelier d'écriture de l'auteur, dans la fabrique du texte.

Les brouillons de l'écrivain révèlent le travail d'écriture qui conduit à la version définitive de l'œuvre. Ratures, corrections, ajouts ou suppressions de termes constituent la dernière étape de la création.

Que révèle l'analyse du travail de Maupassant sur la première page du manuscrit du *Horla* ?

TEXTE 1

Le manuscrit

En 1886, Maupassant écrit une première version du Horla *: c'est un récit à la troisième personne. Un an plus tard, il récrit une seconde version de ce texte, cette fois à la première personne.*

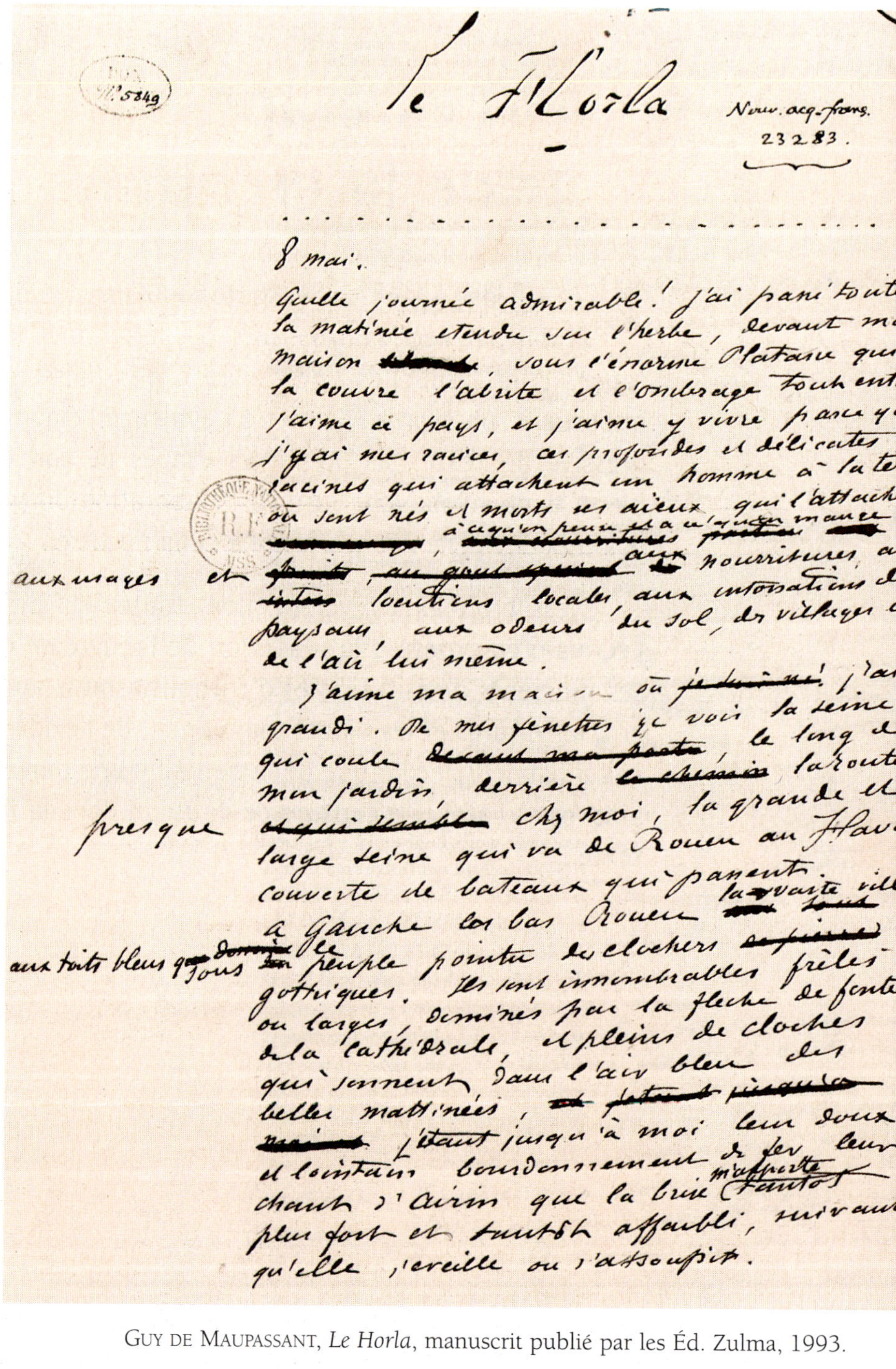

Le Horla

Nouv. acq. franç. 23283.

8 mai.

Quelle journée admirable ! J'ai passé toute la matinée étendu sur l'herbe, devant ma maison, sous l'énorme platane qui la couvre l'abrite et l'ombrage tout entière. J'aime ce pays, et j'aime y vivre parce que j'y ai mes racines, ces profondes et délicates racines qui attachent un homme à la terre où sont nés et morts ses aïeux, qui l'attachent à ce qu'on pense et à ce qu'on mange, aux usages et aux nourritures, aux locutions locales, aux intonations des paysans, aux odeurs du sol, des villages et de l'air lui-même.

J'aime ma maison où j'ai grandi. De mes fenêtres je vois la Seine qui coule le long de mon jardin, derrière la route, presque chez moi, la grande et large Seine qui va de Rouen au Havre couverte de bateaux qui passent. A gauche, là-bas Rouen la vaste ville aux toits bleus sous le peuple pointu des clochers gothiques. Ils sont innombrables, frêles ou larges, dominés par la flèche de fonte de la cathédrale, et pleins de cloches qui sonnent dans l'air bleu des belles matinées, jetant jusqu'à moi leur doux et lointain bourdonnement de fer, leur chant d'airain que la brise m'apporte, tantôt plus fort et tantôt affaibli, suivant qu'elle s'éveille ou s'assoupit.

GUY DE MAUPASSANT, *Le Horla*, manuscrit publié par les Éd. Zulma, 1993.

TEXTE 2

Les corrections de l'écrivain

Ce texte reproduit, dans la même disposition, le manuscrit, avec les ratures, modifications et ajouts effectués par l'auteur.

8 mai.
Quelle journée admirable ! J'ai passé toute
la matinée étendu sur l'herbe, devant ma
maison ~~blanche~~, sous l'énorme Platane qui
la couvre l'abrite et l'ombrage tout entière.
J'aime ce pays, et j'aime y vivre parce que
j'a/y ai mes racines, ces profondes et délicates
racines qui attachent un homme à la terre
où sont nés et morts ses aïeux, qui l'attachent
à ce qu'on pense et à ce qu'on mange aux
~~aux usages, aux nourritures particu aux~~
aux
aux usages et ~~fruits, au goût spécial de~~ nourritures[1], aux
~~inton~~ locutions locales, aux intonations des
paysans, aux odeurs du sol, des villages et
de l'air lui-même.
J'aime ma maison où ~~je suis né~~. j'ai
grandi. De mes fenêtres je vois la Seine
qui coule ~~devant ma porte~~, le long de
mon jardin, derrière ~~le chemin~~ la route
presque ~~et qui semble~~ chez moi, la grande et
large Seine qui va de Rouen au Havre,
couverte de bateaux qui passent.
la ~~fillis.]~~ vaste ville
A gauche là-bas Rouen ~~aux sous~~
le
aux toits bleus ~~que domine~~ sous ~~son~~ peuple pointu des clochers ~~en pierre~~
gothiques. Ils sont innombrables frêles
ou larges, dominés par la flèche de fonte
de la cathédrale, et pleins de cloches
qui sonnent dans l'air bleu des
belles mattinées, ~~et jetant jusqu'à~~
~~moi~~ et jetant jusqu'à moi leur doux
et lointain bourdonnement de fer leur
m'apporte
chant d'airin que la brise tantôt
plus fort et tantôt affaibli[2], suivant
qu'elle s'éveille ou s'assoupit.

1. aux usages comme aux nourriture – 2. tantôt plus affaibli

Guy de Maupassant, *Le Horla*, publié par les Éd. Zulma, 1993.

1 La naissance du projet

Maupassant est né et a grandi en Normandie. Repérez ce qui relève des souvenirs personnels de l'écrivain.

2 L'établissement du plan

Dans une première version de la nouvelle, le témoignage du narrateur commence ainsi : « Messieurs, je sais pourquoi on vous a réunis ici et je suis prêt à vous raconter mon histoire, comme m'en a prié mon ami le docteur Marrande. Pendant longtemps il m'a cru fou. » Repérez les changements intervenus dans l'organisation du récit, cité sur cette double page.

3 L'écriture de l'œuvre

Observez les corrections apportées par Maupassant. Classez-les en fonction de leur rôle : supprimer les termes inutiles, substituer des termes pour améliorer le style, ajouter des termes qui facilitent la compréhension du texte.

Du projet initial à la publication du livre, le texte passe, tout au long de son écriture, par les étapes successives de la création. S'arrêter à chacune de ces étapes permet de comprendre la genèse de l'œuvre, en suivant pas à pas le travail de l'écrivain.

I La naissance du projet

Avant la rédaction de son brouillon, l'écrivain fixe dans une ébauche les grandes lignes de l'œuvre à venir. Il réalise ensuite, à travers ses carnets, un dossier préparatoire.

1. L'ébauche

Le projet se développe à partir d'une esquisse initiale qui répond à cinq contraintes : le cadre, le thème, l'histoire, les rôles, le registre.

- **Définir un cadre.** L'écrivain fixe l'époque, le contexte social, le lieu géographique, les éléments du décor qui constitueront le cadre de l'œuvre.
- **Déterminer un thème.** L'écrivain détermine l'idée générale, le sujet, la matière de l'œuvre à développer.
- **Construire une histoire.** Un scénario indique les principales étapes de l'action du roman ou de la pièce de théâtre.
- **Répartir les rôles.** Les rôles des personnages se répartissent en fonction de l'histoire : héros, auxiliaires ou opposants.
- **S'inscrire dans un registre.** Le registre dominant est défini en fonction de l'atmosphère à créer : polémique, lyrique, réaliste, épique, fantastique, comique, tragique ou pathétique.

Par exemple, dans son ébauche d'*Une page d'amour*, Zola fixe à Paris, dans un quartier bourgeois, le cadre de son roman. Le thème est celui d'« un amour naissant et grandissant » confronté à la maladie. Il définit ainsi le registre à employer : « sans mensonge de poète, sans parti pris réaliste ».

2. Le dossier documentaire

La rédaction d'une œuvre s'appuie sur des observations, des réflexions, des recherches préalables. L'écrivain accumule dans ses carnets les matériaux qui lui sont nécessaires.

- **Les choses vues.** Le souvenir de paysages et de personnes, les impressions personnelles forment les données de base dont se sert l'écrivain. Elles peuvent être complétées par une enquête, un reportage sur les lieux où l'œuvre est située, des plans, des croquis, des dessins.
- **Les notes de lecture.** Les carnets servent aussi à recueillir les informations d'ouvrages spécialisés : atlas, encyclopédies, archives historiques, documents professionnels relatifs à la vie des métiers.

Par exemple, pour écrire son roman *Quatre-Vingt-Treize*, Victor Hugo se documente et prend des notes en lisant *La Révolution* de Quinet, *L'Histoire de la Révolution française* de Louis Blanc, les *Lettres sur l'origine de la chouannerie* de Duchemin-Descepeaux.

2 L'établissement du plan

L'écrivain fixe l'architecture de l'œuvre qu'il divise en chapitres pour un roman, en actes pour une pièce de théâtre, en parties pour un recueil de poèmes. Il établit des fiches pour chacun de ses personnages. Il cherche le titre du livre.

1. La construction du plan

Le plan fixe la composition de l'œuvre. Il détermine la chronologie de l'action, distingue le contenu et le cadre des différents chapitres, scènes ou parties. Il en établit ainsi le sommaire détaillé.

2. Les fiches d'identité des personnages

L'écrivain prépare une fiche d'identité pour chacun de ses personnages. Il leur attribue un état civil, des traits physiques, un caractère et un rôle précis à jouer dans l'action, et surtout un nom propre qui restera dans la mémoire du lecteur : le Tartuffe de Molière, le Candide de Voltaire, Zazie de Queneau sont des personnages dont les noms désormais familiers se sont imposés à chacun.

3. Les listes de titres

Le titre doit représenter un résumé de l'œuvre, mais il faut aussi qu'il accroche le lecteur et lui donne envie de lire. Le titre peut faire l'objet de nombreuses modifications avant d'être définitivement retenu.

Par exemple, Guillaume Apollinaire intitule d'abord son recueil de poèmes *Le Vent du Rhin*, puis *Eau de vie*, avant de choisir *Alcools*. Certains écrivains établissent de vraies listes, comme Zola qui aligne 133 titres possibles avant d'intituler son roman *La Bête humaine*.

3 L'écriture de l'œuvre

De la première à la dernière phrase, l'écrivain reprend et corrige ses brouillons jusqu'à être satisfait de son travail.

1. L'importance de la première phrase : l'incipit

La première phrase introduit le lecteur dans l'œuvre. Elle peut s'imposer tout de suite à l'auteur, ou faire l'objet de nombreux remaniements. À travers les choix opérés par l'écrivain, on peut distinguer plusieurs types d'effets produits par l'incipit.

● **L'effet de réalité.** La première phrase fixe le cadre spatial et temporel de l'action, représente un personnage (qui est souvent le héros), indique le thème et le registre de l'œuvre :

> *« Le 15 septembre 1840, vers six heures du matin, le* Ville-de-Montereau, *près de partir, fumait à gros tourbillons devant le quai Saint-Bernard. »*
>
> (Flaubert, *L'Éducation sentimentale*)

● **L'effet de rupture.** La première phrase cherche à surprendre le lecteur, en l'introduisant au milieu de l'action ou en donnant des indications déroutantes ou mystérieuses, en rupture avec les habitudes du lecteur :

> *Père Ubu: Merdre !*
> *Mère Ubu: Oh ! voilà du joli, Père Ubu, vous estes un fort grand voyou.*
>
> (Jarry, *Ubu roi*, Acte I, scène 1)

● **L'effet de proximité.** La première phrase veut créer un lien avec le lecteur qu'elle interpelle ; elle s'adresse directement à lui, en établissant un rapport de confidence ou d'hostilité :

> *« Nous voici encore seuls. Tout cela est si lent, si lourd, si triste... Bientôt je serai vieux. »*
>
> (Céline, *Mort à crédit*)

2. La rédaction des brouillons

Les brouillons successifs témoignent des reprises, des corrections, des ratures qui conduisent à la version définitive du texte. Le travail de l'écrivain se manifeste des trois manières suivantes.

● **La suppression de termes.** L'écrivain améliore la lisibilité et le style de la phrase en supprimant ce qui paraît inutile, comme les informations redondantes, les répétitions de mots et les maladresses stylistiques :

Premier brouillon	Brouillon corrigé
« Je n'avais encore vu la beauté que dans ma famille : je restai dans une sorte d'étonnement inexplicable en l'apercevant sur le visage d'une femme étrangère. Chaque pas que je faisais maintenant dans la vie m'ouvrait une nouvelle perspective. »	*« Je n'avais encore vu la beauté que dans ma famille : je restai confondu en l'apercevant sur le visage d'une femme étrangère. Chaque pas dans la vie m'ouvrait une nouvelle perspective. »*

(Chateaubriand, *Mémoires d'outre-tombe*)

● **La substitution de termes.** L'écrivain remplace les mots répétés par des synonymes, recherche la précision par l'usage de termes techniques, produit un effet poétique en créant des images :

Premier brouillon	Brouillon corrigé
« Des bracelets à médaillon bordaient les corsages, scintillaient aux poitrines, remuaient sur les bras nus. »	*« Des bracelets à médaillon frissonnaient aux corsages, scintillaient aux poitrines, bruissaient sur les bras nus. »*

(Flaubert, *Salammbô*)

● **L'introduction de nouveaux termes.** L'écrivain amplifie l'effet du texte en ajoutant des éléments nouveaux, nécessaires à sa compréhension ou à sa richesse stylistique.

Premier brouillon	Brouillon corrigé
« Un renard tombé dans la fange, *Et de mouches presque mangé [...]. »* (La Fontaine, « Le Renard et les Mouches »)	*« Aux traces de son sang, un vieux* *[hôte des bois,* *Renard fin, subtil et matois,* *Blessé par des chasseurs et tombé* *[dans la fange,* *Autrefois attira ce parasite ailé* *Que nous avons mouche appelé. »* (La Fontaine, « Le Renard, les Mouches et le Hérisson »)

3. La dernière phrase : l'excipit

La dernière phrase, qu'on appelle excipit, la dernière réplique doivent marquer l'achèvement du roman ou de la pièce de théâtre. Le dernier vers constitue la chute, la pointe finale du poème.

L'excipit souligne la résolution de l'intrigue. Mais il peut aussi chercher un effet de surprise ou bien ouvrir l'histoire sur un thème nouveau :

« Nous voulons, tant ce feu nous brûle le cerveau,
Plonger au fond du gouffre, Enfer ou Ciel, qu'importe ?
Au fond de l'Inconnu pour trouver du nouveau. »

(Baudelaire, « Le Voyage », *Les Fleurs du mal*)

Dans le dernier vers du dernier poème des *Fleurs du mal*, Baudelaire crée un effet d'ouverture, à travers les mots « Inconnu » et « nouveau », mis en valeur par la typographie.

REPÈRE D'HISTOIRE LITTÉRAIRE

Les manuscrits

Au Moyen Âge, à l'époque classique et jusqu'au XVIIIe siècle, on ne connaît pas les manuscrits des auteurs : l'œuvre circule à travers les copies qui en sont faites. Pendant toute l'époque médiévale, les scribes apportent eux-mêmes des corrections, des variantes importantes aux textes qu'ils recopient, au point qu'on ne sait plus quelle en est la première version.

Mais, depuis le début du XIXe siècle, un intérêt nouveau pour les manuscrits apparaît. Le manuscrit – c'est-à-dire le texte écrit, corrigé, mis au net, de la main même de l'auteur – est désormais la trace matérielle, la trace personnelle d'une création : c'est avec émotion que l'on découvre les carnets et les brouillons que l'écrivain a laissés, après sa mort. Les collectionneurs, les musées, les bibliothèques recherchent les manuscrits, qui apportent des renseignements précieux sur l'élaboration de l'œuvre.

Au XXe siècle, Aragon fait, de son vivant, la donation de ses manuscrits aux chercheurs. Plus encore, Francis Ponge publie lui-même les brouillons de ses poèmes, révélant ainsi le processus de la création, en « mettant sur la table », comme il le dit, les états successifs de son travail d'écriture ■

Étudier l'ébauche d'une œuvre

1 * **Recopiez le tableau suivant et portez-y les indications fournies par Zola sur le cadre, la thématique, l'histoire, les rôles et les registres du roman qu'il ébauche.**

cadre	thèmes	histoire	rôles	registres

Je veux dans *Au Bonheur des Dames* faire le poème de l'activité moderne [...]. Comme intrigue d'argent, j'ai mon idée première d'un grand magasin absorbant, écrasant tout le petit commerce d'un quartier. Je prendrai les parents de Mme Hédouin[1], un mercier, une lingère, un bonnetier, et je les montrerai ruinés, conduits à la faillite. Mais je ne pleurerai pas sur eux, au contraire : car je veux montrer le triomphe de l'activité moderne ; ils ne sont plus de leur temps, tant pis ! ils sont écrasés par le colosse. Trouver une figure grande d'homme ou plutôt de femme, dans lequel je personnifierai le petit commerce agonisant. Une boutique qui ira en agonisant, absorbée par le grand magasin ; même je puis mettre cette boutique dans le pâté de maisons et la faire absorber ; ce qui donnerait le drame d'un immeuble longtemps convoité et enfin conquis : une histoire de bail, qui m'est absolument nécessaire, dans le développement de mon colosse.

Émile Zola, Ébauche du roman *Au Bonheur des Dames*, Éd. Gallimard, 1964.

1. Mme Hédouin : *personnage apparu dans le précédent roman de Zola. Elle sera la patronne du grand magasin « Au Bonheur des Dames ».*

2 * **1. Relevez dans le texte suivant les caractéristiques de la rédaction de l'ébauche : temps et mode employés, abréviations, répétitions, corrections.**

2. Quel est le thème suggéré par cette ébauche ?

Il serait debout en train de peindre et il y aurait
ds un coin de sa chambre une petite araignée
au dos gris filant sa toile scintillante
et il y aurait tt autour de lui tous les
objets familiers de ~~son~~ / sa vie tout entière
~~pos~~ / rassemblés sur la toile comme dans un souvenir ultime.

Georges Perec, *Cahier des charges de « La Vie mode d'emploi »*, Éd. Zulma.

3 ** **1. Confrontez l'ébauche des *Mémoires d'Hadrien* avec le résumé et la première page du roman. Quelle « vie connue, achevée, fixée » Marguerite Yourcenar choisit-elle pour son roman ? En quoi ce choix correspond-il aux souhaits émis dans l'ébauche ?**

2. Quelles solutions Marguerite Yourcenar a-t-elle imaginées pour « faire en sorte [que son personnage] se trouve dans sa propre vie dans la même position que nous » ?

L'ébauche : Prendre une vie connue, achevée, fixée (autant qu'elles peuvent jamais l'être) par l'Histoire, de façon à embrasser d'un seul coup la courbe tout entière ; bien plus, choisir le moment où l'homme qui vécut cette existence la soupèse, l'examine, soit pour un instant capable de la juger. Faire en sorte qu'il se trouve devant sa propre vie dans la même position que nous.

Marguerite Yourcenar, *Carnet de notes de « Mémoires d'Hadrien »*, Éd. Gallimard.

Le résumé de l'œuvre : Dans une lettre adressée à Marc-Aurèle, son petit-fils adoptif Hadrien dresse le récit de sa vie dans le but de se « mieux connaître avant de mourir ». Son accession au pouvoir, l'apogée de son règne et l'évocation de sa maladie permettent une méditation sur la recherche de la vérité.

Henri Mitterand, *Dictionnaire des grandes œuvres de la littérature française*, Dictionnaire Le Robert, 1992.

La première page du roman :

Mon cher Marc,

Je suis descendu ce matin chez mon médecin Hermogène, qui vient de rentrer à la Villa après un assez long voyage en Asie. L'examen devait se faire à jeun : nous avions pris rendez-vous pour les premières heures de la matinée. Je me suis couché sur un lit après m'être dépouillé de mon manteau et de ma tunique. Je t'épargne des détails qui te seraient aussi désagréables qu'à moi-même, et la description du cœur d'un homme qui avance en âge et s'apprête à mourir d'une hydropisie du cœur. Disons seulement que j'ai toussé, respiré, et retenu mon souffle selon les indications d'Hermogène, alarmé malgré lui par les progrès rapides du mal, et prêt à en rejeter le blâme sur le jeune Iollas qui m'a soigné en son absence. Il est difficile de rester empereur en présence d'un médecin, et difficile aussi de garder sa qualité d'homme.

Marguerite Yourcenar, *Mémoires d'Hadrien*, Éd. Gallimard, 1951.

Observer le dossier documentaire

4 ** **1. Le texte suivant est extrait des *Carnets* de Flaubert qui, avant d'écrire *Bouvard et Pécuchet*, entreprend un voyage de cinq jours afin de trouver le lieu où se déroulerait l'action de son roman.**
Relevez les termes qui permettent à Flaubert d'organiser le repérage minutieux des lieux.

2. Quelle est en général la forme des phrases ?

3. Pourquoi, selon vous, l'auteur a-t-il besoin de relever tous ces détails ? Sous quelle forme retrouvera-t-on ces notes dans le roman ?

Plateau de Mutrécy. Ayant Caen à gauche, un village à l'extrême gauche ; en face, au-delà de l'Orne, le terrain monte légèrement, petit bois, prés, avec des arbres çà et là. Juste en face, le chemin vicinal qui vient de la route de Caen. À droite, toits d'ardoise du village. On ne voit pas la rivière. Au premier plan, deux (grands) frênes seuls.

Roches (presque) à fleur de terre sous l'argile, grès rouge vineux. *Ils*[1] seront à une lieue derrière moi.

GUSTAVE FLAUBERT, *Carnets de travail*, publiés par P.-M. de Biasi, Éd. Balland, 1988.

1. Ils : *Bouvard et Pécuchet, les personnages.*

5 ** **1. Confrontez les deux textes qui suivent. Pour quelles raisons Balzac estime-t-il important de se documenter ?**

2. Quel est le réseau lexical dominant du premier texte ? Dans quel registre ce réseau lexical inscrit-il l'œuvre ?

TEXTE 1

« Ainsi l'air, l'eau distillée, la fleur de soufre, et les substances que donne l'analyse du cresson, c'est-à-dire la potasse, la chaux, la magnésie, l'alumine, etc., auraient un principe commun errant dans l'atmosphère telle que l'a faite le soleil. De cette irrécusable expérience, s'écria-t-il, j'ai déduit l'existence de l'*Absolu* ! »

HONORÉ DE BALZAC, *La Recherche de l'Absolu*, 1836.

TEXTE 2

Deux membres de l'Académie des Sciences m'ont appris la chimie pour laisser le livre vrai scientifiquement. Ils m'ont fait remanier mes épreuves jusqu'à dix ou douze fois. Il a fallu lire Berzélius, travailler à se tenir dans la science, et travailler son style, ne pas ennuyer de chimie les froids lecteurs de France en faisant un livre dont l'intérêt se base sur la chimie...

HONORÉ DE BALZAC, *Lettre à Mme Hanska*, 18 octobre 1834.

Étudier un plan

6 ** **1. Jean Giono, avant de rédiger un chapitre, en établit des plans très détaillés.**
Comment l'auteur signale-t-il les éléments importants du récit ? À quel type de passage chaque partie du second plan renvoie-t-elle : descriptif, narratif ou dialogue ?

2. Relevez et commentez, dans les plans successifs du chapitre II de son roman *Le Hussard sur le toit*, les modifications apportées.

3. Quelles transformations le récit subit-il ? Quelles préoccupations de l'auteur ces transformations mettent-elles en évidence ?

PLAN 1

Le petit garçon descendu d'une ferme, puis meurt. <u>Ils le soignent.</u> C'est après sa mort que le médecin et Angelo <u>se tutoient</u>.
Les pillards.
Les paniques
exploitation politique
attentats
barrages
s'éloigner des fleuves
des vallées

PLAN 2

1. Le petit garçon.
2. Au moment où ils vont partir pour la ferme.
3. Le petit garçon malade ; le soignent[1] toute la nuit.
4. Mort.
5. Aube.
6. Le jeune homme[2] malade.
7. Angelo le soigne tout le jour suivant ses indications.
8. Puis toute la nuit.
9. Le jeune homme meurt.
10. Arrivée des soldats.
11. Dispute avec le capitaine.
12. Départ d'Angelo.

1. Le soignent : *Angelo et le médecin.*
2. Le jeune homme : *le médecin.*

ACTIVITÉS D'ÉCRITURE

III. De la tentation qu'eut le meurtrier sur la route ; quelle en fut la suite, et comment Gil Blas tomba dans Charybde en voulant éviter Scylla[1].

IV. Description du souterrain, et quelles choses y vit Gil Blas.

V. De l'arrivée de plusieurs autres voleurs dans le souterrain, et de l'agréable conversation qu'ils eurent tous ensemble.

VI. De la tentative que fit Gil Blas pour se sauver, et quel en fut le succès.

VII. De ce que fit Gil Blas, ne pouvant mieux faire.

VIII. Gil Blas accompagne les voleurs. Quel exploit il fait sur les grandes routes.

IX. De l'événement sérieux qui suivit cette aventure.

X. De quelle manière en usèrent les voleurs avec la dame. Du grand dessein que forma Gil Blas et quel en fut l'événement.

ALAIN RENÉ LESAGE, *Histoire de Gil Blas de Santillane*, (extrait du sommaire), 1715-1735.

1. Tomber de Charybde en Scylla : *tomber d'un mal en un autre, pire encore.*

20 *** RÉDIGER, À PARTIR DES NOTES DE L'AUTEUR, UN PASSAGE DE ROMAN

1. Rédigez, à partir du dossier documentaire de Zola, une scène dans laquelle le personnage – un artiste peintre – découvre les réactions du public devant son premier tableau exposé au Salon :
– commencez par une description de la salle d'exposition ;
– faites entrer Claude Lantier, le personnage principal ; rédigez son portrait ;
– évoquez les remarques du public et les réactions du peintre.

2. Travaillez votre brouillon :
– améliorez sa lisibilité et son style : suppressions, substitutions ou ajouts de termes ;
– soignez particulièrement la première et la dernière phrase.

La salle d'exposition

La galerie autour, on y expose l'architecture, les dessins. Miroitement de vitres, taches des aquarelles. [...] En face, le trou noir du buffet, avec les consommateurs. L'horloge au-dessus. Grouillement de la foule. Les gens debout, ceux qui marchent. Les dames assises. Les bancs très verts, neufs ; les chaises très jaunes, neuves.

Le public

Un coup de pluie dehors, et le public qui entre sent le chien mouillé. L'odeur spéciale, poussière, vernis vague, l'humanité. Froid et humide le matin, avec le courant d'air des portes sur la galerie, et peu à peu étouffé, très chaud l'après-midi, avec l'odeur de la foule et de la poussière soulevée. Ce qui éclate dans la foule des têtes, ce sont les fleurs des chapeaux des femmes, parmi les chapeaux noirs des hommes. Les tableaux éteignant les toilettes, la nature d'autre part tuant les tableaux. Les hommes ont des cannes, des paletots sur le bras. La tache du catalogue à la main. Des familles, la mère, les filles. Des curés, des soldats. Le sourd bruit des voix, mais dominé par le roulement des pieds.

Les mots entendus

« Très bien, mon cher, ton tableau. Oh ! le mien ne compte pas. – Épatant ! Idiot. – Vous avez vu ma machine ? – Non, où est-elle ? – Là-bas. – Bon ! – Et vous ? – Oh ! une bêtise. – Je ne comprends pas très bien ! – Oh ! cette horreur. »

Claude Lantier

Avec Claude Lantier, je veux peindre la lutte de l'artiste contre la nature, l'effort de la création dans l'œuvre d'art, effort de sang et de larmes pour donner sa chair, faire de la vie : toujours en bataille avec le vrai, et toujours vaincu, la lutte contre l'ange... Je grandirai le sujet par le drame, par Claude qui ne se contente jamais, qui s'exaspère de ne pouvoir accoucher de son génie... C'est une scène, toute la bourgeoisie se tordant, devant une toile vivante...

ÉMILE ZOLA, *Dossier documentaire de « L'Œuvre »*, Éd. Gallimard, 1966.

CHAPITRE

9 Le texte et ses contextes

Le texte s'inscrit dans un ensemble de contextes à travers lesquels s'exprime son appartenance à une histoire, à une société et à une culture. Il s'inspire de l'expérience personnelle de son auteur, des événements qui ont marqué sa vie.

Observateur des mœurs de ses contemporains, l'écrivain interroge son époque et la restitue dans ses œuvres. Mais il dialogue aussi avec les textes du passé, qu'il cite ou renouvelle, et ceux du présent, auxquels il fait écho. Le texte littéraire se développe à partir d'une tradition, à partir d'un genre, pour créer ensuite des perspectives nouvelles.

La publication de l'œuvre place le lecteur en position de juge. À travers ses préoccupations, son imaginaire, son style, l'écrivain peut faire coïncider son œuvre avec l'horizon d'attente de ses contemporains, ou, au contraire, les dérouter. Il doit alors attendre une nouvelle génération de lecteurs pour être pleinement reconnu.

Pour comprendre l'œuvre d'Apollinaire, comme pour comprendre toute œuvre littéraire, il est nécessaire de la replacer dans les différents contextes qui l'ont marquée : l'Histoire, le fonctionnement de la société, la vie artistique et littéraire ou encore la propre vie de l'auteur. L'œuvre dialogue à la fois avec la tradition en lui faisant écho et avec ses lecteurs, auxquels elle offre sa propre vision du monde.

Comment l'analyse de ces contextes éclaire-t-elle l'œuvre littéraire ?

TEXTE 1

Engagé volontaire, Guillaume Apollinaire rejoint le front en 1915. C'est là, dans les tranchées, qu'il écrit la plupart des poèmes qui composeront le recueil intitulé Calligrammes.

Fête

Feu d'artifice en acier
Qu'il est charmant cet éclairage
 Artifice d'artificier
Mêler quelque grâce au courage

Deux fusants[1]
Rose éclatement
Comme deux seins que l'on dégrafe
Tendent leurs bouts insolemment
IL SUT AIMER
 quelle épitaphe[2]

Un poète dans la forêt
Regarde avec indifférence
 Son revolver au cran d'arrêt
Des roses mourir d'espérance

Il songe aux roses de Saadi[3]
Et soudain sa tête se penche
Car une rose lui redit
La molle courbe d'une hanche

L'air est plein d'un terrible alcool
Filtré des étoiles mi-closes
Les obus caressent le sol
Parfum nocturne où tu reposes
 Mortification des roses

GUILLAUME APOLLINAIRE, *Calligrammes*, Éd. Gallimard, 1916.

1. **Fusant** : *obus qui éclate en plein vol* - 2. **Épitaphe** : *inscription sur un tombeau* - 3. *« Les Roses de Saadi », poème de Marceline Desbordes-Valmore, qui, à travers l'évocation du poète persan Saadi, reprend les thèmes traditionnels de l'amour et du temps qui passe, chers à Ronsard.*

TEXTE 2

Les roses de Saadi

J'ai voulu ce matin te rapporter des roses ;
Mais j'en avais tant pris dans mes ceintures closes
Que les nœuds trop serrés n'ont pu les contenir.

Les nœuds ont éclaté. Les roses envolées
Dans le vent, à la mer, s'en sont toutes allées ;
Elles ont suivi l'eau pour ne plus revenir ;

La vague en a paru rouge et comme enflammée.
Ce soir, ma robe encore en est tout embaumée...
Respires-en sur moi l'odorant souvenir.

MARCELINE DESBORDES-VALMORE, *Poésies posthumes*, 1860.

TEXTE 3

Le Matin, octobre 1915

Le Matin

EDITION DE PARIS — Vendredi 17 Septembre 1915

L'appel sous les armes de la classe 1917

LE PAYS PEUT ÊTRE FIER DE SA JEUNESSE

Le texte officiel du projet de loi

DANS LE SECTEUR D'ARRAS

LE DÉCOURAGEMENT ALLEMAND

UN AVEU SAISISSANT

La Pologne est leur tombeau

L'inconnue bulgare

LA TURQUIE N'EST PAS PRESSÉE DE CÉDER SES TERRITOIRES

"Journée calme"

Une du journal LE MATIN, octobre 1915.

1 Le contexte historique et biographique

1. Quels aspects du contexte historique se retrouvent dans le poème d'Apollinaire ? Confrontez ce poème avec la Une du journal *Le Matin*.

2. Dans son poème, Apollinaire, qui est alors soldat sur le front, exprime les sentiments ressentis face à l'expérience de la guerre. Relevez et étudiez la progression des sentiments exprimés.

2 Le contexte artistique

3. À sa mort, Apollinaire est considéré comme le porte-parole d'une poésie moderne. En quoi la suppression de la ponctuation peut-elle exprimer cette modernité ?

3 L'intertexte

4. Confrontez les deux textes et relevez dans le poème d'Apollinaire les termes qui renvoient aux « Roses de Saadi ».

L'étude d'une œuvre littéraire met en évidence les différents contextes de sa création : l'Histoire, la société, les mouvements artistiques et littéraires, la vie de l'auteur et les relations que l'œuvre entretient avec la tradition comme avec les lecteurs.

1 Le contexte historique et social

Chaque œuvre naît à une époque particulière, c'est-à-dire dans un contexte historique et social qui est aussi le cadre dans lequel l'écrivain a vécu et conçu son œuvre. L'analyse d'un texte prend en compte les événements historiques et le fonctionnement de la société au moment où il a été écrit.

1. Le contexte historique

Recréer le cadre historique, c'est éclairer le texte par le contexte politique de l'époque, par les événements et les hommes qui l'ont marqué : personnalités historiques, nature des régimes politiques, conflits idéologiques et religieux, guerres, révolutions.

Par exemple, c'est depuis son exil à Jersey que Victor Hugo écrit en 1853 *Les Châtiments*, contre le coup d'État de Napoléon III qui a renversé la République pour installer le Second Empire.

2. Le contexte social

Connaître le fonctionnement d'une société – c'est-à-dire l'état des rapports sociaux, les mentalités, les valeurs dominantes – permet de mieux comprendre les thèmes et les problématiques qui traversent le texte.

Par exemple, au XIXe siècle, l'essor de la société industrielle conduit Balzac ou Stendhal à écrire des romans réalistes dans lesquels l'argent et l'ascension sociale jouent un rôle déterminant : *Illusions perdues* ou *Le Rouge et le Noir*.

2 Le contexte artistique et littéraire

Une œuvre apparaît dans un contexte culturel. Elle participe à un vaste mouvement dans lequel tous les arts sont engagés. Elle s'inscrit dans un genre littéraire qui a lui-même une histoire et une tradition.

1. La participation à un mouvement

Identifier le mouvement artistique auquel appartient un auteur permet de mettre son œuvre en relation avec les autres arts ; la peinture, la musique, l'architecture et la littérature partagent un cadre esthétique général, les mêmes principes, les mêmes thèmes, des techniques analogues. L'adhésion à un mouvement peut aussi s'exprimer par la participation à un manifeste littéraire qui en fixe les principes.

Ainsi, par exemple, au XVIIe siècle, l'ordre, la raison et l'équilibre qui définissent le classicisme se retrouvent dans les tragédies de Corneille et de

Racine, les romans de Madame de La Fayette, les tableaux de Nicolas Poussin ou le château de Versailles construit à cette époque.

2. L'inscription dans un genre

Chaque œuvre – roman, pièce de théâtre, recueil de poèmes, essai – s'inscrit dans l'histoire du genre auquel elle appartient. Le genre a ses traditions, ses règles d'écriture. Connaître ces règles permet de mesurer l'originalité de l'auteur, qui écrit à la fois en les respectant et en les modifiant.

Au début du XXe siècle, par exemple, les œuvres poétiques de Blaise Cendrars ou de Guillaume Apollinaire sont écrites en vers libres, sans souci de la rime, sans ponctuation. Elles marquent une rupture avec les règles de la versification qui ont défini la poésie pendant des siècles.

3 Le contexte biographique

Toute œuvre contient des traces de la vie de son auteur. Connaître la biographie de l'écrivain permet ainsi de mieux comprendre le texte. On peut distinguer ce qui relève des années de l'enfance et les événements qui ont marqué la vie de l'écrivain devenu adulte.

1. La scène familiale

Le contexte familial dans lequel naît l'écrivain, le milieu social auquel il appartient, les paysages familiers de sa jeunesse exercent une influence déterminante. Les rapports avec les parents, les rêves, les angoisses forment la mémoire profonde de l'auteur, qui reviendra, à travers son œuvre, sur les premières impressions de l'enfance.

« Longtemps, je me suis couché de bonne heure. Parfois, à peine ma bougie éteinte, mes yeux se fermaient si vite que je n'avais pas le temps de me dire : "Je m'endors." » (Marcel Proust, « Du côté de chez Swann », *À la recherche du temps perdu*, 1913)

À la recherche du temps perdu, de Marcel Proust, est conçu comme une exploration des souvenirs enfouis de l'enfance. Tout au long du roman, le narrateur en restitue les saveurs, les parfums, les moments de peur et de plaisir.

2. L'expérience du réel

L'engagement de l'écrivain dans la vie professionnelle, ses voyages, ses rencontres, ses deuils, ses liaisons amoureuses, sa participation à la vie littéraire ou à la vie publique marquent profondément son œuvre.

Par exemple, à l'âge de trente et un ans, de 1768 à 1770, Bernardin de Saint-Pierre séjourne à l'île de France (La Réunion). La beauté des paysages exotiques, la vie des colonies inspireront son roman *Paul et Virginie*, publié vingt ans plus tard.

4 L'intertexte

L'intertexte est constitué par les rapports d'un texte avec les autres textes de la littérature. Étudier l'intertexte met en évidence les sources et le dialogue que toute œuvre entretient avec les œuvres contemporaines.

1. Les modèles antiques

Jusqu'à la fin du XVIIIe siècle, la théorie de l'Imitation engage les auteurs à s'inspirer des œuvres de l'Antiquité, qu'ils prennent pour modèle.

Au XVIIe siècle, par exemple, à l'âge classique, puisant dans les mythes et l'histoire de la Grèce et de Rome, les pièces de Corneille ou de Racine prennent pour modèles les tragédies antiques.

2. Les effets d'écho

L'écrivain peut être influencé par la lecture d'une œuvre, antérieure ou contemporaine, avec laquelle il instaure un rapport de complicité ou de rivalité :

	EXPLICATION	EXEMPLE
Allusion	L'auteur fait, dans son texte, référence à un autre texte, cite un titre, un auteur, un personnage ou une phrase célèbres.	*« Quant à mon jardin, nous continuâmes à le cultiver » :* Dans *Pierrot mon ami*, Queneau fait allusion à *Candide* de Voltaire.
Reprise	L'auteur s'inspire, de manière consciente ou non, d'un texte antérieur qu'il s'approprie et transforme.	Pour écrire *L'Albatros*, Baudelaire reprend un poème du même titre écrit par Polydore Bounin.
Variation	L'auteur partage avec d'autres écrivains l'exploitation d'un même thème, d'une même situation, d'un même personnage.	Après le *Dom Juan* de Molière, dramaturges, romanciers ou poètes proposent des variations autour de ce personnage mythique.

3. Le renversement parodique

Dans le cadre du renversement parodique, l'analyse de l'intertexte met en évidence le travail d'imitation et de transformation effectué par l'écrivain.

- **Le pastiche.** Il consiste à imiter un texte de manière plaisante, en amplifiant ses procédés de style, dans une intention de jeu et de complicité.
- **La parodie.** Elle consiste à reprendre un texte connu, en changeant de registre et de style, en transposant historiquement ou géographiquement le texte parodié, pour le tourner en dérision.

5 L'horizon d'attente du lecteur

C'est ce que le lecteur attend d'une œuvre à une époque donnée, qui fixe ainsi les conditions de sa réception. En fonction de cet horizon d'attente du lecteur, un auteur peut rencontrer un succès immédiat ou, au contraire, connaître une reconnaissance tardive.

1. L'adhésion immédiate

Le rôle du lecteur est déterminant à travers l'accueil qu'il fait au livre. Un écrivain rencontrera d'autant plus de succès que son style, l'imaginaire développé par son œuvre et le genre littéraire qu'il a choisi coïncident avec l'attente du public au moment de la parution.

Par exemple, en 1877, en adoptant la langue du peuple, en introduisant dans la littérature une nouvelle image du monde ouvrier, en développant toutes les ressources du roman réaliste, *L'Assommoir* d'Émile Zola connaît un succès considérable.

2. La reconnaissance différée

Il arrive qu'une œuvre littéraire heurte ses premiers lecteurs par son caractère profondément novateur. Elle ne correspond pas alors à l'attente du public et il faut une nouvelle génération de lecteurs pour qu'elle soit enfin reconnue.

Par exemple, en 1857, au moment où paraissent *Les Fleurs du mal*, le recueil de Baudelaire rencontre peu d'échos. Ce n'est qu'après la mort du poète qu'il s'impose comme le livre fondateur de la poésie moderne.

REPÈRE D'HISTOIRE LITTÉRAIRE

La tradition parodique

Dès l'Antiquité grecque, les auteurs de parodie reprennent les épopées d'Homère pour les traiter dans un style comique et familier. Le texte d'une tragédie peut, lui, être « tourné en comédie ». Au Moyen Âge, la parodie s'exerce pendant les fêtes de carnaval sur les textes sacrés. Le rire est une puissance subversive qui renverse le pouvoir et les valeurs de l'Église. Cette dimension parodique éclaire l'œuvre de Rabelais.

Les dictionnaires du XVIIe siècle définissent la parodie comme un ouvrage « où l'on tourne en raillerie d'autres ouvrages ». Scarron publie ainsi un *Virgile travesti*. Au XVIIIe siècle, les pièces jouées à la Comédie-Française font l'objet d'une parodie sur le théâtre populaire de la Foire. Au XIXe siècle, l'opérette et le théâtre de boulevard parodient à leur tour les œuvres classiques, comme *La Belle Hélène* d'Offenbach, qui reprend sur le mode comique l'*Iliade* d'Homère.

De grands écrivains se sont livrés au plaisir du pastiche, comme Marcel Proust, qui publie en 1919 des *Pastiches et Mélanges*. Et tout au long du XXe siècle, la parodie connaît encore de grands succès, par exemple à travers les œuvres de Raymond Queneau, Boris Vian ou Georges Perec. ■

Étudier le contexte historique et le contexte social

1 * **1. Quel type de contexte faut-il étudier pour éclairer la tirade suivante ?**

2. Qu'est-ce qui justifie le sentiment de révolte qui anime le personnage ?

FIGARO

Parce que vous êtes un grand seigneur, vous vous croyez un grand génie !... Noblesse, fortune, un rang, des places, tout cela rend si fier ! Qu'avez-vous fait pour tant de biens ? Vous vous êtes donné la peine de naître, et rien de plus : du reste, homme assez ordinaire ! Tandis que moi, morbleu ! perdu dans la foule obscure, il m'a fallu déployer plus de science et de calcul pour subsister seulement qu'on n'en a mis depuis cent ans à gouverner toutes les Espagnes...

BEAUMARCHAIS, *Le Mariage de Figaro*, Acte V, scène 3, 1784.

2 ** **1. À quels événements historiques les textes suivants renvoient-ils ?**

2. Comment la dimension religieuse de la guerre se retrouve-t-elle dans le récit de Geoffroy de Villehardouin ?

3. Comment le regard des historiens, dans le second texte, nuance-t-il le récit glorieux du chroniqueur médiéval ?

TEXTE 1

L'assaut dura longuement dans ces conditions, jusqu'à ce que Notre Seigneur fasse lever en faveur des croisés un vent que l'on appelle Borée, qui jeta les nefs et les navires contre la rive plus qu'auparavant ; et deux nefs qui étaient liées ensemble, dont l'une s'appelait *La Pèlerine* et l'autre *Le Paradis*, s'approchèrent de la tour, l'une d'une part et l'autre de l'autre, selon que Dieu et le vent les menèrent, si bien que l'échelle de *La Pèlerine* se joignit à la tour. Et aussitôt un Vénitien et un chevalier de France qui s'appelait André Durboise entrèrent dans la tour, et d'autres gens commencèrent à entrer après eux. Et ceux de la tour, mis en déroute, s'en allèrent.

GEOFFROY DE VILLEHARDOUIN, *Conquête de Constantinople* (vers 1212), traduction d'Anne Berthelot, Éd. Nathan.

TEXTE 2

Le pèlerinage de Jérusalem, sans d'ailleurs que se fût modifiée l'attitude tolérante des Arabes, revêtit progressivement la forme d'expéditions armées, menées par de petites bandes encadrées par des chevaliers – avant de devenir par l'initiative du Pape, en 1095, la Croisade, l'œuvre pie[1] pour laquelle pendant un siècle allaient s'enthousiasmer les guerriers de toutes les provinces françaises.

GEORGES DUBY ET ROBERT MANDROU, *Histoire de la civilisation française*, 7e éd. 1984, T.1, Armand Colin.

1. Œuvre pie : *œuvre pieuse.*

3 ** **1. Quelles informations la tirade suivante apporte-t-elle sur le contexte social de la seconde moitié du XIXe siècle ? Illustrez votre réponse en relevant les indications données sur les rapports sociaux, les mentalités et les valeurs dominantes de l'époque.**

2. Quelle est l'intention de l'auteur ?

3. La tirade institue un dialogue entre l'acteur et le public. Repérez les paroles adressées directement à la salle.

CHATEAUGREDIN, *seul*

Quelle imprudence !... M'envoyer son portrait... ici... sous mon toit conjugal !... (*Il pose le bouquet sur la console et le portrait sur une chaise.*) Il est vrai qu'elle me croit garçon[1]... Je lui ai brodé cette craque[2] !... Par le fait, je le suis bien un peu... voilà deux mois que ma femme est à prendre les bains de mer, à Trouville, sous l'égide de son oncle Hérissart. Je n'ai pas de conseils à donner aux dames... mais, franchement, laisser son mari... seul... à Paris... pendant deux mois... juillet et août encore ! dame !... c'est bien épineux ! mon désir le plus vif était d'accompagner ma femme... Je ne ris pas ! je le voulais !... mais j'ai été forcé de rester pour recueillir la succession de ma tante Lognon... Une tante de Seine-et-Marne... qui m'a laissé dix mille francs, trois bouteilles de cassis et soixante-neuf pots de confiture !... J'allais partir pour Trouville... – Hein ?... – Ma parole d'honneur !... lorsque le portier de ma maison... J'ai une maison, là en face, numéro 12... Lorsque mon portier vint me dire : – Monsieur, la dame du second, c'est une pas-grand-chose ! – Comment ? – Elle doit trois termes[3] et elle veut qu'on lui remette des papiers ! – Sapristi !... D'un bond je traverse la rue, et je monte avec l'intention formelle de houspiller cette dame !... Je sonne, on ouvre... et je me trouve en face d'une vieille... soixante-dix ans, chapeau orange et une verrue sur le nez !... J'allais lui chanter ma gamme... lorsque apparaît sa fille, Anaïs, née de Ripincel... une femme d'un très grand air et très belle !... Elle était vêtue d'un léger peignoir bleu ciel, à peine noué par une ceinture souci... que vous dirai-je ?... Nous étions au 15 juillet... en pleine canicule !...

EUGÈNE LABICHE, *Je croque ma tante*, 1858.

1. Garçon : *célibataire* - 2. Craque : *Mensonge* - 3. Terme : *loyer trimestriel*.

4 ** **1. Quel est le contexte historique de l'extrait suivant ?**

2. Quelle image le roman de Céline donne-t-il du soldat ? Selon vous, pourquoi ce roman a-t-il été considéré comme scandaleux au moment de sa parution ?

On venait d'allumer la guerre entre nous et ceux d'en face, et à présent ça brûlait ! Comme le courant entre les deux charbons dans la lampe à arc. Et il n'était pas près de s'éteindre, le charbon ! On y passerait tous, le colonel comme les autres, tout mariole qu'il semblait être, et sa carne ne ferait pas plus de rôti que la mienne quand le courant d'en face lui passerait entre les deux épaules.

Il y a bien des façons d'être condamné à mort. Ah ! combien n'aurais-je pas donné à ce moment-là pour être en prison au lieu d'être ici, moi crétin ! Pour avoir, par exemple, quand c'était si facile, prévoyant, volé quelque chose, quelque part, quand il était temps encore. On ne pense à rien ! De la prison, on en sort vivant. Pas de la guerre. Tout le reste, c'est des mots.

LOUIS-FERDINAND CÉLINE, *Voyage au bout de la nuit*, Éd. Gallimard, 1932.

Identifier la participation à un mouvement

5 ** ÉTUDE LITTÉRAIRE

1. À partir de l'encadré, analysez le texte suivant. Quels thèmes privilégiés du surréalisme met-il en œuvre ?

2. Sur quels procédés l'écriture du texte repose-t-elle ? Relevez ces procédés et commentez-les.

Elle est debout sur mes paupières
Et ses cheveux sont dans les miens,
Elle a la forme de mes mains,
Elle a la couleur de mes yeux,
Elle s'engloutit dans mon ombre
Comme une pierre sur le ciel.

Elle a toujours les yeux ouverts
Et ne me laisse pas dormir
Ses rêves en pleine lumière
Font s'évaporer les soleils,
Me font rire, pleurer et rire,
Parler sans avoir rien à dire.

PAUL ÉLUARD, « L'Amoureuse » in *Mourir de ne pas mourir*, Éd. Gallimard, 1924.

POUR ÉTUDIER LE TEXTE

Le mouvement surréaliste

Le mouvement surréaliste, qui naît dans les années 1920, affirme la puissance de l'imaginaire contre les exigences de la raison. Il se dresse contre l'ordre logique ou moral de la société, et appelle les artistes à s'ouvrir à la fulgurance de l'image poétique. Il s'exprime à la fois dans la littérature, la peinture, la sculpture, au cinéma et au théâtre. Les thèmes privilégiés du surréalisme sont ceux du rêve, de l'amour fou, du hasard et de la coïncidence, qui font naître l'illumination poétique. Les écrivains surréalistes privilégient l'image poétique qui rapproche brusquement deux réalités très éloignées, et la fantaisie verbale qui joue sur le sens et la forme des mots.

Étudier l'inscription du texte dans un genre

6 ** **1. *Jacques le fataliste* marque une profonde rupture avec les règles de l'écriture romanesque. Repérez comment le début du roman illustre cette rupture.**

2. Quelles réactions l'auteur veut-il susciter chez son lecteur ?

Comment s'étaient-ils rencontrés ? Par hasard, comme tout le monde. Comment s'appelaient-ils ? Que vous importe ? D'où venaient-ils ? Est-ce que l'on sait où l'on va ? Que disaient-ils ? Le maître ne disait rien ; et Jacques disait que son capitaine disait que tout ce qui nous arrive de bien et de mal ici-bas était écrit là-haut.

DENIS DIDEROT, *Jacques le Fataliste*, 1775.

7 ** **La Préface de *Cromwell* exprime la volonté de créer un nouveau genre : le drame romantique. Quelles nouveautés Victor Hugo revendique-t-il ? Quelles traditions respecte-t-il ?**

Si nous avions le droit de dire quel pourrait être, à notre gré, le style du drame, nous voudrions un vers libre, franc, loyal, osant tout dire sans pruderie[1], tout exprimer sans recherche ; passant d'une naturelle allure de la comédie à la tragédie, du sublime au grotesque ; tour à tour positif et poétique, tout ensemble artiste et inspiré, profond et soudain, large et vrai ; sachant briser à propos et déplacer la césure pour déguiser sa monotonie d'alexandrin ; plus ami de l'enjambement qui l'allonge, que de l'inversion qui l'embrouille ; fidèle à la rime, cette esclave reine, cette suprême grâce de notre poésie, ce générateur fondeur de mètre ; inépuisable dans la variété de ses tours, insaisissable dans ses secrets d'élégance et de facture...

VICTOR HUGO, Préface de *Cromwell*, 1827.

1. Pruderie : *pudeur exagérée.*

Analyser la scène familiale et l'expérience du réel

8 ** **À travers quels indices le journal intime témoigne-t-il du contexte biographique des auteurs ? Relevez et classez les remarques qui renvoient dans cet extrait d'une part à une enfance heureuse et, d'autre part, à un présent plein d'amertume.**

Dimanche 8 mai 1860

Notre Paris, le Paris où nous sommes nés, le Paris des mœurs de 1830 à 1848, s'en va. Et il ne s'en va pas par le matériel, il s'en va par le moral. La vie sociale y fait une grande évolution, qui commence. Je vois des femmes, des enfants, des ménages, des familles dans ce café. L'intérieur s'en va. La vie retourne à devenir publique. Le cercle[1] pour en haut, le café pour en bas, voilà où aboutissent la société et le peuple. Tout cela me fait l'effet d'être, dans cette patrie de mes goûts, comme un voyageur. Je suis étranger à ce qui vient, à ce qui est, comme à ces boulevards nouveaux, qui ne sentent plus le monde de Balzac, qui sentent Londres, quelque Babylone de l'avenir. Il est bête de venir ainsi dans un temps en construction : l'âme y a des malaises, comme un homme qui essuierait des plâtres.

EDMOND et JULES DE GONCOURT, *Journal.*

1. Le cercle : *club où l'on se retrouve pour discuter.*

9 *** **1. Confrontez la Préface et le sommaire établis par Victor Hugo pour son recueil des *Contemplations*, qui réunit des poèmes écrits sur une période de vingt-cinq ans. À quels termes de la Préface chacun des « livres » du recueil renvoie-t-il ?**

2. Recherchez dans une biographie de Victor Hugo quel est le drame qui justifie la séparation du recueil en deux grandes parties.

3. Quelle est, en définitive, l'ambition du poète ?

La Préface des *Contemplations*

Qu'est-ce que les *Contemplations* ? C'est ce qu'on pourrait appeler, si le mot n'avait quelque prétention, *Les Mémoires d'une âme.*

Ce sont, en effet, toutes les impressions, tous les pouvoirs, toutes les réalités, tous les fantômes vagues, riants ou funèbres, que peut contenir une conscience, revenus et rappelés, rayon à rayon, soupir à soupir, et mêlés dans la même nuée sombre. C'est l'existence humaine sortant de l'énigme du berceau et aboutissant à l'énigme du cercueil ; c'est un esprit qui marche de lueur en lueur en laissant derrière lui la jeunesse, l'amour, l'illusion, le combat, le désespoir, et qui s'arrête éperdu « au bord de l'infini ». Cela commence par un sourire, continue par un sanglot, et finit par un bruit du clairon de l'abîme.

Une destinée est décrite là jour à jour.

VICTOR HUGO, *Les Contemplations*, 1855.

Le sommaire des *Contemplations*

AUTREFOIS
(1830-1843)

LIVRE PREMIER
AURORE

LIVRE DEUXIÈME
L'ÂME EN FLEUR

LIVRE TROISIÈME
LES LUTTES ET LES RÊVES

AUJOURD'HUI
(1843-1855)

LIVRE QUATRIÈME
PAUCA MEAE[1]

LIVRE CINQUIÈME
EN MARCHE

LIVRE SIXIÈME
AU BORD DE L'INFINI

1. Pauca Meae : *quelques vers pour ma fille.*

Étudier les modèles antiques d'un texte

10 *** **1. Quel est le thème développé par le texte suivant ? Quel type d'intertexte utilise-t-il ?**

2. Relevez les différents éléments de la pièce empruntés à l'Antiquité.

3. Quelles allusions à la situation historique de l'entre-deux-guerres peut-on relever dans cet extrait ? Quel sens nouveau la pièce prend-elle alors ?

LA GUERRE DE TROIE N'AURA PAS LIEU

PREMIER ACTE

Terrasse d'un rempart dominé par une terrasse et dominant d'autres remparts

SCÈNE PREMIÈRE. – ANDROMAQUE, CASSANDRE.

ANDROMAQUE. – La guerre de Troie n'aura pas lieu, Cassandre !

CASSANDRE. – Je te tiens un pari, Andromaque.

ANDROMAQUE. – Cet envoyé des Grecs a raison. On va bien le recevoir. On va bien lui envelopper sa petite Hélène, et on la lui rendra.

CASSANDRE. – On va le recevoir grossièrement. On ne lui rendra pas Hélène. Et la guerre de Troie aura lieu.

ANDROMAQUE. – Oui, si Hector n'était pas là !... Mais il arrive, Cassandre, il arrive ! Tu entends assez ses trompettes... En cette minute, il entre dans la ville, victorieux. Je pense qu'il aura son mot à dire. Quand il est parti, voilà trois mois, il m'a juré que cette guerre était la dernière.

CASSANDRE. – C'était la dernière. La suivante l'attend.

JEAN GIRAUDOUX, *La Guerre de Troie n'aura pas lieu*, Acte I, scène 1, 1935.

Repérer et analyser les effets d'échos

11 * **1. Quel type d'écho trouve-t-on dans ce texte ?**

2. Quel est l'effet recherché par Voltaire ?

Un magistrat fait torturer un prisonnier...

Il se donne le plaisir de l'appliquer à la grande et à la petite torture, en présence d'un chirurgien qui lui tâte le pouls, jusqu'à ce qu'il soit en danger de mort, après quoi on recommence : et, comme dit très bien la comédie des *Plaideurs*[1] : « Cela fait toujours passer une heure ou deux. »

VOLTAIRE, article « Torture », *Dictionnaire philosophique*, 1764.

1. Les Plaideurs : *comédie de Racine*, 1668.

12 ** **1. Quel est le type d'écho utilisé par l'extrait suivant ? Quel est l'effet produit ?**

2. Quelles caractéristiques du roman cité l'auteur met-il en évidence ?

3. Quel type de scène autobiographique Lamartine transpose-t-il dans ce passage ?

Nous essayâmes alors, un soir, de lire *Paul et Virginie*[1]. [...] À peine cette lecture eût-elle commencé que les physionomies de notre petit auditoire changèrent et prirent une expression d'attention et de recueillement, indice certain de l'émotion du cœur. Nous avions rencontré la note qui vibre à l'unisson dans l'âme de tous les hommes, de tous les âges et de toutes les conditions, la note sensible, la note universelle, celle qui renferme dans un seul son l'éternelle vérité de l'art : la nature, l'amour et Dieu.

ALPHONSE DE LAMARTINE, *Graziella*, 1851.

1. Paul et Virginie : *roman de Bernardin de Saint-Pierre, publié en 1788, qui connut, dès sa parution, un énorme succès.*

Étudier le renversement parodique

13 ** **1. En quoi le texte de Raymond Queneau parodie-t-il *Madame Bovary* ? Relevez et analysez les procédés de la parodie.**

2. Sur quels procédés le comique du texte de Raymond Queneau repose-t-il ?

3. Montrez que dans le texte de Flaubert existe déjà une volonté de se moquer de son héroïne.

TEXTE 1

Emma Bovary, l'héroïne du roman de Gustave Flaubert, rêve d'une vie différente.

Emma ne dormait pas, elle faisait semblant d'être endormie ; et, tandis qu'il s'assoupissait à ses côtés, elle se réveillait en d'autres rêves.

Au galop de quatre chevaux, elle était emportée depuis huit jours vers un pays nouveau, d'où ils ne reviendraient plus. Ils allaient, il allaient, les bras enlacés, sans parler. [...] C'est là qu'ils s'arrêteraient pour vivre ; ils habiteraient une maison basse, à toit plat, ombragée d'un palmier, au fond d'un golfe, au bord de la mer. Ils se promèneraient en gondole, ils se balanceraient en hamac; et leur existence serait facile et large comme leurs vêtements de soie, toute chaude et étoilée comme les nuits douces qu'ils contempleraient.

GUSTAVE FLAUBERT, *Madame Bovary*, 1857.

TEXTE 2

Alle aurait commencé par s'acheter quéques robes, des chouettes alors qui l'auraient rajeunie de vingt ans et elle s'rait allée chez l'institut d'beauté, où s'qu'on l'aurait rajeunie de vingt ans. Total, quarante. Ça fait qu'elle en aurait eu quinze. Avec de la monnaie, qu'est-ce qu'on ne fait pas! Ensuite de quoi, a s'rait allée chez l'marchand d'bagnoles. Une bathouse qu'elle aurait dit, avec un capot long comme ça, et des coussins bien rembourrés. Quéque chose qui fasse impressionnant. Alle aurait pris une femme de chambre et un chauffeur et en route pour Montécarlau. Et puis alle aurait acheté une villa à Neuilly avec eau, gaz, électricité, ascenseur, cuisine électrique, frigidaire, chauffage central, teuseufeu[1], et peut-être une salle de bains. Alle commencerait par faire remplir sa cave de champagne, sauf le matin, au lever, toujours comme d'habitude, boudin froid et gros rouge.

RAYMOND QUENEAU, *Le Chiendent*,
Éd. Gallimard, 1933.

1. Teuseufeu : *la radio (TSF).*

S'interroger sur l'horizon d'attente du lecteur

14 * **1. Dans quelle phrase l'auteur affirme-t-il que l'horizon d'attente de ses contemporains a changé?**

2. Sur quelle opposition l'auteur construit-il son développement? Quelles sont les aspirations nouvelles des lecteurs?

Autrefois, les romans n'étaient qu'un amas d'aventures tragiques qui enlevaient l'imagination, et déchiraient le cœur. On les lisait avec plaisir; mais on ne retirait d'autre profit de leur lecture que de se nourrir l'esprit de chimères[1], qui souvent devenaient nuisibles. Les jeunes gens avalaient à longs traits toutes les idées vagues et gigantesques de ces Héros inventés : et les génies habitués à des imaginations outrées ne goûtaient plus le vraisemblable. Depuis quelques temps, on a changé cette façon de penser: le bon goût est revenu : au lieu du surnaturel on veut du raisonnable; et à la place d'un nombre d'incidents qui surchargeaient les moindres faits, on demande une narration simple, vive et soutenue par des portraits qui nous présentent l'agréable et l'utile.

J.-B. DE BOYER D'ARGENS, *Lettres juives,* 1738.

1. Chimère : *rêves, illusions.*

15 *** **1. Que veut dire l'auteur lorsqu'il affirme que « tout écrivain s'exprime dans une langue étrangère »?**

2. À travers la définition qu'il propose de la littérature, quel devrait être selon lui l'horizon d'attente du lecteur? En quoi ce rapport de la littérature avec le lecteur est-il aujourd'hui menacé?

4. Partagez-vous le jugement de Paul Virilio sur l'horizon d'attente des jeunes lecteurs?

En ces temps de mondialisation, où des livres se retrouvent sur le marché en même temps aux quatre coins de la terre, où situer encore la littérature?

PAUL VIRILIO : Les mauvais romans n'ont pas attendu les phénomènes de la mondialisation pour se manifester, mais je crois qu'aujourd'hui la littérature est d'abord menacée dans son être même. Le temps de l'écriture est un temps long et, pour paraphraser Proust, tout écrivain s'exprime dans une langue étrangère, je veux dire une langue qu'il invente, dotée d'un squelette. Ce qui n'est pas le cas de la littérature mondialiste dont l'espéranto constitue l'idéal de la langue commune. Or, voilà une langue relancée par Internet et qui ne résiste pas, qui joue sur la rapidité, sur le « live » du temps réel, du temps mondial, que j'oppose au temps local, celui de la littérature précisément.

La facilité tue la littérature...

PAUL VIRILIO : Écoutez les jeunes gens qui ne veulent plus lire. Que disent-ils? « Ça me prend la tête. » Ils veulent que leurs lectures coulent de source. Or, un auteur ne peut qu'être étranger, au sens où il apporte de l'étrangeté dans son texte, une résistance qui va à l'encontre de l'interactivité, de l'ubiquité, de l'instantanéité du temps réel, celui de la mondialisation. Alors que le temps de la littérature invite, au contraire, au recul de la réflexion, à la relecture, le cas échéant, pour voir ou revoir défiler dans sa tête les images mentales.

Entretien avec le philosophe PAUL VIRILIO
par DANIEL BERMOND, *Lire* n° 273, mars 1999.

ACTIVITÉS D'ÉCRITURE

16 * FAIRE ÉCHO À UN TEXTE

1. Relevez les ressemblances entre les deux textes. Quel procédé les unit ? Instaure-t-il une forme de rivalité ou de complicité ?

2. À votre tour, rédigez le portrait d'un employé en faisant écho aux textes de Balzac et de Flaubert.

TEXTE 1

Nanon faisait tout : elle faisait la cuisine, elle faisait les buées, elle allait laver le linge à la Loire, le rapportait sur ses épaules ; elle se levait au jour, se couchait tard ; faisait à manger à tous les vendangeurs pendant les récoltes, surveillait les halleboteurs[1] ; défendait, comme un chien fidèle, le bien de son maître ; enfin, pleine de confiance aveugle en lui, elle obéissait sans murmure à ses fantaisies les plus saugrenues.

HONORÉ DE BALZAC, *Eugénie Grandet*, 1833.

1. Halleboteurs : *ceux qui cueillent les raisins restés après la vendange.*

TEXTE 2

Pendant un demi-siècle, les bourgeoises de Pont-l'Évêque envièrent à Mme Aubain sa servante Félicité.

Pour cent francs par an, elle faisait la cuisine, le ménage, cousait, lavait, repassait, savait brider un cheval, engraisser les volailles, battre le beurre, et resta fidèle à sa maîtresse, – qui cependant n'était pas une personne agréable.

GUSTAVE FLAUBERT, *Un cœur simple*, 1877.

17 * TRANSPOSER UN RÉCIT

1. Le texte qui suit est en rupture avec les règles traditionnelles du récit. Récrivez-le en utilisant la troisième personne du singulier et les temps du récit.

2. Qu'en concluez-vous sur les effets produits par les choix de l'écrivain ?

Vous avez mis le pied gauche sur la rainure de cuivre, et de votre épaule droite vous essayez en vain de pousser un peu plus le panneau coulissant.

Vous vous introduisez par l'étroite ouverture en vous frottant contre ses bords, puis, votre valise couverte de granuleux cuir sombre couleur d'épaisse bouteille, votre valise assez petite d'homme habitué aux longs voyages, vous l'arrachez par sa poignée collante, avec vos doigts qui se sont échauffés, si peu lourde qu'elle soit, de l'avoir portée jusqu'ici, vous la soulevez et vous sentez vos muscles et vos tendons se dessiner non seulement dans vos phalanges, dans votre paume, votre poignet et votre bras, mais dans votre épaule aussi, dans toute la moitié du dos et dans vos vertèbres depuis votre cou jusqu'aux reins.

Non, ce n'est pas seulement l'heure, à peine matinale, qui est responsable de cette faiblesse inhabituelle, c'est déjà l'âge qui cherche à vous convaincre de sa domination sur votre corps, et pourtant, vous venez seulement d'atteindre les quarante-cinq ans.

MICHEL BUTOR, *La Modification*, Éd. de Minuit, 1957.

18 ** RÉDIGER UN RÉCIT AUTOBIOGRAPHIQUE

1. Sartre intitule *Les Mots* le roman autobiographique où il s'interroge sur sa vocation précoce d'écrivain. Quels sont les éléments qui peuvent expliquer cette vocation ?

2. Imaginez, sur le même modèle, le récit d'une passion qui a éclairé votre enfance : sport, musique, écriture, etc.

J'avais neuf ans. Fils unique et sans camarade, je n'imaginais pas que mon isolement pût finir. Il faut avouer que j'étais un acteur très ignoré. J'avais recommencé d'écrire. Mes nouveaux romans, faute de mieux, ressemblaient aux anciens trait pour trait, mais personne n'en prenait connaissance. Pas même moi, qui détestait me relire : ma plume allait si vite que, souvent, j'avais mal au poignet ; je jetais sur le parquet les cahiers remplis, je finissais par les oublier, ils disparaissaient ; pour cette raison je n'achevais rien : à quoi bon raconter la fin d'une histoire quand le commencement s'en est perdu. D'ailleurs, si Karl[1] avait daigné jeter un coup d'œil sur ces pages, il n'aurait pas été lecteur à mes yeux mais juge suprême et j'aurais redouté qu'il me condamnât. L'écriture, mon travail noir, ne renvoyait à rien et, du coup, se prenait elle-même pour fin : j'écrivais pour écrire. Je ne le regrette pas : eussé-je été lu, je tentais de plaire, je redevenais merveilleux. Clandestin, je fus vrai.

JEAN-PAUL SARTRE, *Les Mots*, Éd. Gallimard, 1964.

1. Karl : *le grand-père du jeune Sartre.*

Le registre comique recouvre l'ensemble des situations et des procédés qui provoquent le rire. Il repose sur une rupture qui se manifeste à travers des situations, des gestes ou des effets de langage inattendus.

1 La rupture dans l'ordre logique

Le registre comique fait naître le rire à partir d'une contradiction, d'une situation qui crée un écart soudain par rapport à ce qui est attendu.

L'écart	Le comique naît d'une opposition entre l'attitude, le statut social, le caractère d'une personne et la situation dans laquelle elle se trouve plongée. CÉLIMÈNE *(Elle parle d'Arsivé qui n'est pas là)* *Enfin je n'ai rien vu de si sot à mon gré ;* *Elle est impertinente au suprême degré,* *Et...* (Arsinoé apparaît) *Ah ! quel heureux sort en ce lieu vous amène ?* *Madame, sans mentir, j'étais de vous en peine.* (Molière, *Le Misanthrope*)
Le renversement	Le comique est provoqué par un retournement brutal de situation. C'est par exemple le cas d'Harpagon, dans *L'Avare* de Molière : l'avare se croit ruiné.
Le glissement vers l'absurde	Le comique naît du glissement de l'ordre logique vers l'absurde : *« Radieux : "J'aurais pu avoir plus !" s'est écrié l'assassin Lebret, condamné à Rouen aux travaux forcés à perpétuité. »* (Félix Fénéon)

2 Les surprises du langage

1. Le jeu sur les niveaux de langage

Le registre comique peut susciter le sourire ou le rire lorsque le niveau de langage utilisé est en écart par rapport à la situation. C'est le cas par exemple, lorsque des personnages ordinaires s'expriment dans un langage soutenu ou, au contraire, lorsque des personnages héroïques adoptent un vocabulaire familier.

Dans une pièce de Marivaux, deux serviteurs cherchent à imiter les propos précieux de leurs maîtres :

« LISETTE. – Tenez donc, petit importun, puisqu'on ne saurait avoir la paix qu'en vous amusant.

ARLEQUIN. – Cher joujou de mon âme ! Cela me réjouit comme du vin délicieux. Quel dommage que de n'en avoir que roquille. »* *(*quelques gouttes)*

(Marivaux, *Le Jeu de l'amour et du hasard*)

2. Le jeu sur les mots

- **Le jeu sur le double sens.** Il permet d'effectuer un glissement du sens propre vers le sens figuré ou inversement.

« Je connaissais un sportif qui prétendait avoir plus de ressort que sa montre. » (Raymond Devos)

- **Le télescopage.** Il mêle des réseaux lexicaux appartenant à des domaines différents.

« Le point se sauve. Dans une échappée magnifique une virgule remonte. »
(Jean Cocteau)

- **L'association.** Elle produit, au moyen de la comparaison et de la métaphore, un effet humoristique par un rapprochement inattendu.

- **Le jeu sur les sons.** Le remplacement d'un son par un autre son provoque une rupture de sens souvent comique.

PROCÉDÉS	DÉFINITIONS	EXEMPLES
L'inversion sonore	Inversion de sons ou de lettres dans un mot.	*La spychologie* (pour psychologie) *L'infractus* (pour infarctus)
L'anagramme	Permutation de sons d'un mot pour obtenir un mot nouveau.	*Rimer/mirer* *Chien/niche*
La contrepèterie	Permutation de sons, de lettres ou de syllabes dans un ensemble de mots.	*Sonnez, trompettes !* *Trompez, sonnettes !*
Le calembour	Ressemblance de sons recouvrant une différence de sens.	*Mon père est marinier* pour « mari niais » (Boby Lapointe).

3 La situation comique

1. Le quiproquo

C'est une confusion qui peut porter sur un personnage, un objet ou un lieu.

- **Le quiproquo sur un personnage.** Le personnage est pris pour un autre. Dans *Le Jeu de l'amour et du hasard*, Marivaux fait jouer aux valets le rôle de leurs maîtres, et dans *Les Fausses confidences* c'est Dorante qui change d'identité pour connaître les sentiments d'Araminte.

- **Le quiproquo sur un objet.** Dans une pièce de Feydeau, Médor est le nom d'un diamant, mais le personnage croit qu'il s'agit d'un chien.

- **Le quiproquo sur un lieu.** Dans *Un chapeau de paille d'Italie* de Labiche, un personnage se croit à la mairie alors qu'en réalité il est dans un magasin.

2. Le sous-entendu complice

Un personnage connaît et comprend les références utilisées par un autre, mais un troisième les ignore. Cette situation provoque le rire : on rit alors des réactions de celui qui n'est pas dans la confidence.

3. La répétition

La répétition d'une même situation, d'une même parole ou d'un même geste crée un effet mécanique. Cette raideur inattendue se double parfois d'un effet d'accélération, qui souligne le comique de l'action ou du dialogue.

ACTIVITÉS D'ÉCRITURE

prêts, enchantillés, enrubannés, vous l'avez compris : endimanchés, ils trônent dans leur glacière d'apparat, toute vitrée. C'est l'été, il fait chaud, très chaud. Mais je suis nu, et je n'ai pas le temps de crier que déjà on m'habille, et je me surprends à aimer ça : coquetteries jaillissant d'une poche à douille remplie de chantilly, un rang de framboises fraîches, un large ruban de satin rose qui m'enserre, et, touche finale (j'exulte), une étiquette mordorée. J'ai des vapeurs, je me sens un peu engoncé, dans mon corset rigide. Une main d'apprenti me pose délicatement sur un socle cartonné doré, et me délivre de cette fournaise pour m'engranger dans un réfrigérateur. Ébahi, j'y découvre une vingtaine de mes frères au frais, la mine reposée, parmi lesquels cinq jumeaux : je suis vexé.

MICHÈLE ZAOUI, « Vie et engloutissement d'un gâteau dominical », *Dimanche*, Autrement, coll. « Mutations ».

16 ** CRÉER UN RAPPROCHEMENT INATTENDU

1. Quels sont les deux réseaux lexicaux présents dans ce texte ? En quoi leur rapprochement produit-il un effet comique ?

2. À quelle forme de comique Cocteau fait-il appel dans la rédaction de ce texte ? Expliquez votre réponse.

3. Récrivez ce texte en remplaçant le réseau lexical du sport par celui de la cuisine.

Un mot vient de prendre la tête. Un verbe le suit de près et oblige à la pose du point final. Mais non ! Mais non ! Une simple lettre accourt vaincre la majuscule. Le point se sauve. Dans une échappée magnifique une virgule remonte. Le vide ne bouge pas au centre. Aussitôt le mot de tête l'a vu. Il ne se trouvait pas où il devait être. Il pousse les syllabes à une manœuvre tournante qui se change en offensive, offensive à laquelle personne ne pouvait s'attendre et qui oblige le rejet à perdre l'équilibre. Il tombe, entraînant toute la strophe dans sa chute. Véritable bagarre d'où le mot supprimé s'élance et détermine les autres à se relever et à se précipiter avant que le mot de tête ne s'en aperçoive. Le mot supprimé passe à gauche et l'arbitre annonce un coup franc au bénéfice d'une rime qui semblait faiblir. Elle retrouve sa forme. Malheureusement elle passe trop haut et la reprise entraîne les adjectifs qui attendaient une occasion de jouer un rôle dans la partie.

JEAN COCTEAU, *Appoggiatures*, Éd. du Rocher, 1953.

17 ** COMMENTER UN TEXTE

1. Confrontez le résumé du *Cid* et le poème de Georges Fourest. Quels sont les points communs ? Quelles sont les différences ?

2. Expliquez dans un texte organisé et structuré en quoi ce poème est une parodie qui s'inscrit dans le registre comique.

TEXTE 1 : résumé du *Cid*

S'inspirant de la vie d'un seigneur castillan du Moyen Âge qui guerroya contre les Mores, *Le Cid* de Corneille met en scène Rodrigue et Chimène qui s'aiment et qui semblent destinés l'un à l'autre. Mais au cours d'une querelle, le père du jeune homme est souffleté par celui de la jeune fille. Rodrigue tue l'offenseur en combat singulier. Chimène réclame la tête de ce meurtrier qu'elle continue à aimer alors que le roi protège Rodrigue qui est l'un de ses plus vaillants chefs de guerre.

TEXTE 2 : parodie du *Cid*

Le Palais de Gormaz, comte et gobernador[1]
Est en deuil : pour jamais dort couché sous la [pierre,
L'hidalgo[2] dont le sang a rougi la rapière[3]
De Rodrigue, appelé le Cid Campeador.

Le soir tombe. Invoquant les deux saints Paul et [Pierre,
Chimène en voiles noirs, s'accoude au mirador
Et ses yeux dont les pleurs ont brûlé la paupière
Regardent sans rien voir mourir le soleil d'or.

Mais un éclair, soudain, fulgure en sa prunelle :
Sur la plaza Rodrigue est debout devant elle !
Impassible et hautain, drapé dans sa capa,

Le héros meurtrier à pas lents se promène :
« Dieu ! soupire à part soi la plaintive Chimène.
Qu'il est joli garçon l'assassin de papa ! »

GEORGES FOUREST, *La Négresse blonde*, Éd. Lie José Corti, 1983.

1. Gobernador : *gouverneur (terme espagnol)* - 2. Hidalgo : *seigneur* - 3. Rapière : *épée*.

CHAPITRE

11 Les registres tragique et pathétique

Le registre tragique est lié à l'émotion que provoque une situation extrême, marquée par le malheur, le sentiment de la fatalité ou d'un destin cruel. De là naît l'impression de terreur et d'admiration qu'inspire le registre tragique.

Bien qu'il traverse tous les genres, le registre tragique s'est particulièrement exprimé au théâtre : Corneille et Racine au XVIIe siècle, Voltaire au XVIIIe siècle, Victor Hugo au XIXe siècle, Giraudoux, Anouilh, Sartre au XXe siècle présentent des personnages hors du commun. Porté par la grandeur et la noblesse de ses sentiments, conscient de porter en lui la dignité de la condition humaine, le héros tragique affronte son destin. C'est ainsi que les hommes se révoltent contre les dieux, défient les lois, se sacrifient à la cause qu'ils défendent, bien qu'elle paraisse sans issue.

Le registre pathétique cherche pour sa part à inspirer l'attendrissement et la compassion. Il souligne l'intensité de la tristesse, des souffrances ou du malheur éprouvés. Tous les genres et tous les arts, le roman, le théâtre, la peinture, le cinéma ou la photographie, ont recours au registre pathétique lorsqu'il s'agit d'émouvoir le lecteur ou le spectateur.

Les registres tragique et pathétique sont liés à l'émotion d'une situation douloureuse. Le registre tragique présente des personnages hors du commun aux destins marqués par la fatalité. Il multiplie les procédés qui suscitent l'inquiétude et la fascination. Le registre pathétique présente des personnages proches du lecteur ou du spectateur, placés dans des situations douloureuses. Il provoque la tristesse et la pitié.

1 L'univers tragique

1. La situation tragique

La situation tragique est une situation sans issue, dans laquelle des personnages se comportent avec héroïsme en acceptant un destin fatal.

LA CRISE TRAGIQUE	EXEMPLES
L'intervention d'une force supérieure ou d'une divinité	Dans *Iphigénie* de Racine, les dieux exigent d'Agamemnon le sacrifice de sa fille : « Un oracle cruel / Veut qu'ici votre sang coule sur un autel. »
L'obligation morale	Dans son roman *L'Espoir*, André Malraux met en scène des personnages qui se sacrifient pour un idéal de liberté.
L'emprise d'une passion	La volonté du héros tragique ne peut résister à la force de la passion, qui pourtant l'anéantit : « Je tremble au seul penser du coup qui le menace ? / Et prête à me venger, je lui fais déjà grâce ? » (Racine)

2. Le héros tragique

Le héros tragique se caractérise par sa grandeur. Noble, hors du commun, il possède un caractère qui lui permet d'affronter le destin.

- **La grandeur d'âme.** Le héros tragique n'est pas un homme ordinaire mais un homme exceptionnel, pourvu du sens du devoir et de la vertu.
- **La lucidité.** Le héros tragique est conduit par un devoir moral, même s'il a conscience que son combat est sans issue. Il sait que la gloire viendra récompenser son attitude face à la mort.
- **Le courage.** Le héros tragique ne craint pas de braver les lois divines ou humaines. Son courage lui permet d'affronter les épreuves du destin.

2 La situation pathétique

1. Une situation tourmentée

La situation pathétique est une situation douloureuse : misère, maladie, danger, séparation, décès accidentel... Ce sont des malheurs qui suscitent le regret, la tristesse, car ils auraient pu parfois être évités.

2. La proximité avec le lecteur

Les malheurs des personnages suscitent la compassion, au sens étymologique du terme qui signifie « souffrir avec ». Le registre pathétique exprime les inquiétudes et les tourments d'une situation identique à celle que pourrait connaître le lecteur ou le spectateur. Il provoque ainsi l'attendrissement et la pitié.

« Accourez, contemplez ces ruines affreuses,
Ces débris, ces lambeaux, ces cendres malheureuses,
Ces femmes, ces enfants l'un sur l'autre entassés,
Sous ces marbres rompus ces membres dispersés. » (Voltaire)

À la suite d'un tremblement de terre qui a frappé la ville de Lisbonne et fait trente mille morts, Voltaire écrit un long poème pathétique.

3 L'expression de la douleur

Dans le registre tragique, l'expression de la douleur manifeste l'étendue du malheur. Elle provoque la stupeur angoissée du lecteur ou du spectateur. Dans le registre pathétique, elle est destinée à toucher, à provoquer la pitié.

1. L'imprécation

C'est un appel à la colère divine contre quelqu'un ou quelque chose. L'imprécation souhaite la ruine, le malheur ou la malédiction. Elle peut aussi exprimer une révolte contre la cruauté des dieux, le caractère implacable du destin ou l'injustice d'une situation.

« Que ta destinée perverse s'accomplisse ! Maldoror, adieu ! Adieu jusqu'à l'éternité, où nous ne nous retrouverons pas ensemble ! » (Lautréamont)

2. La supplication

La supplication implore avec insistance un être ou une divinité. Elle est une forme de prière.

« Hélas ! je suis, Seigneur, puissant et solitaire.
Laissez-moi m'endormir du sommeil de la terre. » (Alfred de Vigny)

3. La lamentation

La lamentation exprime une tristesse intense, des regrets très vifs. Peu fréquente dans le registre tragique (la victime du destin est contrainte à une certaine retenue), on la retrouve au contraire fréquemment dans le registre pathétique.

« Ô nuit désastreuse ! ô nuit effroyable où retentit tout à coup comme un éclat de tonnerre cette étonnante nouvelle : Madame se meurt ! Madame est morte ! » (Bossuet)

En prononçant l'oraison funèbre des grands personnages du Royaume, Bossuet multiplie les procédés du registre pathétique. Il exprime ici le bouleversement de la Cour à la mort de « Madame » épouse du frère de Louis XIV.

4 Les procédés des registres tragique et pathétique

1. Le lexique et les images

Les termes chargés de connotations affectives correspondent aux temps forts de l'existence : la vie, l'amour, les passions, la mort. Le registre tragique se caractérise ainsi par la présence du réseau lexical de la mort, de la fatalité.

« Que des plus nobles pleurs leur tombe soit couverte ; / La gloire de leur mort m'a payé de leur perte. » (Corneille)

Le lexique possède une forte charge émotive qui renforce l'expression tragique ou pathétique des sentiments.

2. L'exclamation et l'interrogation

- **Dans le registre tragique.** Une série d'exclamations ou d'interrogations exprime le désarroi de celui qui est accablé par la situation tragique.

« Où suis-je ? Qu'ai-je fait ? Que dois-je faire encore ? / Quel transport me saisit ? Quel chagrin me dévore ? / Errante, et sans dessein, je cours dans ce palais. / Ah ! ne puis-je savoir si j'aime, ou si je hais ? / Le cruel ! de quel œil il m'a congédiée ! » (Racine)

- **Dans le registre pathétique.** Les interrogations et les exclamations manifestent le bouleversement du personnage et visent à apitoyer l'interlocuteur, le lecteur ou le spectateur.

3. L'apostrophe

L'apostrophe permet d'invoquer une puissance supérieure ou de solliciter la compassion des autres.

« Mon père ! mon père ! c'est impossible : intervenez pour moi ! je ne veux pas qu'on me tue ! Mon père ! par pitié ! » (Emmanuel Roblès)

REPÈRE D'HISTOIRE LITTÉRAIRE

Le registre tragique et la tragédie

La tragédie antique rassemble la cité au théâtre, dans un sentiment de terreur ou de pitié devant le danger qui menace le héros.

Alors que le théâtre du Moyen Âge mêle le rire et l'émotion, la Renaissance s'inspire de l'Antiquité pour recréer la tragédie. Elle est au XVIIe siècle un genre noble qui montre le héros confronté à son destin à travers une situation de crise. Chez Corneille ou Racine, il n'y a pas d'issue au conflit : le spectacle des passions humaines s'achève sur une catastrophe.

Les auteurs du XVIIIe siècle, comme Voltaire, maintiennent cette idée de grandeur mais multiplient les situations violentes et pathétiques. Hugo, au XIXe siècle, réclame « le mélange sur la scène de tout ce qui est mêlé dans la vie ». Le drame romantique libère ainsi la tragédie des règles fixées par la tradition.

Au XXe siècle, Giraudoux, Anouilh, Sartre ou Camus transposent sur la scène la menace de la guerre ou la tragédie de la condition humaine. Beckett exprime le tragique de l'existence, ses personnages solitaires s'abandonnent au sentiment de l'absurdité du monde. ■

EXERCICES

Identifier la situation tragique

1 * **1. Que symbolisent les mouches dans ce passage ?**

2. En quoi la situation des personnages présente-t-elle un caractère tragique ?

ORESTE. – Les mouches...
ELECTRE. – Écoute !... Écoute le bruit de leurs ailes, pareil au ronflement d'une forge. Elles nous entourent, Oreste. Elles nous guettent ; tout à l'heure elles s'abattront sur nous, et je sentirai mille pattes gluantes sur mon corps. Où fuir, Oreste ? Elles enflent, elles enflent, les voilà grosses comme des abeilles, elles nous suivront partout en épais tourbillons. Horreur ! Je vois leurs yeux, leurs millions d'yeux qui nous regardent.
ORESTE. – Que nous importent les mouches ?
ELECTRE. – Ce sont les Érinyes[1], Oreste, les déesses du remords.

JEAN-PAUL SARTRE, *Les Mouches*, Acte II, Éd. Gallimard, 1943.

1. Érinyes : *divinités grecques des enfers.*

2 * **1. Quels détails dans cette image à la Une d'un journal de 1910 donnent l'impression d'une situation sans issue ? Quel semble être le fait divers présenté ici ?**

2 Que font les différents personnages ? Quelles attitudes affichent-ils ?

3. En reprenant vos réponses aux questions 1 et 2, expliquez pourquoi cette Une s'inscrit dans le registre tragique.

Le Petit Journal, n° 998, 2 janvier 1910. ALAIN MONESTIER, *Tragédies à la Une*, Éd. Albin Michel, 1995.

Caractériser le héros tragique

3 ** **1. Caractérisez la situation tragique évoquée dans ce texte.**

2. Relevez et commentez les caractéristiques qui font d'Iphigénie une héroïne tragique.

IPHIGÉNIE. – Mon père,
Cessez de vous troubler, vous n'êtes point trahi.
Quand vous commanderez, vous serez obéi.
Ma vie est votre bien. Vous voulez le reprendre ;
Vos ordres sans détour pouvaient se faire entendre.
D'un œil aussi content, d'un cœur aussi soumis
Que j'acceptais l'époux que vous m'aviez promis,
Je saurai, s'il le faut, victime obéissante,
Tendre au fer de Calchas[1] une tête innocente,
Et respectant le coup par vous-même ordonné,
Vous rendre tout le sang que vous m'avez donné.

JEAN RACINE, *Iphigénie*, Acte IV, scène 4, 1674.

1. Calchas : *devin qui doit procéder à l'exécution d'Iphigénie pour obtenir la faveur des dieux.*

4 ** **1. En quoi la situation du personnage peut-elle être qualifiée de tragique ?**

2. Pourquoi peut-on dire du personnage qu'il est un héros tragique ?

Pendant l'été 1914, Jacques Thibault est chargé de survoler le front afin d'y déverser des tracts appelant à l'arrêt de la guerre. Son avion est abattu.

Son regard vacillant remonte des profondeurs opaques, se glisse entre les paupières, émerge un instant au jour. Il aperçoit une cime d'arbre, le ciel. Des jambières blanches de poussière... des pantalons rouges... L'armée... Un groupe de fantassins français est penché sur lui. Ils l'ont tué, il est en train de mourir...

Et les tracts ? L'avion ?

Il soulève un peu la tête. Son regard se faufile entre les jambes des soldats. L'avion... À trente mètres, un monceau informe de débris fume au soleil comme un bûcher éteint : amas de ferrailles, où pendent quelques loques charbonneuses. À l'écart, profondément piquée en terre, une aile, déchiquetée, se dresse dans l'herbe, toute seule, comme un épouvantail... Les tracts ! Il meurt sans en avoir jeté un seul ! Les liasses sont là, consumées, ensevelies pour toujours dans les cendres ! Et personne, jamais, jamais plus... Il renverse la tête ; son regard se perd dans le ciel clair.

ROGER MARTIN DU GARD, *Les Thibault*, « L'été 1914 », Éd. Gallimard, 1922-1940.

Étudier les indices du registre pathétique

5 * **Relevez les éléments qui rendent la situation pathétique dans ce texte.**

À 9 h 36 minutes, tandis que la plupart se trouvaient dans les temples, ou sur le chemin, ou à se préparer pour s'y rendre, « il se fit un tremblement de terre si horrible qu'il terrassa en moins de trois minutes toutes les églises et tous les couvents ». Les maisons s'écroulent, écrasent ceux qui fuient ou n'ont rien compris. C'est une grêle de rocs et de tuiles. Des crevasses s'ouvrent de tous côtés. Partout, on crie miséricorde. Un second frisson secoue la terre. Le feu prend dans ce qui reste des églises, des palais et des maisons. Un vent du nord emballe les flammes, l'incendie est général. Des enfants nus courent se blottir dans les jambes de gendarmes en pleurs. On ne sait plus.

Éric Sarner, Miguelanxo Prado, *Une lettre trouvée à Lisbonne*, 1995.

6 ** **1. Relevez les indices de la situation pathétique dans ce texte.**

2. Étudiez ce qui, dans cette scène, amplifie l'expression des sentiments pour susciter l'émotion du lecteur.

3. Quelles sont les caractéristiques du personnage de Carmen ?

– Carmen ! ma Carmen : laisse-moi te sauver et me sauver avec toi.

– José, répondit-elle, tu me demandes l'impossible. Je ne t'aime plus ; toi, tu m'aimes encore, et c'est pour cela que tu veux me tuer. Je pourrais bien encore te faire quelque mensonge ; mais je ne veux pas m'en donner la peine. Tout est fini entre nous. Comme mon rom[1], tu as le droit de tuer ta romi ; mais Carmen sera toujours libre. Calli[2] elle est née, calli elle mourra.

– Tu aimes donc Lucas ? lui demandai-je.

– Oui, je l'ai aimé, comme toi, un instant, moins que toi peut-être. À présent, je n'aime plus rien, et je me hais pour t'avoir aimé.

Je me jetai à ses pieds, je lui pris les mains, je les arrosai de mes larmes. Je lui rappelai tous les moments de bonheur que nous avions passés ensemble. Je lui offris de rester brigand pour lui plaire. Tout, monsieur, tout ! Je lui offris tout, pourvu qu'elle voulût m'aimer encore !

Elle me dit : T'aimer encore, c'est impossible. Vivre avec toi, je ne le veux pas.

La fureur me possédait. Je tirai mon couteau. J'aurais voulu qu'elle eût peur et me demandât grâce, mais cette femme était un démon.

Prosper Mérimée, *Carmen*, 1845.

1. Rom : *mari, chez le peuple des bohémiens auquel Carmen appartient* - 2. Calli : *noire, nom que les bohémiens se donnent dans leur langue.*

Étudier la proximité avec le lecteur

7 ** **1. En quoi la situation décrite s'inscrit-elle dans le registre pathétique ?**

2. Quels sont les éléments du récit qui visent à susciter l'attendrissement et la pitié du lecteur ?

3. Commentez l'utilisation du réseau lexical de la douleur dans le texte.

On vit alors un objet digne d'une éternelle pitié : une jeune demoiselle parut dans la galerie de la poupe du *Saint-Géran*[1], tendant les bras vers celui qui faisait tant d'efforts pour la joindre. C'était Virginie. Elle avait reconnu son amant à son intrépidité. La vue de cette aimable personne, exposée à un si terrible danger, nous remplit de douleur et de désespoir. Pour Virginie, d'un port noble et assuré, elle nous faisait signe de la main, comme nous disant un éternel adieu. Tous les matelots s'étaient jetés à la mer. Il n'en restait plus qu'un sur le pont, qui était tout nu et nerveux comme Hercule.

Il s'approcha de Virginie avec respect : nous le vîmes se jeter à ses genoux, et s'efforcer même de lui ôter ses habits ; mais elle, le repoussant avec dignité, détourna de lui sa vue. On entendit aussitôt ces cris redoublés des spectateurs : « Sauvez-la, sauvez-la ; ne la quittez pas ! » Mais dans ce moment une montagne d'eau d'une effroyable grandeur s'engouffra entre l'île d'Ambre et la côte, et s'avança en rugissant vers le vaisseau, qu'elle menaçait de ses flancs noirs et de ses sommets écumants. À cette terrible vue le matelot s'élança seul à la mer ; et Virginie, voyant la mort inévitable, posa une main sur ses habits, l'autre sur son cœur, et levant en haut les yeux sereins, parut un ange qui prend son vol vers les cieux.

Ô jour affreux ! hélas ! tout fut englouti.

Henri Bernardin de Saint-Pierre, *Paul et Virginie*, 1788.

1. Saint-Géran : *le bateau sur lequel se trouve Virginie.*

Étudier l'expression de la douleur

8 *** **1. Selon vous, dans quel registre ce passage s'inscrit-il ? Justifiez votre réponse.**

2. Relevez les imprécations présentes dans le texte. À qui s'adressent-elles ?

3. Quel est le réseau lexical dominant du passage ? Comment expliquer sa présence ?

La jeune reine carthaginoise Didon, abandonnée par Énée sur l'ordre des dieux, crie vengeance et annonce les guerres entre Carthage et Rome.

DIDON

Mais tu me fuis en vain, mon ombre te suivra.
Tremble, ingrat, je mourrai, mais ma haine vivra.
Tu vas fonder le trône où le Destin t'appelle ;
Et moi je te déclare une guerre immortelle.
Mon peuple héritera de ma haine pour toi :
Le tien doit hériter de ton horreur pour moi.
Que ces peuples rivaux, sur la terre et sur l'onde,
De leurs divisions épouvantent le monde !
Que pour mieux se détruire ils franchissent [les mers ;
Qu'ils ne puissent ensemble habiter l'univers ;
Qu'une égale fureur sans cesse les dévore,
Qu'après s'être assouvie elle renaisse encore ;
Qu'ils violent entre eux et la foi des traités,
Et les droits les plus saints et les plus respectés !
Qu'excités par mes cris, les enfants de Carthage
Jurent dès le berceau de venger mon outrage ;
Et puissent en mourant mes derniers successeurs
Sur tes derniers neveux être encore [mes vengeurs !

LE FRANC DE POMPIGNAN, *Didon*, scène dernière, 1734.

9 *** ÉTUDE LITTÉRAIRE

1. Analysez la progression de cette tirade. Quelles attitudes la mère adopte-t-elle à chacune de ses étapes ? Relevez pour chaque étape un exemple de lamentation ou de supplication.

2. Relevez les différents réseaux lexicaux utilisés. Montrez ensuite qu'ils participent au pathétique de la scène.

3. En vous aidant de l'encadré, montrez comment, dans ce passage, la représentation théâtrale amplifie le pathétique de la situation.

Pour faire avouer à Montserrat où se trouve le révolutionnaire Bolivar, l'officier Izquierdo menace d'exécuter des otages. La mère de deux petits enfants s'adresse à lui.

Écoute-moi ! Regarde-moi ! Vois mes larmes ! Est-ce qu'un cœur d'homme peut rester glacé devant le désespoir d'une mère ? d'une mère qui va mourir en sachant qu'on va laisser ses enfants abandonnés à une agonie effroyable ! Tu n'as donc jamais pris un enfant dans tes bras ? Tu n'as donc jamais été touché par ce miracle qu'est un tout jeune enfant ? Ah ! Si tu voyais mes petits tu te laisserais fléchir : ils sont tout dorés et vifs... *(Elle s'est approchée de Montserrat. Elle supplie avec une grande douceur.)* C'est l'heure de nourrir le plus jeune. Il doit pleurer déjà dans son berceau. Regarde mes seins. Il doit m'appeler en agitant ses petits bras. Et je suis là avec tout mon lait qui me gonfle la poitrine ! Est-ce qu'on peut tuer, dis, une mère qui allaite ? *(Montserrat l'a attirée contre son épaule. Il est effroyablement pâle. Elle dit encore :)* C'est Dieu qui les a créés ! Des créatures de Dieu, est-ce que tu peux les faire mourir ? Dis ? Tu crois en Dieu. Tu sais que tu ne peux pas les laisser mourir ! Tu n'en as pas le droit : c'est plus qu'offenser Dieu !

EMMANUEL ROBLÈS, *Montserrat*, Éd. du Seuil, 1952.

POUR ÉTUDIER LE TEXTE

Le pathétique au théâtre

Contrairement au récit, où le pathétique naît des propos agencés par le narrateur, au théâtre le pathétique est lié aux personnages sur la scène. Ils se parlent, et la présence d'un interlocuteur direct donne une réalité et une résonance particulière aux supplications, aux imprécations, ou aux lamentations. Ce qu'affirme l'un agit sur l'autre, et le jeu des acteurs, leur voix, leurs gestes, leur intonation, leur présence physique amplifient les effets du texte et de la situation. À l'écrit, le texte de théâtre exprime aussi cette dimension par l'intermédiaire des didascalies.

Étudier le lexique et les images

10 ** **Recherchez et étudiez dans le texte les comparaisons et les métaphores qui renforcent l'expression des sentiments. À quel réseau lexical ces images sont-elles associées ?**

Je n'entreprendrai point, ô René, de te peindre aujourd'hui le désespoir qui saisit mon âme, lorsque Atala eut rendu le dernier soupir. Il faudrait avoir plus de chaleur qu'il ne me reste ; il faudrait que mes yeux fermés se pussent rouvrir au soleil, pour lui demander compte des pleurs qu'ils versèrent à sa lumière. Oui, cette lune qui brille à présent sur nos têtes, se lassera d'éclairer les solitudes du Kentucky : oui, le fleuve qui porte maintenant nos pirogues, suspendra le cours de ses eaux, avant que mes larmes cessent de couler pour Atala !

FRANÇOIS-RENÉ DE CHATEAUBRIAND, *Atala*, 1801.

11 ** **1. Quels sentiments successifs Salammbô éprouve-t-elle ? À la dernière phrase du texte, quel sentiment le lecteur est-il amené à éprouver lui-même ?**

2. Analysez le lexique et les images contenus dans ce texte.

Dans les dernières pages de son roman, Gustave Flaubert décrit le long supplice de Mâtho. Celui-ci, vaincu, est lynché par le peuple de Carthage, sous les yeux de la Carthaginoise Salammbô, qui fut son ennemie mais l'aimait.

Mâtho regarda autour de lui, et ses yeux rencontrèrent Salammbô.

Dès le premier pas qu'il avait fait, elle s'était levée ; puis, involontairement, à mesure qu'il se rapprochait, elle s'était avancée peu à peu jusqu'au bord de la terrasse ; et bientôt, toutes les choses extérieures s'effaçant, elle n'avait aperçu que Mathô. Un silence s'était fait dans son âme, un de ces abîmes où le monde entier disparaît sous la pression d'une pensée unique, d'un souvenir, d'un regard. Cet homme qui marchait vers elle l'attirait.

Il n'avait plus, sauf les yeux, d'apparence humaine ; c'était une longue forme complètement rouge ; ses liens rompus pendaient le long de ses cuisses, mais on ne les distinguait pas des tendons de ses poignets tout dénudés ; sa bouche restait grande ouverte ; de ses orbites sortaient deux flammes qui avaient l'air de monter jusqu'à ses cheveux ; et le misérable marchait toujours !

Il arriva juste au pied de la terrasse. Salammbô était penché sur la balustrade ; ces effroyables prunelles la contemplaient, et la conscience lui surgit de tout ce qu'il avait souffert pour elle. Bien qu'il agonisât, elle le revoyait dans sa tente, à genoux, lui entourant la taille de ses bras, balbutiant des paroles douces : elle avait soif de les sentir encore, de les entendre ; elle ne voulait pas qu'il mourût. À ce moment-là, Mathô eut un grand tressaillement ; elle allait crier. Il s'abattit à la renverse et ne bougea plus.

GUSTAVE FLAUBERT, *Salammbô*, 1862.

Étudier l'exclamation, l'interrogation et l'apostrophe

12 ** **1. Condamnée à mort pour ses crimes, Milady essaie d'échapper au sort qui l'attend. Quels sentiments cherche-t-elle à susciter ?**

2. Étudiez les stratégies successives employées par Milady pour émouvoir ses « juges ».

Et, comme il[1] la liait en disant ces paroles, Milady poussa deux ou trois cris sauvages, qui firent un effet sombre et étrange en s'envolant dans la nuit et en se perdant dans les profondeurs du bois.

– Mais si je suis coupable, si j'ai commis les crimes dont vous m'accusez, hurlait Milady, conduisez-moi devant un tribunal ; vous n'êtes pas des juges, vous, pour me condamner.

– Je vous avais proposé Tyburn, dit lord de Winter, pourquoi n'avez-vous pas voulu ?

– Parce que je ne veux pas mourir ! s'écria Milady en se débattant, parce que je suis trop jeune pour mourir !

– La femme que vous avez empoisonnée à Béthune était plus jeune encore que vous, madame, et cependant elle est morte, dit d'Artagnan.

– J'entrerai dans un cloître, je me ferai religieuse, dit Milady.

– Vous étiez dans un cloître, dit le bourreau, et vous en êtes sortie pour perdre mon frère.

Milady poussa un cri d'effroi, et tomba sur ses genoux.

Le bourreau la souleva sous les bras, et voulut l'emporter vers le bateau.

– Oh ! mon Dieu ! s'écria-t-elle, mon Dieu ! allez-vous donc me noyer ?

Ces cris avaient quelque chose de si déchirant, que d'Artagnan, qui d'abord était le plus acharné à la poursuite de Milady, se laissa aller sur une souche et pencha la tête, se bouchant les oreilles avec les paumes de ses mains ; et cependant, malgré cela, il l'entendait encore menacer et crier. D'Artagnan était le plus jeune de tous ces hommes, le cœur lui manqua.

– Oh ! je ne puis voir cet affreux spectacle ! je ne puis consentir à ce que cette femme meure ainsi !

Milady avait entendu ces quelques mots, et elle s'était reprise à une lueur d'espérance.

– D'Artagnan ! d'Artagnan ! cria-t-elle, souviens-toi que je t'ai aimé.

ALEXANDRE DUMAS, *Les Trois Mousquetaires*, 1844.

1. Il : *le bourreau chargé d'exécuter Milady de Winter.*

ACTIVITÉS D'ÉCRITURE

13 ** ÉCRIRE DANS LE REGISTRE PATHÉTIQUE

1. Observez tous les détails de l'image qui pourraient inscrire la scène dans le registre pathétique.

2. En vous appuyant sur l'image, rédigez un court récit qui, par l'amplification de certains détails, s'inscrira dans le registre pathétique.

ROBERT DOISNEAU,
Les Petits Enfants qui vont au lait, 1932.

14 ** RÉDIGER UN COMMENTAIRE

Montrez que, par l'attitude des personnages, la description passe progressivement du registre pathétique au registre tragique. Rédigez votre réponse sous la forme de deux paragraphes.

Un messager vient d'apprendre à Job et à sa femme que leur famille a été exterminée et leurs biens détruits.

L'unique messager qui avait échappé aux tourmentes leur relatait chaque événement. Au souvenir de tant de visions d'horreur, ses mots s'embrouillaient, ses genoux s'entrechoquaient.

La femme, en l'écoutant, frissonnait des pieds à la tête. Elle ne maîtrisait plus sa langue, ni ses membres ni sa respiration. Job lui toucha la main et la fixa longuement. Il ne proféra aucune plainte, mais resta planté devant elle les yeux dans les siens. Elle s'y ancra, évitant ainsi de s'écrouler.

Puis Job s'éloigna, seul. Elle le vit, au loin, prenant appui contre le chêne centenaire, celui qui surplombe les trois vallées. Sa forme fichée en terre se confondait avec celle de l'arbre. Ne souhaitant plus rompre cette accalmie qui s'imposait à tout le paysage, la femme ne le rappela pas auprès d'elle.

Job demeura longtemps debout, maîtrisant chacun de ses traits, interdisant à l'épouvante de le gouverner.

ANDRÉE CHÉDID, *La Femme de Job*,
Éd. Calmann-Lévy, 1993.

15 *** TRANSPOSER UN TEXTE DANS UN AUTRE REGISTRE

1. À travers quelles remarques, quelles réflexions, le narrateur efface-t-il en partie le tragique de cette scène ?

2. Récrivez le texte en le transformant et en ajoutant des détails pour inscrire la scène dans le registre tragique.

Le spectacle était épouvantable et charmant. Gavroche, fusillé, taquinait la fusillade. Il avait l'air de s'amuser beaucoup. C'était le moineau becquetant les chasseurs. Il répondait à chaque décharge par un couplet. On le visait sans cesse, on le manquait toujours. Les gardes nationaux et les soldats riaient en l'ajustant. Il se couchait, puis se redressait, s'effaçait dans un coin de porte, puis bondissait, disparaissait, reparaissait, se sauvait, revenait, ripostait à la mitraille par des pieds de nez, et cependant pillait les cartouches, vidait les gibernes et remplissait son panier. Les insurgés, haletants d'anxiété, le suivaient des yeux. La barricade tremblait ; lui, il chantait. Ce n'était pas un enfant, ce n'était pas un homme ; c'était un étrange gamin fée. On eût dit le nain invulnérable de la mêlée. Les balles couraient après lui, il était plus leste qu'elles. Il jouait on ne sait quel effrayant jeu de cache-cache avec la mort ; chaque fois que la face camarde[1] du spectre s'approchait, le gamin lui donnait une pichenette.

Une balle pourtant, mieux ajustée ou plus traître que les autres, finit par atteindre l'enfant feu follet. On vit Gavroche chanceler, puis il s'affaissa. Toute la barricade poussa un cri ; mais il y avait de l'Antée[2] dans ce pygmée ; pour le gamin, toucher le pavé, c'est comme pour le géant toucher la terre ; Gavroche n'était tombé que pour se

ACTIVITÉS D'ÉCRITURE

redresser ; il resta assis sur son séant, un long filet de sang rayait son visage, il éleva ses deux bras en l'air, regarda du côté d'où était venu le coup, et se mit à chanter :

Je suis tombé par terre,
C'est la faute à Voltaire,
Le nez dans le ruisseau,
C'est la faute à...

Il n'acheva point. Une seconde balle du même tireur l'arrêta court. Cette fois il s'abattit la face contre le pavé, et ne remua plus. Cette petite grande âme venait de s'envoler.

VICTOR HUGO, *Les Misérables*, 1862.

1. La camarde : *le squelette qui symbolise la mort* - 2. Antée : *géant de la mythologie grecque, qui retrouve toutes ses forces chaque fois qu'il touche la terre.*

16 ** COMMENTER UN TEXTE

1. Définissez la situation tragique présentée dans ce passage.

2. Montrez, en vous appuyant sur le vocabulaire, que la mort du personnage correspond aussi à un destin volontairement assumé.

Et une rumeur inattendue prolongeait jusqu'au fond de la nuit ce chuchotement de la douleur : ainsi qu'Hemmelrich, presque tous ces hommes avaient des enfants. Pourtant la fatalité acceptée par eux montait avec leur bourdonnement de blessés comme la paix du soir, recouvrait Kyo, ses yeux fermés, ses mains croisées sur son corps abandonné, avec une majesté de chant funèbre. Il aurait combattu pour ce qui, de son temps, aurait été chargé du sens le plus fort et du plus grand espoir ; il mourrait parmi ceux avec qui il aurait voulu vivre ; il mourrait, comme chacun de ces hommes couchés, pour avoir donné un sens à sa vie. Qu'eût valu une vie pour laquelle il n'eût pas accepté de mourir ? Il est facile de mourir quand on ne meurt pas seul.

ANDRÉ MALRAUX, *La Condition humaine*, Éd. Gallimard, 1933.

17 *** RÉDIGER UNE SCÈNE DE THÉÂTRE

1. Repérez dans la scène représentée les différents détails évoqués par l'auteur du commentaire du tableau : l'identité des trois personnages, leurs attitudes, les éléments du décor.

2. Quels sont les détails de la peinture qui contribuent à susciter l'émotion ?

3. Reconstituez, à partir du commentaire, sous forme de plan la chronologie des événements qui ont conduit jusqu'au dénouement représenté dans le tableau.

4. En vous aidant de vos réponses précédentes, transposez la chronologie des événements et leur dénouement dans une scène de théâtre. Rédigez les dialogues et les didascalies (décor et indications scéniques). Inscrivez votre texte, au choix, dans le registre tragique ou dans le registre pathétique.

ALEXANDRE CABANEL, *Mort de Francesca da Rimini et de Paolo Malatesta*, 1870.

Le commentaire du tableau

Le couple inanimé représente les amants légendaires que Dante évoque au chant V de *L'Enfer*, dans *La Divine Comédie* : mariée de force au seigneur de Rimini, qui est difforme, la jeune Francesca s'éprend de Paolo le beau, en lisant ensemble l'histoire de Lancelot du Lac. Un seul baiser les unit, et les perd : le mari les surprend et les transperce de son glaive. Dante élève un fait divers à la dimension du mythe. Innocents et coupables d'une passion fatale, Francesca et Paolo restent unis dans la mort.

Le peintre Cabanel traite avec un plaisir d'érudit les costumes et le décor intérieur, ménage de savants contrastes d'ombres et de lumières, et surtout met en scène l'épisode avec un sens du suspense fort ingénieux. De prime abord, le couple paraît endormi, puis l'on remarque le désordre de la pièce, la position suspecte de Paolo, sa main crispée sur la poitrine, la pâleur de Francesca, et enfin la tache de sang qui dénonce le meurtrier.

FLORENCE ET JEAN-PIERRE CAMARD, *Orsay, le goût d'une époque*, Éd. Nathan, 1989. D.R.

CHAPITRE

12 Le registre lyrique

Le registre lyrique fait entendre une voix qui livre ses sentiments et ses émotions. Il cherche à créer une proximité avec le destinataire. Celui-ci reconnaît, dans la confidence intime, des sentiments qu'il pourrait lui-même éprouver.

Le registre lyrique se caractérise par sa dimension musicale : les troubadours et les trouvères s'accompagnent d'instruments, les poètes jouent sur le rythme du vers, les romanciers animent la phrase d'un souffle qui communique l'intensité de l'émotion. *Les Regrets* de Du Bellay, les *Rêveries du promeneur solitaire* de Rousseau, les *Mémoires d'outre-tombe* de Chateaubriand, les *Odes* de Hugo, les *Chansons* de Verlaine, les romans de Céline manifestent la richesse du registre lyrique.

Le registre lyrique s'exprime aussi bien à travers la poésie, le roman, le théâtre, que dans les mémoires ou les confidences autobiographiques. Il se retrouve dans la photographie, le cinéma, la peinture ou la danse. Il reste bien sûr présent à l'opéra, qui rappelle, qu'à l'origine, la voix lyrique est celle d'un chant.

Dans la poésie comme dans le roman, le registre lyrique exprime une intention identique : le poète comme le romancier confient directement ou à travers les personnages les émotions qu'ils éprouvent, la mélancolie ou le bonheur d'une sensation pleinement vécue.

Quelles caractéristiques du registre lyrique le rapprochement de ces deux textes révèle-t-il ?

TEXTE 1

Le registre lyrique dans la poésie

Gaspard Hauser chante :

Je suis venu, calme orphelin,
Riche de mes seuls yeux tranquilles,
Vers les hommes des grandes villes ;
Ils ne m'ont pas trouvé malin.

À vingt ans un trouble nouveau,
Sous le nom d'amoureuses flammes,
M'a fait trouver belles les femmes :
Elles ne m'ont pas trouvé beau.

Bien que sans patrie et sans roi
Et très brave ne l'étant guère,
J'ai voulu mourir à la guerre :
La mort n'a pas voulu de moi.

Suis-je né trop tôt ou trop tard ?
Qu'est-ce que je fais en ce monde ?
Ô vous tous, ma peine est profonde :
Priez pour le pauvre Gaspard !

PAUL VERLAINE, *Sagesse*, 1880.

TEXTE 2

Le registre lyrique dans le roman

Ça me disait pas beaucoup de rentrer, puisqu'on avait plus très faim... On prenait des précautions, on emportait des provisions, on pillait un peu la cuistance au moment de sortir. Je me sentais plus pressé du tout…

Même fatigué je me trouvais mieux dehors à baguenauder[1] par-ci, par-là... On se reposait au petit bonheur... On se payait une dernière station, sur les marches ou sur les rocailles, juste à la porte de notre jardin... Là où passait le grand escalier, la montée du port, c'était presque sous nos fenêtres... On restait avec Jonkind[2], le plus tard possible, planqués, silencieux.

On discernait bien les navires, de cet endroit-là, les venues, les rencontres du port... C'était comme un vrai jeu magique... sur l'eau à remuer de tous les reflets... tous les hublots qui passent, qui viennent, qui scintillent encore... Le chemin de fer qui brûle, qui tremblote, qui incendie par le travers les arches minuscules... Nora[3], elle jouait toujours son piano en nous attendant... Elle laissait la fenêtre ouverte... On l'entendait bien de notre cachette... Elle chantait même un petit peu... à mi-voix... Elle s'accompagnait... Elle chantait pas fort du tout... C'était en somme un murmure... une petite romance... Je me souviens encore de l'air... J'ai jamais su les paroles... La voix s'élevait tout doucement, elle ondoyait dans la vallée... Elle revenait sur nous... L'atmosphère au-dessus du fleuve, ça résonne, ça amplifie... C'était comme de l'oiseau sa voix, ça battait des ailes, c'était partout dans la nuit, des petits échos...

Tous les gens étaient passés, tous ceux qui remontaient du boulot, les escaliers étaient vides. On était seuls avec « No fear[4] »... On attendait qu'elle s'interrompe, qu'elle chante plus du tout, qu'elle ferme le clavier... Alors on rentrait.

LOUIS-FERDINAND CÉLINE, *Mort à crédit*, Éd. Gallimard, 1936.

---

1. Baguenauder : *se promener* - 2. Jonkind : *l'ami du narrateur* - 3. Nora : *la responsable du foyer où logent les deux garçons* - 4. No fear : *surnom donné à Jonkind.*

1 La voix de l'émotion

1. L'émotion exprimée par le registre lyrique est celle du sentiment amoureux, de la mélancolie ou du bonheur de la sensation. Quelle est l'émotion présente dans chacun de ces deux textes?

2. Étudiez la progression des sensations dans le texte de Céline. Quels sont les différents sens du narrateur qui sont directement sollicités ?

2 La création d'une intimité

3. Relevez, dans le texte de Céline, l'ensemble des termes qui créent une impression de douceur et de proximité.

4. Observez le jeu des pronoms dans chacun des deux textes. Relevez les indices personnels qui témoignent de la présence d'un émetteur dans le poème et dans le roman.

3 L'écriture des sentiments

5. Relevez dans le troisième paragraphe du texte de Céline les formes d'insistance (gradation, anaphore, images...) qui renforcent l'expression des sentiments.

6. À travers quels procédés le lecteur est-il directement sollicité dans les deux derniers vers du poème de Verlaine? Selon vous, pourquoi?

Le registre lyrique correspond à l'expression de sentiments personnels. L'auteur dit son trouble, il interpelle les autres pour leur faire partager ses états d'âme, son bonheur ou sa mélancolie. Il confie une émotion dans laquelle chacun peut retrouver ses propres sentiments.

1 La voix de l'émotion

Le registre lyrique inscrit dans le texte la présence et la voix de l'auteur, ou de son personnage, qui communique avec intensité des émotions et des sentiments personnels.

1. Le lyrisme du sentiment amoureux

La voix lyrique dit l'exaltation du sentiment amoureux. L'auteur manifeste la plénitude et l'intensité de l'émotion qui l'envahit. Il confie son trouble, poussé par le besoin d'exprimer ce qu'il ressent.

« Oh ! mon cœur et mon âme,
C'est toi ! l'ardent foyer d'où me vient toute flamme,
C'est toi ! Ne m'en veux pas de fuir, être adoré ! » (Victor Hugo, *Hernani*, 1830)

Entraînant le mouvement romantique, le théâtre et la poésie de Victor Hugo ont redonné vie, à travers l'expression du sentiment amoureux, à la voix lyrique.

2. Le lyrisme et la mélancolie

La voix lyrique exprime le regret, le chagrin, le désespoir. L'auteur expose une peine qui peut être provoquée par une déception sentimentale, par la tristesse du temps qui s'enfuit, par l'exil ou par un deuil.

« Suis-je né trop tôt ou trop tard ?
Qu'est-ce que je fais en ce monde ?
Ô vous tous, ma peine est profonde. » (Paul Verlaine, *Sagesse*, 1880)

À travers ses «chansons tristes», Verlaine recrée une musique nouvelle appropriée à sa mélancolie.

3. Le lyrisme de la sensation

La voix lyrique manifeste le bonheur d'une communion avec la nature. L'auteur témoigne de la plénitude des sensations, du plaisir des sens, de l'harmonie avec le monde. Il chante sa joie, dans un accord retrouvé avec les éléments.

« L'automne me surprit au milieu de mes incertitudes : j'entrais avec ravissement dans les mois des tempêtes. »

(François René de Chateaubriand, *René*, 1802)

Au début du XIXe siècle, l'œuvre de Chateaubriand exprime l'effusion du «moi» qui se projette et se retrouve dans les sensations au contact de la nature.

2 La création d'une intimité

En exprimant des sentiments à la première personne, le registre lyrique met en place une relation d'intimité. Il crée un effet de proximité entre celui qui s'exprime et le lecteur.

1. L'expression du moi intime

Dans le registre lyrique, l'émetteur exprime directement ce qu'il éprouve. Il est fortement présent dans le texte. Les marques de cette présence sont les pronoms personnels, les pronoms possessifs ainsi que les adjectifs possessifs de la première personne du singulier et de la première personne du pluriel.

« Je fais souvent ce rêve étrange et pénétrant
D'une femme inconnue, et que j'aime, et qui m'aime
Et qui n'est, chaque fois, ni tout à fait la même
Ni tout à fait une autre, et m'aime et me comprend. »

(Paul Verlaine, *Poèmes saturniens*, 1866)

2. La sollicitation de l'autre

Dans le registre lyrique, l'auteur ou le personnage cherchent à partager leurs sentiments avec celui à qui ils s'adressent. Les marques de cette sollicitation sont les pronoms personnels (tu, vous...), les pronoms possessifs (le tien, le vôtre...), ainsi que les adjectifs possessifs (ton, ta, votre...) de la deuxième personne du singulier et du pluriel.

« Oui, si tu retournes danser
Chez Temporel, un jour ou l'autre,
Pense aux bonheurs qui sont passés,
Là, simplement, comme les nôtres. »

(André Hardellet, *La Cité Montgol*, Éd. Gallimard)

Dans ce poème, Hardellet interpelle son lecteur (« si tu retournes... ») et lui fait partager sa mélancolie du temps qui passe.

3 L'écriture des sentiments

Le registre lyrique utilise divers procédés pour marquer l'intensité des émotions et des sentiments exprimés.

1. L'exclamation et l'interrogation

La force du sentiment s'exprime à travers la ponctuation. L'auteur s'exclame (le point d'exclamation), utilise des interjections (Ah !), des adverbes d'intensité (Jamais !). Mais il peut aussi exprimer ses doutes et s'interroger. Il prend alors le destinataire à témoin à travers la forme interrogative.

« Ne devinez-vous pas que je bous d'ivresse ?
Ange de ma grand-mère, ange de mon berceau,
Ne devinez-vous pas que je deviens oiseau,
Que ma lyre frissonne et que je bats de l'aile
Comme l'hirondelle ?... »

(Arthur Rimbaud, « Un cœur sous une soutane », 1870)

Dans l'un de ses premiers poèmes, Rimbaud prend le lecteur à témoin de la fièvre poétique (« ma lyre frissonne ») qui l'habite.

2. L'insistance

Les procédés de l'insistance renforcent l'expression des sentiments.

PROCÉDÉ	DÉFINITION	EFFET RECHERCHÉ
L'anaphore	Répétition du même mot ou de la même expression en début de vers ou de phrase. *« Soit qu'un déclin rengrège mes douleurs, / Soit qu'un dépit fasse naître mes pleurs, / Soit qu'un refus mes plaies renouvelle. »* (Ronsard, *Amours de Cassandre*, 1553)	Rythmer l'expression des sentiments. Créer un effet musical.
L'hyperbole	Emploi d'un terme trop fort, exagéré. *« De l'infini des mers à l'infini des cieux, Moi, rêvant à vous seuls, je contemple et je sonde L'amour que j'ai pour vous dans mon âme profonde, Amour doux et puissant qui toujours m'est resté, Et cette grande mer est petite à côté ! »* (Hugo, *Les Voix intérieures*, 1837)	Amplifier le sentiment.
La gradation	Succession de plusieurs termes d'intensité croissante ou décroissante. *« Je ne sais quel attrait des yeux pour l'eau limpide /Nous faisait regarder et suivre chaque ride, / Réfléchir, soupirer, rêver sans dire un mot »* (Lamartine, *Jocelyn*, 1836)	Exprimer la progression des impressions et des sentiments.

3. L'apostrophe

Le registre lyrique est également caractérisé par l'emploi de l'apostrophe. L'auteur utilise alors l'impératif ou le subjonctif. Cette interpellation s'adresse soit à une divinité prise à témoin, soit au lecteur.

« Ô vous tous, ma peine est profonde :
Priez pour le pauvre Gaspard ! » (Paul Verlaine, *Sagesse*, 1880)

REPÈRE D'HISTOIRE LITTÉRAIRE

Le registre lyrique et la poésie

La lyre est l'instrument de musique inventé par le dieu Hermès. Ses cordes verticales tendues sur la carapace d'une tortue expriment la tension entre la terre et le ciel, les hommes et les dieux que le poète charme par son chant. Orphée obtient ainsi de descendre aux Enfers pour chercher Eurydice, sa fiancée disparue.

Au XIIe siècle, les troubadours, s'accompagnant de musique, chantent les joies et les douleurs de l'amant. Les ballades et les rondeaux évoquent eux aussi, dans un registre lyrique populaire, l'amour et les souffrances de la vie, comme le fait Villon. Pour exprimer ses sentiments, le poète peut recourir à l'ode, dans un lyrisme sévère et majestueux, ou à la chanson, plus familière. Aux sonnets de Ronsard et de Du Bellay, au XVIe siècle, font écho les poèmes de Musset et de Hugo, les chansons tristes de Verlaine au XIXe siècle. Pour Baudelaire, le lyrisme est alors «le cri du sentiment». Et la même voix lyrique se fait entendre au XXe siècle dans l'œuvre d'Apollinaire ou de Claudel.

Le poète lyrique est semblable à Orphée: il traverse la nuit et dit à travers son chant le bonheur d'aimer, l'exaltation des instants heureux, mais aussi le chagrin et la mélancolie des hommes. ■

EXERCICES

Identifier le lyrisme amoureux

1 * **1. Repérez l'ensemble des termes qui évoquent la présence d'une voix, celle du personnage, dans le texte.**

2. Quel trouble le personnage exprime-t-il ?

LA PRINCESSE

Je ne suis pas triste ! L'oiseau chante et je chanterai aussi ! Qu'il chante et je chanterai aussi !
Et ma voix s'élèvera comme la force de la flûte
Plus haut, plus fort ! Emplissant la ville et la nuit.
Je chanterai et je ne me contiendrai point !
L'oiseau chante l'été et il se tait l'hiver ; moi,
je chante dans l'air âpre et dur, et vers le ciel
désert, quand tout gèle, je m'élève éperdument !
Car ma voix est celle de l'amour et la chaleur de mon cœur est comme celle de la jeunesse.

Elle ouvre la bouche comme pour chanter.

PAUL CLAUDEL, *Tête d'or*, Éd. Mercure de France, 1894.

2 ** **1. Relevez les pronoms dans le texte.**

2. Montrez comment l'auteur, à travers un jeu sur les pronoms, exprime l'exaltation du sentiment amoureux.

Elle est plus jolie que l'amour
Elle a dans les yeux la couleur
triste et vivante pourtant
de la mer
Et elle avance à pas de
louve contre la mort
Et moi je voudrais avancer
avec elle
Sortir du pays dont l'avenir
est sorti
Sortir de soi-même pour être
nous-mêmes
Il suffirait que nous allions
un peu plus loin
Et que nous nous enfermions
dans notre regard
Et qu'elle ouvre son sourire
pour que je puisse y
entrer

CHRISTIAN DOTREMONT, *Œuvres poétiques complètes*, Éd. Mercure de France, 1998.

Étudier le lyrisme mélancolique

3 ** **1. Ces deux poèmes ont été écrits au même moment, alors qu'Apollinaire était emprisonné, accusé d'avoir volé *La Joconde*. Quels sont les thèmes développés ?**

2. À travers quels termes, quelles images la tristesse s'exprime-t-elle dans ces deux poèmes ?

3. En vous appuyant sur les réponses aux deux questions précédentes, montrez comment les deux poèmes s'inscrivent dans le registre lyrique.

TEXTE 1

Que lentement passent les heures
Comme passe un enterrement

Tu pleureras l'heure où tu pleures
Qui passera trop vitement
Comme passent toutes les heures

TEXTE 2

J'écoute les bruits de la ville
Et prisonnier sans horizon
Je ne vois rien qu'un ciel hostile
Et les murs nus de ma prison

Le jour s'en va voici que brûle
Une lampe dans la prison
Nous sommes seuls dans ma cellule
Belle clarté Chère raison

Septembre 1911.

GUILLAUME APOLLINAIRE, « À la Santé », *Alcools*, Éd. Gallimard, 1913.

4 ** **1. À travers quels termes l'émotion du narrateur s'exprime-t-elle dans ce texte ?**

2. Quels sont les thèmes qui inscrivent ce texte dans le registre lyrique ? Justifiez votre réponse.

Je me souviens des paroles de Waldemar Cuzco, le jour où il nous laissa partir vers l'Europe. Il nous avait pris sur ses genoux, mon frère et moi, et, de sa voix sourde qui nous remuait le ventre, il avait dit : « Au fond de vous, minuscule, dort le Brésil. Plus vous grandirez, plus il grandira. Il bougera. Ça vous tirera de partout. Vous serez comme une femme qui va mettre un enfant au monde. Vous trouverez qu'il fait froid de ce côté-ci de l'Atlantique. Vous aurez envie de fruits secs et sucrés, de ces chants lancinants et tendres qui déchirent nos ciels plus net que les orages. Alors il faudra rentrer. » J'avais onze ans et Pacifico huit. Trente années ont passé. Nous n'avons jamais eu froid. Au fond de nous, ce n'est pas un pays qui a grandi mais un homme. On n'oublie pas Waldemar Cuzco.

ERIC FOTTORINO, *Nordeste*, Éd. Stock, 1999.

voulez-vous pas faire encore semblant de m'aimer ?
Il tombe sans connaissance.
JACQUELINE, *courant à lui.* – Seigneur, mon Dieu, qu'est-ce que j'ai fait ? Fortunio, revenez à vous.

ALFRED DE MUSSET, *Le Chandelier*, Acte III, scène 3, 1840.

11 *** **1. Quels reproches Bérénice adresse-t-elle à Titus ?**

2. Relevez l'ensemble des marques de l'exclamation et de l'interrogation qui inscrivent cette tirade dans le registre lyrique : phrases exclamatives ou interrogatives, interjections, adverbes d'intensité. Montrez qu'elles traduisent la douleur de la rupture.

3. Aux vers 3, 5, 14 et 15, à travers quels termes Bérénice s'adresse-t-elle à Titus ? Comment interpréter cet abandon du « vous » ?

L'empereur Titus annonce à la reine Bérénice qu'il la renvoie, malgré son amour, parce qu'il doit obéir à la raison d'État. Bérénice, dans cette réplique, laisse éclater son émotion.

BÉRÉNICE

Eh bien ! régnez, cruel ; contentez votre gloire ;
Je ne dispute[1] plus. J'attendais, pour vous croire,
Que cette même bouche, après mille serments
D'un amour qui devait unir tous nos moments,
Cette bouche, à mes yeux[2] s'avouant infidèle,
M'ordonnât elle-même une absence éternelle.
Moi-même j'ai voulu vous entendre en ce lieu.
Je n'écoute plus rien : et pour jamais, adieu.
Pour jamais ! Ah ! seigneur, songez-vous en vous-[même
Combien ce mot cruel est affreux quand on aime ?
Dans un mois, dans un an, comment [souffrirons-nous,
Seigneur, que tant de mers me séparent de vous ?
Que le jour recommence et que le jour finisse,
Sans que jamais Titus puisse voir Bérénice,
Sans que tout le jour je puisse voir Titus !
Mais quelle est mon erreur, et que de soins[3] [perdus !
L'ingrat, de mon départ consolé par avance,
Daignera-t-il compter les jours de mon absence ?
Ces jours si longs pour moi lui sembleront trop [courts.

JEAN RACINE, *Bérénice*, Acte IV, scène 5, 1670.

1. Dispute : *discuter, protester* - 2. À mes yeux : *devant moi* - 3. Soins : *Soucis, dévouements, attentions.*

Étudier les procédés de l'insistance et de l'interpellation

12 * **1. Recherchez et relevez deux procédés d'insistance dans le texte.**

2. Quels sentiments de l'auteur mettent-ils en valeur ?

Une fois de plus, j'étais parti à pied vers les villages abandonnés de l'Aragon. Là, dans les sierras, sont les domaines du vent, les étendues vastes, des forêts de pins pleines de crissements, et des abîmes quand on grimpe le long des corniches rocheuses.

C'est un autre temps, un temps à l'égal de celui des dieux, et peut-être trois saisons ou trois siècles s'écouleront-ils dans le monde pendant que je passerai dans les montagnes une poignée de jours et de nuits.

JEAN-PIERRE OTTE, *Histoires du plaisir d'exister*, Éd. Julliard, 1997.

13 *** **1. À qui le poète s'adresse-t-il ? Par quel procédé ? Dans quelle intention ?**

2. Repérez et étudiez les formes de la présence de l'auteur dans son texte.

3. Montrez que les anaphores et les parallélismes permettent à Ronsard d'exprimer tour à tour l'exaltation et l'abattement. Quel est l'effet produit par cette alternance ?

4. En vous aidant des réponses apportées aux questions précédentes, expliquez comment ce poème s'inscrit dans le registre lyrique.

Amour, Amour, que ma maîtresse est belle !
Soit que j'admire ou ses yeux, mes seigneurs,
Ou de son front la grâce et les honneurs,
Ou le vermeil de sa lèvre jumelle.

Amour, Amour, que ma Dame est cruelle !
Soit qu'un dédain rengrège[1] mes douleurs,
Soit qu'un dépit fasse naître mes pleurs,
Soit qu'un refus mes plaies renouvelle.

Ainsi le miel de sa douce beauté
Nourrit mon cœur ; ainsi sa cruauté
D'un fiel amer aigrit toute ma vie ;

Ainsi repu d'un si divers repas,
Ores[2] je vis, ores je ne vis pas,
Égal au sort des frères d'Œbalie[3].

PIERRE DE RONSARD, *Amours de Cassandre*, 1553.

1. Rengréger : *rendre plus vif.* - 2. Ores : *tantôt.* - 3. Les frères d'Œbalie : *les frères jumeaux Castor et Pollux.*

ACTIVITÉS D'ÉCRITURE

14 * ANALYSER UN TEXTE LYRIQUE

Dans un paragraphe rédigé, dites comment ce texte s'inscrit dans le registre lyrique. Vous justifierez votre réponse au moyen d'exemples.

Je t'aime : je ne sais plus écrire, je ne vois plus que cette seule phrase à écrire, c'est toi qui m'as appris à l'écrire, c'est toi qui m'as appris à la prononcer comme il faut, avec une énorme lenteur, en détachant chaque mot, avec une lenteur de plusieurs siècles, avec cette lenteur adorable qui était la tienne lorsque tu devais te livrer à des choses pratiques, faire une valise, ranger une maison, tu es la femme la plus lente que j'aie connue, la plus lente et la plus rapide, quarante-quatre ans de ta vie sont passés comme un éclair très lent d'un seul coup avalé par le noir.

Je t'aime – cette parole est la plus mystérieuse qui soit, la seule digne d'être commentée pendant des siècles.

CHRISTIAN BOBIN, *La Plus que vive*, Éd. Gallimard, 1996.

15 ** COMMENTER UN POÈME LYRIQUE

1. Relevez et analysez l'utilisation des pronoms personnels et des adjectifs possessifs dans le poème d'Éluard.

2. Relevez et classez les différentes sensations qui permettent au poète d'exalter la nature.

3. Dans un paragraphe rédigé, reprenez le résultat de votre recherche aux deux questions précédentes pour expliquer comment le poète exprime son amour.

La courbe de tes yeux fait le tour de mon cœur,
Un rond de danse et de douceur,
Auréole du temps, berceau nocturne et sûr,
Et si je ne sais plus tout ce que j'ai vécu
C'est que tes yeux ne m'ont pas toujours vu.

Feuilles de jour et mousse de rosée,
Roseaux du vent, sourires parfumés,
Ailes couvrant le monde de lumière,
Bateaux chargés du ciel et de la mer,
Chasseurs des bruits et sources des couleurs

Parfums éclos d'une couvée d'aurores
Qui gît toujours sur la paille des astres,
Comme le jour dépend de l'innocence
Le monde entier dépend de tes yeux purs
Et tout mon sang coule dans leurs regards.

PAUL ÉLUARD, *Capitale de la douleur*, Éd. Gallimard, 1926.

16 * ANALYSER UNE IMAGE

1. Quel type d'émotion la photo suivante exprime-t-elle ?

2. Relevez l'ensemble des détails qui font de la scène photographiée une scène familière.

3. Pour suggérer l'expression des sentiments exprimés par le thème photographié, sur quelle construction l'image s'appuie-t-elle ?

4. Expliquez comment cette photo pourrait s'inscrire dans le registre lyrique. Rédigez votre réponse.

17 ** IMAGINER UN TEXTE LYRIQUE

En adoptant le point de vue de l'un des personnages présents sur la photo, rédigez le récit de cette rencontre. Inscrivez votre texte dans le registre lyrique.

18 *** CONFRONTER UN TEXTE ET SON COMMENTAIRE

1. Retrouvez dans le poème de Rimbaud tous les indices du registre lyrique.

2. Repérez dans le commentaire de Rimbaud les passages qui s'inscrivent dans le registre lyrique. Justifiez votre réponse.

3. Montrez comment les deux textes se font écho et se rejoignent dans un thème commun.

12 mai...
Ne devinez-vous pas pourquoi je meurs d'amour ?
La fleur me dit : salut ; l'oiseau me dit bonjour :

ACTIVITÉS D'ÉCRITURE

Salut ; c'est le printemps ! c'est l'ange de tendresse !
Ne devinez-vous pas pourquoi je bous d'ivresse ?
Ange de ma grand-mère, ange de mon berceau,
Ne devinez-vous pas que je deviens oiseau,
Que ma lyre frissonne et que je bats de l'aile
Comme l'hirondelle ?...

....

J'ai fait ces vers-là hier, pendant la récréation; je suis entré dans la chapelle, je me suis enfermé dans un confessionnal, et là, ma jeune poésie a pu palpiter et s'envoler, dans le rêve et le silence, vers les sphères de l'amour. Puis, comme on vient m'enlever mes moindres papiers dans mes poches, la nuit et le jour, j'ai cousu ces vers en bas de mon dernier vêtement, celui qui touche immédiatement à ma peau, et, pendant l'étude, je tire, sous mes habits, ma poésie sur mon cœur, et je la presse longuement en rêvant...

ARTHUR RIMBAUD, *Un cœur sous une soutane*, écrit en 1870, publié en 1924.

19 ** EXPLIQUER UNE CITATION

1. À travers quels termes la communion du narrateur avec la nature s'exprime-t-elle ?

2. Relevez et commentez les sensations évoquées.

3. Quels mots du texte renvoient directement au lyrisme ? Commentez leur emploi. Rédigez votre réponse sous la forme d'un paragraphe.

Comment exprimer cette foule de sensations fugitives, que j'éprouvais dans les promenades ? Les sons que rendent les passions dans le vide d'un cœur solitaire ressemblent au murmure que les vents et les eaux font entendre dans le silence d'un désert : on en jouit, mais on ne peut pas les peindre.

L'automne me surprit au milieu de ces incertitudes : j'entrai avec ravissement dans les mois de tempêtes. Tantôt j'aurais voulu être un de ces guerriers errant au milieu du vent, des nuages et des fantômes ; tantôt j'enviais jusqu'au sort du pâtre[1] que je voyais réchauffer ses mains à l'humble feu de broussailles qu'il avait allumé au coin d'un bois. J'écoutais ses chants mélancoliques, qui me rappelaient que dans tout pays, le chant naturel de l'homme est triste, lors même qu'il exprime le bonheur. Notre cœur est un instrument incomplet, une lyre où il manque des cordes, et où nous sommes forcés de rendre les accents de la joie sur le ton consacré aux soupirs.

FRANÇOIS-RENÉ DE CHATEAUBRIAND, *René*, 1802.

1. Pâtre : *berger*.

20 *** ANALYSER LES PROCÉDÉS DU LYRISME

1. Repérez les procédés d'insistance privilégiés par l'auteur pour exprimer les souvenirs des bonheurs passés d'une part, et la mélancolie du temps qui s'écoule d'autre part.

2. Expliquez comment la quatrième strophe révèle le désarroi du poète.

3. Analysez la présence de l'auteur dans son texte. Que souligne l'emploi de l'apostrophe ?

4. Présentez les réponses apportées aux questions précédentes sous une forme rédigée. Illustrez vos remarques par les exemples relevés dans le poème.

Le Tremblay[1]

Si tu reviens jamais danser
Chez Temporel, un jour ou l'autre,
Pense à ceux qui tous ont laissé
Leurs noms gravés auprès des nôtres.

Souviens-toi : quand tu l'as choisie
Pour tourner la valse en mineur,
La bonne chance enfin saisie,
Deux initiales dans un cœur.

Pense à ta jeunesse gâchée,
Sans t'en douter, au fil des jours,
Pense à l'image tant cherchée
Qui garderait son vrai contour.

Des robes aux couleurs de valse
Il n'est demeuré qu'un reflet
Sur le tain écaillé des glaces,
Des chansons – à peine un couplet.

Mais c'est assez pour que renaisse
Ce qu'alors nous avons aimé
Et pour que tu te reconnaisses
Dans ce petit bal mal famé

Avec d'autres qui sont partis
Vers le meilleur ou vers le pire,
Avec celle qui t'a souri
Et dit les mots qu'il fallait dire.

Oui, si tu retournes danser
Chez Temporel, un jour ou l'autre,
Pense aux bonheurs qui sont passés
Là, simplement, comme les nôtres.

ANDRÉ HARDELLET, *La Cité Montgol*, Éd. Seghers, 1952.

1. Le Tremblay : *localité des environs de Paris*.

CHAPITRE 13 Le registre épique

Au-delà du combat guerrier à l'origine de l'épopée, le registre épique traverse tous les genres littéraires et tous les modes d'expression : peinture, cinéma, presse. On l'utilise chaque fois qu'une situation exceptionnelle entraîne l'homme au-delà de lui-même, et le rend porteur des aspirations et des valeurs du groupe humain auquel il appartient.

Le registre épique s'affirme ainsi dans toutes les situations de conflit. Il donne au texte l'ampleur d'une fresque, en soulignant la démesure de l'épreuve et la gloire de l'exploit accompli. La conquête spatiale, la recherche scientifique, la générosité humanitaire ou l'exploit sportif sont souvent rapportés dans un registre épique car on y retrouve la dimension d'un défi exceptionnel. Le langage qui célèbre l'effort retrouve alors la puissance et l'expressivité des mythes et des épopées antiques.

Le registre épique met en valeur la tension, la situation de conflit, l'effort des hommes poussés à dépasser leurs limites.

Qu'il s'agisse des coureurs cyclistes du Tour de France ou des guerriers romains au combat, comment le journaliste et le poète retrouvent-ils des accents épiques pour célébrer l'exploit ?

TEXTE 1

Une étape du Tour de France

Je dirai que cette journée fut nettement dantesque[1]. Il paraît que de plus terribles encore nous attendent plus loin. Mais tant pis, je ne suis pas de ceux qui ménagent leurs adjectifs pour ne pas les fatiguer, ou qui lésinent sur l'épithète[2] comme si le règlement du Tour en interdisait l'usage avant le Tourmalet[3]. Je ne mâcherai donc pas mes mots, et je dis que cette étape mérite qu'on l'appelle infernale. Si, plus tard, dans les Alpes ou dans les Pyrénées, nous avons pire, ce sera qu'il existe bien des degrés dans le genre infernal et que précisément chacun des fameux cercles de Dante passe par un des cols du Tour de France. Mais je n'ai pas besoin de vous l'apprendre.

Le clou de la journée fut, à mon avis, le passage du col d'Oderen. La route était une vieille route empierrée, une de ces routes à postillon[4], où l'allure des cavaliers soulevait une fine poussière, à l'échelle du paysage, juste ce qu'il fallait pour avertir au loin sœur Anne[5]. Mais la horde automobile qui s'engouffra soudain dans les tortueux virages y brassa une telle nuée de grès rose et torride, que nous dûmes y cheminer à l'aveuglette, sous la seule protection de nos bruits déchirants, comme dans une émanation volcanique, épaisse et desséchante, qui semblait envelopper la caravane pour la conduire dans quelque piège fabuleux. Les klaxons en avaient plein la gueule et râlaient d'affreux appels de bêtes affolées par les premiers souffles d'Apocalypse.

Le plus émouvant de la scène, le plus grandiose aussi étaient les cris que parfois lançait un coureur pour annoncer le passage d'un homme à travers le cortège des mécaniques affolées. L'un vocalisait de lugubres modulations, l'autre faisait entendre une interjection pathétique ou filait un long blasphème sur le ton aigu. Des âmes en peine cherchaient leur salut dans les interstices du chaos. Au sein fumant du toboggan d'automobiles, dans le grincement des freins et la stupide colère des avertisseurs gorgés de poussière, ils passaient comme ces ultimes détenteurs du verbe, les derniers vestiges de l'esprit errant dans une terre poudreuse déjà consumée par les ardeurs d'un cataclysme sidéral.

JACQUES PERRET, *L'Équipe*, 1952.
Repris dans *Articles de sport*,
Éd. Julliard, 1981.

1. Dantesque : *d'une horreur grandiose, digne des récits du poète italien Dante* - 2. Épithète : *qualification attribuée à quelqu'un ou à quelque chose.* - 3. Tourmalet : *un des plus hauts cols du Tour* - 4. Postillon : *conducteur d'un attelage de quatre ou six chevaux* - 5. Sœur Anne : *allusion à l'un des personnages du conte* Barbe-Bleue : *« Sœur Anne, ne vois-tu rien venir ? »*

TEXTE 2

Soir de bataille

Le choc avait été très rude. Les tribuns
Et les centurions, ralliant les cohortes[1],
Humaient encor dans l'air où vibraient leurs voix fortes
La chaleur du carnage et ses acres parfums.

D'un œil morne, comptant leurs compagnons défunts,
Les soldats regardaient, comme des feuilles mortes,
Au loin, tourbillonner les archers de Phraortes[2] ;
Et la sueur coulait de leurs visages bruns.

C'est alors qu'apparut, tout hérissé de flèches,
Rouge du flux vermeil de ses blessures fraîches,
Sous la pourpre flottante et l'airain[3] rutilant,

Au fracas des buccins[4] qui sonnaient leur fanfare,
Superbe, maîtrisant son cheval qui s'effare,
Sur le ciel enflammé, l'Imperator[5] sanglant.

José-Maria de Heredia, *Les Trophées*, 1893.

---

1. Cohortes : *dans l'armée romaine, la cohorte équivalait à dix centuries, soit environ 400 hommes. Le centurion était l'équivalent d'un capitaine, le tribun d'un général* - 2. Phraortes : *les archers mèdes, réputés dans l'Antiquité* - 3. Airain : *métal* - 4. Buccin : *sorte de trompette* - 5. L'Imperator : *Antoine, lieutenant de César, puis proconsul de Rome et époux de la reine d'Égypte, Cléopâtre.*

1 Le chant épique

1. Retrouvez dans l'article de presse les marques de la présence du journaliste, narrateur de l'exploit.

2 Le combat épique

2. Étudiez, dans l'article de presse, les adjectifs qui qualifient les circonstances de l'exploit.

3. Relevez dans le poème tous les termes qui appartiennent au champ lexical de la guerre. Comment les différentes sensations (l'ouïe, la vue, l'odorat, le toucher) traduisent-elles la violence du combat ?

3 Le héros épique

4. Comment le poète met-il en valeur l'apparition du vainqueur dans la construction des deux tercets ?

4 Les procédés du registre épique

5. Les comparaisons, les métaphores, les hyperboles mettent en valeur l'intensité de l'effort accompli : relevez et analysez dans chaque texte un exemple correspondant à chacun de ces procédés.

L'épopée est le genre littéraire le plus ancien. Il consiste en un long poème qui raconte les exploits des héros fondateurs de villes ou de nations. Le registre épique met souvent en scène un combat, à travers un récit et des procédés qui valorisent le caractère exceptionnel du héros.

1 Le chant épique

Le registre épique affirme, à travers le texte, la présence d'un narrateur, témoin ou acteur de l'événement, qui restitue par sa parole l'action héroïque et qui, de ce fait, entretient le souvenir de l'exploit.

1. La présence du narrateur

Le narrateur redonne vie aux exploits des héros, il exalte la mémoire des hauts faits d'armes. Il affirme pleinement sa présence au début de son récit :

> *« Je chante les armes et le héros qui, premier entre tous, chassé par le destin des bords de Troie, vint en Italie. »* (Virgile, *L'Énéide*)
>
> Au Ier siècle avant J.-C., Virgile écrit l'épopée de la fondation de Rome par Énée. Il se met en scène, avec solennité, au moment d'entreprendre son récit.

2. La dimension orale

Le registre épique restitue l'éloquence orale de celui qui fait entendre un récit formidable, qui développe des tableaux guerriers. Il s'agit d'une commémoration solennelle dont les marques sont présentes tout au long du texte : indices de l'énonciation, jugements de valeur, effets de reprise et d'amplification.

2 Le combat épique

Le registre épique met en scène un combat, qu'il s'agisse de l'affrontement des hommes entre eux, ou de la lutte des hommes avec les éléments.

1. L'affrontement des hommes

- **L'épopée traditionnelle.** Elle raconte le conflit entre des guerriers qui s'affrontent dans des combats acharnés. À travers le choc des armes, ce sont des valeurs qui s'opposent : le Bien contre le Mal, la Lumière contre la Force obscure, la Liberté contre les entraves de la Tyrannie.

- **L'épopée moderne.** Elle adapte l'ampleur et l'énergie de l'affrontement aux situations du monde moderne. Le registre épique met en valeur l'intensité du conflit, qu'il se situe sur le plan judiciaire, économique ou sportif :

> *« Veillée d'armes dans la capitale. Paris s'apprête à affronter Marseille, sa rivale de toujours. »* (*Le Figaro*, 12 octobre 1999)

2. Le déchaînement du monde

- **La lutte contre les éléments.** Le registre épique souligne la violence du combat qui oppose les hommes aux éléments naturels : le feu, la terre, l'air et l'eau. Un volcan, une tempête, une inondation sont l'occasion de mettre en scène la lutte de l'humanité contre la menace du chaos.

• **L'esprit de conquête.** Le registre épique exalte toutes les entreprises menées par l'homme au nom du progrès. De la conquête guerrière, on passe alors aux défis qui animent la recherche scientifique, les innovations technologiques ou la conquête de l'espace.

3 Le héros épique

Le registre épique souligne la dimension exceptionnelle du héros, placé au centre du récit, et les épreuves qualifiantes qui le mènent à la gloire.

1. Un être exceptionnel

Le héros épique possède toutes les qualités qui font de lui un « guerrier ». Il n'accomplit pas seulement un destin individuel mais aussi un destin collectif. Le registre épique met en évidence sa force et sa résistance physiques, ses qualités morales (loyauté, générosité, bravoure), de même que sa compétence technique dans l'affrontement :

> *« C'était un des Chouans les plus redoutables, l'effroi des Bleus, qu'il étonnait toujours en les épouvantant, quand, dans une affaire, il déployait tout à coup, à travers ses formes sveltes et élégantes, la force terrassante du taureau ! »* (Barbey d'Aurevilly, *Le Chevalier Des Touches*)

2. Les épreuves qualifiantes

Le héros épique s'affirme à travers les étapes d'un itinéraire qui assure son rayonnement. D'une origine souvent modeste, le héros manifeste sa dimension exceptionnelle à l'occasion d'un événement qui révèle publiquement son statut. Il multiplie alors les combats jusqu'à atteindre la gloire. Il peut arriver que sa mort, considérée comme un dernier sacrifice, réalise définitivement son destin.

3. Un être collectif

La foule est une forme particulière de héros épique. Ce n'est plus alors l'individu qui compte mais la collectivité, unie dans le combat et les valeurs.

> *« Les femmes avaient paru, près d'un millier de femmes, aux cheveux épars, dépeignées par la course, aux guenilles montrant la peau nue, des nudités de femelles lasses d'enfanter des meurt-de-faim. »* (Zola, *Germinal*)

4 Le récit épique

Le registre épique présente une suite d'actions exceptionnelles qui font basculer de l'Histoire à la légende, du réel au merveilleux.

1. Un récit légendaire

Le récit épique prend sa source dans les temps reculés, à l'origine du monde ou des civilisations. Il s'imprègne ainsi d'une atmosphère mythique et utilise des éléments du merveilleux tels que les signes, les rêves ou les présages :

« Thogorma, le Voyant, fils d'Elam, fils de Thur,
Eut ce rêve, couché dans les roseaux du fleuve,
À l'heure où le soleil blanchit l'herbe et le mur. »

(Leconte de Lisle, « Qaïn », *Poèmes barbares*)

2. Le mouvement du récit

Le récit épique déroule une série d'actions, de péripéties, d'épisodes qui s'enchaînent. Au-delà des pauses et des relances qui rythment l'action, le récit donne le sentiment d'un mouvement ample et continu, d'un flux ininterrompu.

5 Les procédés du registre épique

Le registre épique privilégie les procédés lexicaux, syntaxiques ou stylistiques qui produisent un effet d'ampleur, de puissance et de profusion :

Le lexique	- des termes empruntés à l'Antiquité ou aux grandes épopées - des adverbes de temps qui soulignent et valorisent l'enchaînement des actions - un effet d'emphase et d'amplification qui correspond à la solennité du chant épique
La syntaxe	- des phrases longues et complexes qui amplifient l'action représentée - des effets de symétrie et de parallélisme qui manifestent l'opposition et l'affrontement - la modalité exclamative qui souligne les sentiments du narrateur
Les figures de style	- des comparaisons et des métaphores, qui ajoutent à l'impression de puissance ou de violence - des hyperboles, des chiffres qui contribuent à l'amplification - des accumulations et des énumérations, qui marquent la profusion

REPÈRE D'HISTOIRE LITTÉRAIRE

L'ÉPOPÉE ET LE REGISTRE ÉPIQUE

Toutes les civilisations, à leur naissance, ont produit des épopées : l'*Iliade* et l'*Odyssée* d'Homère, l'*Énéide* de Virgile, *La Chanson de Roland*. Ces longs poèmes en vers racontent l'affrontement du Bien et du Mal, l'arrachement du monde au Chaos, la bravoure d'un héros qui rivalise avec les dieux : Ronsard avec *La Franciade*, Voltaire avec *La Henriade*, Hugo avec *La Légende des siècles*, poursuivent la tradition de l'épopée.

Mais, au XIXe siècle, le registre épique apparaît aussi dans le roman. Balzac, Hugo, Zola présentent, à la façon des mythes antiques, les grandes forces qui fondent la civilisation industrielle : la Mine est un monstre dévorant, le Capital est un dieu mauvais auquel s'oppose le peuple, héros collectif.

Au XXe siècle, le registre épique résonne encore dans les romans de Céline ou Malraux. Le cinéma, à son tour, suscite des épopées nouvelles, du western aux guerres menées dans les étoiles. Aujourd'hui, le registre épique garde sa vigueur dans toutes les situations où l'homme est amené à se dépasser : le stade ou le ring sont désormais les lieux du combat héroïque. ■

Repérer le narrateur et la dimension orale du registre épique

1 * **1. Relevez les indices de la présence du poète dans les premiers vers de son chant épique.**

2. Quels sont les termes qui donnent au poème une dimension solennelle.

Je veux peindre la France une mère affligée[1],
Qui est, entre ses bras, de deux enfants chargée.
Le plus fort, orgueilleux, empoigne les deux bouts
Des tétins nourriciers ; puis à force de coups
D'ongles, de poings, de pieds, il brise le partage
Dont nature donnait à chaque besson[2] l'usage.

AGRIPPA D'AUBIGNÉ, *Les Tragiques*, 1616.

1. *La France affligée par la guerre civile qui oppose catholiques et protestants.* - 2. Besson : *jumeau.*

2 ** **1. Relevez dans le texte les détails qui présentent le soldat comme un vieil homme pauvre.**

2. Par quelles indications le texte souligne-t-il que le personnage s'apprête à raconter un récit épique ?

3. Comment le fantassin est-il grandi par le chant épique qu'il entreprend ?

– Racontez-nous l'Empereur ! crièrent plusieurs personnes ensemble.

– Vous le voulez, répondit Goguelat. Eh ! Bien, vous verrez que ça ne signifie rien quand c'est dit au pas de charge. J'aime mieux vous raconter toute une bataille. Voulez-vous Champ-Aubert[1], où il n'y avait plus de cartouches, et où l'on s'est astiqué tout de même à la baïonnette ?

– Non ! L'Empereur ! l'Empereur !

Le fantassin se leva de dessus sa botte de foin, promena sur l'assemblée ce regard noir tout chargé de misère, d'événements et de souffrances qui distingue les vieux soldats. Il prit sa veste par les deux basques de devant, les releva comme s'il s'agissait de recharger le sac où jadis étaient ses hardes[2], ses souliers, toute sa fortune ; puis il s'appuya le corps sur la jambe gauche, avança la droite et céda de bonne grâce aux vœux de l'assemblée. Après avoir repoussé ses cheveux gris d'un seul côté de son front pour le découvrir, il porta la tête vers le ciel afin de se mettre à la hauteur de la gigantesque histoire qu'il allait dire.

HONORÉ DE BALZAC, *Le Médecin de campagne*, 1833.

1. Champ-Aubert : *Champaubert, près d'Épernay, lieu d'une victoire de Napoléon sur les Russes, en 1814* - 2. Hardes : *vieux vêtements.*

Analyser l'affrontement des hommes

3 ** **1. Par quels termes Victor Hugo souligne-t-il le caractère exceptionnel du combat ?**

2. Repérez les images utilisées. En quoi participent-elles au registre épique ?

Ney tira son épée et prit la tête. Les escadrons énormes s'ébranlèrent.

Alors on vit un spectacle formidable.

Toute cette cavalerie, sabres levés, étendard et trompettes au vent, formée en colonne par division, descendit, d'un même mouvement et comme un seul homme, avec la précision d'un bélier de bronze, qui ouvre un brèche, la colline de la Belle-Alliance, s'enfonça dans le fond redoutable où tant d'hommes déjà étaient tombés, y disparut dans la fumée, puis, sortant de cette ombre, reparut de l'autre côté du vallon, toujours compacte et serrée, montant au grand trot, à travers un nuage de mitraille crevant sur elle, l'épouvantable pente de boue du plateau de Mont-Saint-Jean. Ils montaient, graves, menaçants, imperturbables ; dans les intervalles de la mousqueterie et de l'artillerie, on entendait ce piétinement colossal. Étant deux divisions, ils étaient deux colonnes ; la division Wathier avait la droite, la division Delords avait la gauche. On croyait voir de loin s'allonger vers la crête du plateau deux immenses couleuvres d'acier. Cela traversa la bataille comme un prodige.

VICTOR HUGO, *Les Misérables*, 1862.

4 ** **1. À travers quels termes l'intensité de l'affrontement des boursiers s'exprime-t-elle ?**

2. Quelle est l'impression produite par ce vocabulaire ?

La bourse

On croit y voir une âpre fièvre
Voler, de front en front, de lèvre en lèvre,
Et s'ameuter et éclater
Et crépiter sur les paliers
Et les marches des escaliers.
Une fureur réenflammée
Au mirage du moindre espoir
Monte soudain de l'entonnoir
De bruit et de fumée
Où l'on se bat, à coups de vols, en bas[1].
Langues sèches, regards aigus, gestes inverses,
Et cervelles, qu'en tourbillons les millions traversent,
Échangent là leur peur et leur terreur.

12 *** **1. Relevez le champ lexical du mouvement dans la scène suivante. Comment les actions s'enchaînent-elles ?**

2. Quelles sont les valeurs mises en évidence et défendues à travers ce passage ?

3. Analysez le rythme des phrases. Montrez qu'il participe à l'effet d'amplification.

4. Relevez la présence des images de la ligne 10 à la ligne 14. Montrez comment la scène s'amplifie de manière à atteindre une dimension épique.

À chaque relais, les nouveaux porteurs[1] abandonnaient leur marche rigide pour le geste prudent et affectueux par lequel ils prenaient les brancards, et repartaient avec le han ! du travail quotidien, comme s'ils eussent voulu cacher aussitôt ce que leur geste venait de montrer de leur cœur. Obsédés par les pierres du sentier, ne pensant qu'à ne pas secouer les civières, ils avançaient au pas, d'un pas ordonné et ralenti à chaque rampe ; et ce rythme accordé à la douleur sur un si long chemin semblait emplir cette gorge immense où criaient là-haut les derniers oiseaux, comme l'eût empli le battement solennel des tambours d'une marche funèbre. Mais ce n'était pas la mort qui, en ce moment, s'accordait aux montagnes : c'était la volonté des hommes.

André Malraux, *L'Espoir*, Éd. Gallimard, 1937.

1. Les nouveaux porteurs : *des villageois se relaient pour descendre vers la vallée des soldats blessés lors de la guerre d'Espagne.*

Repérer et analyser les procédés du registre épique

13 *** **1. Relevez dans le poème l'ensemble des mots qui appartiennent à l'univers antique. Recherchez leur définition. En quoi l'emploi de ces termes contribue-t-il à donner une dimension épique au poème ?**

2. Retrouvez et analysez les procédés du registre épique présents dans le texte.

Le combat homérique

De même qu'au soleil l'horrible essaim [des mouches
Des taureaux égorgés couvre les cuirs velus,
Un tourbillon guerrier de peuples chevelus,
Hors des nefs, s'épaissit, plein de clameurs [farouches.

Tout roule et se confond, souffle rauque [des bouches,
Bruit des coups, les vivants et ceux qui ne sont [plus,
Chars vides, étalons cabrés, flux et reflux
Des boucliers d'airain hérissés d'éclairs louches.

Les reptiles tordus au front, les yeux ardents,
L'aboyeuse Gorgô[1] vole et grince des dents
Par la plaine où le sang exhale ses buées.

Zeus[2], sur le Pavé d'or, se lève, furieux,
Et voici que la troupe héroïque des Dieux
Bondit dans le combat du faîte des nuées.

Leconte de Lisle, *Poèmes barbares*, 1872.

1. Gorgô : *la Gorgone, monstre au visage terrifiant et à la chevelure de serpents* - 2. Zeus : *dans la mythologie grecque, premier des dieux de l'Olympe.*

14 *** **Montrez que le texte suivant, à travers les thématiques et les procédés qu'il développe, s'inscrit dans le registre épique.**

L'historien Jules Michelet exprime ses impressions devant une tempête restée célèbre au XIXe *siècle.*

Moi aussi, je regardais insatiablement cette mer, je la regardais avec haine. N'étant pas en danger réel, je n'en avais que davantage l'ennui et la désolation. Elle était laide, d'affreuse mine. Rien ne rappelait les vains tableaux des poètes. Seulement, par un contraste étrange, moins je me sentais bien vivant, plus, elle, elle avait l'air de vivre. Toutes ces vagues électrisées par un si furieux mouvement avaient pris une animation, et comme une âme fantastique. Dans la fureur générale, chacune avait sa fureur. Dans l'uniformité totale (chose vraie quoique contradictoire), il y avait un diabolique fourmillement. Était-ce la faute de mes yeux et de mon cerveau fatigué ? ou bien en était-il ainsi ? Elle me faisait l'effet d'un épouvantable *mob*[1], d'une horrible populace, non d'hommes, mais de chiens aboyants, un million, un milliard de dogues acharnés, ou plutôt fous... Mais que dis-je ? des chiens, des dogues ? ce n'était pas cela encore. C'étaient des apparitions exécrables et innommées, des bêtes sans yeux ni oreilles, n'ayant que des gueules écumantes.

Jules Michelet, *La Mer*, 1861.

1. Mob : *en anglais, foule, cohue.*

ACTIVITÉS D'ÉCRITURE

15 * RÉDIGER UN COMPTE RENDU ÉPIQUE

1. Retrouvez dans les documents suivants tout ce qui donne aux circonstances de la rencontre sportive une dimension héroïque.

2. En vous aidant du document 2, poursuivez de manière libre le compte rendu du match (document 1). Utilisez des procédés d'écriture qui relèvent du registre épique pour faire de votre texte le récit d'un événement légendaire.

DOCUMENT 1

Compte rendu

Ce devait être un rendez-vous historique. Ce fut plus encore : héroïque. L'équipe de France disputait le dimanche 12 juillet 1998 la finale de la Coupe du Monde de football. Pour cet événement historique, il fallait un décor géant : ce fut le Stade de France à Saint-Denis. Il fallait à cette finale un public exceptionnel : ce furent 80 000 supporters colorés de rouge, de bleu et de blanc, le Premier ministre et le président de la République !!! Alors, à 20 h 30 précises, sous les acclamations d'une foule en délire, l'affrontement commença...

DOCUMENT 2

Brésil-France 0-3
Saint-Denis – Dimanche 12 juillet 1998
Spectateurs : *80 000 environ*
Arbitre : *M. Belqola (Maroc).*
Buts : *Zidane (27e minute, 45e minute), Petit (93e minute) pour la France.*
Avertissements : *Junior Baiano (34e) pour le Brésil ; Deschamps (38e), Desailly (47e), Karembeu (55e) pour la France.*
Expulsion : *Desailly (67e) pour la France.*
Conditions de jeu : Temps doux. Pelouse excellente.

Brésil : *Taffarel, Cafu, Junior Baiano, Aldair, Roberto Carlos, Dunga (cap.), César Sampaio (Edmundo, 74e), Rivaldo, Leonardo (Denilson, 46e), Bebeto, Ronaldo.*
France : *Barthez, Thuram, Lebœuf, Desailly, Lizarazu, Karembeu (Boghossian, 57e), Deschamps (cap.), Petit, Zidane, Djorkaeff (Vieira, 75e), Guivarc'h (Dugarry, 65e).*

16 * RÉDIGER SON POINT DE VUE

1. Confrontez ces deux textes. Lequel s'inscrit dans le registre épique ? Quelle différence percevez-vous avec l'autre texte, appartenant au registre réaliste ?

2. Lequel de ces deux textes préférez-vous ? Rédigez votre réponse dans un paragraphe argumenté.

TEXTE 1

... Voici fuser et se balancer sur la zone bombardée un lourd paquet d'ouate verte qui se délaie en tous sens. Cette touche de couleur nettement disparate[1] dans le tableau attire l'attention, et toutes nos faces de prisonniers encagés se tournent vers le hideux éclatement.

– C'est des gaz asphyxiants, probable. Préparons nos masques à figure[2] !

– Les cochons !

– Ça, c'est vraiment des moyens déloyaux, dit Farfadet.

– Des quoi ? dit Barque, goguenard[3].

– Ben oui, des moyens pas propres, quoi, des gaz...

HENRI BARBUSSE, *Le Feu*, Éd. Flammarion, 1916.

1. Disparate : *déplacée, qui tranche dans le tableau* - 2. Masques à figure : *masques à gaz utilisés dans les tranchées durant la guerre 14-18* - 3. Goguenard : *ironique.*

TEXTE 2

Le vent complice poussait la brume verte en direction des lignes françaises, pesamment plaquée au sol, grand corps mou épousant les moindres aspérités du terrain, s'engouffrant dans les cratères, avalant les bosses et les frises de barbelés, marée verticale comme celle en mer Rouge qui engloutit les chars de l'armée du pharaon.

L'officier ordonna d'ouvrir le feu. Il présumait que derrière ce leurre se cachait une attaque d'envergure. C'était sans doute la première fois qu'on cherchait à tuer le vent. La fusillade libéra les esprits sans freiner la progression de l'immense nappe bouillonnante, méthodique, inexorable. Et, maintenant qu'elle était proche à les toucher, levant devant leurs yeux effarés un bras dérisoire pour s'en protéger, les hommes se demandaient quelle nouvelle cruauté on avait inventée pour leur malheur.

JEAN ROUAUD, *Les Champs d'honneur*, Éd. de Minuit, 1990.

ACTIVITÉS D'ÉCRITURE

17 ** Imaginer

1. Montrez que la construction du tableau met en évidence le tumulte et la violence du combat.

2. Identifiez les différents éléments qui constituent le décor.

3. En vous aidant des différents réseaux lexicaux proposés, rédigez le récit de la bataille en l'inscrivant dans le registre épique.
Vous respecterez les contraintes suivantes :
– racontez l'affrontement des deux armées en soulignant la violence des combats ;
– imaginez, derrière les armées en présence, les valeurs qui s'affrontent ;
– intégrez le décor dans votre récit en soulignant sa dimension épique ;
– dégagez dans l'image la présence d'un héros dont vous ferez le portrait dans votre récit ;
– parmi les procédés de l'amplification épique, utilisez : des adverbes de temps qui soulignent l'enchaînement des actions ; des effets de symétrie et de parallélisme ; des images et des hyperboles.

Salvator Rosa, *Bataille héroïque*, 1637.

Les réseaux lexicaux

- **Les armes** : lance, javelot, épée, flèches, carquois, baudrier, pommeau, glaive, fer, casque.
- **Le cheval** : se cabrer, croupe, écume, piaffer, sabot, hennir, crinière, harnais, mors, poitrail, cavalier, naseaux, éperon.
- **Le tumulte** : carnage, bondir, vibrer, fracas, se ruer, clameur, se tordre, horreur, poussière, gémissement, clameur, tourbillon.
- **Le vocabulaire antique** : colonne, airain, Titan, sable, arène, fronton, ruines, Mars (dieu de la guerre), Vulcain (dieu des armes), bloc.

18 *** Commenter un texte

1. Relevez les éléments du décor qui créent un cadre épique à travers les références à l'Antiquité.

2. Analysez, dans le second paragraphe, l'ensemble des sensations évoquées par l'auteur.

3. Montrez comment la foule constitue, à travers son unité et son mouvement, un héros épique.

4. Analysez l'image de la mère dans le texte.

5. Rassemblez l'ensemble de vos observations dans un commentaire structuré rédigé.

Rien n'est plus sauvage, plus étrangement grandiose, que cette route taillée dans le flanc même des collines. La nuit surtout, ces lieux ont une horreur sacrée. Sous la lumière pâle, les insurgés s'avançaient comme dans une avenue de ville détruite, ayant aux deux bords des débris de temples ; la lune faisait de chaque rocher un fût de colonne tronqué, un chapiteau écroulé, une muraille trouée de mystérieux portiques. [...].

Cette nuit-là, la Viorne, au bas des rochers de la route, grondait d'une voix rauque. Dans ce roulement continu du torrent, les insurgés distinguaient des lamentations aigres de tocsin. Les villages épars dans la plaine, de l'autre côté de la rivière, se soulevaient, sonnant l'alarme, allumant des feux. Jusqu'au matin, la colonne en marche, qu'un glas funèbre semblait suivre dans la nuit d'un tintement obstiné, vit ainsi l'insurrection courir le long de la vallée comme une traînée de poudre. Les feux tachaient l'ombre de points sanglants ; des chants lointains venaient, par souffles affaiblis ; toute la vague étendue, noyée sous les buées blanchâtres de la lune, s'agitait confusément, avec de brusques frissons de colère. Pendant des lieues, le spectacle resta le même.

Ces hommes, qui marchaient dans l'aveuglement de la fièvre que les événements de Paris avaient mise au cœur des républicains, s'exaltaient au spectacle de cette longue bande de terre toute secouée de révolte. Grisés par l'enthousiasme du soulèvement général qu'ils rêvaient, ils croyaient que la France les suivait, ils s'imaginaient voir, au-delà de la Viorne, dans la vaste mer de clartés diffuses, des files d'hommes interminables qui couraient, comme eux, à la défense de la République. Et leur esprit rude, avec cette naïveté et cette illusion des foules, concevait une victoire facile et certaine.

Émile Zola, *La Fortune des Rougon*, 1871.

CHAPITRE

14 Le registre fantastique

Le registre fantastique repose sur l'intrusion dans le monde réel d'un événement inexplicable, mystérieux, que ni la raison ni la science ne peuvent résoudre. Même s'il s'affirme plutôt dans le roman, le registre fantastique croise aussi d'autres genres littéraires comme la poésie et le théâtre, ou d'autres arts, comme la peinture ou le cinéma, qui utilisent les mêmes procédés.

Le registre fantastique exprime les inquiétudes et les terreurs que partage, à chaque époque, l'ensemble de la société. On passe ainsi des représentations de l'Enfer au Moyen Âge aux perspectives terrifiantes liées aux découvertes scientifiques des temps modernes.

Des personnages effrayants incarnent parfois la figure du monstre. Mais le plus souvent, le registre fantastique laisse entrevoir, plutôt qu'il n'affirme, un monde inquiétant et incertain. C'est alors au sein de la vie quotidienne, comme au cœur de l'individu lui-même, dans ses propres fantasmes, que réside la source du fantastique.

Le récit fantastique fait basculer le lecteur dans un univers étrange qui n'obéit pas aux lois logiques du monde quotidien. Le registre fantastique joue alors sur les sentiments d'ambiguïté, d'incertitude ou de peur qu'éprouve le lecteur. C'est ainsi que Jacques Cazotte met en scène l'apparition du diable tandis que Villiers de l'Isle-Adam confronte son personnage à une intrusion inexplicable.

Quelles caractéristiques du registre fantastique la confrontation de ces deux textes met-elle en évidence ?

TEXTE 1

L'apparition du diable

Je prononce l'évocation d'une voix claire et soutenue ; et, en grossissant le son, j'appelle, à trois reprises et à très courts intervalles, *Béelzébuth*[1].

Un frisson courait dans toutes mes veines, et mes cheveux se hérissaient sur ma tête.

À peine avais-je fini, une fenêtre s'ouvre à deux battants vis-à-vis de moi, au haut de la voûte : un torrent de lumière plus éblouissante que celle du jour fond par cette ouverture ; une tête de chameau horrible, autant par sa grosseur que par sa forme, se présente à la fenêtre ; surtout elle avait des oreilles démesurées. L'odieux fantôme ouvre la gueule, et, d'un ton assorti au reste de l'apparition, me répond : *Che vuoi*[2] ?

Toutes les voûtes, tous les caveaux des environs retentissent à l'envi du terrible *Che vuoi* ?

Je ne saurais peindre ma situation ; je ne saurais dire qui soutint mon courage et m'empêcha de tomber en défaillance à l'aspect de ce tableau, au bruit plus effrayant encore qui retentissait à mes oreilles.

Je sentis la nécessité de rappeler mes forces ; une sueur froide allait les dissiper : je fis un effort sur moi. Il faut que notre âme soit bien vaste et ait un prodigieux ressort ; une multitude de sentiments, d'idées, de réflexions touchent mon cœur, passent dans mon esprit, et font leur impression toutes à la fois.

La révolution s'opère, je me rends maître de ma terreur. Je fixe hardiment le spectre.

« Que prétends-tu toi-même, téméraire, en te montrant sous cette forme hideuse ? »

Le fantôme balance un moment :

« Tu m'as demandé, dit-il d'un ton de voix plus bas...

– L'esclave, lui dis-je, cherche-t-il à effrayer son maître ? Si tu viens recevoir mes ordres, prends une forme convenable et un ton soumis.

– Maître, me dit le fantôme, sous quelle forme me présenterai-je pour vous être agréable ? »

La première idée qui me vint à la tête étant celle d'un chien : « Viens, lui dis-je, sous la figure d'un épagneul. » À peine avais-je donné l'ordre, l'épouvantable chameau allonge le col de seize pieds de longueur, baisse la tête jusqu'au milieu du salon, et vomit un épagneul blanc à soies fines et brillantes, les oreilles traînantes jusqu'à terre.

La fenêtre s'est refermée, toute autre vision a disparu, et il ne reste sous la voûte, suffisamment éclairée, que le chien et moi.

JACQUES CAZOTTE, *Le Diable amoureux*, 1772.

1. Béelzébuth : *le diable* - 2. Che vuoi ? : *que veux-tu ?*

TEXTE 2

Une intrusion fantastique

L'heure sonna, dehors, à l'église, dans le vent nocturne.

– Qui est là ? demandai-je, à voix basse.

La lueur s'éteignit : j'allais m'approcher...

Mais la porte s'ouvrit, largement, lentement, silencieusement.

En face de moi, dans le corridor, se tenait, debout, une forme haute et noire – un prêtre, le tricorne[1] sur la tête. La lune l'éclairait tout entier, à l'exception de la figure : je ne voyais que le feu de ses deux prunelles qui me considéraient avec une solennelle fixité.

Le souffle de l'autre monde enveloppait ce visiteur, son attitude m'oppressait l'âme. Paralysé par une frayeur qui s'enfla instantanément jusqu'au paroxysme[2], je contemplai le désolant personnage, en silence.

Tout à coup, le prêtre éleva le bras, avec lenteur, vers moi. Il me présentait une chose lourde et vague. C'était un manteau. Un grand manteau noir, un manteau de voyage. Il me le tendait, comme pour me l'offrir !...

Je fermai les yeux pour ne pas voir cela. Oh ! Je ne voulais pas voir cela ! Mais un oiseau de nuit, avec un cri affreux, passa entre nous, et le vent de ses ailes, m'effleurant les paupières, me les fit rouvrir. Je sentis qu'il voletait par la chambre.

Alors, – et avec un râle d'angoisse, car les forces me trahissaient pour crier, – je repoussai la porte de mes deux mains crispées et étendues et je donnai un violent tour de clef, frénétique et les cheveux dressés.

Chose singulière, il me sembla que tout cela ne faisait aucun bruit.

AUGUSTE VILLIERS DE L'ISLE-ADAM, *Contes cruels*, 1883.

---

1. **Tricorne** : *chapeau à trois bords repliés* - 2. **Paroxysme** : *extrême tension*

1 L'univers fantastique

1. Quel est l'événement qui, dans chacun des textes, fait basculer le récit dans l'étrange ?

2. La modalité des phrases souligne l'irruption du fantastique : relevez et commentez dans le texte 2 les phrases exclamatives.

2 L'expression du fantastique

3. Les deux récits sont écrits à la première personne. Selon vous, pourquoi ?

4. À travers quels termes l'inquiétude et la peur du narrateur apparaissent-elles ?

3 La rupture avec le réel

5. Repérez, dans chaque récit, les étapes de l'intrigue. Quelles différences peut-on observer dans la progression de la peur ?

6. Les événements de chaque récit peuvent-ils s'expliquer de manière rationnelle ? Quelle explication logique peut-on donner aux événements survenus dans le second texte ?

Parfois, dans l'univers quotidien, un ou plusieurs faits ne peuvent s'expliquer par les lois du monde familier. Le malaise vient de ce qu'il est impossible au lecteur ou au spectateur de savoir si ces faits sont de l'ordre du réel ou de l'ordre du surnaturel. Le registre fantastique exploite ce malaise.

I L'univers du fantastique

Contrairement au merveilleux, qui s'inscrit directement dans un monde surnaturel, le fantastique s'ancre dans un monde familier.

1. La découverte de l'inexplicable

Le registre fantastique cherche à faire participer le lecteur ou le spectateur au doute qui anime les personnages qu'il met en scène. Mais il exprime aussi l'effroi devant l'intrusion de l'inexplicable dans la vie quotidienne. La peur progresse au rythme d'une succession de signes étranges.

> *« La lune l'éclairait tout entier, à l'exception de la figure : je ne voyais que le feu de ses deux prunelles qui me considéraient avec une solennelle fixité. Le souffle de l'autre monde enveloppait ce visiteur, son attitude m'oppressait l'âme. Paralysé par une frayeur qui s'enfla instantanément jusqu'au paroxysme, je contemplai le désolant personnage en silence. »*
>
> (Villiers de l'Isle-Adam)

Le narrateur exprime la terreur qui l'envahit (« oppressait l'âme... paralysé... frayeur... ») face à l'apparition énigmatique (« Le souffle de l'autre monde »).

2. L'expression de l'inquiétude

● **Les sentiments.** La progression des impressions joue sur l'intensité des termes qui évoquent la peur :

– le réseau lexical de la panique et l'affolement des personnages ou du narrateur ;

– le réseau lexical de la terreur et la perte du contrôle de soi.

● **Les procédés.** Pour marquer l'emprise de la peur, la syntaxe habituelle des phrases est bouleversée :

– utilisation de phases brèves, de phrases nominales pour marquer la vivacité des sentiments ;

– utilisation de phrases exclamatives et interrogatives pour exprimer l'émotion et la force des sentiments, pour faire partager l'émotion du personnage.

> *« De Jakels ? Je ne l'avais entendu ni sonner ni ouvrir. Comment s'était-il introduit dans mon appartement ? »* (Jean Lorrain)

3. Le maintien de l'ambiguïté

Souvent, le registre fantastique n'affirme pas le caractère surnaturel des événements, qui semblent être dus à des coïncidences étranges. Pour le lecteur ou le spectateur, ils peuvent être le fruit d'une hallucination ou d'un rêve.

> *« Mais ce ne sont pas les profondeurs du passé que reflète le miroir, c'est un gouffre intérieur, perpétuelle voie d'invasion des formes et des substances, et qui n'y peuvent atteindre que par la croulée de votre raison. »*
>
> (Jean-Louis Bouquet)

2 L'expression du fantastique

Dans le registre fantastique les événements sont souvent racontés à la première personne. Ainsi, sous couvert d'une expérience vécue par le narrateur, les doutes et les inquiétudes sont partagés par le lecteur.

1. Le témoignage du narrateur

Celui qui rend compte des événements et de ses réactions utilise la première personne du singulier comme s'il s'agissait d'un témoignage. Le lecteur ou le spectateur peut prendre connaissance des faits, mais il peut aussi s'identifier à la situation et être amené à s'interroger : le témoignage du narrateur est-il véridique ou reflète-t-il le délire d'une personnalité ?

2. Les procédés du doute et de l'incertitude

Le narrateur utilise des mots (« peut-être », « par exemple »), des locutions (« sans doute ») ou des verbes qui expriment son incertitude : « Il me semblait que... », « Je crus... », « J'eus le sentiment... ». L'emploi du conditionnel renforce l'expression du doute. On ignore si les impressions sont réelles ou imaginaires.

3. Les images

Le témoin d'un événement surnaturel se trouve confronté à la difficulté de parler d'un phénomène innommable car extraordinaire, inconnu. Il est amené à faire des rapprochements en utilisant des comparaisons et des métaphores.

> *« Comme j'eus peur ! Puis voilà que tout à coup je commençai à m'apercevoir dans une brume, comme à travers une nappe d'eau ; et il me semblait que cette eau glissait de gauche à droite, lentement, rendant plus précise mon image de seconde en seconde. C'était comme la fin d'une éclipse. »*
>
> (Maupassant)

4. Les connotations

Des connotations thématiques permettent de développer un thème (la mort, la peur...) à travers un réseau lexical. Les connotations appréciatives suggèrent une impression en général négative en jouant sur le sens suggéré des mots et sur certaines figures de style comme l'antithèse.

> *« Ces immenses clameurs de l'orage qui* hurle, siffle *et* gémit *au moins comme si tous les êtres invisibles se cherchaient et s'appelaient dans les ténèbres, tandis que les vivants* se cachent *et* se blottissent *dans un coin pour éviter leur funeste rencontre. »* (Erckmann-Chatrian)

La phrase développe le réseau lexical de la peur (« gémit... se cachent... se blottissent »). Elle s'appuie également sur les connotations des mots « ténèbres » (l'ange des ténèbres : le démon) et « funeste » (qui amène la mort).

3 La rupture avec l'ordre du réel

L'émergence du fantastique prend d'autant plus d'ampleur qu'elle s'insère dans un temps et un espace qui renvoient au monde réel.

1. L'irruption de l'insolite

- **La composition croissante et décroissante.** Le registre fantastique se construit en deux étapes. La première se développe, avec une intensité croissante, jusqu'à l'événement surnaturel ; la seconde expose les répercussions ou propose des explications rationnelles.
- **La composition en cascade.** Plusieurs interventions surnaturelles s'enchaînent, entraînant la folie ou la mort de celui qui s'y trouve confronté.
- **La composition progressive.** Après avoir disposé plusieurs indices, le récit se termine sur un point culminant où intervient l'événement inexplicable et qui demeure inexpliqué.

2. L'explication

Le registre fantastique envisage deux solutions pour expliquer l'insolite.

- **L'explication rationnelle.** Ou bien il s'agit d'une illusion des sens, d'un produit de l'imagination, et alors les lois du monde restent ce qu'elles sont. L'explication est de type rationnel.
- **L'absence d'explication.** Ou bien l'événement a véritablement eu lieu, il est partie intégrante de la réalité, mais alors cette réalité est régie par des lois inconnues. L'explication est de type irrationnel.

REPÈRE D'HISTOIRE LITTÉRAIRE

LE RÉCIT FANTASTIQUE

En Angleterre, à la fin XVIIIe siècle, le roman gothique ouvre la voie au récit fantastique, avec ses châteaux hantés, ses sombres cimetières, ses moines inquiétants, ses apparitions surnaturelles. Dans les années 1830, le mouvement romantique adopte ces récits étranges qui repoussent les limites de la raison. Le succès de *Frankenstein* de Mary Shelley et celui des *Contes fantastiques* de l'écrivain allemand Hoffmann est considérable. L'usage du mot fantastique se répand alors. Il désigne cette réserve d'ombre et de mystère que garde toujours la vie quotidienne.

Tout au long du XIXe siècle, Nodier, Gautier, Mérimée, Maupassant, Stevenson montrent ainsi des personnages ébranlés qui s'avancent aux frontières de l'inconnu, au risque de la mort ou de la désintégration.

Les écrivains du XXe siècle poursuivent les mêmes thèmes. Jean Ray, Lovecraft, Bradbury, Sternberg s'affirment comme des maîtres du genre. La peur reste identique : celle qu'éprouvent les personnages confrontés à l'apparition du monstrueux, celle du lecteur qui partage délicieusement leurs frissons. ■

Découvrir l'inexplicable et l'ambiguïté

1 * **1. Quelles sont les manifestations étranges auxquelles se trouve confronté le personnage ? À quelle conclusion parvient-il ?**

2. Au fur et à mesure que le lecteur avance dans son récit, l'inquiétude du personnage va croissant. De quelle façon cela apparaît-il dans le rythme du dialogue ?

Pour mieux lancer la balle dans une partie de jeu de paume, un jeune homme a passé son anneau au doigt d'une statue.

– Vous savez bien, mon anneau ? poursuivit-il après un silence.

– Eh bien ! on l'a pris ?

– Non.

– En ce cas, vous l'avez ?

– Non... je... je ne puis l'ôter du doigt de cette diable de Vénus.

– Bon ! vous n'avez pas tiré assez fort.

– Si fait... Mais la Vénus... elle a serré le doigt.

Il me regardait fixement d'un air hagard, s'appuyant à l'espagnolette pour ne pas tomber.

– Quel conte ! lui dis-je. Vous avez trop enfoncé l'anneau. Demain vous l'aurez avec des tenailles. Mais prenez garde de gâter la statue.

– Non, vous dis-je. Le doigt de la Vénus est retiré, reployé ; elle serre la main, m'entendez-vous ?... C'est ma femme, apparemment, puisque je lui ai donné mon anneau. Elle ne veut plus le rendre.

PROSPER MÉRIMÉE, *La Vénus d'Ille*, 1837.

Analyser le témoignage du narrateur

2 ** ÉTUDE LITTÉRAIRE

1. Dans chacun des extraits suivants repérez les modalisateurs dans les propos du narrateur. Quelle est leur fonction dans le passage ?

2. Qu'indique ce contraste à propos de la situation dans laquelle se trouve le personnage ?

3. En vous référant à l'encadré, présentez sous la forme d'un paragraphe rédigé les moyens par lesquels chacun des deux auteurs suscite une atmosphère de mystère. Illustrez votre réponse au moyen d'exemples pris dans chacun des textes.

Le narrateur, qui se trouve dans un presbytère en Bretagne, est sur le point de s'endormir lorsqu'on frappe à la porte.

Comme je m'approchais de la porte, une tache de braise, partie du trou de la serrure, vint errer sur ma main et ma manche.

Il y avait quelqu'un derrière la porte : on avait réellement frappé.

Cependant, à deux pas du loquet, je m'arrêtai court.

Une chose me paraissait surprenante : la nature de la tache qui courait sur ma main. C'était une lueur glacée, sanglante, n'éclairant pas. – D'autre part, comment se faisait-il que je ne voyais aucune ligne de lumière sous la porte, dans le corridor ? – Mais en vérité, ce qui sortait ainsi du trou de la serrure me causait l'impression du regard phosphorique d'un hibou !

VILLIERS DE L'ISLE-ADAM, *Contes cruels*, 1883.

À la demande de son ami, le narrateur va chercher des papiers dans le château abandonné depuis le décès de l'épouse aimée. Une femme lui apparaît.

Alors, pendant une heure, je me demandai anxieusement si je n'avais pas été le jouet d'une hallucination. Certes, j'avais eu un de ces incompréhensibles ébranlements nerveux, un de ces affolements du cerveau qui enfantent les miracles, à qui le Surnaturel doit sa puissance.

Et j'allais croire à une vision, à une erreur de mes sens, quand je m'approchai de ma fenêtre. Mes yeux, par hasard, descendirent sur ma poitrine. Mon dolman[1] était plein de longs cheveux de femme qui s'étaient enroulés aux boutons ! Je les saisis un à un et je les jetai dehors avec des tremblements dans les doigts.

GUY DE MAUPASSANT, *Apparition*, 1883.

1. Dolman : *sorte de veste.*

POUR ÉTUDIER LE TEXTE

Les marques de l'ambiguïté et du mystère

Des auteurs du XIXe siècle comme Villiers de l'Isle-Adam, et plus encore Maupassant, ménagent habilement l'ambiguïté, laissant de nombreuses interrogations sans réponse.

Ils font du narrateur un témoin crédible si bien que la tension dramatique gagne en efficacité. En effet, le récit à la première personne permet d'hésiter entre la véracité d'un témoignage et le délire d'une personnalité. Par ailleurs, l'emploi du « je » sert à exprimer les hésitations du narrateur, sa perception et son interprétation des événements.

3 * **1. Quelles sont les trois impressions successives du narrateur ?**

2. De quelle façon le narrateur réagit-il ? Quel est son sentiment final ?

Le narrateur accompagne ses amies qui le guident vers une maison où, dans une pièce close, repose un mort.

Où étais-je ? À quoi tout cela ressemblait-il ?... Je fis trois pas dans la direction du lit. Le bizarre de cette confrontation solitaire avec un mort inconnu ne m'apparaissait pas encore. Dans cette chambre où je me souvenais d'avoir vécu sans me rappeler une seule époque de ma vie qui coïncidât avec ce souvenir, j'avançais, non mû par la curiosité mais par une force indépendante de ma volonté, littéralement attiré.

Heureusement, nul ne fut témoin de mon expression quand je vis la figure du mort ! Une indicible terreur s'était emparée de moi, j'entendais distinctement s'entrechoquer mes mâchoires tandis que mes yeux restaient rivés à cette face immobile. Le mort de la chambre, c'était moi ! ce visage glacé, trait pour trait, était le mien.

MARCEL BÉALU, « Le Mort de la chambre », *L'Araignée d'eau*, Éd. Phébus, 1994.

Étudier les images et les connotations

4 * **1. Relevez, dans les lignes 9 à 23, les mots et expressions qui marquent le caractère étrange du cadre du récit.**

2. En quoi consiste l'événement insolite auquel le narrateur est confronté ?

3. Entre le début et la fin de l'extrait, le narrateur tente de trouver des réponses logiques à ses questions. Repérez-les.

4. Imaginez les deux explications entre lesquelles le lecteur pourrait hésiter : une explication logique, une explication fantastique.

Plus d'une heure s'écoula, puis survint un très vieux taxi semblable à ceux de la Marne, et je fis signe au chauffeur dont l'aspect s'accordait avec l'antique guimbarde. « À Paris, lui dis-je, place de la Concorde. – Je sais », me répondit-il.

Comment pouvait-il le savoir ? Cette question ne me retint pas longtemps car j'eus bientôt d'autres raisons de m'étonner.

D'abord le taxi, malgré son apparence, roulait singulièrement vite et sans ce bruit que produisent d'habitude les vieux tacots. Ensuite, le fait que nous rencontrions strictement personne sur la route, ni même à la traversée des petites villes.

En pareil cas, on tente le plus souvent de s'en tirer par une coïncidence : en ce moment, il se trouvait que les gens avaient *tous* affaire ailleurs, et les choses allaient bientôt changer.

Elles ne changèrent pas.

Le chauffeur ne s'était pas trompé de route, et je reconnaissais les endroits que nous traversions – tous vides – mais j'avais l'impression que le parcours s'effectuait à travers des décors minutieusement reconstitués, avant l'arrivée des acteurs.

ANDRÉ HARDELLET, *Lady Long solo*, S.N. Éd. Pauvert, 1971.

Interpréter l'insolite

5 ** **1. Lisez cette fin de récit fantastique. En quoi consiste l'événement insolite auquel le narrateur est confronté ?**

2. Quelles sont les deux explications entre lesquelles le lecteur est amené à hésiter ? Laquelle vous paraît logique ? Laquelle vous paraît du domaine de l'irrationnel ? Pourquoi ?

Le narrateur, gendarme, est à la recherche des auteurs d'un crime. Il rencontre une jeune fille qui paraît égarée en plein milieu de la campagne.

J'appelai plusieurs fois dans le silence inhumain. Nul ne me répondit. C'était à s'arracher les cheveux. Je revins vers ma moto pour constater que la jeune fille avait disparu. Elle ne répondit pas à mes appels. Pendant je ne sais combien de temps, je demeurai inerte n'osant changer de place. Enfin, en poussant ma machine devant moi, je repris au jugé le chemin que je venais de suivre. Quand je sentis sous mes pieds le sol solide d'une honnête route, je me remis en route et j'allai droit à la grâce de Dieu, n'importe où. Le brouillard se dissipait peu à peu. J'aperçus une petite ferme. Le maître se tenait dans la cour en admiration devant sa fosse à purin. Il écouta mon histoire en hochant la tête. Quand j'eus terminé mon récit, il me répondit simplement que, depuis cinquante ans qu'il habitait le pays, il n'avait jamais entendu parler de la ferme de la Croix-du-Fau.

On ne retrouva jamais la gamine en blue-jeans qui nous avait conduits, ni les corps du brigadier et du réserviste[1] ni la trace des assassins. L'affaire fut classée, particulièrement dans ma mémoire.

PIERRE MAC ORLAN, *Sous la lumière froide*, Éd. Gallimard, 1961.

1. Réserviste : *gendarme de réserve.*

ACTIVITÉS D'ÉCRITURE

6 ** POURSUIVRE UN RÉCIT FANTASTIQUE

1. Distinguez, dans un tableau en deux colonnes, d'une part ce qui concerne les perceptions du narrateur, d'autre part ce qui concerne ses réactions.

2. Étudiez la construction du passage. De quelle manière suggère-t-elle l'effroi du narrateur ?

3. Poursuivez le récit : quelles sont ses perceptions et ses réactions devant la glace ? Vous les décrirez en conservant le même rythme.

Je sentais ma raison sombrer dans l'épouvante ; le surnaturel m'enveloppait ! cette rigidité, le silence de tous ces êtres masqués.

Quels étaient-il ? Une minute d'incertitude de plus, c'était la folie. Je n'y tenais plus et, d'une main crispée d'angoisse, m'étant avancé vers un des masques, je soulevai brusquement sa cagoule.

Horreur ! il n'y avait rien. Mes yeux hagards ne rencontraient que le creux du capuchon ; la robe, le camail, étaient vides. Cet être qui vivait n'était qu'ombre et néant.

Fou de terreur, j'arrachai la cagoule du masque assis dans la stalle voisine : le capuchon de velours vert était vide, vide le capuchon des autres masques assis le long des murs. Tous avaient des faces d'ombre, tous étaient du néant.

Et le gaz flambait plus fort, presque sifflant dans la haute salle ; par les vitres cassées des ogives, le clair de lune éblouissait, presque aveuglant ; alors une horreur me prenait au milieu de tous ces êtres creux, aux vaines apparences de spectres, un doute affreux m'étreignit au cœur devant tous ces masques vides.

Si moi aussi j'étais semblable à eux, si moi aussi j'avais cesse d'exister, et si sous mon masque il n'y avait rien, rien que du néant ! Je me précipitai vers une des glaces.

JEAN LORRAIN, *Histoires de masques*, Éd. Ch. Pirot, 1987.

7 * DONNER SON OPINION SUR LES INDICES DU REGISTRE FANTASTIQUE

1. Pour suggérer la peur du narrateur, le texte proposé à l'exercice précédent utilise le procédé de la gradation. Relevez-en des exemples dans l'extrait et analysez-les.

2. Par quel moyen la grande peur du narrateur nous est-elle montrée ?

3. Dans un paragraphe argumenté et illustré d'exemples tirés du texte vous direz pourquoi on peut affirmer que ce passage d'un texte de Jean Lorrain est caractéristique du fantastique.

8 **

Ce décor cinématographique inscrit le film dans le registre fantastique. Expliquez pourquoi et comment, dans un paragraphe rédigé.

TIM BURTON, *Edward aux mains d'argent.*

9 ** TRANSFORMER UN TEXTE INFORMATIF EN DESCRIPTION FANTASTIQUE

1. Relevez dans la description du texte 1 les différentes sensations (vue, ouïe...). Quelle atmosphère soulignent-elles ?

2. Relevez et analysez les images du texte de Nodier.

3. Repérez le procédé de la gradation. Quel effet son utilisation produit-elle ?

4. Transformez l'extrait du Guide Michelin en description fantastique. Utilisez les procédés suivants :
– métaphore filée et personnification ;
– gradation.

Le ciel, obscurci dès le matin par une bruine rude et sifflante, mêlée de neige et de grêlons, ne se distinguait en rien depuis le coucher du soleil des horizons les plus sombres ; et comme il se confondait par ses ténèbres avec les ténèbres de la

ACTIVITÉS D'ÉCRITURE

terre, les bruits de la terre se mêlaient aussi avec les siens d'une manière horrible, qui faisait dresser les cheveux sur le front des voyageurs. L'ouragan, qui grossissait de minute en minute, se traînait en gémissements comme la voix d'un enfant qui pleure ou d'un vieillard blessé à mort qui appelle du secours ; et l'on ne savait d'où provenaient le plus ces affreuses lamentations, des hauteurs de la nue[1] ou des échos du précipice, car elles roulaient avec elles des plaintes parties des forêts, des mugissements venus des étables, l'aigre criaillement des feuilles sèches fouettées en tourbillons par le vent, et l'éclat des arbres morts que fracassait la tempête ; cela était épouvantable à entendre.

CHARLES NODIER, *La Combe de l'homme mort*, 1842.

1. La nue : *le ciel.*

Gramat (Causse de) – Cartes Michelin nos 75, plis 18-19, et 79, plis 8-9

Entre la vallée de la Dordogne, au nord, celles du Lot et du Calé, au sud, c'est le plus important des causses du Quercy. Ce vaste plateau calcaire, haut de 350 m, offre de nombreuses curiosités naturelles et des paysages inhabituels.

Deux magnifiques canyons entaillent les horizons monotones mais pleins de grandeur de cet énorme bloc de calcaire fissuré, large de 50 km : au nord, le canyon de l'Ouysse et de l'Alzou aux falaises duquel s'accroche Rocamadour ; au sud, le canyon du Calé, beaucoup plus long. Entre les étroites coupures de l'Alzou et du Calé, s'étend la Braunhie (prononcer Broime), aride et sans eau ; cette curieuse région est criblée de gouffres et de grottes : les ruisseaux disparaissent par infiltration et, après un cours souterrain, reviennent un jour par une résurgence.

Toute vie n'est pas absente sur le causse, mais l'activité y est singulièrement ralentie. Le plateau offre l'aspect d'une succession de prés où ne pousse qu'une herbe rare, entourés de murs de pierres sèches où l'on rencontre parfois quelques troupeaux de moutons. Des chênes rabougris et des érables constituent la seule végétation.

GUIDE VERT MICHELIN, *Périgord-Limousin-Quercy*, Éd. 1998 (0002119).

10 ** COMMENTER UN TEXTE

1. Relevez les principaux réseaux lexicaux présents dans le poème. Quelles sont leurs connotations ?

2. Étudiez les images du premier paragraphe. Quelles impressions cherchent-elles à produire ? Procédez à la même analyse dans le troisième paragraphe.

3. Expliquez comment, par l'importance accordée à la vision, par les comparaisons, les paragraphes 3 et 5 sont comme deux gravures fantastiques.

4. Rassemblez vos analyses dans un texte rédigé qui explique comment ce poème en prose s'inscrit dans le registre fantastique.

La citadelle de Wolgast

Comme elle est calme et majestueuse la citadelle blanche, sur l'Oder, tandis que de toutes les embrasures[1] les canons aboient contre la ville et le camp, et les couleuvrines[2] dardent en sifflant leurs langues sur les eaux couleur de cuivre !

Les soldats du roi de Prusse sont maîtres de Wolgast, de ses faubourgs et de l'une et de l'autre rive du fleuve ; mais l'aigle à deux têtes de l'empereur d'Allemagne berce encore ses ailerons dans les plis du drapeau de la citadelle.

Tout à coup, avec la nuit, la citadelle éteint ses soixante bouches à feu. Des torches s'allument dans les casemates[3], courent sur les bastions, illuminent les tours et les eaux, et une trompette gémit dans les créneaux comme la trompette du jugement.

Cependant la poterne de fer s'ouvre, un soldat s'élance dans une barque et rame vers le camp, il aborde : « Le capitaine Baudouin, dit-il, a été tué ; nous demandons qu'on nous permette d'envoyer son corps à sa femme qui habite Oderberg sur la frontière ; lorsqu'il y aura trois jours que le corps voguera sur l'eau, nous signerons la capitulation. »

Le lendemain, à midi, sortit de la triple enceinte de pieux qui hérisse la citadelle une barque, longue comme un cercueil, que la ville et la citadelle saluèrent de sept coups de canon.

Les cloches de la ville étaient en branle, on était accouru à ce triste spectacle de tous les villages voisins, et les ailes des moulins à vent demeuraient immobiles sur les collines qui bordent l'Oder.

ALOYSIUS BERTRAND, *Gaspard de la Nuit, Fantaisies à la manière de Rembrandt et de Callot*, 1842.

1. Embrasures : *ouvertures* - 2. Couleuvrines : *canons aux longs tubes* - 3. Casemates : *abris.*

CHAPITRE

15 Le registre réaliste

Le registre réaliste exprime la volonté d'être au plus près de la réalité concrète et familière du lecteur. Il témoigne d'un rapport d'humanité et de proximité avec la vie quotidienne. L'ermite, le jongleur, le paysan, le prêtre, le ménestrel peuplent ainsi les *Fabliaux* du Moyen Âge, tandis que les *Contes et Nouvelles* de Guy de Maupassant mettent en scène l'employé, le chef de bureau ou le paysan normand. Le registre réaliste développe un langage, il traverse des situations, il révèle des personnages écartés des genres élevés de la littérature.

C'est pourquoi, même si le registre réaliste rencontre tous les genres, il s'affirme particulièrement dans le roman, et cela depuis l'époque médiévale. Les œuvres de Rabelais, Scarron, Lesage, Balzac, Flaubert, Zola, Simenon s'inscrivent dans un pacte de lecture particulier, s'attachant à représenter le réel et les personnages types de la société. Mais le registre réaliste se retrouve dans tous les arts. La littérature, la peinture, la sculpture, le cinéma, lorsqu'ils s'inscrivent dans le registre réaliste, ont en commun un certain nombre de procédés qui créent l'illusion du réel.

À l'opposé de l'univers de la féerie et du merveilleux, contre toutes les formes d'idéalisation et de sublimation des différentes formes d'art, le registre réaliste exprime un désir de faire vrai, le plaisir de retrouver dans le texte, sur le tableau, la scène ou l'écran, un univers et des personnages familiers.

I La représentation du réel

En s'immergeant dans le réel, l'œuvre réaliste propose un pacte de lecture fondé sur le désir de montrer au lecteur ou au spectateur des situations concrètes et familières qui font écho à celles qu'il rencontre dans sa propre vie. Le pacte de lecture réaliste repose donc sur la représentation du monde réel, dans chacun des éléments qui le caractérisent.

1. Les lieux du réel

Le registre réaliste récrée, tout au long des siècles, les décors de la vie quotidienne du lecteur :

• **L'espace domestique.** L'auteur s'attache à représenter l'espace familier de la maison, qu'il s'agisse d'une ferme, d'une maison ouvrière ou d'une demeure bourgeoise.

> *« Deux chambres, une salle à manger et une cuisine où des sièges recollés erraient de pièce en pièce selon les besoins, formaient tout l'appartement que Mme Caravan passait son temps à nettoyer. »*
>
> (Maupassant, « En famille », *La Maison Tellier*, 1881)

• **Les lieux du travail.** L'auteur montre ses personnages au travail, aux champs, à l'usine, au magasin ou au bureau.

• **Les espaces de rencontre et de loisir.** La rue, le marché, le fiacre, la gare, le métro forment l'univers quotidien où les personnages se croisent. L'auberge, la foire, le café, le bal, le cinéma sont également des lieux de rencontre proches du lecteur.

2. Le temps familier

Le registre réaliste oppose au temps de l'aventure et de l'épopée les rythmes du temps familier.

• **Le temps du travail.** L'écrivain confronte ses personnages au temps quotidien et répétitif du travail, qui est aussi celui du lecteur.

• **Le temps des événements familiaux.** Les naissances, les mariages, les enterrements, les réunions de famille qui ponctuent une vie sont autant d'événements auxquels tout lecteur peut s'identifier.

> *« Jusqu'au soir, on mangea. Quand on était trop fatigué d'être assis, on allait se promener dans les cours ou jouer une partie de bouchon dans la grange ; puis on revenait à table. Quelques-uns, vers la fin, s'y endormirent et ronflèrent. »*
>
> (Flaubert, *Madame Bovary*, 1857)

• **Le temps des fêtes.** L'écrivain rythme le temps des personnages par le retour des fêtes, laïques ou religieuses, et celui des sorties au moment du repos hebdomadaire.

3. L'affirmation réaliste du corps

Dès son origine, le registre réaliste donne une place importante au corps, dans ses instincts et dans sa vie organique. C'est à travers sa présence que se construit le rapport de l'homme au monde, à la réalité.

• **Les appétits du corps.** La faim, la soif, le désir sont au centre du registre réaliste, qui exprime le monde des instincts et la pulsion de vie. L'écrivain, mais aussi le peintre ou le cinéaste, manifestent le rayonnement du corps, dans toute son énergie :

> *« Bons vins ont, souvent embroché,*
> *Sauces, brouets et gros poissons,*
> *Tartes, flans, œufs frits et pochés... »* (Villon, *Le Testament*, 1489)

• **La dégradation du corps.** Les épreuves de la maladie et de la vieillesse sont des éléments majeurs du registre réaliste. Les images de la déchéance du corps préparent la présence de la mort :

> *« Pies, corbeaux nous ont les yeux cavés,*
> *Et arraché la barbe et les sourcils. »* (Villon, *La Ballade des pendus*, vers 1460)

Dans ses poèmes, François Villon évoque à la fois les moments heureux de son existence, marqués par les plaisirs de la nourriture et de l'amour, et en même temps les épreuves de la pauvreté, du temps qui passe et de la mort.

2 Les personnages de l'univers réaliste

Aux héros hors du commun, le registre réaliste oppose des personnages-types, proches du lecteur, ancrés dans la réalité sociale ou aux marges de la société, dont les motivations sont simples et familières.

1. Les types de personnages

Les types de personnages qui peuplent l'univers réaliste incarnent la diversité des milieux sociaux : le marchand, le moine, le paysan dans le monde médiéval ; le valet et son maître au XVIIe siècle ; l'ouvrier, le bourgeois, l'employé de bureau de la société du XIXe siècle ; le salarié, le chômeur, le chef d'entreprise dans le monde contemporain.

Mais l'écrivain ou le peintre explorent aussi les marges de la société : le picaro, le sans-abri, la prostituée, le voleur ou l'assassin reflètent une part importante de la réalité, aujourd'hui explorée également par le cinéma, lorsqu'il s'inscrit dans le registre réaliste.

2. Les motivations des personnages

Les motivations qui conduisent les personnages sont immédiates, liées à des réalités concrètes, à des satisfaction brutales et élémentaires. Le registre réaliste montre des personnages modestes qui aspirent à un bonheur simple. Mais il montre également des hommes et des femmes entraînés par l'argent et la vanité sociale, qui témoignent parfois d'un esprit d'envie, de jalousie, de calcul ou de ruse.

Dans son roman *Thérèse Desqueyroux*, François Mauriac montre une héroïne qui, par lassitude, par dégoût, reste indifférente devant l'empoisonnement de son mari :

« Il eût été pourtant facile, sans se compromettre, d'attirer l'attention du docteur sur l'arsenic que prenait Bernard. »

(François Mauriac, *Thérèse Desqueyroux*, 1927)

3. Les caractéristiques du héros réaliste

Le héros réaliste, souvent issu d'un milieu modeste, porte sur la société qui l'entoure un regard nouveau. Il dénonce l'hypocrisie des nantis et des puissants qu'il rencontre sur son chemin. Porté par un désir de réussite sociale, il déploie une énergie qui entraîne l'intérêt du lecteur.

« Et une confiance immodérée en lui-même emplit son âme. Certes, il réussirait avec cette figure-là et son désir d'arriver, et la résolution qu'il se connaissait et l'indépendance de son esprit. » (Maupassant, *Bel Ami*, 1885)

Souvent, la quête du héros réaliste s'achève sur un échec, l'impossibilité d'atteindre l'objectif rêvé.

3 Les effets de réel

Le registre réaliste s'affirme à travers la multiplication de détails empruntés à la réalité et l'usage d'une langue proche et familière. L'emploi de ces procédés produit aux yeux du lecteur un effet de réalité.

1. La présence du détail vrai

Le petit fait vrai témoigne d'un souci de précision qui contribue à créer aux yeux du lecteur l'illusion de la réalité.

- **L'effet d'ancrage historique et géographique.** Le registre réaliste nomme et utilise des lieux réels. Il met en scène des personnages historiques aux côtés des personnages de la fiction.

- **La description des objets.** Le registre réaliste donne à la présence des objets les plus simples, longuement et minutieusement décrits, une dimension déterminante qui recrée l'univers quotidien.

« C'était une de ces coiffures d'ordre composite, où l'on retrouve les éléments du bonnet à poil, du chapska, du chapeau rond, de la casquette de loutre et du bonnet de coton, une de ces pauvres choses, enfin, dont la laideur muette a des profondeurs d'expression comme le visage d'un imbécile. »

(Flaubert, *Madame Bovary*, 1857)

• **La reproduction de documents réels.** Le registre réaliste utilise les lettres, des cartes de visite, des articles de presse ou des prospectus publicitaires, en imitant la forme réelle du document.

2. L'utilisation d'une langue familière

L'utilisation d'un langage proche de celui du lecteur ou du spectateur, ou celle d'un niveau de langage correspondant aux personnages évoqués, donne immédiatement une impression de réalité.

• **Le lexique spécialisé.** Le registre réaliste se caractérise par l'emploi du langage technique, argotique ou régional. Il peut également recourir aux jurons et aux injures.

> *« Le patron, un ami, leur allongea deux doigts qu'ils serrèrent par-dessus les bouteilles du comptoir. »* (Maupassant, « En famille », *La Maison Tellier*, 1881)
>
> « Allonger deux doigts » est une expression populaire qui signifie alors : tendre une main rapide. Utilisée dans la phrase, l'expression contribue à ancrer le texte dans le registre réaliste.

• **La syntaxe relâchée.** Le registre réaliste utilise des constructions incomplètes, en supprimant par exemple le « ne » dans la négation.

Il privilégie l'usage de l'impersonnel « on » au lieu de « nous » . Il multiplie les répétitions de mots et les mises en valeur expressives. Il reproduit les tics de langage des personnages de manière à les caractériser.

• **Les images familières.** Le registre réaliste produit les comparaisons et des métaphores empruntées à une réalité très concrète et familière qui ajoute à l'effet de vérité du texte.

REPÈRE D'HISTOIRE LITTÉRAIRE

Le registre réaliste et la littérature

Le registre réaliste s'affirme dès l'Antiquité contre toutes les formes d'idéalisation, en intégrant le quotidien dans la littérature. Il se nourrit au Moyen Âge de la culture populaire, avec ses fêtes et son langage. La farce, les fabliaux, Villon, Rabelais ou Montaigne montrent « l'humaine condition », liée aux soucis domestiques et aux plaisirs du corps.

À leur tour, Molière ou Scarron représentent des personnages conduits par la vanité sociale ou l'appétit du gain. Le XVIIIe siècle montre dans ses romans le monde du jeu et de la prostitution, les prisons, les boutiques et les rues de Paris. Mais de Balzac à Zola, de Flaubert à Maupassant, c'est au XIXe siècle que s'affirme le triomphe du réalisme dans toute sa dimension sociale : le roman démonte les mécanismes sociaux qui conduisent les individus à la richesse ou à la misère, au triomphe ou à la déchéance.

Au XXe siècle, à l'image de Céline, de nombreux écrivains traduisent leur expérience de la réalité dans une langue populaire et argotique. Depuis, tous les arts, le cinéma, la photographie, la bande dessinée, mais aussi la poésie, avec Prévert, le roman policier, avec Georges Simenon, ou le roman de la fin du XXe siècle, avec Michel Houellebecq, affirment la part dominante du registre réaliste dans la culture contemporaine. ■

Étudier les lieux et le temps du réel

1 * **Quel est le thème du texte suivant ? En quoi s'inscrit-il dans le registre réaliste ?**

Il était sérieux, c'est-à-dire, pour un ouvrier, ni feignant, ni buveur, ni noceur. Le cinéma et le charleston, mais pas le bistrot. Bien vu des chefs, ni syndicat ni politique. Il s'était acheté un vélo, il mettait chaque semaine de l'argent de côté.

Ma mère a dû apprécier tout cela quand elle l'a rencontré à la corderie, après avoir travaillé dans une fabrique de margarine. Il était grand, brun, des yeux bleus, se tenait très droit, il se « croyait » un peu. « Mon mari n'a jamais fait ouvrier. »

ANNIE ERNAUX, *La Place*, Éd. Gallimard, 1983.

2 * **Analysez le tableau suivant pour expliquer qu'il s'inscrit dans le registre réaliste.**

P. BRUEGEL (1530-1569), *Danses de noces en plein air.*

3 * **Montrez que le lecteur de ce texte, parce que l'univers évoqué lui est familier, peut facilement s'identifier au narrateur.**

Piaf[1], à cinquante ans, c'était une gloire nationale, et quand elle est morte on lui a fait des obsèques populaires. J'y étais. Il y avait un public fou. Moi, à vingt-neuf ans, c'est fini. La poisse. Mais je vais peut-être faire un disque, il en est question. On serait plusieurs, pour essayer de faire revivre l'époque, les années trente-cinq, trente-huit, juste avant la guerre. Un truc rétro. C'est difficile de repartir à mon âge, on ne peut plus rien faire sans la pub, la télé, les photos, et sur les photos, ça se voit. C'est à la radio que j'aurais le plus de chance.

ROMAIN GARY (ÉMILE AJAR), *L'Angoisse du roi Salomon*, Éd. Mercure de France, 1979.

1. Piaf : *Édith Piaf, chanteuse très populaire, a marqué son époque en exprimant ses émotions dans le registre réaliste.*

4 ** **1. Étudiez dans cet extrait d'une chanson de Brassens les termes qui renvoient aux lieux du réel ou à un temps familier.**

2. À quelles réalités du quotidien le texte suivant renvoie-t-il ?

3. Pourquoi peut-on dire que ce texte inscrit la chanson de Georges Brassens dans le registre réaliste ?

Monsieur mon propriétaire
Comme je lui dévaste tout,
M'chasse de son toit, oui mais d'son toit, moi [j'm'en fous,
J'ai rendez-vous avec vous.
La demeur' que je préfère
C'est votre robe à froufrous,
Tout le restant m'indiffère,
J'ai rendez-vous avec vous.

Madame ma gargotière[1]
Comme je lui dois trop de sous
M'chasse de sa table, oui mais d'sa table moi [j'm'en fous,
J'ai rendez-vous avec vous.
Le menu que je préfère
C'est la chair de votre cou
Tout le restant m'indiffère
J'ai rendez-vous avec vous.

GEORGES BRASSENS, « J'ai rendez-vous avec vous », *La Mauvaise Réputation*, Éd. Denoël, 1954.

1. Gargotière : *celle qui tient une « gargote », un petit restaurant à bas prix.*

Analyser l'affirmation réaliste du corps

5 * **1. À quelles réalités Gargantua est-il ici confronté ?**

2. Comment Rabelais exprime-t-il chez Gargantua les manifestations de la peine et du bonheur ?

3. Relevez la comparaison utilisée dans la dernière phrase. Montrez qu'elle s'inscrit dans le registre réaliste.

Quand Pantagruel fut né, qui fut bien ébahi et perplexe ? Ce fut Gargantua son père. Car, voyant d'un côté sa femme Badebec morte, et de l'autre son fils Pantagruel si beau et si grand, il ne savait que dire ni que faire, et ce qui troublait son esprit, c'était de ne pas savoir s'il devait pleurer de douleur à cause de sa femme, ou rire de joie à cause de son fils. Des deux côtés, il avait des arguments sophistiqués qui l'embarrassaient, car il les concevait bien et les énonçait clairement, mais il ne pouvait en tirer de conclusion, et de ce fait, il se trouvait empêtré comme une souris prise au piège ou un lapin au collet.

RABELAIS, *Pantagruel*, 1532, traduction G. Demerson, Éd. du Seuil, 1996.

6 ** **1. À quel lieu du réel est-il fait référence dans cet extrait ? Relevez le vocabulaire qui lui est lié.**
2. À travers quelles satisfactions des sens l'héroïne compense-t-elle la dégradation de sa situation morale ? Étudiez dans le texte le réseau lexical des sensations.

Emprisonnée, l'héroïne retombe peu à peu en enfance.

Dans la Cordonnerie, Elisa commença à descendre, peu à peu, tous les échelons de l'humanité, qui mènent insensiblement une créature intelligente à l'animalité. De l'ourlage des mouchoirs à carreaux, elle fut bientôt renvoyée au délissage[1] des chiffons ; enfin, reconnue incapable de tout travail, elle passa ses journées dans une contemplation hébétée et un ruminement grognonnant.

Alors en cette tête d'une femme de quarante ans, il y eut comme la rentrée d'une cervelle de petite fille. Les impressions contenues et maîtrisée d'une grande personne cessèrent d'être en son pouvoir. Le dédain pour les chose du bas âge, elle ne l'eut plus. Chez elle se refirent, dans leur débordante effusion, les petits bonheurs d'une bambine de quatre ans. Son vieux madras[2] de tête avait-il été remplacé par un madras neuf ? On la voyait tout éjouie[3] passer sa main à plusieurs reprises sur la cotonnade ; on surprenait sa bouche formulant en un souffle qui s'enhardissait presque dans une parole : « Beau ça ! » Quelque dame charitable de la ville, en une année d'abondance, avait-elle envoyé un panier de fruits pour le dessert des détenues ? Devant les quatre ou cinq prunes posées dans l'assiette creuse, les yeux allumés de gourmandise, les lèvres humides et appétantes[4], elle battait des mains !

EDMOND ET JULES DE GONCOURT, *La Fille Elisa*, 1876.

1. Délissage : *repassage* - 2. madras : *mouchoir de couleurs vives* - 3. Éjouie : *réjouie* - 4. Appétantes : *désirantes.*

7 ** **1. Relevez et étudiez les différents sens sollicités dans le texte.**
2. Quelles significations sociales le narrateur dégage-t-il de la situation évoquée ?

D'abord on sert le bœuf au verjus[1], ensuite les autres plats, dès que le noble hôte en manifeste le désir... Quant au pauvre, il ne possède rien, on le prend pour de la crotte de bique : pour lui, pas de place près du feu, pas de place à table, il doit manger sur ses genoux. Les chiens le harcèlent pour lui arracher le pain des mains. Aux pauvres, on ne donne qu'un coup à boire. Ils doivent se contenter d'une seule tournée, ils doivent se contenter d'un seul plat. La valetaille[2] leur lance des os plus secs que des charbons ardents. Chacun serre son pain dans son poing. Sénéchal[3], cuisinier, sont faits sur le même modèle. Ces voleurs servent chichement[4] les seigneurs pour se gaver. Ah ! S'ils pouvaient être brûlés et leurs cendres dispersées par le vent !

Le Roman de Renart, XIIe-XIVe siècles, trad. de J. Dufournet et A. Méline, Éd. Flammarion.

1. Verjus : *jus acide composé de raisins encore verts* - 2. Valetaille : *les valets* - 3. Sénéchal : *officier royal ayant des attributions diverses* - 4. Chichement : *avec mesquinerie.*

8 ** **1. En quoi la situation décrite par Saint-Simon, qui rend visite au Régent de France, s'inscrit-elle pleinement dans le registre réaliste ?**
2. Expliquez les raisons de la surprise de Saint-Simon lorsqu'il affirme : « J'en fus effrayé. » Appuyez votre réponse sur des éléments précis du texte.

Nous le trouvâmes qu'il allait s'habiller, et qu'il était encore dans son caveau[1], dont il avait fait sa garderobe. Il y était sur sa chaise percée[2], parmi ses valets et deux ou trois de ses premiers officiers. J'en fus effrayé. Je vis un homme la tête basse, d'un rouge pourpre, avec un air hébété, qui ne me vit seulement pas approcher. Ses gens le lui dirent. Il tourna la tête lentement vers moi, sans presque la lever, et me demanda d'une langue épaisse ce qui m'amenait. Je le lui dis. J'étais entré là, pour le presser de venir dans le lieu où il s'habillait, pour ne pas faire attendre le duc d'Humières ; mais je demeurai si étonné que je restai court. Je pris Siniane, premier gentilhomme de sa chambre, dans une fenêtre, à qui je témoignais ma surprise et ma crainte de l'état où je voyais M. le duc d'Orléans.

SAINT-SIMON, *Mémoires* (1739-1750).

1. Caveau : *surnom donné à la pièce où le Régent fait sa toilette* - 2. Chaise percée : *meuble qui sert aux besoins intimes.*

15 ** **1. Relevez l'ensemble des éléments du décor qui voudraient créer une atmosphère antique dans la salle de bal évoquée par le texte.**

2. Comment la description évoque-t-elle, malgré le décor, un univers réaliste ?

3. Relevez l'ensemble des termes qui participent à cet effet de réel et analysez leurs connotations.

Un peu au-dessus de moi, à droite, s'étageait l'orchestre ; à gauche, surplombant un bassin d'eau morte, se hérissaient les rocailles d'une fausse grotte où trois statues de plâtre rose se dressaient dans des péplums[1] écornés contre un mur sur lequel était peinte une vallée suisse. Le bal de la brasserie Européenne était divisé en deux parties que coupait une balustrade : la première, formant un large couloir étayé par des colonnes de fonte, parquetée d'asphalte, garnie de tables et de chaises, plafonnée de toiles jadis vertes et maintenant pourries par les feux du gaz et les suintements de l'eau ; la seconde, s'étendant, ainsi qu'une grande halle, également soutenue par des piliers et coiffée d'un toit vitré, en dos d'âne.

JORIS-KARL HUYSMANS,
Croquis parisiens, 1880.

1. Péplum : *tunique de femme.*

16 ** **1. Relevez et classez sous forme de tableau l'ensemble des sensations évoquées par le texte : termes suggérant l'ouïe, le goût, le toucher, l'odorat ou la vue. Expliquez en quoi l'expression des sensations crée un effet de réel.**

2. Le texte met en scène des personnages déguisés : pourquoi, cependant, ceux-ci conservent-ils un aspect réaliste ?

« Un moment, dit Couturat, je vais vous présenter. »

Et il entra dans un grand salon du restaurant en marchant sur les mains.

Toutes les tables étaient pleines. La chaleur du gaz, les bouffées des cigares, l'odeur des sauces, les fumées des vins, les détonations du champagne, le choc des verres, le tumulte des rires, la course des assiettes, les voix éraillées, les chansons commencées, les poses abandonnées et repues, les gestes débraillés, les corsets éclatants, les yeux émerillonnés[1], les paupières battantes, les tutoiements, les voisinages, les teints échauffés et martelés par le masque, les toasts enjambant les tables, les costumes éreintés, les rosettes aplaties, les chemises chiffonnées toute une nuit, les pierrots débarbouillés d'un côté, les ours à demi rhabillés en hommes, les bergères des Alpes en pantalon noir, un monsieur tombé le nez dans son verre, un solo de pastourelle exécuté sur une nappe par un auditeur au conseil d'État, et l'histoire du ministère Martignac racontée au garçon par un sauvage tatoué – tout disait l'heure : il était cinq heures du matin.

EDMOND et JULES DE GONCOURT,
Charles Demailly, 1860.

1. Émerillonné : *vif, éveillé.*

17 *** **1. Relevez et étudiez les procédés employés par l'auteur dans le dialogue pour contribuer à recréer le sentiment de la réalité.**

2. Montrez, en vous appuyant sur la situation et les réactions des personnages, que le réalisme de la scène contribue à la rendre émouvante.

Rose, qui était servante, s'est mariée avec son maître, un riche fermier. Ils n'ont pas pu avoir d'enfant. Un jour, Rose avoue qu'elle est la mère d'un garçon, caché et mis en nourrice.

– Quel âge qu'il a, ton petiot ?

Elle murmura :

– V'là qu'il va avoir six ans.

Il demanda encore :

– Pourquoi que tu me l'as pas dit ?

– Est-ce que je pouvais !

Il restait debout, immobile.

– Allons, lève-toi, dit-il.

Elle se redressa péniblement ; puis, quand elle se fut mise sur ses pieds, appuyée au mur, il se prit à rire soudain de son gros rire des bons jours ; et comme elle demeurait bouleversée, il ajouta :

– Eh bien, on ira le chercher, c't'fant, puisque nous n'en avons pas ensemble.

Elle eut un tel effarement que si la force ne lui eût pas manqué, elle se serait assurément enfuie. Mais le fermier se frottait les mains et murmurait :

– Je voulais en adopter un, le v'là trouvé. J'avais demandé au curé un orphelin.

Puis, riant toujours, il embrassa sur les deux joues sa femme éplorée et stupide, et il cria, comme si elle ne l'entendait pas :

– Allons, la mère, allons voir s'il y a encore de la soupe ; moi j'en mangerai bien une potée.

GUY DE MAUPASSANT, « Histoire d'une fille de ferme »,
La Maison Tellier, 1881.

ACTIVITÉS D'ÉCRITURE

18 ** COMMENTER UN TABLEAU

Le trompe-l'œil de Gilou s'inscrit dans le registre réaliste. En effet, le trompe-l'œil tente de restituer le sujet avec la plus grande vérité possible, à partir de techniques propres à la peinture :
– l'illusion du relief grâce à la profondeur restreinte et au contraste entre le premier et le second plan ;
– la dimension réelle du sujet peint ;
– le détail qui donne l'impression de sortir du cadre.
Après avoir présenté l'œuvre (auteur, date, titre, dimensions), expliquez comme ce tableau s'inscrit dans le registre réaliste par son thème et par les effets de réel utilisés.

GILOU, *La Joconde impudique*, 1986.
(Huile sur toile, 130 × 89 cm)

19 *** COMMENTER UN TEXTE

1. Montrez comment, à travers la description minutieuse des objets, l'auteur parvient à créer un univers réaliste.

2. Analysez la fonction des termes en italique et l'emploi des pronoms.

3. Présentez votre réponse sous la forme d'un texte structuré et illustré d'exemples.

Nous étions à l'étude lorsque le Proviseur entra suivi d'un *nouveau* habillé en bourgeois et d'un garçon de classe qui portait un grand pupitre. Ceux qui dormaient se réveillèrent, et chacun se leva comme surpris dans son travail.

Le proviseur nous fit signe de nous rasseoir ; puis, se tournant vers le maître d'école :

– Monsieur Roger, lui dit-il, à demi-voix, voici un élève que je vous recommande, il entre en cinquième. Si son travail et sa conduite sont méritoires, il passera *dans les grands*, où l'appelle son âge.

Resté dans l'angle, derrière la porte, si bien qu'on l'apercevait à peine, le *nouveau* était un gars de la campagne, d'une quinzaine d'années environ, et plus haut de taille qu'aucun de nous tous. Il avait les cheveux coupés droit sur le front, comme un chantre[1] de village, l'air raisonnable et fort embarrassé. Quoiqu'il ne fût pas large des épaules, son habit-veste de drap vert à boutons noirs devait le gêner aux entournures et laissait voir, par la fente des parements[2], des poignets rouges habitués à être nus. Ses jambes, en bas bleus, sortaient d'un pantalon jaunâtre très tiré par les bretelles. Il était chaussé de souliers forts, mal cirés, garnis de clous.

On commença la récitation des leçons. Il les écouta de toutes ses oreilles, attentif comme au sermon[3], n'osant même croiser les cuisses, ni s'appuyer sur le coude, et, à deux heures, quand la cloche sonna, le maître d'études fut obligé de l'avertir, pour qu'il se mît avec nous dans les rangs.

GUSTAVE FLAUBERT, *Madame Bovary*, 1857.

1. Chantre : *celui dont la fonction est de chanter pendant les cérémonies religieuses* - 2. Parements : *bandes d'étoffe de couleur au bas des manches* - 3. Sermon : *discours prononcé par le prêtre.*

20 * TRANSPOSER UN RÉCIT

Récrivez le texte suivant, de manière à transposer la scène à notre époque. Conservez le registre réaliste : adaptez les dialogues, les objets, les personnages à votre univers quotidien.

M. Lechat saisit un pan de mon pardessus, me fit traverser la gare en courant, et m'entraîna ainsi jusqu'à sa victoria[1] qui stationnait avec d'autres voitures, sur une petite place plantée d'acacias.

– Montez, montez, sapristi ! me cria-t-il.

Et, s'adressant au cocher, il commanda :

– Toi, marche, et rondement... Et tu sais !... si je suis dépassé par un de ces imbéciles, je te flanque à la porte... Au château ! vite...

Les chevaux piaffèrent, dansèrent un instant sur leurs jambes fines, en encensant de la tête, puis la voiture vola sur la route.

ACTIVITÉS D'ÉCRITURE

Agenouillé sur les coussins, penché sur la capote, M. Lechat surveillait attentivement les autres voitures qui, derrière nous, filaient, l'une après l'autre, et faisaient de petits nuages de poussière.

– Attention ! disait-il de temps en temps au cocher, attention, nom d'un chien !

Mais nous marchions grand train. À droite et à gauche, la campagne semblait emportée dans une course folle... Au bout de quelques minutes, les voitures rivales ne furent plus qu'un petit point gris sur la blancheur de la route, et le point gris lui-même s'effaça.

Tranquilisé, M. Lechat s'assit et poussa un soupir de soulagement.

– Je ne veux pas être dépassé, déclara-t-il, en posant sa grosse main sur mes genoux, je ne le veux pas... Comprenez-vous cela ?

– Parbleu ! fis-je, si je comprends cela !

– Tiens ! vous êtes rond, vous ! Bravo ! J'aime qu'on soit rond, moi !... C'est vrai aussi, ils sont là deux ou trois hobereaux[2] qui n'ont pas seulement vingt mille francs de rente[3], et qui voudraient lutter avec mes trotteurs !... Regarde... Tu permets, hein ? Regarde mes trotteurs[4]... Dix-huit mille balles, mon vieux, dix-huit mille...

Octave Mirbeau, *Agronomie*, 1894.

1. Victoria : *modèle de calèche* - 2. Hobereaux : *terme péjoratif, gentilhomme de la campagne* - 3. Rente : *revenus* - 4. Trotteurs : *chevaux dressés pour le trot.*

21 *** Imaginer un récit réaliste

1. Relevez, au début de chaque texte, les indications apportées sur le temps et le lieu. Quelle est leur fonction ?

2. Le narrateur se veut le témoin de son époque. À quel type d'événements s'intéresse-t-il ? Quels sont les personnages qui retiennent son attention ? Montrez qu'il recrée aux yeux du lecteur un univers proche et familier.

3. Sur le modèle de Restif de la Bretonne, imaginez une scène nocturne contemporaine dont vous êtes le témoin. Vous inscrirez cette scène dans le registre réaliste en respectant les contraintes suivantes :
– choisir un événement du même type que ceux que vous venez d'analyser ;
– ancrer le récit dans le temps et l'espace réels ;
– évoquer, à la première personne, les personnages dans leurs actes quotidiens ;
– trouver un titre réaliste au récit.

Le chien enragé

Je revins encore par la Nouvelle Halle et le Pont-Neuf. Vis-à-vis la place Dauphine, un gros chien, avec un collier, qui avait l'air malade, vint pour se jeter sur moi. Je grimpai à la grille d'Henri-IV avec tant de légèreté, que le chien ne put m'atteindre. Il donna de la tête contre les barreaux ; ensuite il se jeta sur les vieilles caisses vides des orangères[1]. Je criai à la sentinelle du corps de garde de se mettre en défense. Ce qu'il fit. Le sergent sortit, pour faire tuer le chien ; mais l'animal s'enfuit, et quoi que je pusse dire, on ne le poursuivit pas. Je priai les gardes-nuit d'avertir les orangères de brûler les vieilles caisses mordues par le chien, et je les montrai. J'eus une très grande frayeur ! Si j'en étais maître, il n'y aurait point de chiens dans les villes. Quoi ! on se fait un amusement, un plaisir, d'élever, de coucher chez soi, un animal qui peut devenir plus venimeux que le plus dangereux des serpents ! C'est une des folies de l'espèce humaine. Je hais les chiens, et j'aime les hommes.

L'échelle de corde

En sortant de l'hôtel, je pris la rue Saint-Louis, celle de Boucherat, et j'allai sur les boulevards, dans la résolution de revenir chez moi, en suivant dans toute sa longueur la rue Saint-Denis. Il était deux heures. Près de l'église du Sépulcre, j'aperçus quelque chose à l'ombre. Je m'approche. C'était une échelle de corde, apposée contre le mur entre deux auvents[2]. Le haut tenait à une fenêtre d'escalier au second. J'admirai comment les amoureux s'exposaient à se casser le cou. J'étais fort tenté d'y monter ! mais après une légère tentative, de sérieuses réflexions, occasionnées par la dureté du pavé, me retinrent dans les bornes de la discrétion. Je sentis néanmoins que si j'avais été amoureux, j'en aurais fait la folie. Pendant que toutes ces idées m'occupaient, je vis l'échelle s'agiter. Je me mis prudemment à l'écart. On sortait par la fenêtre de l'escalier. Une femme conduisait des yeux le téméraire, qui parvint lentement sur le carreau. La jeune personne lui envoya plusieurs baisers napolitains[3] et retira l'échelle, dont elle resta dépositaire, sans doute parce que ce n'était pas la dernière fois qu'on devait en faire usage.

Restif de la Bretonne,
Les Nuits de Paris, 1788.

1. Orangère : *fruitière* - 2. Auvent : *petit abri qui protège de la pluie* - 3. Baiser napolitain : *baiser donné du bout des doigts.*

CHAPITRE 16 Le registre polémique

Le registre polémique se développe à travers une situation de conflit. Au-delà des formes littéraires qui lui sont propres, comme la satire ou le pamphlet, il traverse tous les genres, s'affirmant aussi dans les genres non littéraires comme l'article de presse, le texte critique ou la caricature.

Le polémiste intervient dans des situations diverses, pour s'attaquer aux mœurs, aux valeurs ou aux institutions qu'il souhaite corriger. Il peut aussi exprimer un point de vue sur les productions de l'art et les objets de consommation qui déçoivent son attente. À travers lui, des problèmes de société sont mis en lumière, et deviennent des sujets de discussion publics. Le débat qui s'ouvre alors permet à l'attaque comme à la défense d'utiliser de nombreux procédés, parmi lesquels l'ironie, l'indignation ou la provocation.

Le registre polémique s'exprime à travers des supports divers comme le texte de presse ou le débat télévisé. Les deux articles qui suivent ont été publiés lors de la sortie du film de Jean-Paul Rappeneau, adaptation du roman de Jean Giono, *Le Hussard sur le toit*.

Pourquoi ces deux textes s'inscrivent-ils dans le registre polémique ?

TEXTE 1

Le Hussard sur le toit, poutres apparentes

Le film de Rappeneau est un nouvel avatar du cinéma « qualité française ».

Le Hussard sur le toit est un film bien intéressant. C'est objectivement une très grosse affaire de production et de promotion (à part la présentation de la météo, on ne voit pas ce que Juliette Binoche a évité). C'est également un de ces fleurons ouvragés comme le cinéma français se plaît à en démouler chaque année, entre plus-value culturelle et patrimoine national : après l'année *Germinal*, l'année *Hussard*. C'est aussi, en ces temps de rentrée des classes, un film qui a raison de compter sur les « scolaires », puisqu'il n'oublie jamais de l'être, scolaire. C'est enfin un film qui, à l'arrivée, ressemble tellement à ce qu'on savait au départ que sa critique n'a pas d'objet.
Alors, que faire ? Où situer la chose ? À quoi la rapporter ? Est-ce de l'art, du bizness ? À qui s'en prendre ? Au chef déco, aux acteurs, à la script, aux cantiniers, aux cigales, au réalisateur ? À Giono ? Le pire, c'est qu'il n'y a probablement personne à qui s'adresser. Chacun fait son petit boulot et le « machin » s'en ressent.

Acteurs studieux

Le saviez-vous ? C'est Juliette Binoche qui fait Pauline. Pour juger de son jeu, réduit ici à l'unique expression d'un sourire tout plein de mystérieuses énigmes secrètes, nous attendrons de la voir prochainement dans *Un divan à New York* de Chantal Ackerman. Quant au jeune Olivier Martinez, il remplit gentiment la mission tous publics qui lui a été assignée : à la fois rêve de jeune fille et de vieille fille, cet Angelo ne gênera personne.

Devine qui vient de tourner ce soir ?

En apparition fugace dans le rôle d'un commissaire de police : Gérard Depardieu. Il ne fait que passer, pub de lui-même, à peine recoiffé de *Cyrano*, encore tout chiffonné de *Chabert*, et, qui sait ? en route pour Jean Valjean. Dans le cinéma américain, on appelle ça une *guest-star*, dans le *Hussard*, il s'agirait plutôt d'un pique-assiette surprise qui se dépêche de bouffer le maximum de pellicule en un minimum de films.

L'adaptation littéraire

Le film a au moins un premier mérite : celui d'éluder le débat sur l'adaptation-trahison. Il ne reste tellement rien de ce qui fait le cœur battant du roman original, qu'il aurait été plus juste de préciser que le travail de Jean-Paul Rappeneau et de ses deux coscénaristes (Nina Companeez et Jean-Claude Carrière) est tellement « d'après... », que d'après en après, il est plutôt tout proche du brouillon filmé d'une parodie littéraire qui reste à écrire : *Zorro contre le choléra*, *Hardi Hussard !* ou *Angelo, marquis aux anges*.
Le film a au moins un deuxième mérite : celui de susciter l'envie de lire ou de relire le livre. Histoire d'oublier.

Gérard Lefort et Olivier Séguret,
LIBÉRATION, 20 septembre 1995.

TEXTE 2

Le Hussard sur le toit

Il fallait le faire, au double sens du terme. Depuis la sortie du roman, en 51, un des plus lyriques et sensuels chefs-d'œuvre de la langue française, les meilleures volontés s'étaient essayé à son adaptation, de René Clément à Buñuel en passant par Giono lui-même, et tous s'y étaient cassé les dents. Jean-Paul Rappeneau et son producteur René Cleitman resteront dans l'histoire du cinéma comme ceux qui auront relevé ce défi.

La rencontre aux chandelles d'Angelo et de Pauline de Théus dans une maison déserte est une des plus belles scènes qui se puissent imaginer entre un homme et une femme. Juliette Binoche, vigilante, inquiète, douce et téméraire, atteint la perfection dans le rôle de Pauline. Jamais sa voix, ses yeux, sa force, son intelligence n'ont été aussi bien mis en valeur. Et ses éclats de rire, au milieu des pires catastrophes, dévoilent un aspect de sa personnalité jusqu'à présent négligé par les réalisateurs.

On repense à ce film longtemps après l'avoir quitté, à ses images fulgurantes et envoûtantes, à ses grands charniers sous la lune, à ce joueur de flûte de l'opéra de Marseille donnant la sérénade à une foule en quarantaine, à ces mains de soigneurs flambées à l'alcool, aux regards non moins antiseptiques des deux héros... Et s'il est vrai que nous sommes une *foule sentimentale* avec *soif d'idéal*, nous devrions faire un triomphe à l'un des rares films contemporains soucieux d'exalter les grandes vertus et capables de les transformer en grand spectacle.

Sophie Chérer, PREMIÈRE, octobre 1995.

1 La situation polémique

1. Que révèle la lecture de ces deux textes sur la réception du film par la critique ? Pourquoi, selon vous, peut-on parler de situation polémique ?

2. Dans l'extrait de *Libération* le registre polémique s'appuie sur l'appel au lecteur. Quels procédés le journaliste utilise-t-il ?

2 Les valeurs invoquées

3. Le registre polémique fait appel à un certain nombre de valeurs (le beau, le bien, l'authenticité). Les valeurs sont des repères sur lesquels s'appuie l'émetteur. Sur quelle valeur s'appuie le paragraphe « L'adaptation littéraire » de *Libération* ? Sur quelles valeurs s'appuie le dernier paragraphe de *Première* ?

3 Les stratégies de la polémique

4. L'article de *Libération* attaque le film de Jean-Paul Rappeneau et le tourne en dérision. Relevez les exemples des procédés suivants : le vocabulaire péjoratif, la caricature, l'ironie.

5. L'article de *Première* prend au contraire la défense du film. Relevez les exemples des procédés utilisés : l'hyperbole, le vocabulaire mélioratif, les louanges.

On a recours au registre polémique pour attaquer ou prendre la défense d'un comportement, d'un mode de vie, d'une institution ou d'une œuvre. Le registre polémique s'exprime à travers des supports très divers : l'article de presse, l'émission télévisée, le livre, le dessin ou la publicité.

1 La situation polémique

L'évolution des mœurs, les régimes politiques, la création artistique suscitent régulièrement des prises de position polémiques.

1. L'objet de la polémique

La situation polémique se construit autour d'un objet de désaccord qui appartient à un domaine précis.

- **Le comportement social.** La polémique porte sur les mœurs des contemporains, sur les défauts et les ridicules de l'époque.
- **L'objet de consommation.** La polémique porte sur l'apparition d'un nouveau produit qui heurte les habitudes sociales, engendre des craintes ou des espoirs techniques, scientifiques ou économiques.
- **Le produit culturel.** La polémique porte sur une production culturelle : un livre, un film, une œuvre musicale.
- **L'Institution.** La polémique porte sur une institution politique ou morale, ou sur l'un de ses représentants : l'Armée, l'Église, la Justice.

2. Les acteurs de la polémique

	INTENTIONS	INDICES À RELEVER
L'implication de l'émetteur	Le polémiste s'engage dans le débat et témoigne dans le texte de son implication	pronoms personnels (« je », « nous »), pronoms et adjectifs possessifs, vocabulaire affectif et évaluatif, modalisateurs de certitude
L'implication du destinataire	Le polémiste sollicite le jugement et la raison de celui à qui il s'adresse, il le prend à témoin en l'impliquant dans le discours	pronoms personnels (« tu », « vous »), apostrophes, fausses questions.

2 Les valeurs invoquées

Le polémiste invoque les valeurs partagées par la société. C'est au nom de ces valeurs qu'il engage le débat et qu'il combat les préjugés.

1. Les valeurs sociales

Le polémiste invoque les valeurs qui fondent la société comme la liberté, la justice, la paix, le droit au savoir, l'égalité.

« Des hommes, des bienfaiteurs, des savants usent leur existence à travailler, à chercher ce qui peut aider, ce qui peut secourir, ce qui peut

soulager leurs frères. Ils vont, acharnés à leur besogne utile, entassant les découvertes, agrandissant l'esprit humain, élargissant la science, donnant chaque jour à l'intelligence une somme de savoirs nouveaux, donnant chaque jour à leur patrie du bien-être, de l'aisance, de la force... La guerre arrive. En six mois les généraux ont détruit vingt ans d'effort, de patience, de travail et de génie. » (Maupassant, « La guerre », *Gil Blas*, 1883)

Pour l'auteur, la société s'appuie sur un certain nombre de valeurs (la fraternité, le travail, la connaissance) que révèle le lexique du texte.

2. Les valeurs morales

Le polémiste invoque les valeurs morales comme la vertu, l'honnêteté, le courage. Il peut aussi les contester pour remettre en cause des interdits moraux qu'il estime dépassés.

« Il y a des misères sur la terre qui saisissent le cœur. Il manque à quelques-uns jusqu'aux aliments ; ils redoutent l'hiver, ils appréhendent de vivre. » (La Bruyère, *Les Caractères*, 1688)

Avec le mot « cœur », auquel répond le mot « vivre » à la fin de la phrase, La Bruyère fait appel à la compassion.

3. Les valeurs esthétiques

Le polémiste invoque son sentiment du Beau et se réclame des valeurs de l'art pour contester et renouveler l'état de la sensibilité et du goût :

« Il y a des mots, grands et terribles, qui traversent incessamment la polémique littéraire : l'art, le beau, l'utile, la morale. »
(Baudelaire, « Les drames et les romans honnêtes », *La Semaine théâtrale*, 1851)

3 Les stratégies de la polémique

1. L'attaque et la défense

Le registre polémique multiplie les procédés de la dévalorisation ou de la valorisation qui mettent en cause directement l'objet du débat.

Les procédés utilisés sont le vocabulaire péjoratif, l'interpellation de l'adversaire, les termes injurieux et sarcastiques, le faux apitoiement, la caricature dans le cadre de l'attaque polémique ; le vocabulaire mélioratif, les adresses du lecteur, la louange et l'hyperbole dans le cadre de la défense.

« Et voilà pourquoi monsieur Barbey d'Aurevilly est un critique aussi tumultueux qu'impuissant. » (Zola, « Un bourgeois », article paru en 1880)

2. L'indignation

Le polémiste fait de l'objet du débat un sujet de scandale. Il veut faire partager au lecteur les sentiments qu'il éprouve.

Les procédés utilisés sont les apostrophes au lecteur, les exclamations, les fausses questions (questions oratoires), l'amplification, les superlatifs, les hyperboles et les anaphores.

« *Quoi ! une Constitution a été faite par le suffrage universel, et* vous *voulez la faire défaire par le suffrage restreint !* »

(Victor Hugo, « Discours à l'Assemblée contre la révision de la Constitution », 1851)

3. L'ironie

Le registre polémique fait appel à l'ironie, qui tourne l'adversaire en dérision. L'ironie crée une complicité avec le lecteur en dénonçant au second degré ce qui est jugé inacceptable.

Les procédés sont l'antiphrase, qui dit le contraire de ce que l'on veut faire comprendre ; le faux rapport logique ; la périphrase satirique, qui remplace un mot d'un niveau de langage élevé par une expression familière ; le rapprochement de mots et de situations appartenant à des domaines opposés.

« *Personne comme les généraux pour aimer les rosiers. C'est connu.* »

(Céline, *Voyage au bout de la nuit*, 1932)

4. La provocation

Par la provocation, le polémiste prend le contre-pied des opinions et des valeurs communément admises. Il provoque pour faire réagir et réfléchir.

Les procédés utilisés sont le paradoxe, l'antithèse, le jeu de mots, l'exagération, l'apostrophe.

« *La propriété, c'est le vol.* » (Proudhon, *Qu'est-ce que la propriété ?*, 1840)

À travers ce paradoxe, Proudhon provoque son lecteur en remettant en cause l'une des valeurs fondamentales de la société moderne.

REPÈRE D'HISTOIRE LITTÉRAIRE

LE COMBAT DES IDÉES

Le mot polémique vient du grec *polemos*, qui signifie combat. Au long des siècles, les événements historiques et le développement de la société poussent les écrivains à s'engager au nom des valeurs nouvelles. Rabelais, Montaigne, les auteurs de la Renaissance refusent, au nom de l'Humanisme, les modèles de pensée imposés par l'Église.

Au XVIIe siècle, la querelle des Anciens et des Modernes conduit à l'abandon des modèles hérités de l'Antiquité. Mais c'est surtout le XVIIIe siècle qui fait du geste polémique un instrument de progrès. Voltaire, Diderot combattent le fanatisme au nom des Lumières. Au XIXe siècle, le développement de la société industrielle suscite des prises de positions violentes : Victor Hugo, George Sand, Jules Vallès se révoltent contre la misère du peuple.

Le XXe siècle est le siècle des grands affrontements idéologiques qui divisent en deux blocs les opinions et les États de la planète. Au début du XXIe siècle, les progrès de la science et des technologies créent de nouveaux sujets de polémique autour de la génétique, de l'écologie ou de la mondialisation. ■

EXERCICES

Étudier l'objet et les acteurs

1 * **Quel est l'objet de la polémique dans le texte qui suit ? Quel est l'effet produit par l'emploi des pronoms ?**

C'est nous les pauvres gens
Les pauvres contribuables
Obligés de subir jusqu'à la fin des temps
Le sort auquel imper
Auquel imperturbables
Nous condamnent nos gou
Nos gouvernements.

BORIS VIAN, *Textes et chansons*, Éd. Julliard, 1956.

2 ** **Quel est l'objet de la polémique dans le texte suivant ? À travers quels réseaux lexicaux se développe-t-il ?**

Que n'a-t-on écrit sur la « génération MacDo » et sur l'amour des enfants pour cette nourriture insipide ? Que n'a-t-on écrit sur la perte de goût culinaire et le déclin de la papille ? Au point que certaines écoles ont repris des cours de physiologie du goût et qu'il n'est pas une âme distinguée qui ne déplore la mal-bouffe et ne se plaigne de l'uniformisation culinaire. Cette schizophrénie infantile qui encense d'un côté ce qu'elle déplore de l'autre est le signe maladif de cette fluidité économique qui glorifie la demande unique aux dépens de la diversité des besoins et de la variété des produits. C'est une maladie que l'on retrouve dans la musique à deux temps et dans toutes les formes de standardisation. Elle signe en réalité l'arrêt de mort de la liberté de choix pour les plus démunis.

PHILIPPE PETIT, *Marianne* n° 125, septembre 1999.

Identifier les valeurs invoquées

3 ** **1. Relevez et classez les termes qui renvoient aux valeurs invoquées par l'auteur : valeurs sociales, morales ou artistiques.**

2. Quel mot l'auteur invente-t-il pour désigner l'attachement de l'homme à certaines valeurs ? Quelle définition peut-on donner à ce mot ?

Leur capacité à s'émouvoir, les hommes l'ont utilisée pour forger d'étranges concepts, ainsi la beauté ou l'amour. Nous nous émerveillons devant un ciel d'été, mais il n'est beau que parce que nous le regardons. Dans cet univers qui ne sait qu'être, nous avons apporté l'émerveillement devant ce qui est.

Leur capacité à prendre conscience d'eux-mêmes, les hommes l'ont imaginée pour imaginer des exigences, ainsi l'égalité, la dignité, la justice. Quelles étranges inventions ! Rien dans la nature ne nous enseigne l'égalité, ni la dignité, ni la justice. Mais nous avons, sans que l'inspiration n'en vienne d'ailleurs que de nous, déclaré un jour que nous voulions réaliser l'égalité en droit de tous les hommes.

L'humanitude, c'est ce trésor de compréhension, d'émotions et surtout d'exigences, qui n'a d'existence que grâce à nous et sera perdu si nous disparaissons.

Les hommes n'ont d'autre tâche que de profiter du trésor d'humanitude déjà accumulé et de continuer à l'enrichir. Force est de constater qu'ils se consacrent à de tout autres objectifs.

ALBERT JACQUART, *Cinq Milliards d'hommes dans un vaisseau*, Éd. du Seuil, 1987.

Analyser les stratégies du registre polémique

4 ** **1. Relevez tous les indices qui dans le texte montrent l'implication de l'auteur de l'article.**

2. Relevez les procédés de l'attaque dans l'article.

« Don Giovanni » défiguré

Un *Don Giovanni*[1] nouveau à Salzbourg, donc, après celui de Patrice Chéreau[2]. Luca Ronconi[2] a la tâche de provoquer en duel le précédent spectacle ; mais Chéreau est une statue de Commandeur[3] redoutable, qui ne se laisse pas abattre comme cela... Avouons d'emblée qu'on ne peut donner tort au public de cette première ultra-chic : les huées quasi unanimes adressées à l'équipe de Ronconi sont justice, tant ce spectacle consterne par sa bêtise, sa laideur, son artifice coûteux.

Fallait-il aussi que tous les personnages soient passés à la teinture gris grand-mère pour qu'on comprenne que le temps a passé, à l'heure de la conclusion de la pièce ? Fallait-il que Zerline[4], enceinte au deuxième acte, se retrouve à la fin avec trois mouflets à ses basques ?

D'après RENAUD MACHART, *Le Monde*, 8 août 1999.

1. Don Giovanni : *opéra de Mozart* - 2. Chéreau, Ronconi : *metteurs en scène* - 3. Statue de Commandeur : *statue qui entraîne Don Juan dans la mort* - 4. Zerline : *personnage de l'opéra de Mozart*.

5 ** ÉTUDE LITTÉRAIRE

1. Quel est l'objet de la polémique dans ce texte ?

2. Quelle est la valeur invoquée par l'auteur ?

3. En vous aidant de l'encadré, relevez et analysez les procédés de la caricature.

Assurément, il y a autre chose que de la charcuterie et des charcutiers dans le livre de M. Zola, dans ce *Ventre de Paris* qui est la Halle[1], sans métaphore. Tous les genres de comestibles, toutes les choses du ventre, légumes, poissons, volailles, viandes de boucherie, fruits et fromages, y sont traités à fond et peints avec un détail infini et une passion qu'on dirait famélique, tant elle est intense ! mais, il faut bien le reconnaître, c'est la charcuterie, cette spécialité de la charcuterie, qui trône sur toutes les autres mangeailles étalées ici avec un luxe de couleurs qui fait venir vraiment par trop d'eau à la bouche... Mais pour monsieur Zola, toute cette cochonnaille, qu'il nous étale et dont il nous repaît, et dont il finit par nous donner le mal au cœur, c'est de l'art.

Il croit dire le dernier mot de l'art en faisant du boudin, monsieur Zola !

JULES BARBEY D'AUREVILLY, critique du *Ventre de Paris* publiée dans *Le Constitutionnel* du 14 juillet 1873.

1. La Halle : *marché ouvert au cœur de Paris.*

POUR ÉTUDIER LE TEXTE

Les procédés de la caricature

La caricature schématise à l'extrême l'objet de la polémique. Elle s'attarde sur un détail particulier qui apparaît alors comme un défaut exagérément grossi. Elle modifie les proportions jusqu'à la transposition comme le fait le dessinateur Charles Philipon caricaturant le roi Louis-Philippe sous la forme d'une poire, ou Balzac lorsqu'il décrit certains personnages avec les traits de l'animalité.

6 **

1. Quel est l'objet de la polémique dans le texte suivant ? Comment s'exprime-t-elle ?

2. Relevez et classez les procédés de l'attaque, de l'indignation ou de l'ironie.

J'en connais qui évitent soigneusement les plages désertes, les contrées sauvages, les paysages exceptionnels. Ils en ont peur. Ils me l'ont avoué, ils ne peuvent pas supporter un seul jour de confrontation avec la nature telle qu'elle est. Ils ne sont à leur aise (et insolents) que dans la foule, que dans le commun, le banal, le vulgaire. C'est bruyant : tant mieux, ça sent mauvais : bravo ! On s'y bouscule ! à merveille ! surtout que rien de particulier ne leur soit proposé ! Telle ravine, telle forêt, telle montagne, telle haute vallée déserte sont gratuitement à leur disposition en vain, ils ne peuvent pas en profiter ; ils ne savent ni voir, ni entendre, ni goûter, ni surtout se tailler une part personnelle de joies. Ils ne savent rire que tous ensemble, que dormir tous ensemble, que se soulager tous ensemble. Entendre ronfler le voisin sous sa tente de toile, quel délice ! rencontrer le voisin à l'abreuvoir, quelle joie ! respirer ce que le voisin vient d'expirer, voilà la vie ! hors du troupeau, point de salut.

JEAN GIONO, « Une école », *Le Dauphiné libéré*, Éd. Quatuor, 1995.

7 ***

1. Repérez dans le texte trois passages destinés à provoquer le lecteur : sur quels procédés la provocation est-elle construite ?

2. Dans un paragraphe organisé, expliquez comment ce texte s'inscrit dans le registre polémique.

« Ce qu'il nous faudrait, c'est une bonne guerre ! »

Nombreux sont autour de nous les gens qui lâchent cette petite phrase en soupirant. Mais l'instant d'après, ils retournent vaquer à leur petite vie mesquine et n'y pensent plus. Or, si nous voulons vraiment la guerre, il ne suffit pas de l'appeler de nos vœux en levant les yeux au ciel d'un air impuissant. Pour qu'un sang impur abreuve nos sillons, il nous faut semer véhémentement l'idée de la guerre. Faute de quoi, cette drôle de paix qui a envahi la France voici près de quarante années finira par nous encroûter totalement, les vraies valeurs seront de plus en plus bafouées, les jeunes d'aujourd'hui sauront de moins en moins ce que c'était, ma pauvre dame, et le respect se perdra de plus en plus [...].

Non, ne rêvons pas : la Troisième Guerre mondiale n'aura pas lieu ces jours-ci.

Pourquoi n'organiserions-nous pas une Guerre française, dans laquelle les forces en présence seraient toutes françaises ?

PIERRE DESPROSGES, *Manuel de savoir-vivre à l'usage des rustres et des malpolis*, Éd. du Seuil, 1981.

ACTIVITÉS D'ÉCRITURE

8 * RÉDIGER UN COMMENTAIRE D'IMAGE

En quoi cette caricature s'inscrit-t-elle dans le registre polémique ? Appuyez votre réponse sur des détails précis du dessin.

Dessin de PLANTU, in *Le Monde*, 12 novembre 1999.

9 ** RÉDIGER UNE LETTRE POLÉMIQUE

1. Quel est l'objet de la polémique dans le texte suivant ?

2. Analysez le lexique utilisé de la ligne 5 à la ligne 10.

3. Comment s'explique la prise de position de l'auteur de cette lettre ouverte ?

4. Rédigez la réponse d'un critique à Patrice Leconte en vous appuyant sur des valeurs et sur les procédés du registre polémique.

Chers amis,

Depuis quelque temps, je suis effaré de l'attitude de la critique vis-à-vis du cinéma français. Je ne me sens pas plus visé qu'un autre (plutôt moins d'ailleurs), mais je lis simplement ce qui s'écrit ici ou là sur nos films. Certains papiers, qui ressemblent à autant d'assassinats prémédités, me font froid dans le dos, comme si leurs auteurs s'étaient donné le mot pour tuer le cinéma français commercial, populaire, grand public. Je ne sais pas ce que nous pouvons faire face à cette situation critique (le mot est amusant). J'ai bien quelques idées, mais je ne sais pas si elles sont bonnes. J'aimerais en parler avec vous, d'une manière informelle. Merci de ne pas me laisser seul avec ma perplexité.

Amitiés, Patrice Leconte[1].

PATRICE LECONTE, *Libération*, 25 octobre 1999

1. Patrice Leconte : *réalisateur, auteur notamment des* Bronzés, *de* Monsieur Hire *et de* Ridicule.

10 ** DÉFENDRE UN POINT DE VUE

1. Quelle métaphore dévalorisante l'auteur utilise-t-il pour attaquer le carnaval ? Relevez et étudiez les termes péjoratifs qui la composent.

2. Quel est le rôle joué par les fausses questions ?

3. Prenez la défense du carnaval en répondant aux questions oratoires posées par Maupassant. Vous inscrirez votre texte dans le registre polémique.

Voici venus les jours du carnaval, les jours où le bétail humain s'amuse par masses, par troupeaux, montrant bien sa bestiale sottise [...].

Quel bonheur stupide peuvent trouver ces gens à aveugler les passants avec du plâtre ? Quelle joie à heurter des coudes, à bousculer ses voisins, à s'agiter, à courir, à crier ainsi sans aucun résultat pour ces fatigues, sans aucune récompense après ces mouvements inutiles et violents ?

Quels plaisirs éprouve-t-on à se réunir si c'est uniquement pour se jeter des saletés à la face ? Pourquoi cette foule est-elle délirante de joie, alors qu'aucune jouissance ne l'attend ?

Pourquoi parle-t-on longtemps d'avance de ce jour, et le regrette-t-on lorsqu'il est passé ? Uniquement parce qu'on déchaîne la bête, ce jour-là ! On lui donne liberté comme à un chien que la chaîne des usages, de la politesse, de la civilisation et de la loi tiendrait attaché toute l'année.

La bête humaine est libre ! Elle se soulage et s'amuse selon sa nature de brute.

GUY DE MAUPASSANT,
« Causerie triste », *Le Gaulois*, 1884.

11 *** UTILISER DANS UNE LETTRE LES PROCÉDÉS DU REGISTRE POLÉMIQUE

Dans ce poème, Jacques Prévert développe sur le ton mélancolique les sentiments que lui inspirent la solitude d'un être humain et l'indifférence des passants.

ACTIVITÉS D'ÉCRITURE

1. Repérez l'expression de ces sentiments dans le poème.

2. Relevez les indications apportées sur le cadre et les acteurs de la scène.

3. En utilisant le registre polémique et en adoptant le point de vue de Prévert, rédigez la letre ouverte que vous adresseriez à un journal pour dénoncer cette situation.

Vous respecterez les contraintes suivantes :
– le premier paragraphe fait le récit de la rencontre en utilisant les procédés de l'indignation ;
– le deuxième paragraphe exprime votre refus de la misère en invoquant des valeurs morales ;
– le troisième dénonce l'indifférence des passants en utilisant les procédés de l'attaque ou de l'ironie.

Le désespoir est assis sur un banc

Dans un square sur un banc
Il y a un homme qui vous appelle quand on passe
Il a des binocles un vieux costume gris
Il fume un petit ninas[1] il est assis
Et il vous appelle quand on passe
Ou simplement il vous fait signe
Il ne faut pas le regarder
Il ne faut pas l'écouter
Il faut passer
Faire comme si on ne le voyait pas
Comme si on ne l'entendait pas
Il faut presser le pas
Si vous le regardez
Si vous l'écoutez
Il vous fait signe et rien personne
Ne peut vous empêcher d'aller vous asseoir près de lui
Alors il vous regarde et sourit
Et vous souffrez atrocement
Et l'homme continue de sourire
Et vous souriez du même sourire
Exactement
Plus vous souriez plus vous souffrez
Atrocement
Plus vous souffrez plus vous souriez
Irrémédiablement
Et vous restez là
Assis figé
Souriant sur le banc
Des enfants jouent tout près de vous
Des passants passent
Tranquillement
Des oiseaux s'envolent
Quittant un arbre
Pour un autre
Et vous restez là
Sur le banc
Et vous savez vous savez
Que jamais plus vous ne jouerez
Comme ces enfants
Vous savez que jamais plus vous ne passerez
Tranquillement
Comme ces passants
Que jamais plus vous ne vous envolerez
Quittant un arbre pour un autre
Comme ces oiseaux.

JACQUES PRÉVERT, *Paroles*, Éd. Gallimard, 1949.

1. Ninas : *petit cigare.*

12 *** RÉDIGER UN PASTICHE

1. Le texte commence par une question. Comment s'organise la progression de la réponse à cette question ?

2. Repérez les caractéristiques du registre polémique : la situation polémique, les valeurs implicites sur lesquelles l'auteur s'appuie, les procédés de l'ironie.

3. Sur un autre objet (un ordinateur, un vêtement...) ou sur un autre thème (un sport, une pratique sociale ou culturelle), exprimez votre point de vue en suivant la même démarche que l'auteur de ce texte.

Qu'est-ce qu'une voiture bourgeoise ? Sommé de répondre vite et sans excès de subtilité, je dirais que sont « bourgeoises » les voitures d'un modèle, mieux : d'une marque qui jamais ne seront condamnées à l'indignité de « faire le taxi ». La liste en est vite dressée : Rover, BMW, Alfa Romeo, Lancia. C'est à peu près tout, puisque je me limite à l'Europe, et qu'à l'évidence il est inutile de citer les voitures de sport ou de très grand prix. Si j'étais vendeur d'une de ces marques, je sais bien de quel argument j'userais pour détourner les hésitants des belles Volvo et Mercedes, ou de ces Renault et Citroën qui s'allongent, s'affinent, se hérissent d'antennes, se parent d'argent et de cuir pour se donner des airs de voiture de fonction. « Avez-vous envie, dirais-je à mes irrésolus, quand vous êtes arrêté au bord du trottoir, qu'un passant pressé se penche vers vous et vous demande : Êtes-vous libre ? »

FRANÇOIS NOURISSIER, *Autos graphies*, Éd. Albin Michel, 1990.

SYNTHÈSE

Étudier un registre

Le comique, le tragique, le lyrique... l'étude des registres éclaire les attitudes de l'homme face à l'existence. C'est ainsi que les genres littéraires – le roman, la poésie, le théâtre, l'argumentation – peuvent s'exprimer dans des registres variés, qu'il s'agit de définir. Il devient alors possible d'analyser les rapports entretenus entre l'écriture du texte et le registre dans lequel il s'inscrit.

I - IDENTIFIER LE REGISTRE

• Comment définir un registre ?

Le registre d'un texte, d'un tableau ou d'un film correspond à une attitude devant la vie, mise en évidence par l'auteur. Le registre exprime des sensations et des sentiments prépondérants. Ainsi l'amour, la peur, le rire, la douleur... correspondent-ils à des registres différents. Un ensemble de thèmes, de situations et de procédés d'expression inscrivent l'œuvre dans l'un ou l'autre des principaux registres.

• Quels sont les principaux registres ?

On peut déterminer huit registres dominants.

REGISTRE	DÉFINITION	EXEMPLES
LE REGISTRE COMIQUE	Il explore les situations, les gestes, les comportements ou les paroles qui provoquent le rire ou l'amusement.	– Les comédies de Molière. – *Le Roman comique* de Scaron. – Certains poèmes de Queneau.
LE REGISTRE TRAGIQUE	Il est lié à l'émotion que provoque une situation extrême, marquée par le malheur, le sentiment de la fatalité ou le destin cruel.	– Les tragédies de Racine. – Certains tableaux de David. – *L'Espoir* de Malraux.
LE REGISTRE PATHÉTIQUE	Il cherche à inspirer l'attendrissement et la compassion. Il souligne l'intensité de la tristesse, des souffrances ou du malheur éprouvés.	– *Paul et Virginie* de Bernardin de Saint-Pierre. – Le tableau de Géricault *Le Radeau de la méduse*.
LE REGISTRE LYRIQUE	Il correspond à l'épanchement d'un « je » qui livre ses sentiments, ses émotions sur le ton de l'intimité.	– Les *Amours* de Ronsard. Certains romans de Jean Giono comme *Que ma joie demeure*. – Certaines photographies de Robert Doisneau.
LE REGISTRE ÉPIQUE	Il est utilisé à chaque fois qu'une situation exceptionnelle entraîne l'homme dans une lutte, un combat, qui le rend porteur des aspirations du groupe humain auquel il appartient.	– *La Chanson de Roland* (anonyme). – *La Légende des siècles* de Hugo. – De nombreux passages des romans de Zola.
LE REGISTRE FANTASTIQUE	Il exprime les inquiétudes et les terreurs qui reposent sur l'intrusion inattendue d'un phénomène inexplicable.	– Les tableaux de Matthias Grünewald. – Certaines nouvelles de Mérimée ou Maupassant. – De nombreux films, de Méliès à Spielberg.
LE REGISTRE RÉALISTE	Il traduit la volonté d'être au plus près de la réalité concrète et familière du lecteur. Il recrée pour cela l'illusion du réel.	– Les *Fabliaux* du Moyen Âge. – La poésie de François Villon. – Les romans de Balzac.
LE REGISTRE POLÉMIQUE	Il exprime la colère et la révolte de celui qui affirme un point de vue avec force. Il s'attaque aux mœurs, aux valeurs ou aux institutions qu'il condamne.	– Les *Satires* de Boileau. – Les *Lettres philosophiques* de Voltaire. – Certaines chansons contestataires de Boris Vian.

II - ÉTUDIER LE REGISTRE, LES THÈMES ET LES SITUATIONS

• Quel est le thème dominant de l'œuvre ?

Le thème du texte peut déterminer le registre dans lequel il s'inscrit. Ainsi, la thématique guerrière, le lexique des armes et du combat, les images de l'héroïsme se développent-ils dans le registre épique. De la même manière, le thème de la peur, l'expression de l'angoisse et les images qui expriment et suscitent l'effroi se multiplient dans le registre fantastique. On les trouve par exemple dans les nouvelles de Gautier, de Maupassant, ou de Sternberg.

• Quelles sont les situations privilégiées par le registre ?

Chaque registre se définit à partir de situations particulières. Ainsi le comique repose-t-il sur le renversement des comportements et des paroles imposées par les habitudes et les conventions sociales : l'irruption brutale du corps et de ses appétits, le geste et le mouvement aussi inattendus qu'une chute soudaine, l'écart de langage, le moment où les puissants sont tournés en dérision forment autant de situations qui provoquent le rire. On les retrouve dans les fabliaux du Moyen Âge, l'œuvre de Rabelais, les comédies de Molière, les romans de Boris Vian ou les poèmes de Raymond Queneau.

III - ÉTUDIER LE REGISTRE ET LE GENRE

• À quel genre appartient le texte ?

La littérature s'est développée à travers la distinction des genres. Définis dans l'Antiquité, s'imposant de nouveau au Moyen Âge et à la Renaissance, les genres principaux sont le théâtre, la poésie, le roman, le discours argumentatif.
La hiérarchie des genres a pu être bouleversée ; la distinction des genres elle-même a pu être contestée par les écrivains. Il n'en reste pas moins que chaque auteur inscrit son œuvre dans un genre, qui correspond également à l'horizon d'attente du lecteur.
On peut ainsi interroger les textes, d'une part à travers la question du genre auquel ils appartiennent et, d'autre part, à travers la question du registre dans lequel ils s'inscrivent.

• Quels sont les rapports entre les registres et les genres littéraires ?

Les registres traversent tous les genres. On trouve par exemple des situations et des procédés provoquant le rire dans des romans (*Le Roman comique* de Scarron), des pièces de théâtre (les vaudevilles de Feydeau ou Courteline), ou des poèmes (dans la poésie de Jacques Prévert). On trouve les situations et les procédés propres à l'épique dans la poésie (la *Chanson de Roland* par exemple), dans le roman (*Les Misérables* de Hugo), au théâtre (à travers le récit de la bataille que rapporte Rodrigue, dans *Le Cid* de Corneille), dans le discours argumentatif (le *Dictionnaire philosophique* de Voltaire).

• Quels sont les registres privilégiés des genres littéraires ?

Les genres littéraires se sont parfois, selon les époques, appuyés sur des registres particuliers au point de sembler s'identifier avec eux. Ainsi, les registres comique, tragique et pathétique sont-ils privilégiés au théâtre (comédies de Molière, tragédies de Racine, drames romantiques) ; les registres réaliste et fantastique se retrouvent dans le conte, le roman et la nouvelle (œuvres de Balzac, nouvelles de Mérimée, contes noirs de Nodier) ; les registres lyrique et épique paraissent propres à la poésie ; le registre polémique au discours argumentatif (*Discours sur l'origine de l'inégalité* de Rousseau).
Cependant, les registres ne sont pas limités aux genres littéraires. Ils sont présents dans le texte de presse ou la publicité. On les retrouve aussi dans toutes les formes d'art ou d'expression comme la peinture, la sculpture, la musique, le cinéma ou la photographie.

PARTIE IV
L'IMAGE ET LE CINÉMA

CHAPITRE 17
La lecture d'une image

L'image informe, témoigne, elle séduit ou agresse celui qui la regarde. Elle manifeste, au Moyen Âge, la puissance de l'Église. Elle permet, à la Renaissance, de fixer des scènes historiques ou de stimuler l'imagination à travers des représentations mythologiques. Elle préserve, à travers le portrait, le souvenir des personnes disparues. Unique ou soumise à la reproduction industrielle, de la peinture à la photographie, de la gravure au cinéma, de l'affiche à l'image de synthèse, l'image peut s'effacer immédiatement ou s'inscrire à jamais dans la mémoire.

Par son caractère polysémique, l'image suscite une multitude d'interprétations différentes. Au-delà des codes communs qu'elle met en usage, elle sollicite chaque spectateur en fonction de sa propre histoire et de sa sensibilité, créant un lien de complicité ou de rejet.

Dès son origine, l'image a un rapport avec le texte qui l'accompagne. Les rapports de la littérature et de la peinture, du récit romanesque et du cinéma, de l'article de presse et de la photographie témoignent de cette solidarité profonde entre le texte et l'image, qu'on retrouve dans la publicité, dans le monde du travail ou sur l'écran de l'ordinateur.

La littérature a toujours entretenu des rapports étroits avec la peinture puis avec la photographie. Ainsi le poète Paul Éluard évoque-t-il le peintre René Magritte, qui appartient comme lui au mouvement surréaliste.

Quel rapprochement peut-on faire entre le texte poétique et le tableau qui l'inspire ?

René Magritte

Marches de l'œil
À travers les barreaux des formes

Un escalier perpétuel
Le repos qui n'existe pas
Une des marches est cachée par un nuage
Une autre par un grand couteau
Une autre par un arbre qui se déroule
Comme un tapis
Sans gestes

Toutes les marches sont cachées

On a semé les feuilles vertes
Champs immenses forêts déduites
Au coucher des rampes de plomb
Au niveau des clairières
Dans le lait léger du matin

Le sable abreuve de rayons
Les silhouettes des miroirs
Leurs épaules pâles et froides
Leurs sourires décoratifs

L'arbre est teinté de fruits invulnérables.

PAUL ÉLUARD, *Donner à voir*, Éd. Gallimard, 1939.

RENÉ MAGRITTE, *Les Valeurs personnelles*, 1952.

1 La construction de l'image

1. Dans le tableau de Magritte, quelles lignes dominent : les verticales, les horizontales ou les courbes ? Quelle est l'impression ainsi créée ?

2. Expliquez comment le peintre produit dans son tableau une impression de profondeur.

2 L'interprétation de l'image

3. L'univers créé par Magritte repose sur des objets ordinaires et pourtant il surprend. Quels détails provoquent la surprise ? Pourquoi ?

4. Dans les dix premiers vers du poème, relevez des passages qui évoquent l'univers de Magritte. Quels procédés identiques retrouve-t-on dans le tableau et dans le poème ?

3 L'image et son texte

5. Paul Éluard comme Magritte procède à des rapprochements inattendus. Relevez ces rapprochements.

6. Le mystère et le rêve sont des thèmes du surréalisme. De quelles façons sont-ils respectivement exprimés dans le poème et dans le tableau ?

L'image, comme le texte, s'appuie sur une construction. Celle-ci transmet un message, elle raconte une histoire, elle partage une émotion. Toutefois, chaque lecteur peut, devant une image, en proposer une interprétation personnelle.

1 La construction de l'image

1. Les lignes de force et les points forts

● **Les lignes de force.** Ce sont les lignes que l'œil repère immédiatement.

– Les horizontales : un mur, un chemin, une séparation peuvent suggérer l'immobilité, le calme, approfondir l'image en traçant l'horizon.

– Les verticales : elles sont esquissées par un arbre, un personnage, un poteau, l'arête d'un mur. Elles suggèrent la hauteur, elles ralentissent le regard.

– Les courbes : elles introduisent un effet de douceur, de calme, et créent, associées à des droites, une impression d'harmonie.

– Les obliques et les diagonales : elles créent une impression de dynamisme.

● **Les points forts.** Ce sont les zones qui attirent plus particulièrement le regard. Il peut s'agir de taches claires ou foncées, de contrastes de couleur, d'éléments à l'intersection de lignes de force. Ces points forts retiennent l'attention et orientent le regard et l'interprétation du lecteur.

2. Les lignes de fuite et le point de fuite

Certains segments de droite suivent la même orientation. Ces droites, appelées lignes de fuite, se rejoignent en un point situé dans l'image ou hors de l'image, le point de fuite. Le ou les points de fuite assurent un effet de perspective et créent une impression de profondeur, du premier plan à l'horizon.

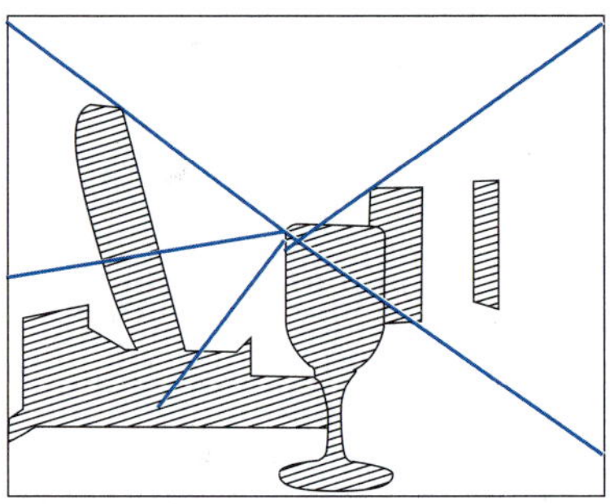

Les points forts et les lignes de fuite dans le tableau de Magritte.

• En bleu, les lignes de fuite.

• En hachurés, les points forts.

2 L'interprétation de l'image

1. La polysémie de l'image

L'image est polysémique car elle peut donner lieu à des interprétations différentes. Cette polysémie peut dépendre :

– de l'organisation et de la composition de l'image qui peut, plus ou moins, orienter l'interprétation ;

– du lecteur, de sa sensibilité, de ses connaissances, mais aussi des codes collectifs de la société comme des différences culturelles.

2. La dénotation et la connotation

- **La dénotation.** Le lecteur repère d'abord ce que représente l'image : le lieu, les personnages, les situations. Cette reconnaissance neutre et objective de l'image s'appelle la dénotation.
- **La connotation.** À la dénotation s'ajoutent des sens seconds, des interprétations, des connotations. Ces connotations s'appuient sur l'imaginaire et le système de valeurs du spectateur ou du lecteur de l'image.

3. Les codes symboliques

L'image utilise souvent un ensemble de symboles, de codes. Le lecteur réagit en étant plus ou moins fortement sollicité par la présence de ces codes.

- **Le code chromatique.** Les couleurs peuvent être porteuses de symboles. Par exemple, le blanc évoque souvent l'innocence, la pureté.
- **Le code des formes géométriques.** Les formes élémentaires comme le rond, le triangle, le carré constituent les éléments d'une grammaire de l'image. La recherche de ces formes, de leur répétition, révèle aussi un rythme à l'intérieur de l'image.
- **Le code culturel.** Un vêtement peut évoquer une appartenance sociale, un monument suggérer un lieu, un objet une activité professionnelle. Les mouvements du corps, les gestes peuvent traduire un sentiment, faire référence à un comportement social.

3 L'image et son texte

1. La légende de l'image

La légende fournit les références de l'image et glisse parfois jusqu'à une interprétation. La légende peut être fidèle aux intentions de l'auteur de l'image. Elle peut aussi proposer une orientation nouvelle, ou encore être délibérément mensongère.

- **La légende référentielle :** elle situe dans le réel ce qu'on voit sur l'image : lieu, objets, nom des personnages.

  « Berlin, décembre 1989, ouverture du Mur ».
- **La légende explicative :** elle définit les informations de l'image.

  « Construit en 1961, dans le contexte de la guerre froide, le mur de Berlin est abattu par la population allemande en liesse. »
- **La légende interprétative :** elle propose un sens en interprétant l'image.

  « Cette image d'une grande intensité symbolise la réunification entre les deux parties d'une Allemagne longtemps meurtrie. »

2. Le commentaire de l'image

Le commentaire de l'image développe une explication et une interprétation qui débouchent sur une conclusion personnelle. Il suit en général une progression en trois temps :

– il fournit les références et procède à une description dénotative de l'image ;

– il propose une interprétation en s'appuyant sur la construction et le thème ;

– il élargit l'interprétation en cherchant les intentions possibles de l'auteur et en confrontant l'image à d'autres images.

3. Le développement personnel

L'image peut aussi être une source d'inspiration. Le texte exprime alors un point de vue personnel, il traduit une émotion en utilisant toutes les ressources de la langue : le vocabulaire et ses connotations, les figures de style et en particulier les comparaisons et les métaphores, les formes d'insistance. L'auteur s'appuie sur trois démarches :

Le rapprochement	Le texte associe entre eux plusieurs détails de l'image et donne un sens à ce rapprochement.
L'opposition	Deux détails de l'image, au moins, semblent s'opposer. Le texte identifie cette antithèse et cherche à lui donner une signification. Il l'exprime à travers le même procédé de l'antithèse dans son texte.
Les correspondances	Le texte établit des correspondances entre l'image et d'autres scènes extérieures à l'image, appartenant à d'autres réalités ou à ses souvenirs personnels.

REPÈRE DE L'HISTOIRE DE L'IMAGE

L'ÉVOLUTION DE L'IMAGE

C'est à travers la peinture que s'est forgé le rapport de la civilisation occidentale à l'image. En effet, pendant des siècles, la peinture a été reconnue comme l'image par excellence. Au Moyen Âge on entretient avec elle un rapport sacré car elle représente essentiellement les épisodes de la vie religieuse.

À la Renaissance, l'évolution de la société et le développement des techniques permettent aux peintres de représenter des sujets profanes, au moment où le tableau succède au bois peint et à la fresque murale.

L'apparition de la photographie, au XIXe siècle, puis celle du cinéma, bouleversent le rapport à l'image. À ses débuts, la photographie semble simplement reproduire le réel. Mais très vite, de nombreux photographes et cinéastes ont montré que leur art était une autre façon de comprendre et de questionner le monde.

Aujourd'hui, l'image est multiple et omniprésente : photographies de presse, affiches publicitaires, bandes dessinées, cinéma, télévision ou Internet. On a pu dire que le XXe siècle était le siècle de l'image. ■

EXERCICES

Identifier les lignes de force et les points de fuite

1 * **1. Repérez les lignes de force dans l'image. Avec quels éléments coïncident-elles ?**

2. Quelle atmosphère contribuent-elles à créer ?

3. Lisez l'encadré ci-dessous puis analysez la composition de l'image. Où se situe le nombre d'or ?

SCHUITTEN ET PEETERS, *L'Écho des cités*, Éd. Casterman, 1996

POUR ÉTUDIER L'IMAGE

L'harmonie et le nombre d'or

La composition symétrique : l'image se décompose en zones qui se répartissent de part et d'autre d'axes horizontaux, verticaux ou obliques.
La composition au tiers : l'image se décompose au tiers en rectangles successifs. Cela crée un équilibre qui rompt avec la monotonie de la symétrie. Mais l'effet d'harmonie s'obtient aussi par l'utilisation du nombre d'or. Il s'agit de placer un élément de l'image, ou une intersection, entre des lignes (la section d'or), de façon à obtenir le rapport suivant : A ________________ B______ C.

AB = 5/8 $\frac{AC}{AB} = \frac{AB}{BC}$ = 1,618 = le nombre d'or
BC = 3/8

2 ** **1. Quelles lignes de force repère-t-on dans le tableau ? Où se situent les points forts ?**

2. Repérez les lignes de fuite. À quel détail correspond le point de fuite ?

3. En observant les détails de l'arrière-plan et du premier plan, quelles interprétations peut-on donner à cette scène ?

JOSEPH VERNET (1714-1789), *La Tempête*.

Repérer la polysémie et les connotations

3 * **1. Observez l'image. Que vous suggère-t-elle ?**

2. À quels lieux fait-elle allusion ? À quel événement biblique renvoie-t-elle ?

3. Quelles interprétations différentes de ce paysage pourraient donner un romancier de science-fiction, un climatologue ?

CHAYAN KHOI, 1996.

4 * **1. Observez les lignes de force dans l'image. Que suggèrent-elles ?**

2. En vous aidant de l'encadré, expliquez quelles sont les intentions de l'image.

POUR ÉTUDIER L'IMAGE

Les couleurs

Les couleurs peuvent suggérer des associations qui renforcent les sens connotés de l'image. Ainsi le blanc peut-il suggérer la pureté et l'innocence, tandis que le noir est souvent associé aux ténèbres, à l'angoisse ; le rouge représente la passion, incite à l'action. Des expériences ont montré que les couleurs chaudes (jaune, orangé, rouge) agissaient différemment sur les centres nerveux que les couleurs froides (bleu, vert). Mais les couleurs peuvent aussi aider à la construction de l'image et donc à son analyse. Ainsi le contraste des couleurs permet-il aux formes et aux volumes de se détacher : on peut par exemple valoriser un sujet principal en bleu, sur la couleur complémentaire orange.

5 * **1. Décrivez l'image, successivement de l'arrière-plan au premier plan.**

2. Par quel moyen le dessinateur donne-t-il l'illusion du déplacement du personnage ? Qu'est-ce que suggère du point de vue narratif l'affiche au premier plan ?

3. En vous aidant de l'encadré, expliquez pourquoi cette vignette extraite d'une planche de BD est, à elle seule, une image narrative.

ENKI BILAL, *Froid Équateur*, 1992.

POUR ÉTUDIER L'IMAGE

La narration dans l'image fixe

Une image seule peut aussi suggérer une histoire parce qu'elle montre un instant précis dans un déroulement. L'organisation des différents détails permet au lecteur de reconstituer le fil des événements. Par exemple, ce qui est situé à l'arrière-plan peut être aussi ce qui est le plus éloigné dans le temps. Il en est de même de la construction de gauche à droite, où ce qui est à gauche s'est déroulé avant ce qui est à droite.

Analyser la légende d'une image

6 ** **1. La légende qui accompagne la photo se réduit à l'essentiel. Quelle est sa fonction précise ?**

2. Interprétez les deux détails principaux de la scène. Imaginez quel rapport existe entre les deux. Proposez une légende rendant compte de cette interprétation.

HIROJI KUBOTA. Kyaikto, Myanmar (Birmanie), 1978.

ACTIVITÉS D'ÉCRITURE

7 * EXPLIQUER LA CONSTRUCTION

1. À quel type de composition le photographe a-t-il fait appel dans son cliché ?

2. Sous forme de paragraphe, expliquez la construction de l'image.

ÉDOUARD BOUBAT, *Parc de Saint-Cloud*, Paris, 1981.

8 * RÉDIGER UNE INTERPRÉTATION

1. Étudiez les codes présents dans la photo.

2. Rédigez, dans un paragraphe, une interprétation personnelle de cette image.

BRUNO BARBEY, 1998.

9 ** COMPLÉTER UN COMMENTAIRE

1. Le commentaire est composé de trois parties. Distinguez-les et résumez leur contenu.

2. Quelle est la fonction principale de ce commentaire pour un lecteur contemporain ?

3. Ajoutez une quatrième partie qui, dans un développement personnel, exprimera votre analyse et votre interprétation.

GIAMBATTISTA TIEPOLO,
Moïse sauvé des eaux, vers 1738.

Une femme domine tous les autres personnages du tableau. Bien que richement vêtue à la mode européenne, elle représente pourtant une Égyptienne, la fille d'un pharaon. Quant à l'enfant sur les genoux de la servante, il incarne Moïse. Lorsque Giambattista Tiepolo peignit cette scène à Venise entre 1736 et 1740, ses contemporains étaient suffisamment pétris d'histoire sainte pour saisir aussitôt que la fille du pharaon se trouve au bord du Nil et que l'enfant vient d'être retiré du panier posé à droite du tableau. À gauche du tableau se tient une jeune fille en robe bleue, qui vient visiblement d'arriver et ne touche terre que d'un pied. Il s'agit probablement de Myriam, la sœur aînée de Moïse qui a suivi le cheminement de la corbeille sur le Nil.

On ignore pour qui Tiepolo a peint ce tableau. Certains détails laissent penser que l'artiste aurait pu exécuter son Moïse sauvé des eaux à l'occasion d'un mariage, en hommage à la beauté et à la « noblesse » de la mariée.

ROSE-MARIE ET REINER HAGEN, *Les Dessous des chefs-d'œuvre*, Éd. Taschen, 1997.

ACTIVITÉS D'ÉCRITURE

10 ** RÉDIGER UNE LÉGENDE

1. Observez la photo de Marc Riboud. Sur quels rapprochements est-elle construite ?

2. Rédigez une légende pour mettre en évidence votre réponse à la question précédente.

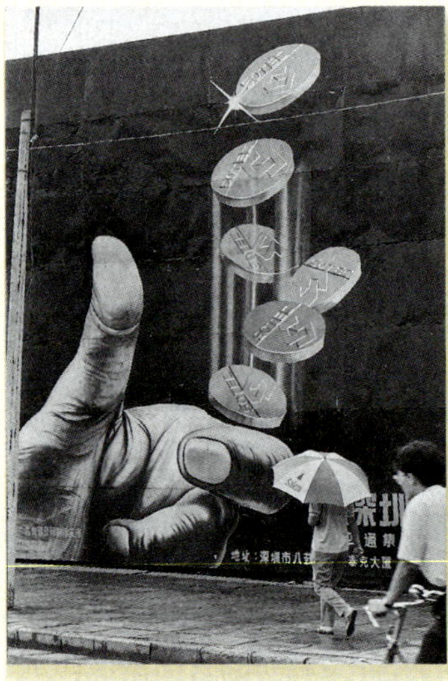

MARC RIBOUD, En Chine.

11 *** ÉCRIRE UN DÉVELOPPEMENT PERSONNEL

1. Distinguez, dans le texte, ce qui relève de la dénotation de ce qui relève de l'interprétation.

2. La description des lieux se développe à travers le regard du personnage de Caillebotte. Relevez les indices de ce point de vue.

3. Sur le modèle du texte rédigez un commentaire du tableau *Jeune Homme au piano*.

Caillebotte est un grand jeune homme mince, debout sur un balcon, qui regarde la rue où il fait beau. C'est l'après-midi d'un dimanche. Dans la rue, il n'y a pas grand monde, il n'y a que quelques voitures qui font des taches noires. Il reste sans bouger, il se fige et se transforme en statue. Immobile tel qu'il est, il ressent tous les mouvements autour de lui, le moindre mouvement, le déplacement des fiacres comme des mouches, dans les avenues. Il ressent également la vaste surface immobile de la chaussée, de la place et du ciel. Lui, c'est un lampadaire, un lampadaire en étage, un lampadaire de balcon, fin et qui s'élève dans son habit noir surmonté d'un chapeau haut-de-forme. Sur son promontoire, il n'entend rien. Il est beaucoup trop haut. Par contre il voit. Il voit de tous ses yeux immobiles et ce qui lui fait face a l'apparence d'une vaste plaine vue d'un sommet quelconque. Ce qui se déroule sous les yeux de Caillebotte, ce sont des champs, des chemins, des forêts, des forêts de toits, des chemins de goudron, des champs de pierre, et les paysans qui récoltent sont tous en habit noir. Il attend le moment, le jour où il sortira enfin dans cette rue. Mais il trouve qu'un certain épuisement l'en empêche et le garde immobile et debout sur son balcon. Pour sortir dans la rue, il faudrait commencer par quitter le balcon et rentrer dans l'appartement mais dans l'appartement les fauteuils sont trop nombreux, on n'a plus qu'à s'asseoir. L'appartement c'est une espèce de gué fatal entre le balcon et la porte.

EMMANUEL PERNOUD, *L'Appartement de Caillebotte*, Éd. du Scorff, 1998.

GUSTAVE CAILLEBOTTE, *Homme au balcon*, 1876.

GUSTAVE CAILLEBOTTE, *Jeune homme au piano*, 1876.

PARTIE IV
L'IMAGE
ET LE CINÉMA

CHAPITRE

18 Le cinéma

Lorsque se multiplient les premières projections cinématographiques, à la fin du XIXe et au début du XXe siècle, le spectateur est ébloui. Il voit avec admiration sur l'écran ses rêves, ses peurs, ses désirs. Il s'identifie aux personnages qui s'animent devant lui. Il rit, pleure, ou tremble avec eux.

Pour raconter, le cinéma obéit à des techniques qui lui sont particulières. Le metteur en scène s'entoure d'une équipe ; au-delà des acteurs, le scénariste, le caméraman, le preneur de son, le décorateur, le monteur l'aident à créer des situations, des images, un rythme personnel. Il réalise de grandes fresques qui favorisent le sentiment d'évasion du spectateur, comme Cecil B. de Mille, John Ford, George Lucas, Luc Besson. Il propose sa propre vision de l'homme et du monde, comme Federico Fellini, François Truffaut, Steven Spielberg. Il fait de son art le moyen d'un engagement politique, d'une contestation de l'ordre social, comme Costa Gavras ou Matthieu Kassowitz.

Aujourd'hui, à travers la richesse et la diversité des films, le spectateur plongé dans le noir adhère, comme aux premiers jours du cinéma muet, à la magie de l'image.

L'adaptation d'un roman ou d'une pièce de théâtre pour le cinéma tient compte à la fois des exigences du texte et des contraintes spécifiques de l'image cinématographique.

Quelles modifications l'adaptation cinématographique de *Dom Juan*, la pièce de Molière, a-t-elle entraînées ?

TEXTE 1

La pièce de théâtre

Dans la dernière scène de la pièce, Don Juan voit s'avancer la statue du Commandeur, qu'il avait tué en combat singulier. La statue rappelle à Don Juan sa promesse de venir partager son repas.

LA STATUE, DON JUAN, SGANARELLE

LA STATUE. – Arrêtez, Don Juan : vous m'avez hier donné parole de venir manger avec moi.

DON JUAN. – Oui. Où faut-il aller ?

LA STATUE. – Donnez-moi la main.

DON JUAN. – La voilà.

LA STATUE. – Don Juan, l'endurcissement au péché traîne une mort funeste, et les grâces du Ciel que l'on renvoie ouvrent un chemin à sa foudre.

DON JUAN. – Ô Ciel ! que sens-je ? Un feu invisible me brûle, je n'en puis plus et tout mon corps devient un brasier ardent ! Ah !

MOLIÈRE, *Dom Juan*, ACTE V, SCÈNE 6, 1665.

TEXTE 2

Le scénario du film

Don Juan pénètre dans le parc où se dresse le mausolée du Commandeur. C'est une oasis verdoyante, où circule paisiblement un troupeau de brebis. La statue a été installée dans les ruines d'une chapelle à ciel ouvert. Elle est encore entourée d'un échafaudage ; des ouvriers travaillent aux derniers détails d'installation. D'autres, assis en hauteur, font une pause et discutent.

UN OUVRIER. – Don Juan n'a plus qu'un moment à pouvoir profiter de la miséricorde du Ciel !

UN AUTRE OUVRIER. – S'il ne se repent pas ici, sa perte est résolue.

Don Juan, que les ouvriers ont reconnu, approche lentement. On lui propose du pain, des oignons et du vin, qu'il accepte.

Un homme, qui était en train de faire une retouche de peinture sur l'œil de la statue, lui adresse la parole du haut de l'échafaudage, très théâtral, faisant mine de parler à la place du Commandeur.

LE PEINTRE. – Vous m'avez donné parole de venir manger avec moi.
Les autres rient. Don Juan se lève, et bondit sur l'échafaudage.
DON JUAN. – Oui. Où faut-il aller?
Haletant, Don Juan escalade l'armature de bois, le long de la gigantesque effigie. Il arrive sur une plate-forme, juste au-dessus de la tête du Commandeur. Il ruisselle de sueur, épuisé.
Il tend la main, s'appuie contre la statue, et se crispe soudain.
DON JUAN. – Ô Ciel! que sens-je? Un feu invisible me brûle...
Les ouvriers, perplexes, ont le regard levé vers lui.
DON JUAN. – Je n'en puis plus, et tout mon corps devient...
Don Juan se tient la gorge, il suffoque, titube en arrière et tombe de l'échafaudage.
Il est maintenant allongé sur le sol, le visage ensanglanté. En ouvrant les yeux, il aperçoit l'énorme tête du Commandeur, qui le domine.
DON JUAN. – Où faut-il aller?
Don Juan ferme les yeux doucement.

Image du film de JACQUES WEBER.

Dom Juan, scénario de Jacques Weber,
adapté par Jean-Marie Laclaverine, Éd. Gallimard, 1998.

1 L'écriture du film

1. Comment peut-on interpréter la mort de Don Juan dans la pièce de Molière ? Quelle différence existe-t-il entre le dénouement de la pièce et celui du film ?

2. Le réalisateur évoque Don Juan comme « un géant blessé dès le départ, qui a épuisé sa vie, brûlé ses dernières cartouches... ». Quels détails du scénario reprennent cette interprétation ?

2 Les images du film

3. Observez les premières notes du scénario. Que voit le spectateur sur l'écran ?

4. Alors qu'il entend les deux premières répliques du scénario, quelle image, à votre avis, le spectateur voit-il sur l'écran ?

3 Le point de vue

5. Observez le début du scénario. À quel moment découvre-t-on ce que regarde Don Juan ?

6. Après les deux premières répliques, que voit le spectateur sur l'écran ? Qui regarde Don Juan approcher ?

4 Le rythme de la narration filmique

7. Le dénouement de la pièce de Molière est brutal. Celui proposé par le scénario est beaucoup plus lent. Expliquez de quelle façon cette lenteur sera exprimée dans le film.

Le film n'est pas la simple transposition en images d'un récit écrit. Il possède un rythme, il transmet une émotion, il exprime un point de vue. Ces caractéristiques reposent sur l'ordre et la succession des plans, la longueur respective des séquences, le cadrage et les mouvements de caméra, ainsi que le montage final.

1 L'écriture du film

Pour bâtir une histoire, le scénariste écrit un récit qui développe l'action du film, les portraits des personnages. Il contient les dialogues et indique les effets sonores recherchés.

1. Le découpage en séquences

Chaque séquence forme une unité narrative, de durée inégale, délimitée par un changement de lieu, d'action ou de temps.

Le découpage technique précise le décor, les costumes, les accessoires. Il se présente en général sous la forme d'une grille qui donne, plan par plan, toutes les techniques qui servent au tournage.

2. Le découpage en plans

Une séquence est découpée en plans. Le plan constitue l'unité de base du film. Numéroté, chaque plan précise l'action, le dialogue, les effets sonores, le cadrage et le mouvement des caméras.

Lors du montage, le metteur en scène décide de l'ordre de succession des plans et, au moyen des coupes, de leur durée définitive.

2 Les images du film

1. Le cadrage

CADRAGE	CE QUE L'ON VOIT À L'ÉCRAN	EFFET RECHERCHÉ
Le plan général	Il montre tout un paysage ou un lieu (une vallée, par exemple).	Situer les lieux et le décor de l'action.
Le plan d'ensemble	Il cadre l'ensemble du décor (le salon d'une maison).	Montrer le personnage dans son milieu.
Le plan moyen	Il cadre le personnage en entier, de la tête aux pieds.	Mettre en valeur le personnage.
Le plan américain	Il cadre le personnage de la tête aux cuisses.	Mettre en valeur les gestes du personnage.
Le plan rapproché	Il cadre la tête et la poitrine du personnage.	Faire un portrait.
Le gros plan	Il cadre seulement la tête.	Suggérer les pensées du personnage.
L'insert	Il détaille un objet, une partie du corps ou un geste précis.	Montrer un détail essentiel.

2. Le champ et le hors-champ

Le champ représente l'image visible sur l'écran. Le hors-champ comprend ce que regarde ou écoute un personnage sans que le spectateur puisse le voir. Le hors-champ l'amène à participer à l'action en imaginant ce qu'on ne lui montre pas. Il crée ainsi un effet de suspens.

3. Les mouvements de l'image

- **Le panoramique.** Il donne l'impression d'observer en tournant la tête. La caméra pivote horizontalement ou verticalement.
- **Le travelling avant ou arrière.** Il attire l'attention sur quelque chose ou accompagne une action. La caméra se déplace vers l'avant, ou vers l'arrière.
- **Le travelling latéral.** Il décrit ou suit un personnage. La caméra adopte un mouvement horizontal, de droite à gauche ou de gauche à droite.

4. Les angles de vue

- **La visée horizontale.** La caméra est à hauteur d'homme. Le spectateur a l'impression d'avoir une vision réaliste de la scène.
- **La plongée.** La caméra est située au-dessus du personnage. Elle peut produire un effet d'écrasement.
- **La contre-plongée.** La caméra est située en contrebas du sujet filmé. Elle peut produire un effet de valorisation.

3 Le point de vue

1. La caméra objective et subjective

- **La caméra objective.** L'action est vue par un observateur étranger à l'action. Le spectateur est témoin des faits et gestes des personnages comme s'il était cet observateur.
- **La caméra subjective.** L'action est vue à travers le regard d'un personnage. La caméra épouse ce regard, le spectateur n'est plus témoin de l'action mais impliqué dans celle-ci, comme s'il était ce personnage.

2. L'alternance des points de vue

Un film alterne les prises de vue en caméra objective et subjective. C'est à travers l'alternance des points de vue choisis par le metteur en scène que s'opère l'identification du spectateur aux personnages du film.

4 Le rythme de la narration filmique

C'est le montage, c'est-à-dire la mise bout à bout de l'ensemble des prises de vue, qui donne son rythme au film et organise le récit.

1. L'organisation du récit

L'ORGANISATION DU MONTAGE	DESCRIPTION	EFFET RECHERCHÉ
Le montage chronologique	L'action suit un déroulement linéaire.	Montrer le déroulement d'une action, une succession d'événements.
Le montage alterné	Plusieurs actions se déroulent en même temps dans des lieux différents.	Montrer comment deux actions progressent au même moment (simultanéité). Créer une tension, un suspens dans certains cas.
Le montage par retour en arrière	L'action est interrompue par des images du passé. C'est un retour en arrière ou flash-back.	Éclairer un personnage ou l'action. Créer une tension entre le présent et le passé.
Le montage symbolique	Un plan est suivi d'un autre plan qui, dans la logique du récit, n'a rien à voir avec lui.	Suggérer un rapprochement, une association d'idées, une comparaison ou une opposition.

2. Le rythme du récit

- **L'ellipse.** Elle fait franchir une étape dans le temps ou dans l'espace. Ce temps entre deux actions, qui n'est pas montré à l'écran, peut représenter quelques secondes, quelques heures, ou plusieurs années.

- **L'accélération et le ralentissement.** C'est une succession de plans de plus en plus courts qui donne l'impression que l'action devient plus rapide. Le ralentissement est la succession de plans de durées identiques ou de plus en plus longs.

REPÈRE D'HISTOIRE DU CINÉMA

L'évolution du cinéma

Les premiers films des frères Lumière sont des documentaires, mais très vite le film de fiction rencontre un vaste public. Avec Charlie Chaplin et Buster Keaton, le burlesque suscite un immense engouement.

L'apparition du cinéma parlant permet à la comédie musicale de faire la synthèse entre chant et danse. Le mélodrame suscite la compassion du spectateur. Le cinéma fantastique fait peur avec *Nosfératu le Vampire* (1922) et les adaptations de *Frankenstein* ou de *Dracula*.

Les grandes fresques historiques bénéficient du passage à la couleur. Le cinéma multiplie les effets spéciaux, à travers les superproductions qui adaptent les mythes antiques et les récits bibliques, comme *Ben Hur* ou *Les Dix Commandements*. Le western ou la science-fiction créent des épopées nouvelles.

Aujourd'hui, alors que le cinéma d'auteur reflète les mutations sociales et les changements culturels, le cinéma à grand spectacle vise un public universel en proposant des personnages et des intrigues qui s'adressent au plus grand nombre. ■

Étudier le découpage en séquences

1 * **1. Observez le résumé de l'adaptation au cinéma des *Liaisons dangereuses*. En combien de séquences peut-on découper ce résumé ?**

2. Combien de changements de décors faut-il prévoir ?

3. Quelle sera la séquence la plus longue ?

Valmont, brillant diplomate, a épousé Juliette Merteuil et tous deux s'amusent à jouer un rôle pervers dans le monde parisien. L'un aidant l'autre, la jeune Cécile Volange est séduite par Valmont, ainsi Juliette se venge-t-elle de Jerry Court, son amant, qui avait courtisé la jeune fille. Marianne Tourvel, la sage épouse d'un magistrat, succombe aussi aux avances de Valmont. Le jeune Danceny qui aimait Cécile et était devenu l'amant de Juliette finit par tuer le trop séduisant diplomate et Juliette a le visage brûlé par les lettres compromettantes qu'elle voulait détruire.

Adaptation : ROGER VADIM, ROGER VAILLAND, CLAUDE BRULÉ, 1959, Éd. Pygmalion, 1990.

Délimiter les plans

2 * **1. Le découpage du récit peut apparaître dès le scénario. Observez cette séquence et dégagez la chronologie des événements.**

2. Proposez un découpage de cette séquence en plusieurs plans. Numérotez chaque plan et résumez son contenu.

3. Si vous le pouvez, confrontez votre découpage avec la séquence dans le film *À bout de souffle*.

On enchaîne sur Lucien allant au « New-York Herald ». Il entre dans le hall, s'adresse à la jeune fille en maillot jaune, derrière le guichet des renseignements, et demande si une demoiselle Patricia Franchini travaille bien ici. On lui dit qu'elle doit être sur les Champs-Élysées en train de vendre le journal. Lucien ressort et descend les Champs-Élysées.

Il avise une fille en maillot jaune. Elle lui dit que Patricia est sur le trottoir d'en face, à la hauteur du Pam-Pam.

Lucien traverse les Champs-Élysées. Il écarte une étudiante qui vend des brochures en demandant : « Vous n'avez rien contre la jeunesse ? »

Lucien la rembarre en disant que, justement, il déteste la jeunesse et aime beaucoup les vieux.

Lucien voit Patricia qui marche dix mètres devant lui. Il la suit un moment. Sentant qu'elle est suivie, elle se retourne. Elle porte un maillot jaune avec les initiales du N.-Y. Herald sur la poitrine. Elle a également un béret de marin américain incliné sur le front.

Elle est en blue-jeans. Lucien lui achète un numéro du journal. Elle ouvre de grands yeux : qu'est-ce que Lucien est venu faire à Paris ? Elle le croyait à Nice.

Scénario original du film *À bout de souffle*, écrit par FRANÇOIS TRUFFAUT et réalisé par JEAN-LUC GODARD. Cité dans *À bout de souffle*, Michel Marie, Jean-Luc Godard, Éd. Nathan, coll. « Synopsis », 1999.

Analyser le cadrage et le hors-champ

3 ** **1. Relevez et classez dans cette séquence toutes les informations concernant l'action, les paroles, les sons.**

2. Transposez ce passage en découpage technique, c'est-à-dire en une fiche sur laquelle figureront les informations suivantes : le numéro du plan, le cadrage choisi, l'angle de vue, le descriptif de l'image, les paroles et les sons.

Le juge dépose les gobelets en plastique sur le pupitre du chef d'orchestre et descend. Il s'accroupit, replie le journal. Des mains de femme récupèrent les gobelets. Valentine vient s'asseoir près du juge et ramasse le journal. Elle lui tend son gobelet.

VALENTINE. – Merci.

Valentine sent son café. Le juge s'assied sur l'estrade.

LE JUGE. – Pas terrible, ce café.

Dans l'ombre, une loupiote rouge allumée. Valentine boit quelques gorgées en faisant la grimace.

VALENTINE. – Je me demandais pourquoi vous m'avez parlé de ce...

LE JUGE. – Vous savez pourquoi.

Valentine boit la dernière gorgée et écrase le gobelet. Le craquement du plastique. Valentine regarde le gobelet écrasé.

VALENTINE. – Oui. Parce que vous ne vouliez pas me raconter quelque chose de beaucoup plus important.

Elle regarde le juge.

VALENTINE. – À propos de la femme que vous avez aimée.

Le juge hoche la tête.

VALENTINE. – Elle vous a trahi.

KRZYSZTOF KIESLOWSKI, Krzysztof Piesiewiez, *Trois couleurs Rouge*, Arte Éditions-Hachette Jeunesse, coll. « Scénars », 1997.

4 ** **1. En vous aidant du texte, indiquez pour chaque plan le point de vue utilisé.**

2. Que suggère l'alternance entre la caméra objective et la caméra subjective ?

M. regarde la vitrine d'une coutellerie. Son visage est encadré par les reflets d'un losange de couteaux exposés dans la devanture.

PLAN 1

PLAN 2

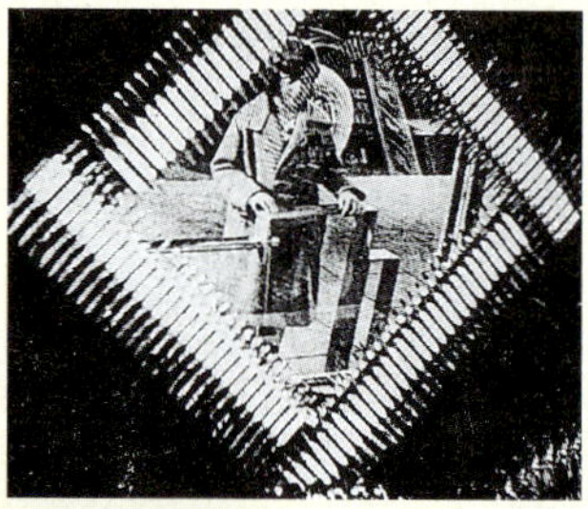

PLAN 3

M. le Maudit de FRITZ LANG, 1931.

Analyser le rythme du récit

5 ** **1. Les deux séquences racontent une action identique. Quelle est l'organisation du montage dans la première séquence ? dans la seconde ?**

2. Dans le premier montage, repérez une ellipse.

3. Quel montage vous paraît susceptible de créer le suspense ? Expliquez pourquoi.

Séquence A

1. On voit Yvon achever de se préparer, chez lui, et sortir, sa femme exprimant son inquiétude.
2. Dans une rue, on voit un passant avec son journal, puis Yvon dans une auto stationnée.
3. Le passant continue sa route, croise des hommes armés et embusqués (la police).
4. On aperçoit, de loin, une façade de banque et un homme faisant avancer devant lui un otage.
5. Retour à Yvon, dans la voiture, coups de feu.
6. Une voiture de police passe devant Yvon, recule, suspectant cette voiture en stationnement.
7. Yvon démarre, tente de s'enfuir.
8. Poursuite brève, accident.

L'Argent, de ROBERT BRESSON, 1982.

Séquence B

1. Vue du front de Seine, extérieur nuit.
2. Une banque, intérieur jour : Joseph, vêtu en gendarme, surveille l'entrée ; on entend les premières mesures d'un quatuor de Beethoven.
3. Salle de musique, intérieur jour. Les musiciens.
4. Banque. Une grosse femme semble prendre Joseph pour Jean Gabin.
5. Rue de la banque.
6. Banque, intérieur : la grosse femme revient avec des complices. Hold-up. Fusillade.
7. Salle de musique : suite de la répétition. « Il faut que ce soit plus violent. »
8. Banque. Suite de la fusillade.

Prénom Carmen, de JEAN-LUC GODARD, 1983.

6 ** **Le montage A est celui du film. Quelles interprétations différentes suggèrent les deux montages ?**

Montage A

Montage B

Les Fiancées en folie, Buster Keaton, 1925.

ACTIVITÉS D'ÉCRITURE

7 * Commenter le rythme d'un film

1. Les deux scènes ci-dessous sont deux adaptations du même roman. Quelle adaptation est un montage alterné ? Laquelle est un montage chronologique ?

2. Expliquez dans un texte rédigé quel découpage vous semble créer le suspens le plus tendu ?

Monsieur Hire, qui est soupçonné de meurtre par la foule, essaie de trouver refuge sur le toit d'une maison.

433. *Plan d'ensemble :* la maison, très haute, au sommet de laquelle se trouve Monsieur Hire. La foule hurlante, poings levés.
434. *Un panoramique :* suit les policiers qui montent à leur tour le petit escalier extérieur.
435. *Plan large, vue en plongée :* Monsieur Hire se redresse, il est au bord du toit en équilibre : très en contrebas, la foule menaçante.
436. *Plan moyen :* les policiers entrent à leur tour par la fenêtre chez les petits vieux affolés.
437. *Zoom avant jusqu'au plan large, contre-plongée :* Monsieur Hire avance dangereusement sur les toits ; il aperçoit alors les policiers qui le poursuivent.
438. *Raccord :* les policiers se hissent sur le toit, l'un après l'autre.
439. Retour sur Monsieur Hire qui s'enfuit.
440. *Plan large :* les policiers suivent la même ascension que Monsieur Hire.

Découpage technique du film *Panique*, de JULIEN DUVIVIER, 1946.

467. *Plan rapproché jusqu'à gros plan :* Monsieur Hire, de trois quarts dos, referme la porte et le verrou, reprenant haleine.
468. *Plan serré :* il apparaît derrière une cheminée et jette autour de lui des regards paniqués, puis court vers l'arrière. *Travelling latéral vers la droite qui le recadre* alors qu'il escalade un petit toit de zinc pyramidal au milieu des cheminées de briques rouges.
469. *Plan rapproché :* raccord sur lui de face durant son ascension. Il halète. Seuls restent dans le champ ses souliers.
470. *Plan serré :* Monsieur Hire, à quatre pattes sur le toit, tourne vers nous son visage en entendant le bruit des coups sur la porte.
471. *Plan rapproché :* le verrou de la porte est sur le point de céder sous la pression des coups.
472. *Plan rapproché :* l'homme, angoissé, paraît hésiter...

Découpage technique du film *Monsieur Hire*, de PATRICE LECONTE, 1988.

8 * Expliquer les intentions d'un réalisateur

1. Lisez l'article. Quelles sont les intentions des réalisateurs ?

2. Expliquez dans un texte de quelle façon les intentions des réalisateurs apparaissent dans le scénario.

Les intentions des réalisateurs

Rosetta, *film qui a obtenu la palme d'or au festival de Cannes en 1999, raconte l'histoire d'une jeune femme qui lutte pour obtenir une place dans la société. Lors du tournage les réalisateurs, les frères Dardenne, ont donné des indications précises au caméraman.*

« Être tout le temps avec la fille, la suivre dans tous ses mouvements, souvent rapides et brutaux, lui coller à la peau, avec une caméra qui n'est jamais posée, toujours portée, et qui doit rester liée au corps, enregistrer ses secousses et seulement celles-ci... » Entre complicité, tension et agression, un fort courant est ainsi passé entre l'actrice et le caméraman qui était le plus souvent à moins de deux mètres d'elle, parfois à une vingtaine de centimètres. Les Dardenne disent qu'ils se sont montrés parfois « plus tendus » qu'ils ne l'étaient en réalité pour garder au travail sa qualité brutale. « Sauvage et précis, dit Alain Marcoen. Je ne sais pas s'ils seront d'accord avec cette idée, mais cette sauvagerie m'évoquait parfois les premières scènes du *Soldat Ryan*. »

LAURENT RIGOULET, *Libération*, 29 septembre 1999.

51. Intérieur – appartement / Immeuble. Soir

Rosetta boit une gorgée de bière... Riquet ramasse avec le doigt quelques mies de pain dans son assiette... les met en bouche... Il tire sur sa cigarette... Le solo de batterie se développe un peu plus longtemps... C'est un thème de rock and roll.

RIQUET. – C'est le seul truc que je fais à peu près bien...

Il se lève... met la musique plus fort et amorce quelques pas de danse sous le regard rieur de Rosetta... il lui tend la main... elle ne tend pas la sienne... il s'assied... se relève et tend à nouveau la main vers Rosetta...

ROSETTE. – J'sais pas danser.

RIQUET. – C'est rien...

Rosetta accepte de se lever...

Riquet danse en apprenant les mouvements à Rosetta qui le suit maladroitement... Ils rient... Riquet chante,

ACTIVITÉS D'ÉCRITURE

fait tourner Rosetta... À un moment, il tient Rosetta par les deux mains... la fait tourner derrière lui, devant lui... il la lâche... Rosetta tourne mais rate la main de Riquet... Elle recule de quelques pas, tombe...il se baisse pour la relever... Son visage est près de celui de Rosetta... Elle se met à respirer difficilement, pousse Riquet... va près de la cheminée accablée par sa respiration... Le solo de batterie continue... Riquet, inquiet, s'approche, la regarde, elle lui tourne le dos..., elle sort en courant.

52. Intérieur – escalier – couloir / immeuble. Soir.

Rosetta dévale l'escalier...
RIQUET *(off)*. – Rosetta !
Rosetta continue de dévaler les marches... le bruit de ses pas s'éloigne...

LUC ET JEAN-PIERRE DARDENNE,
Rosetta, Cahiers du Cinéma, 1999.

9 ** COMMENTER UNE ADAPTATION

1. Confrontez le roman de Nina Berberova à son adaptation. Que constatez-vous (lieux, personnages, événements, point de vue adopté) ?

2. Confrontez l'ordre des événements dans le film et dans le roman (succession, suppression, ajout).

3. Dans un développement rédigé, expliquez, à partir de l'exemple étudié, à quel travail d'adaptation s'est livré le cinéaste.

La scène dans le roman

Nous avions deux compartiments voisins. En dehors de nous, il y avait aussi, dans ce wagon, de hauts dignitaires soviétiques avec lesquels Pavel Fédorovitch – chargé d'une mission à Moscou – fit aussitôt connaissance. Ils burent d'abord chez nous, puis nous bûmes chez eux. Enveloppée dans un grand châle bariolé, Maria Nikolaevna obligea l'un d'eux à rester à genoux devant elle, un verre de vin à la main, pendant près d'une demi-heure. Pavel Fédorovitch avait une conversation longue et passionnante sur la chasse, sur la fameuse collection d'armes de Karachan, sur la chasse aux aurochs du tsar. Le troisième, qui était jeune et mince, avec un visage d'ange et de grands yeux, voulut absolument que nous nous tutoyions après avoir bu ensemble. J'avais peur, mais j'accrochai mon bras au sien et vidai mon verre, après quoi il dit qu'il m'embrasserait. Ma peur augmenta. Je compris que j'étais ivre et que s'il le faisait je pourrais tomber amoureuse de lui.

NINA BERBEROVA, *L'Accompagnatrice*,
Éd. Actes Sud, 1985.

La scène dans le film

TRAIN / CRÉPUSCULE
Vue du train :
Enchaîné. Fracas. Paysage crépusculaire défilant à toute allure... (Off : détonation d'une bouteille de champagne qu'on débouche.)
Compartiment :
IRÈNE. – *(plaisamment)* Vous buvez trop ! Tout le monde boit trop ! Qu'on arrête de boire !!!
Debout dans l'encadrement de la porte, Brice sourit rêveusement en sirotant sa flûte, pendant que Sophie, installée dans un coin du compartiment, protège son verre de la main pour ne pas renverser.
En face d'elle, un jeune homme mince, aux grands yeux lavande.
JEUNE HOMME. – Attention aux cahots mademoiselle !
Elle le remercie d'un sourire. Les yeux lavande la fixent avec intérêt.
Elle détourne les siens, le sourire en biais.
– Qui va baisser les yeux le premier ?... Je parie que c'est vous.
Joute de regards.
Sophie se prête au jeu. Gênée. Flattée.
Lui : insolence tranquille des trop jolis garçons.
Elle : audace provisoire des débuts d'ivresse.
Il insiste... C'est elle qui cède, bien sûr, détourne les yeux, grimace un sourire...
Couloir / Soir :
Maintenant, le jeune homme a coincé Sophie contre une fenêtre. Il essaie de l'embrasser. Elle se défend mollement. Brice rejoint son compartiment avec Irène. Ils aperçoivent le couple.
JEUNE HOMME. – *(pressant Sophie)*. Qu'est-ce que je pourrais vous dire qui commence par « tu » ? ...
Un cahot du train le précipite un peu plus contre elle. Elle s'accroche à ses épaules comme une naufragée. Étourdie, cadenassée dans un mutisme, se laissant faire.
– J'ai trouvé ! « Tu » vas te faire embrasser...
Il essaie d'atteindre les lèvres de Sophie. Qui détourne la tête. Qui finit par balbutier :
SOPHIE. – Si vous le faites, je vais tomber amoureuse de vous.

CLAUDE MILLER et LUC BÉRAUD,
Scénario de *L'Accompagnatrice*,
Éd. Actes Sud, 1992.

Étudier une image

L'étude d'une image s'attache à dégager ses principes de construction, les éléments qui la composent et son thème. Étudier une image c'est aussi prendre en considération que, comme un texte, elle s'inscrit dans une situation de communication, dont il faut dégager les enjeux. Au-delà de ce qu'elle montre explicitement et logiquement, l'image est porteuse de connotations que chaque lecteur interprète à la lumière de sa sensibilité, de ses connaissances.

I - IDENTIFIER UNE IMAGE

• Quelle est la nature du document ?

Une image appartient à un genre : peinture, photographie, dessin, cinéma. Par ailleurs, une image correspond à un support : toile tendue sur un cadre, affiche, presse magazine... Elle peut être rare (tableau exposé dans un musée) ou banale (image de magazine).

• Qui est l'auteur du document ?

Une image peut porter la « signature », les caractéristiques, la marque d'un auteur ou d'une période. Par exemple, le romantisme ou l'impressionnisme en peinture correspondent à des techniques, des thèmes bien particuliers. C'est pourquoi, tout comme pour un écrit, il est important de rechercher qui est l'auteur, de savoir s'il appartient à un groupe ou à un mouvement.

II - EXPLORER L'IMAGE

• Quel est son thème ?

Une image peut être figurative, concrète. Elle représente alors le réel : un portrait, un paysage, une nature morte, un événement... Mais elle peut aussi être symbolique ou abstraite. Elle correspond à une réflexion, une vision particulière de l'auteur.

• Quelle est son intention ?

INFORMER	L'image apporte des informations, des explications.	La photo de presse, le dessin technique.
INTERPELLER	L'image cherche à faire agir, à modifier un comportement, à polémiquer.	La publicité, l'affiche politique, le dessin d'actualité, l'image de propagande.
ARGUMENTER	L'image exprime une opinion, cherche à modifier un point de vue.	La publicité, la caricature, l'affiche d'opinion.
CRÉER UNE ÉMOTION	L'image traduit une vision du monde. Elle peut aussi vouloir séduire.	La peinture, la photographie, le cinéma.
RACONTER	L'image montre, met en scène un récit historique, ou les faits et gestes imaginaires de personnages.	L'image de film, l'image de bande dessinée, la fresque de bataille.
TÉMOIGNER	L'image exprime la propre vision de l'auteur, ses jugements, ses valeurs personnelles, son regard sur un événement, sur des personnes ou sur lui-même.	L'autoportrait, la photo de famille, la photo de presse.

III - INTERPRÉTER L'IMAGE

• Dans quel registre s'inscrit-elle ?

– **Le comique :** l'image veut faire sourire, amuser, en exagérant parfois comme dans la caricature.

– **Le lyrique :** l'image aborde les thèmes liés au quotidien, à l'émotion intime (amour, tendresse...).

– **Le tragique ou le pathétique :** l'image met en scène des personnages parfois conduits, comme dans le tragique, par un destin impitoyable. Elle présente une situation propre à émouvoir le lecteur, ou à provoquer chez lui la compassion et la pitié dans le cas du pathétique.

– **L'épique :** l'image propose, souvent de façon

exagérée, les faits et gestes d'un personnage qui possède tous les attributs du héros.
– **Le réaliste :** l'image cherche à traduire la réalité par la représentation, par exemple, de scènes du quotidien.
– **Le polémique :** l'image cherche à créer une forte réaction chez le lecteur (adhésion ou, au contraire, rejet) en exploitant souvent les procédés de l'exagération comme l'hyperbole mais aussi le rapprochement inattendu.

• Quel sens donner à l'image ?

Chaque lecteur peut interpréter une image différemment en fonction de sa culture, de son intuition, de ses références, de sa sensibilité : l'image est polysémique. C'est le lecteur qui, à partir de certains détails, en effectuant lui-même des comparaisons ou encore des oppositions, construit peu à peu le sens de l'image.

IV - ÉTUDIER LA CONSTRUCTION DE L'IMAGE

• Quelle est sa construction ?

Les lignes qui parcourent l'image (diagonales, horizontales, etc.) se retrouvent dans les éléments qui la composent. Elles peuvent aussi porter certaines significations : dynamisme pour les diagonales et obliques, par exemple. Par ailleurs, certaines zones attirent le regard (couleurs, tons, formes...) : ce sont les points forts ou les lignes de force de l'image.

• Qu'est-ce que le point de fuite ?

Certaines lignes donnent l'impression de se rejoindre en un point : ce sont les lignes de fuite et le point de fuite. Ces lignes créent l'effet de perspective, c'est-à-dire l'effet de profondeur. Plus le point de fuite est proche du lecteur (du premier plan), plus l'effet de profondeur est important. Si le point de fuite est situé hors de l'image, l'effet de perspective est atténué.

Le cadrage, ou échelle des plans, correspond à la grandeur des détails dans le cadre de l'image. Par exemple, le plan général montre le contexte d'une scène (une vallée, une gare), alors que le gros plan révèle (car on voit ses réactions sur son visage) les sentiments d'un personnage.
Le cadrage choisi et la disposition des éléments peuvent créer des oppositions ou au contraire des rapprochements entre différents détails.

V - BÂTIR UN COMMENTAIRE

• L'auteur

Qui est-il ? Est-il connu ? Est-il représentatif d'un courant artistique ?

• Ses intentions

Que cherche-t-il à exprimer à travers l'image ? Quels sont ses choix esthétiques ?

• Le contexte

À quel moment l'image est-elle publiée ? Pourquoi avoir construit cette image à ce moment précis ? Peut-elle être significative d'une époque ?

• La portée de l'image

Peut-on confronter l'image aux faits (lorsqu'elle évoque des événements), à d'autres images du même auteur ou à d'autres images d'autres auteurs de la même période ?

• L'interprétation

Quels sont les éléments les plus évidents ? On décrit, on évoque ce qui est apparu immédiatement à la lecture (lignes de force, points forts, effets de perspective...). Quelles sont les connotations de certains détails ? On enrichit la simple description de l'image par une lecture plus personnelle.

• La conclusion

Quelles hypothèses peut-on émettre sur les intentions de l'auteur ?

PARTIE V
LES GENRES LITTÉRAIRES

CHAPITRE 19
La construction du roman

Parmi tous les genres littéraires, le roman montre à chaque époque, dès le Moyen Âge, une vitalité exceptionnelle, en manifestant sa capacité à se diversifier, à renouveler ses thèmes, ses enjeux, sa construction.

Les romans de chevalerie de Chrétien de Troyes, les romans de Rabelais au XVIe siècle, les romans d'analyse de madame de La Fayette, les romans par lettres de Rousseau et de Laclos au XVIIIe siècle, les fresques romanesques de Balzac et Zola au XIXe siècle témoignent de la richesse du genre romanesque. En effet, le romancier varie les modes de narration et alterne les points de vue narratifs. Il peut présenter une intrigue simple et linéaire, ou, au contraire, complexe et enchevêtrée. Il diversifie les rythmes du récit, nuance les fonctions et les procédés de la description en jouant de la représentation de l'espace et du temps.

Au XXe siècle, Proust, Céline, Camus, Le Clézio poursuivent l'évolution du roman. Ils inventent de nouvelles formes, un nouveau langage, à travers lesquels s'expriment les changements des sensibilités, les mutations sociales et les bouleversements historiques du XXe siècle.

La première page du roman révèle les choix narratifs effectués par l'auteur. Elle situe le cadre spatio-temporel du récit, elle présente les personnages et engage le début de l'intrigue. Le roman de Céline laisse entendre d'emblée la voix d'un narrateur original tandis que les premières lignes du roman de Camus mettent en scène un événement qui annonce la suite de l'intrigue.

Quelles caractéristiques communes ces deux premières pages de roman présentent-elles ?

TEXTE 1

Un roman à la première personne

Ça a débuté comme ça. Moi, j'avais jamais rien dit. Rien. C'est Arthur Ganate qui m'a fait parler. Arthur, un étudiant, un carabin lui aussi, un camarade. On se rencontre donc place Clichy. C'était après le déjeuner. Il veut me parler. Je l'écoute. « Restons pas dehors ! qu'il me dit. Rentrons ! » Je rentre avec lui. Voilà. « Cette terrasse, qu'il commence, c'est pour les œufs à la coque ! Viens par ici ! » Alors, on remarque encore qu'il n'y avait personne dans les rues, à cause de la chaleur ; pas de voitures, rien. Quand il fait très froid, non plus, il n'y a personne dans les rues ; c'est lui, même que je m'en souviens, qui m'avait dit à ce propos : « Les gens de Paris ont l'air toujours d'être occupés, mais en fait, ils se promènent du matin au soir ; la preuve, c'est que lorsqu'il ne fait pas bon à se promener, trop froid ou trop chaud, on ne les voit plus ; ils sont tous dedans à prendre des cafés-crème et des bocks. C'est ainsi ! Siècle de vitesse ! qu'ils disent. Où ça ? Grands changements ! qu'ils racontent. Comment ça ? Rien n'est changé en vérité. Ils continuent à s'admirer et c'est tout. Et ça n'est pas nouveau non plus. Des mots, et encore pas beaucoup, même parmi les mots, qui sont changés ! Deux ou trois par-ci, par-là, des petits... » Bien fiers alors d'avoir fait sonner ces vérités utiles, on est demeuré là assis, ravis, à regarder les dames du café.

LOUIS-FERDINAND CÉLINE, *Voyage au bout de la nuit*, Éd. Gallimard, 1932.

LOUIS-FERDINAND CÉLINE, JACQUES TARDI, *Voyage au bout de la nuit*, Éd. Futuropolis-Gallimard, 1992.

TEXTE 2

Une chronique romanesque

Le matin du 16 avril, le docteur Bernard Rieux sortit de son cabinet et buta sur un rat mort, au milieu du palier. Sur le moment, il écarta la bête sans y prendre garde et descendit l'escalier. Mais, arrivé dans la rue, la pensée lui vint que ce rat n'était pas à sa place et il retourna sur ses pas pour avertir le concierge. Devant la réaction du vieux M. Michel, il sentit mieux ce que sa découverte avait d'insolite. La présence de ce rat mort lui avait paru seulement bizarre tandis que, pour le concierge, elle constituait un scandale. La position de ce dernier était d'ailleurs catégorique : il n'y avait pas de rats dans la maison. Le docteur eut beau l'assurer qu'il y en avait un sur le palier du premier étage, et probablement mort, la conviction de M. Michel restait entière. Il n'y avait pas de rats dans la maison, il fallait donc qu'on eût apporté celui-ci du dehors. Bref, il s'agissait d'une farce.

Le soir même, Bernard Rieux, debout dans le couloir de l'immeuble, cherchait ses clefs avant de monter chez lui, lorsqu'il vit surgir, du fond obscur du corridor, un gros rat à la démarche incertaine et au pelage mouillé. La bête s'arrêta, sembla chercher un équilibre, prit sa course vers le docteur, s'arrêta encore, tourna sur elle-même avec un petit cri et tomba enfin en rejetant du sang par les babines entrouvertes. Le docteur la contempla un moment et remonta chez lui.

Albert Camus, *La Peste*, Éd. Gallimard, 1947.

1 Le narrateur

1. Dans quel texte le narrateur (celui qui raconte l'histoire) participe-t-il à l'histoire racontée ? À travers quels indices sa présence s'affirme-t-elle ?

2. Montrez que dans le texte de Camus, le récit se développe en permettant au lecteur de connaître les pensées des deux personnages.

2 L'intrigue

3. Comment s'enchaînent, dans chacun des deux textes, les événements du récit ?

4. Montrez que, dans le texte de Camus, le récit s'ouvre immédiatement sur un événement brutal.

3 Le temps romanesque

5. Relevez les indices temporels présents dans chaque texte. Quel est le rôle joué par l'utilisation des temps verbaux ?

4 L'espace romanesque

6. Repérez les éléments d'un lieu, d'un décor, d'une atmosphère dans chaque texte. À quel espace chacun des deux débuts de roman renvoie-t-il ?

7. Comparez l'évocation de la place Clichy dans le texte 1 avec la représentation qui en est faite par Tardi, dans cette première vignette de la bande dessinée.

Le roman raconte une histoire par l'intermédiaire d'un narrateur. Il développe une intrigue en présentant au lecteur une succession d'événements. Il crée un cadre spatio-temporel organisé et structuré, en jouant sur l'alternance entre l'enchaînement des actions et la description des lieux et des personnages.

I Le narrateur

Le narrateur raconte l'histoire en l'organisant le plus souvent selon l'ordre chronologique. Différents modes de narration et différents points de vue permettent au lecteur de prendre connaissance de l'histoire racontée.

1. Les modes de narration

On appelle mode de narration la manière dont le récit est pris en charge par le narrateur. Il peut se faire totalement oublier, ou être plus ou moins présent.

• **Le narrateur extérieur au récit.** Il raconte l'histoire à la troisième personne et semble être complètement absent du récit. Il peut parfois intervenir pour porter un jugement sur un personnage, une action ou faire un commentaire.

> *« Katow attendit dans la ruelle, sans cesser de marcher ; enfin Kyo arriva. Chacun fit connaître à l'autre ce qu'il avait fait. »*
>
> (Malraux, *La Condition humaine*, 1933)

• **Le narrateur-personnage.** Il est directement présent dans le récit qu'il raconte à la première personne, comme héros ou comme personnage témoin.

> *« Je m'en allais rêveur, quand en passant devant une maison, dont l'allée était ouverte, j'entendis des cris perçants dans l'escalier. Surpris, je monte rapidement. »* (Restif de la Bretonne, *Les Nuits de Paris*, 1788)

2. La focalisation

La présence du narrateur se traduit à travers la focalisation, c'est-à-dire le point de vue qu'il adopte pour développer son récit.

• **La focalisation externe.** Observateur extérieur, le narrateur se limite à ce qu'il voit ou entend. Il ne connaît pas les sentiments ou les pensées des personnages. Ce point de vue crée une impression d'objectivité, d'impartialité.

> *« Deux hommes parurent. L'un venait de la Bastille, l'autre du Jardin des Plantes. Le plus grand, vêtu de toile, marchait le chapeau en arrière, le gilet déboutonné et sa cravate à la main. »*
>
> (Gustave Flaubert, *Bouvard et Pécuchet*, 1874)

• **La focalisation interne.** Le lecteur découvre les lieux, les êtres, les événements à travers le regard, les pensées, les sensations d'un personnage, ou de plusieurs personnages successifs.

> *« Mais elle tourna la tête : Charles était là. Il avait sa casquette enfoncée sur ses sourcils, et ses deux grosses lèvres tremblotaient, ce qui ajoutait à son visage quelque chose de stupide. »* (Flaubert, *Madame Bovary*, 1857)
>
> C'est « elle », Emma, qui juge Charles « stupide ».

• **La focalisation zéro.** Le plus souvent, le récit se développe à travers une vision d'ensemble qui permet au lecteur de tout voir et de tout connaître au même moment et en des endroits différents. Le narrateur est omniscient.

> *« À la mairie, où les hommes se portaient aux nouvelles, les employés s'agitaient, en sueur. L'adjoint apparaissait sur la porte et lisait les résultats d'un village. Le téléphone sonnait à l'intérieur. À Villeneuve, Delangle battait Barbantane de justesse. »* (Louis Aragon, *Les Beaux Quartiers*, 1936)

2 L'intrigue

L'intrigue est l'enchaînement des faits et des actions qui constituent l'histoire racontée dans le roman.

1. L'intrigue simple

Une histoire peut se décomposer en cinq étapes successives qu'on appelle le schéma narratif, et qui constituent la trame d'une intrigue simple.

- **La situation initiale.** Elle définit le cadre de l'intrigue (lieu, époque), et la situation des personnages.
- **L'événement perturbateur.** Il remet en cause l'équilibre de la situation initiale (rencontre, événement inattendu, découverte).
- **Les péripéties.** Elles entraînent l'action (rebondissements) et modifient la situation initiale des personnages.
- **L'événement équilibrant.** Il rétablit un équilibre qui met un terme à la succession des péripéties.
- **La situation finale.** Elle manifeste l'amélioration ou la dégradation de la situation des personnages par rapport au début de l'histoire.

2. L'intrigue complexe

De nombreux épisodes, constituant chacun une séquence narrative, se combinent entre eux. On parle alors d'intrigue complexe.

- **L'enchaînement des séquences narratives.** Les épisodes se succèdent sur le même plan, en suivant l'ordre chronologique, l'un après l'autre.
- **Le développement simultané des séquences.** Les épisodes concernent alternativement des personnages différents, au même moment de l'action. Le lecteur peut suivre plusieurs intrigues qui se déroulent en même temps.
- **L'enchâssement des séquences.** Un texte cadre met en place des personnages qui racontent eux-mêmes une histoire : une intrigue secondaire est alors enchâssée dans l'intrigue principale.

Dans *Jacques le Fataliste*, Diderot use constamment de ce procédé. Il joue alors sur l'impatience du lecteur à connaître la suite de l'histoire principale.

> *« Vous voyez, lecteur, que je suis en beau chemin, et qu'il ne tiendrait qu'à moi de vous faire attendre un an, deux ans, trois ans, le récit des amours de Jacques. »* (Diderot, *Jacques le Fataliste et son maître*, éd. posthume 1796)

3 Le temps romanesque

1. La succession des événements

Le roman peut raconter une histoire en présentant les événements dans l'ordre chronologique de leur déroulement. Il peut ne pas respecter l'ordre chronologique, grâce à des retours en arrière qui rapportent des événements du passé. L'auteur peut aussi annoncer des événements qui se produiront plus tard dans l'histoire, en procédant à des anticipations.

Dans *Thérèse Desqueyroux*, François Mauriac révèle d'emblée le non-lieu qui conclut le procès de Thérèse, accusée d'avoir empoisonné son mari. Le narrateur revient alors sur les événements qui ont précédé le procès.

2. Le rythme du récit

L'auteur peut exposer l'action de manière détaillée, comme si elle était en train de se dérouler, ou accélérer le rythme du récit en résumant les événements.

- **La scène.** Elle correspond à un moment fort du récit où l'on rapporte précisément les paroles, les pensées et les mouvements des personnages.

- **Le sommaire.** Il permet d'accélérer le rythme du récit : il simplifie l'action en résumant les événements qui se sont déroulés.

« À quinze ans, on lui avait acheté une lieutenance dans un régiment anglais qui allait aux Indes, et pendant douze ans il s'y était battu contre les Marattes. » (Jules Barbey d'Aurevilly, *Les Diaboliques*, 1874)

- **L'ellipse.** Elle correspond à un saut brusque dans le temps, qui passe sous silence les événements correspondant à cette période.

« Peu à peu, le temps apaisa le souci de mon cœur.
Or, à l'automne suivant, les bécasses passèrent en masse ; et, comme ma goutte me laissait un peu de répit, je me traînai jusqu'à la forêt. »
(Guy de Maupassant, *Les Contes de la bécasse*, 1883)

4 L'espace romanesque

1. La construction de la description

La description situe le lieu de l'action, dresse le décor, crée une atmosphère. Elle représente les personnages, les paysages ou les objets aux yeux du lecteur. Souvent introduite par un verbe de perception (« Alors on vit... ») ou un présentatif (« C'était »), elle s'organise selon un point de vue.

Elle est structurée par des indicateurs de lieu qui distribuent ses différents éléments dans l'espace. Elle s'appuie sur l'imparfait descriptif ou le présent intemporel, par opposition à la narration des événements, qui privilégie le passé simple ou le présent de narration.

2. Les fonctions de la description

Le cadre spatial se développe tout au long du récit. Cependant, la description est le moyen privilégié pour représenter l'espace romanesque.

LES FONCTIONS DE LA DESCRIPTION	LES EFFETS RECHERCHÉS	LES PROCÉDÉS UTILISÉS
La fonction esthétique	ajouter une valeur poétique au récit en donnant à voir l'espace à la manière d'un tableau	jeux sur le lexique, le rythme, les images (métaphores et comparaisons)
La fonction référentielle	situer le cadre de l'action en donnant l'illusion de la réalité ou en recréant un espace imaginaire	repères spatiaux : indicateurs de lieu, toponymes ; réseaux lexicaux du paysage ou de l'objet
La fonction documentaire	apporter au récit une dimension informative, pédagogique	termes techniques, noms propres, énumérations, discours explicatif
La fonction évaluative	manifester plus ou moins explicitement une appréciation sur un objet, un lieu, un personnage	connotations, termes évaluatifs ou affectifs, modalisateurs
La fonction symbolique	évoquer les émotions, les états d'âme d'un personnage, créer une atmosphère	lexique des sentiments, connotations, symboles

REPÈRE D'HISTOIRE LITTÉRAIRE

La diversité des genres romanesques

Aux prouesses guerrières des chansons de Geste succèdent, au Moyen Âge, les romans de chevalerie. Jusqu'au XVIIe siècle, le récit se renouvelle à travers le roman précieux, le roman historique, le roman d'analyse. Parallèlement, des fabliaux aux romans comiques, il représente une réalité familière qui s'oppose au monde de la noblesse.

Au XVIIIe siècle, le roman picaresque et le roman autobiographique montrent l'apprentissage du héros à la découverte du monde. Le conte philosophique, le roman par lettres connaissent alors un grand succès.

Le XIXe siècle voit le triomphe du genre romanesque. Il traverse tous les registres, du réaliste au fantastique, prend toutes les formes, de la nouvelle à la fresque. Le succès du roman-feuilleton, les tirages considérables montrent la vitalité d'un genre désormais dominant.

Au XXe siècle, à travers l'exploration de la mémoire, la recherche d'un langage nouveau, l'engagement dans l'Histoire, le roman s'affirme comme le moyen d'interroger le rapport de l'homme avec le monde, de mieux le comprendre et de le définir. ■

Identifier un mode de narration

1 * **Quel est le mode de narration utilisé dans l'extrait suivant ? Justifiez votre réponse.**

Raymond, le conducteur de la machine, s'était contenté de ralentir la vitesse d'impression et il revenait maintenant à la cadence initiale. Les affiches s'empilaient régulièrement sur la palette, rythmées par le bruit sec que faisaient les pinces en s'ouvrant. De temps à autre Raymond saisissait une feuille, la pliait, vérifiait le repérage puis il glissait son pouce sur les aplats pour s'assurer de la qualité de l'encrage.

DIDIER DAENINCKX, *Meurtres pour mémoire*, Éd. Gallimard, 1984.

2 * **1. Qui est le narrateur de ce texte ? Relevez les indices qui vous permettent de répondre.**

2. Quel est le mode de narration utilisé ? Montrez qu'il correspond à l'écriture d'un roman autobiographique.

Il marchait entre un vieux monsieur distingué, un physicien, je crois, et un religieux vêtu d'une soutane blanche.

Moi, je suivais en trottant. Je voyais les mains de mon père, qu'il tenait dans son dos. L'une d'elles jouait avec une balle de tennis qu'il avait ramassée au détour d'une allée. Les échanges d'idées, le bruit de leur causerie que je ne comprenais pas tombaient vers moi comme cailloux blancs chers au Petit Poucet. Je suivais, ignorant, inconscient de mon âge et des choses alentour comme de celles du lendemain.

PASCAL JARDIN, *Le Nain jaune*, Éd. Julliard, 1978.

Identifier et analyser le type de focalisation

3 * **1. Quel est le type de focalisation choisi par l'auteur pour l'extrait suivant ?**

2. Sur quels détails le lecteur peut-il s'appuyer pour imaginer le caractère des personnages ?

Dans le train vers Saint-Lazare, une vieille femme s'est assise à une place près de l'allée, elle parlait à un jeune garçon – peut-être son fils – resté debout : « Partir, partir, tu n'es pas bien où tu es ? Pierre qui roule n'amasse pas mousse. » Il a les mains dans les poches, il ne répond pas. Puis : « Quand on voyage on voit des gens. » La vieille dame rit : « T'en verras des beaux et des laids partout ! » Son visage reste jubilant pendant qu'elle regarde devant elle, cessant de parler.

ANNIE ERNAUX, *Journal du dehors*, Éd. Gallimard, 1993.

4 ** **1. Quel est le point de vue adopté par le narrateur dans le premier paragraphe ?**

2. Quel est le point de vue dominant dans le second paragraphe ? Repérez l'endroit précis du texte où intervient ce changement de point de vue. Par quel type de verbe est-il introduit ?

3. Que nous apprend ce changement de point de vue sur le personnage ?

Deux mois avant la mort d'Angèle, il l'avait menée, un dimanche, aux buttes Montmartre. La pauvre femme adorait manger au restaurant ; elle était heureuse, lorsque, après une longue promenade, il l'attablait dans quelque cabaret de la banlieue. Ce jour-là, ils dînèrent aux sommets des buttes, dans un restaurant dont les fenêtres s'ouvraient sur Paris, sur cet océan de maisons aux toits bleuâtres, pareils à des flots pressés emplissant l'immense horizon. Leur table était placée devant une des fenêtres.

Ce spectacle des toits de Paris égaya Saccard. Au dessert, il fit apporter une bouteille de bourgogne. Il souriait à l'espace, il était d'une grande galanterie inusitée. Et ses regards, amoureusement, redescendaient toujours sur cette mer vivante et pullulante, d'où sortait la voix profonde des foules. On était à l'automne ; la ville, sous le grand ciel pâle, s'alanguissait d'un gris doux et tendre, piqué çà et là de verdures sombres qui ressemblaient à de larges feuilles de nénuphars nageant sur un lac ; le soleil se couchait dans un nuage rouge, et tandis que les fonds s'emplissaient d'une brume légère, une poussière d'or, une rosée d'or tombait sur la rive droite de la ville, du côté de la Madeleine et des Tuileries. C'était comme le coin enchanté d'une cité des *Mille et Une Nuits*, aux arbres d'émeraude, aux toits de saphir, aux girouettes de rubis. Il vint un moment où le rayon qui glissait entre deux nuages fut si resplendissant, que les maisons semblèrent flamber et se fondre comme un lingot d'or dans un creuset.

« Oh ! vois, dit Saccard, avec un rire d'enfant, il pleut des pièces de vingt francs dans Paris ! »

ÉMILE ZOLA, *La Curée*, 1871.

5 ** ÉTUDE LITTÉRAIRE

1. Quel est le mode de narration utilisé dans ce passage ? Quel type de focalisation permet au narrateur de s'effacer derrière son personnage ? Justifiez vos réponses à partir d'indices précis relevés dans le texte : indices personnels, verbes de perception, temps verbaux.

2. En vous aidant de l'encadré, expliquez et illustrez les fonctions du monologue intérieur dans ce passage.

3. Reformulez en quelques lignes l'ensemble des informations apportées sur le héros grâce au monologue intérieur.

Ceci devient sérieux, pensa Julien... et un peu trop clair, ajouta-t-il après avoir pensé. Quoi ! cette belle demoiselle peut me parler dans la bibliothèque avec une liberté qui, grâce à Dieu, est entière ; le marquis, dans la peur qu'il a que je ne lui montre des comptes, n'y vient jamais. Quoi ! M. de La Mole et le comte Norbert, les seules personnes qui entrent ici, sont absents presque toute la journée ; on peut facilement observer le moment de leur entrée à l'hôtel, et la sublime Mathilde, pour la main de laquelle un prince souverain ne serait pas trop noble, veut que je commette une imprudence abominable !

C'est clair, on veut me perdre ou se moquer de moi, tout au moins. D'abord, on a voulu me perdre avec mes lettres ; elles se trouvent prudentes ; eh bien ! il leur faut une action plus claire que le jour. Ces jolis petits messieurs me croient aussi trop bête ou trop fat. Diable ! par le plus beau clair de lune du monde, monter ainsi par une échelle à un premier étage de vingt-cinq pieds d'élévation ! on aura le temps de me voir, même des hôtels voisins. Je serai beau sur mon échelle ! Julien monta chez lui et se mit à faire sa malle en sifflant. Il était résolu à partir et à ne pas même répondre.

Mais cette sage résolution ne lui donnait pas la paix du cœur. Si par hasard, se dit-il tout à coup, sa malle fermée, Mathilde était de bonne foi ! alors moi je joue, à ses yeux, le rôle d'un lâche parfait. Je n'ai point de naissance, moi, il me faut de grandes qualités, argent comptant, sans suppositions complaisantes, bien prouvées par des actions parlantes...

STENDHAL, *Le Rouge et le Noir*, 1830.

POUR ÉTUDIER LE TEXTE

Récit et monologue intérieur

Le monologue intérieur est une des formes essentielles de la narration dans le roman moderne. On peut le définir comme un dialogue du personnage – ou du narrateur – avec lui-même. À travers les interrogations, les exclamations, les hypothèses émises, il rend compte au lecteur de ses doutes, de ses sentiments ou de ses sensations au fur et à mesure qu'il les ressent. Cette technique permet de marquer une pause dans le récit, de manière à découvrir l'intimité d'un personnage. Elle traduit également, à travers l'utilisation du discours, l'émotion du langage parlé.

Identifier et analyser les formes de l'intrigue

6 **

1. Quelles sont les deux séquences simultanément développées au début de cet épisode (l. 1 à 29). À quel moment se rejoignent-elles ?

2. Montrez que chacune des deux séquences adopte un mode de narration différent. Quel est l'intérêt de ce procédé ?

3. Quelles sont les deux étapes développées dans la suite du texte (l. 30 à 66) ? Repérez-les de manière précise.

4. En vous aidant des réponses apportées aux questions précédentes, résumez par écrit l'histoire racontée dans cet épisode. Construisez votre résumé en fonction des cinq étapes du schéma narratif.

Lafcadio connaissait ce quartier et l'aimait ; quittant les rues trop fréquentées, il fit détour par la tranquille rue Vaneau où sa plus jeune joie pourrait respirer mieux à l'aise. Comme il tournait la rue de Babylone il vit des gens courir ; près de l'impasse Oudinot un attroupement se formait devant une maison à deux étages d'où sortait une assez maussade fumée. [...] Lafcadio parvint au premier rang. Là sanglotait une pauvresse agenouillée.

« Mes enfants ! mes petits enfants ! » disait-elle.

Une jeune fille la soutenait, dont la mise simplement élégante dénonçait qu'elle n'était point sa parente ; très pâle, et si belle qu'aussitôt attiré par elle Lafcadio l'interrogea.

« Non, Monsieur, je ne la connais pas. Tout ce que j'ai compris, c'est que ses deux petits enfants sont dans cette chambre au second, où bientôt vont atteindre les flammes ; elles ont conquis l'escalier ; on a prévenu les pompiers, mais, le temps qu'ils viennent, la fumée aura étouffé ces petits... Dites, Monsieur, ne serait-il pourtant pas possible d'atteindre au balcon par ce mur, et, voyez, en s'aidant de ce mince tuyau de descente ? C'est un chemin qu'ont déjà pris une fois des voleurs, disent ceux-ci ; mais ce que d'autres ont fait pour voler, aucun ici, pour sauver des enfants, n'ose le faire. En vain j'ai promis cette bourse. Ah ! que ne suis-je un homme !... »

Lafcadio n'en écouta pas plus long. Posant sa canne et son chapeau aux pieds de la jeune fille, il s'élança. Pour agripper le sommet du mur il n'eut recours à l'aide de personne ; une traction le rétablit ; à présent, tout debout, il avançait sur cette crête, évitant les tessons[1] qui la hérissaient par endroits.

Mais l'ébahissement de la foule redoubla lorsque, saisissant le conduit vertical, on le vit s'élever à la force des bras, prenant à peine appui, de-ci, de-là, du bout des pieds aux pitons de support. Le voici qui touche au balcon, dont il empoigne d'une main la grille ; la foule admire et ne tremble plus, car vraiment son aisance est parfaite. D'un coup d'épaule, il a fait voler en éclats les carreaux ; il disparaît dans la pièce... Moment d'attente et d'angoisse indicible... Puis on le voit reparaître, tenant un marmot pleurant dans ses bras. D'un drap de lit déchiré et dont il a noué bout à bout les deux lés[2], il a fait une sorte de corde ; il attache l'enfant, le descend jusqu'aux bras de sa mère éperdue. Le second a le même sort...

Quand Lafcadio descendit à son tour, la foule l'acclamait comme un héros :

« On me prend pour un clown », pensa-t-il, exaspéré de se sentir rougir, et repoussant l'ovation avec une mauvaise grâce brutale. Pourtant, lorsque la jeune fille, de laquelle il s'était de nouveau approché, lui tendit, confusément, avec sa canne et son chapeau, cette bourse qu'elle avait promise, il la prit en souriant et, l'ayant vidée des soixante francs qu'elle contenait, tendit l'argent à la pauvre mère qui maintenant étouffait ses fils de baisers.

« Me permettez-vous de garder cette bourse en souvenir de vous, Mademoiselle ? »

André Gide, *Les Caves du Vatican*, Éd. Gallimard, 1914.

1. Tessons : *débris de verre* - 2. Lés : *morceaux de tissus.*

7 *** **1. Repérez dans le passage suivant le texte cadre et le récit enchâssé.**

2. Confrontez les deux récits de manière à mettre en évidence leurs points communs et leurs différences : statuts des narrateurs, types de focalisation, temps verbaux.

3. En quoi la technique de l'enchâssement des récits permet-elle de rendre la fiction plus vraisemblable ?

« Mon père, repris-je, il est aisé de juger à votre air et à votre discours que vous avez acquis une grande expérience. Si vous en avez le temps, racontez-moi, je vous prie, ce que vous savez des anciens habitants de ce désert, et croyez que l'homme même le plus dépravé par les préjugés du monde aime à entendre parler du bonheur que donnent la nature et la vertu. » Alors, comme quelqu'un qui cherche à se rappeler diverses circonstances, après avoir appuyé quelque temps ses mains sur son front, voici ce que ce vieillard me raconta.

En 1726, un jeune homme de Normandie, appelé M. de La Tour, après avoir sollicité en vain du service en France et des secours dans sa famille, se détermina à venir dans cette île pour y chercher fortune. Il avait avec lui une jeune femme qu'il aimait beaucoup et dont il était également aimé. Elle était d'une ancienne et riche maison de sa province ; mais il l'avait épousée en secret et sans dot, parce que les parents de sa femme s'étaient opposés à son mariage, attendu qu'il n'était pas gentilhomme. Il la laissa au Port-Louis de cette île et il s'embarqua pour Madagascar dans l'espérance d'acheter quelques noirs, et de revenir promptement ici former une habitation. Il débarqua à Madagascar vers la mauvaise saison qui commence à la mi-octobre ; et peu de temps après son arrivée il y mourut des fièvres pestilentielles qui y règnent pendant six mois de l'année, et qui empêcheront toujours les nations européennes d'y faire des établissements fixes.

Bernardin de Saint-Pierre, *Paul et Virginie*, 1788.

Étudier la succession des événements

8 * Étude littéraire

En vous aidant de l'encadré, expliquez quels sont les effets recherchés par l'utilisation du retour en arrière.

Il y a deux ans, un peu plus même, puisque c'était encore en été, à la fin d'août, vous étiez assis dans un compartiment de troisième classe semblable à celui-ci, dans cette place auprès du corridor face à la marche, et en face de vous il y avait Cécile que vous connaissiez à peine, que vous veniez juste de rencontrer dans le wagon-restaurant, revenant de ses vacances.

C'était nettement plus tard que cette heure-ci, c'était en plein après-midi, dans un train qui partait le matin comme celui-ci et qui arrivait à Rome à l'aurore, le même train que celui-ci sans doute, avec quelques différences dans l'horaire, et que vous aviez dû prendre cette fois-là à cause de difficultés qui s'étaient élevées au dernier moment, vous ne savez plus exactement lesquelles.

MICHEL BUTOR, *La Modification*, Éd. de Minuit, 1957.

POUR ÉTUDIER LE TEXTE

Les fonctions du retour en arrière

Le retour en arrière est un procédé littéraire employé pour briser la monotonie d'un récit linéaire. Un épisode peut commencer par exemple *in medias res*, c'est-à-dire en pleine action. On ne rappelle alors les circonstances qui l'éclairent que dans un deuxième temps. Le récit peut également faire surgir un événement soudain qui ne trouvera son explication que plus tard, ou faire une révélation concernant le passé qui va changer la vie d'un personnage ou le cours de l'action.

9 ** **1. Relevez les repères temporels présents dans le texte suivant.**

2. Repérez le retour en arrière et l'anticipation présents dans ce passage. Quelle est leur fonction ?

3. À quel type de focalisation l'emploi de ces procédés est-il lié ?

Le 16 juillet 1907, R., s'extasiant sur les alignements impeccables du livre des comptes, voit les colonnes de chiffres onduler ; en même temps qu'il s'étonne de cette fantasmagorie, il meurt. Il est le seul à le savoir. Personne n'y croit. On avait l'habitude de le voir vivre, et il est déjà chez Pluton qu'on lui tapote encore les joues et qu'on le secoue pour le réveiller. Il faudra « l'odeur délétère », et encore : dix ans après, il viendra encore au magasin des gens de la campagne qui demanderont à le voir.

JEAN GIONO, *Cœurs, Passions, Caractères*, Éd. Gallimard, 1961.

Analyser le rythme du récit

10 * **Relevez, dans l'extrait suivant, les repères temporels qui marquent l'écoulement du temps romanesque. Comment peut-on qualifier le rythme du récit ? Pourquoi ?**

Des années s'écoulèrent, toutes pareilles et sans autres épisodes que le retour des grandes fêtes : Pâques, l'Assomption, la Toussaint. Des événements intérieurs faisaient une date, où l'on se reportait plus tard. Ainsi, en 1825, deux vitriers badigeonnèrent le vestibule ; en 1827, une portion du toit, tombant dans la cour, faillit tuer un homme. L'été de 1828, ce fut à madame d'offrir le pain bénit ; Bourais, vers cette époque, s'absenta mystérieusement ; et les anciennes connaissances peu à peu s'en allèrent : Guyot, Liébard, Mme Lechaptois, Robelin, l'oncle Gremanville, paralysé depuis longtemps.

Une nuit, le conducteur de la malle-poste annonça dans Pont-l'Évêque la Révolution de Juillet. Un sous-préfet nouveau, peu de jours après fut nommé : le baron de Larsonnière.

GUSTAVE FLAUBERT, « Un cœur simple »,
Trois Contes, 1877.

11 *** **Analysez le rythme de cet extrait en repérant accélérations et ralentissements de la narration. Quels sont les procédés utilisés par Michel Tournier ? Quels effets cherche-t-il à produire ?**

Sa jeune femme, qui possédait l'intelligence du cœur, fut la première à deviner son étrange et mortel chagrin.

– Tu t'ennuies, je le vois bien. Allons, avoue que tu la regrettes !

– Moi ? Tu es folle ! je regrette qui, quoi ?

– Ton île déserte, bien sûr ! Et je sais ce qui te retient de partir dès demain, je le sais, va ! C'est moi !

Il protestait à grands cris, mais plus il criait fort, plus elle était sûre d'avoir raison.

Elle l'aimait tendrement et n'avait jamais rien su lui refuser. Elle mourut. Aussitôt il vendit sa maison et son champ, et fréta un voilier pour les Caraïbes.

Des années passèrent encore. On recommença à l'oublier. Mais quand il revint de nouveau, il parut plus changé encore qu'après son premier voyage.

MICHEL TOURNIER, « La fin de Robinson Crusoé »,
Le Coq de bruyère, Éd. Gallimard, 1978.

Étudier la construction et la fonction de la description

12 * **1. Quel est le thème général de la description suivante ? Relevez les différents éléments qui la composent.**

2. Quel est le réseau lexical dominant du passage ? Quelle est sa fonction ?

La voiture s'ébranla lourdement, soulevant autour de ses roues des cerceaux de crotte ; on naviguait en plein marécage ; sous le ciel gris qui semblait s'appuyer sur le toit des maisons, les murailles ruisselaient du haut en bas, les gouttières débordaient, les pavés étaient enduits d'une boue de pain d'épice dans laquelle les passants glissaient ; sur les trottoirs que raflaient les omnibus, des gens tassés s'arrêtaient, des femmes retroussées jusqu'aux genoux, courbées sous des parapluies s'aplatissaient pour éviter des éclaboussures contre les boutiques.

JORIS-KARL HUYSMANS, *À Rebours*, 1884.

13 * **1. Quelle est la fonction de cette description ?**

2. Par quels procédés l'auteur parvient-il à donner l'illusion de la réalité ?

Argelouse est réellement une extrémité de la terre, un de ces lieux au-delà desquels il est impossible d'avancer, ce qu'on appelle ici un quartier : quelques métairies, sans église ni mairie, ni cimetière, disséminées autour d'un champ de seigle, à dix kilomètres du bourg de Saint-Clair auquel les relie une seule route défoncée. Ce chemin plein d'ornières et de trous se mue, au-delà d'Argelouse, en sentiers sablonneux ; et jusqu'à l'Océan il n'y a plus rien que quatre-vingts kilomètres de marécages, de lagunes, de pins grêles, de landes où, à la fin de l'hiver, les brebis ont la couleur de la cendre.

FRANÇOIS MAURIAC, *Thérèse Desqueyroux*, Éd. Grasset, 1927.

14 ** **1. Confrontez les deux descriptions qui suivent. Quelle est leur fonction ?**

2. Quelle atmosphère chaque description donne-t-elle au récit ?

TEXTE 1

Il vit au-dessus de sa tête un ciel noir et tempétueux, à la surface duquel le vent balayait quelques nuages rapides, découvrant parfois un petit coin d'azur rehaussé d'une étoile ; devant lui s'étendait la plaine sombre et mugissante, dont les vagues commençaient à bouillonner comme à l'approche d'une tempête, tandis que, derrière lui, plus noir que la mer, plus noir que le ciel, montait, comme un fantôme menaçant, le géant de granit, dont la pointe sombre semblait un bras étendu pour ressaisir sa proie.

ALEXANDRE DUMAS, *Le Comte de Monte-Cristo*, 1844.

TEXTE 2

Le temps était magnifique, le voyage fut une fête. À l'horizon le soleil descendait, rouge et flamboyant, dans les flots qui s'embrasaient à son approche ; la mer, unie comme un miroir, se ridait parfois sous les bonds des poissons qui, poursuivis par quelque ennemi caché, s'élançaient hors de l'eau pour demander leur salut à un autre élément ; enfin, à l'horizon l'on voyait passer, blanches et gracieuses comme des mouettes voyageuses, les barques de pêcheurs qui se rendent aux Martigues, ou les bâtiments marchands chargés pour la Corse ou pour l'Espagne.

ALEXANDRE DUMAS, *Le Comte de Monte-Cristo*, 1844.

15 ** **1. Quelle est la fonction de cette description ? Justifiez votre réponse en vous appuyant sur l'étude des comparaisons et des métaphores développées par l'auteur.**

2. Quelle est la valeur du présent dans ce passage ? Pourquoi, selon vous, l'auteur a-t-il choisi d'utiliser ce temps verbal ?

Un vent impétueux sorti du couchant roule les nuages sur les nuages ; les forêts plient ; le ciel s'ouvre coup sur coup et, à travers ses crevasses, on aperçoit de nouveaux cieux et des campagnes ardentes. Quel affreux, quel magnifique spectacle ! La foudre met le feu dans les bois ; l'incendie s'étend comme une chevelure de flammes ; des colonnes d'étincelles et de fumée assiègent les nues qui vomissent leurs foudres dans le vaste embrasement. Alors le grand Esprit couvre les montagnes d'épaisses ténèbres ; du milieu de ce vaste chaos s'élève un mugissement confus formé par le fracas des vents, le gémissement des arbres, le hurlement des bêtes féroces, le bourdonnement de l'incendie, et la chute répétée du tonnerre qui siffle en s'éteignant dans les eaux.

FRANÇOIS-RENÉ DE CHATEAUBRIAND, *Atala*, 1801.

ACTIVITÉS D'ÉCRITURE

16 ** Récrire un récit en changeant son mode de narration

1. Quel est le mode de narration adopté dans l'extrait suivant ?

2. Relevez les indications données par le narrateur sur l'époque, le lieu, le décor de la scène.

3. Transformez le passage de manière à faire raconter la scène par le personnage décrit.

Dans les premiers jours du mois d'octobre 1815, une heure environ avant le coucher du soleil, un homme qui voyageait à pied entrait dans la petite ville de Digne. Les rares habitants qui se trouvaient en ce moment à leurs fenêtres ou sur le seuil de leurs maisons regardaient ce voyageur avec une sorte d'inquiétude. Il était difficile de rencontrer un passant d'un aspect plus misérable. C'était un homme de taille moyenne, trapu et robuste, dans la force de l'âge. Il pouvait avoir quarante-six ou quarante-huit ans. Une casquette à visière de cuir rabattue cachait en partie son visage brûlé par le soleil et le hâle, et ruisselant de sueur...

Victor Hugo, *Les Misérables*, 1862.

17 ** Modifier le rythme d'un récit

1. Transformez le sommaire constitué par la première phrase pour en faire une scène.

2. Transformez le passage entre crochets de manière à en faire une ellipse.

3. Transformez la scène présente dans les lignes 12 à 21 en un sommaire.

4. Confrontez votre texte à celui de l'auteur.

Pendant un quart d'heure, je courus comme un fou jusqu'à sa maison. Alors, craignant de la déranger pendant son repas, j'attendis, en nage, dix minutes, devant la grille. Je pensais que pendant ce temps mes palpitations de cœur s'arrêteraient. Elles augmentaient, au contraire. [Je manquai tourner bride, mais depuis quelques minutes, d'une fenêtre voisine, une femme me regardait curieusement, voulant savoir ce que je faisais, réfugié contre cette porte. Elle me décida. Je sonnai.] J'entrai dans la maison. Je demandai à un domestique si Madame était chez elle. Presque aussitôt, Mme Grangier parut dans la petite pièce où l'on m'avait introduit. Je sursautai, comme si la domestique eût dû comprendre que j'avais demandé « Madame » par convenance et je voulais voir « Mademoiselle ». Rougissant, je priai Mme Grangier de m'excuser de la déranger à pareille heure, comme s'il eût été une heure du matin : ne pouvant venir jeudi, j'apportais le livre et les journaux à sa fille.

Raymond Radiguet, *Le Diable au corps*, 1923.

18 ** Rédiger un commentaire

1. Combien de narrateurs prennent en charge la narration ? À quel moment ?

2. Combien de séquences narratives ce texte contient-il ? Pourquoi ?

3. Relevez les étapes du schéma narratif du récit du médecin.

4. Commentez la construction de cet épisode : modes de narration, progression de l'intrigue, variations de rythmes du récit.

Nous allions sortir de l'asile quand j'aperçus dans un coin de la cour un grand homme maigre qui faisait obstinément le simulacre d'appeler un chien imaginaire. Il criait d'une voix douce, d'une voix tendre « Cocotte, ma petite Cocotte, viens ici, Cocotte, viens ici, ma belle », en tapant sur sa cuisse comme on fait pour attirer les bêtes. Je demandai au médecin :

– Qu'est-ce que celui-là ?

Il me répondit :

– Oh ! celui-là n'est pas intéressant. C'est un cocher nommé François, devenu fou après avoir noyé son chien.

J'insistai :

– Dites-moi donc son histoire. Les choses les plus simples, les plus humbles, sont parfois celles qui nous mordent le plus au cœur.

Et voici l'aventure de cet homme qu'on avait sue tout entière par un palefrenier, son camarade.

Dans la banlieue de Paris vivait une famille de bourgeois riches. Ils habitaient une élégante villa au milieu d'un parc, au bord de la Seine. Le cocher était ce François, gars de campagne, un peu lourdaud, bon cœur, niais, facile à duper.

Comme il rentrait un soir chez ses maîtres, un chien se mit à le suivre. Il n'y prit point garde d'abord mais l'obstination de la bête à marcher sur ses talons le fit bientôt se retourner. Il regarda s'il connaissait ce chien. Non, il ne l'avait jamais vu.

[...] Il fit semblant de ramasser des pierres. L'animal s'enfuit un peu plus loin avec un grand ballottement de ses mamelles flasques mais il revint aussitôt que l'homme eut tourné le dos.

Alors le cocher François, pris de pitié, l'appela. La chienne s'approcha timidement, l'échine pliée en cercle, et toutes les côtes soulevant sa peau...

Il l'installa sur la paille dans son écurie puis il courut à la cuisine chercher du pain. Quand elle eut mangé tout son soûl, elle s'endormit, couchée en rond.

Le lendemain, les maîtres, avertis par leur cocher, permirent qu'il gardât l'animal.

GUY DE MAUPASSANT, « Mademoiselle Cocotte »,
in *Clair de lune*, 1882.

19 *** ÉCRIRE UNE SÉQUENCE ROMANESQUE

Les textes qui suivent constituent un dossier documentaire concernant la journée du 14 avril 1912 à bord du paquebot *Le Titanic*.
Rédigez l'épisode romancé qui raconte le récit de cette journée. Vous respecterez les contraintes suivantes :
- **utilisation d'un narrateur extérieur au récit ;**
- **utilisation de la focalisation zéro ;**
- **respect des cinq étapes du schéma narratif ;**
- **variation des rythmes du récit ;**
- **insertion d'une ou de plusieurs descriptions.**

Document 1

Le premier SOS de l'histoire est envoyé par Le Titanic *qui vient de heurter un iceberg :*

« SOS de MGY[1]

Nous avons heurté un iceberg. Sommes fortement endommagés. Venez vite nous apporter de l'aide.

Position 41.45° Nord. 50.14° Ouest... »

1. MGY : *indicatif du* Titanic.

Document 2

Plusieurs décennies après le naufrage, un historien analyse les causes de la catastrophe.

Le problème des messages radio révèle des surprises. Tout au long de la journée du 14 avril, le *Titanic* a reçu cinq messages émanant de navires différents signalant la présence de glaces. Malheureusement, si les quatre premiers indiquent l'existence de glaces au nord et au sud de la route suivie par le *Titanic*, le dernier n'a pas, de toute évidence, été transmis à la passerelle. Ce message émanant du *Mesaba*, reçu à 21 h 40, était explicite : « Glaces signalées, latitude 42 degrés à 10 25 nord, longitude 49 à 30 ouest. Avons vu quantité de grosses masses de pack ice[1] et grand nombre de grands icebergs. Champ de glace également. Temps beau et clair. » Ces glaces se trouvent directement sur la route suivie par le *Titanic* et la négligence de l'opérateur Phillips constitue une des causes directes de la catastrophe.

Autre négligence grave : une heure avant la collision, le *Californian* signale : « Sommes arrêtés et entourés de glace. » Un pack qui se trouve directement sur l'avant du *Titanic*. L'opérateur du *Californian* se fait alors vivement rabrouer par Phillips : « Taisez-vous, suis occupé. Je communique avec Cap Race. » Phillips adresse en effet une liasse de télégrammes remis par des passagers.

PHILIPPE MASSON[2], *Le Drame du* Titanic,
Éd. Tallandier, 1998.

1. Pack ice : *paquets de glace, signes précurseurs de la présence d'icebergs* - 2. Philippe Masson *est chef de section du service historique de la Marine, professeur d'histoire maritime à l'École supérieure de guerre navale.*

Document 3

Dans la nuit du 14 au 15 avril 1912, Le Titanic, *qui effectue sa première traversée de l'Atlantique, heurte un iceberg : dans les jours qui suivent, tous les journaux font leur Une sur le naufrage.*

LA CATASTROPHE DU «TITANIC»

La banquise fait périr 1 465 personnes, la TSF en sauve 715

Dans la matinée d'hier se confirmait l'effroyable nouvelle que signalaient nos dépêches de la deuxième édition : l'accident du *Titanic* devenait une catastrophe sans précédent. Dans le choc de l'immense paquebot avec la banquise irrésistible, environ 1 500 passagers ont trouvé la mort ; plus de 700 ont été sauvés par la TSF qui permit au navire *Carpathia* d'arriver sur les lieux du désastre assez à temps pour secourir ceux qu'avaient pu contenir les chaloupes. La conduite de l'opérateur sans fil à bord du *Titanic*, M. Phillips, a été admirable. C'est grâce à lui que la catastrophe ne fut pas absolument générale. Rien ne saurait d'ailleurs donner une idée plus émouvante de ce qu'accomplit cet homme sur le paquebot géant que cette simple dépêche de son collègue à la station Marconi du Cap Race : « Il paraissait absolument de sang-froid ; ses signaux ont constamment été très nets et il a agi au mieux. »

L'Excelsior du 17 avril 1912

PARTIE V
LES GENRES LITTÉRAIRES

CHAPITRE
20 Le personnage de roman

Il n'y a pas de roman sans personnage. Le personnage lance le roman, il entraîne l'action, fait bouger les êtres et les situations. Conduit par l'ambition, le rêve ou le désir, le personnage traverse un itinéraire marqué d'épreuves et d'obstacles. À travers lui, c'est l'univers du roman qui se constitue sous les yeux du lecteur.

Au terme de leur quête, les chevaliers de la Table ronde, au Moyen Âge, connaissent la gloire, l'amour ou la mélancolie. Le Gargantua de Rabelais, au XVIe siècle, est partagé entre le plaisir d'avoir un fils et la douleur de perdre sa femme. Gil Blas, des Grieux et Candide, les héros des romans et des contes du XVIIIe siècle, font l'expérience de la douleur et du plaisir à travers mille tribulations.

Le XIXe siècle crée des personnages qui s'imposent comme des types humains : Rastignac, Emma Bovary, Jean Valjean, Gervaise affrontent la société dans une tension qui fait avancer l'intrigue jusqu'au dénouement, heureux ou malheureux. Il en va ainsi au XXe siècle, où Bardamu de Céline, Tchen de Malraux, Meursault de Camus, Lalla de Le Clézio témoignent des espérances et des angoisses d'une société toujours en évolution, qui s'interroge sur elle-même. Cette inquiétude conduit parfois à remettre en cause le personnage dans son identité et dans sa définition même.

Le personnage de roman apparaît à travers les descriptions qui en sont faites. Mais il est également donné à voir au lecteur à travers son comportement, ses paroles et ses actions. *Désert*, le roman de J.-M. G. Le Clézio, s'ouvre ainsi sur la description d'un peuple errant, tandis que Balzac caractérise madame de Saint-Estève, l'un des personnages de *La Comédie humaine*, par un portrait réaliste.

Quelles sont, dans ces deux extraits, les caractéristiques du personnage de roman ?

TEXTE 1

Le peuple des hommes bleus

Saguiet el Hamra, hiver 1909-1910

Ils sont apparus comme dans un rêve, au sommet de la dune, à demi cachés par la brume de sable que leurs pieds soulevaient. Lentement ils sont descendus dans la vallée, en suivant la piste presque invisible. En tête de la caravane, il y avait les hommes, enveloppés dans leurs manteaux de laine, leurs visages masqués par le voile bleu. Avec eux marchaient deux ou trois dromadaires, puis les chèvres et les moutons, harcelés par les jeunes garçons. Les femmes fermaient la marche. C'étaient des silhouettes alourdies, encombrées par les lourds manteaux, et la peau de leurs bras et de leurs fronts semblait encore plus sombre dans les voiles d'indigo[1].

Ils marchaient sans bruit dans le sable, lentement, sans regarder où ils allaient. Le vent soufflait continûment, le vent du désert, chaud le jour et froid la nuit. Le sable fuyait autour d'eux, entre les pattes des chameaux, fouettait le visage des femmes qui rabattaient la toile bleue sur leurs yeux. Les jeunes enfants couraient, les bébés pleuraient, enroulés dans la toile bleue sur le dos de leur mère. Les chameaux grommelaient, éternuaient. Personne ne savait où l'on allait.

J.-M. G. LE CLÉZIO, *Désert*, Éd. Gallimard, 1980.

1. Indigo : *tissu bleu foncé.*

TEXTE 2

Le portrait de madame de Saint-Estève

Le valet de chambre annonça :

– Mme de Saint-Estève !

– J'ai pris un de mes noms de guerre, dit-elle en s'asseyant.

Victorin fut saisi d'un frisson intérieur, pour ainsi dire, à l'aspect de cette affreuse vieille. Quoique richement mise, elle épouvantait par les signes de méchanceté froide que présentait sa plate figure horriblement ridée, blanche et musculeuse. Marat[1], en femme et à cet âge, eût été, comme la Saint-Estève, une image vivante de la Terreur. Cette vieille sinistre offrait dans ses petits yeux clairs la cupidité sanguinaire des tigres. Son nez épaté, dont les narines agrandies en trous ovales soufflaient le feu de l'enfer, rappelait le bec des plus mauvais oiseaux de proie. Le génie de l'intrigue siégeait sur son front bas et cruel. Ses longs poils de barbe, poussés au hasard dans tous les creux de son visage, annonçaient la virilité de ses projets. Quiconque eût vu cette femme aurait pensé que tous les peintres avaient manqué la figure de Méphistophélès[2] :

– Mon cher monsieur, dit-elle, d'un ton de protection, je ne me mêle plus de rien depuis longtemps. Ce que je vais faire pour vous, c'est par considération pour mon cher neveu, que j'aime mieux que je n'aimerais mon fils... Or, le préfet de police, à qui le président du Conseil a dit deux mots dans le tuyau de l'oreille, rapport à vous, en conférant avec M. Chapuzot, a pensé que la police ne devait paraître en rien dans une affaire de ce genre-là. On a donné carte blanche à mon neveu ; mais mon neveu ne sera là-dedans que pour le conseil, il ne doit pas se compromettre...

– Vous êtes la tante de...?

– Vous y êtes, et j'en suis un peu orgueilleuse, répondit-elle en coupant la parole à l'avocat, car il est mon élève, un élève devenu promptement le maître...

HONORÉ DE BALZAC, *La Cousine Bette*, 1846.

---

1. Marat : *révolutionnaire radical, député montagnard.* - 2. Méphistophélès : *l'un des noms du diable.*

1 La caractérisation des personnages

1. Relevez, dans le premier texte, l'ensemble des indications données sur les personnages. Quel est le détail répété qui en fait un groupe homogène ?

2. Repérez, dans le dialogue du second texte, les indications qui donnent au lecteur des renseignements sur madame de Saint-Estève.

2 L'organisation du portrait

3. Relevez, dans le texte de Balzac, les différents éléments qui composent le portrait de madame de Saint-Estève.

4. Par quel procédé les caractéristiques physiques et morales de madame de Saint-Estève sont-elles associées dans son portrait ?

3 La fonction des personnages

5. Le héros de roman est toujours en quête d'un objet, d'un idéal, d'un bien matériel ou moral. Quel est l'objet de la quête de madame de Saint-Estève ?

6. Le texte de J.-M. G. Le Clézio ne met pas en scène un héros mais un groupe de personnages. Selon vous, à la recherche de quel idéal les personnages errent-ils ?

Le personnage de roman apparaît comme un être fictif que le lecteur identifie et apprend à connaître. Cette représentation du personnage repose sur la construction progressive d'une identité et sur les portraits qu'en fait l'auteur, à travers le procédé de la caractérisation. Les personnages se définissent aussi par la fonction qu'ils occupent dans le développement de l'intrigue.

1 La caractérisation du personnage

1. L'identité du personnage

Le personnage est un être fictif que le romancier dote des caractéristiques d'une personne réelle. Il lui attribue des traits physiques, un caractère. Il lui invente un passé, une situation familiale et sociale. Surtout, il lui donne un nom, qui reflète souvent, par ses connotations, une part essentielle de sa personnalité.

Henry de Marsay, le héros du roman de Balzac *La Fille aux yeux d'or* (1834), a 22 ans en 1814, au moment où débute le récit. Son père est un noble anglais, Lord Dudley. Il est « *le plus joli garçon de Paris* », a les yeux bleus, les cheveux noirs, touffus, une « *taille fine et aristocratique* » et un « *courage de lion* ».

2. La caractérisation

On appelle caractérisation la manière dont l'auteur construit son personnage, lui donne progressivement les caractéristiques qui l'inscriront dans la mémoire du lecteur.

- **La caractérisation directe.** Lorsque les informations sur le personnage sont données directement par le narrateur ou par l'un des personnages, on parle de caractérisation directe.

« Le premier de ces trois hommes était pâle, jeune, grave, avec les lèvres et le regard froid. » (Victor Hugo, *Quatre-Vingt-Treize*, 1874)

- **La caractérisation indirecte.** Lorsque c'est le lecteur qui déduit l'information et construit le personnage à partir de son comportement, de ses paroles, de ses actions, on parle de caractérisation indirecte. Les lieux, la tenue vestimentaire fournissent également des indices. Les informations s'accumulent et le portrait se développe en fonction de la progression du roman.

« Et la main du premier interlocuteur, c'est-à-dire cinq doigts largement ouverts, secoua vigoureusement les deux doigts que lui tendit flegmatiquement le second. » (Jules Verne, *Michel Strogoff*, 1876)

Le romancier suggère, à travers « les cinq doigts largement ouverts », l'ouverture et la cordialité du premier personnage, opposées au caractère réservé du second que révèle le geste fait « flegmatiquement ».

2 L'organisation du portrait

Le romancier utilise les procédés de la description pour faire le portrait de ses personnages, en les inscrivant dans le temps et dans l'espace du roman.

1. Portrait physique et portrait moral

Les précisions apportées par l'auteur sur le physique et le caractère du personnage créent une proximité avec le lecteur qui peut s'identifier au héros, partager ses émotions, comprendre et anticiper son comportement, imaginer les relations qu'il entretient avec les autres personnages.

• **Le portrait physique.** Il constitue la description physique du personnage qui présente au lecteur les traits du visage, les formes du corps, les attitudes et les vêtements. Le portrait physique se développe en mettant progressivement en place l'ensemble de ses éléments.

• **Le portrait moral.** Il constitue la description psychologique et sociale du personnage, qui insiste particulièrement sur certains traits dominants. Le narrateur peut associer la description physique et la description morale, pour mettre en relation les caractéristiques physiques avec les traits de caractère.

2. Les fonctions du portrait

Le portrait peut avoir différentes fonctions, variables selon les objectifs que se fixe l'auteur du roman ou de la nouvelle.

FONCTIONS	EXPLICATION
La fonction référentielle	Le portrait propose une première approche du personnage, le donne à voir dans ses aspects les plus divers, créant l'illusion d'un être réel.
La fonction explicative	Il rend compte d'une évolution du personnage, le présente en action, à un moment donné de l'intrigue, face aux événements.
La fonction évaluative	Il propose un jugement en même temps qu'il décrit, soulignant les qualités et les défauts du personnage.
La fonction symbolique	Il donne des indications plus ou moins explicites sur le destin du personnage, prédit son avenir à travers un jeu sur les comparaisons, les connotations ou les symboles.

3. La construction du portrait

• **La mise en valeur par le cadre.** Le portrait écrit présente de nombreuses similitudes avec le portrait peint. L'auteur effectue un cadrage qui met en valeur le personnage décrit en le présentant dans un décor, au milieu des personnages et des objets qui l'entourent. Il joue des harmonies ou des oppositions de tailles, de couleurs, d'attitudes qui donnent du relief. Le portrait peut se rapprocher du personnage en plans successifs, allant de la vision d'ensemble jusqu'au petit détail caractéristique.

• **La mise en valeur par le point de vue.** Le portrait peut se construire à partir du point de vue d'un narrateur omniscient, qui livre toutes les caractéristiques, physiques et morales, du personnage, comme s'il s'agissait d'un point de vue objectif. Le personnage peut aussi apparaître au lecteur à travers le regard d'un narrateur-personnage ou d'un autre personnage, qui filtre les informations à travers ses propres sentiments, son propre jugement. Il en donne alors un portrait subjectif.

3 Les fonctions du personnage

Le personnage est d'abord un acteur de l'intrigue à laquelle il participe. Son rôle dépend de la place qu'il occupe par rapport aux autres personnages. On peut classer les personnages à travers leur fonction dans le déroulement de l'intrigue.

FONCTION	EXPLICATION
Sujet de la quête	Le héros, personnage central du roman, est le sujet de la quête. Il agit et fait évoluer l'action à travers la recherche d'un objet, d'une personne ou d'un idéal. Il est confronté à une série d'épreuves. Il tente de résoudre une crise intérieure.
Objet de la quête	L'objectif visé par le héros constitue l'objet de la quête. Il peut s'agir d'un autre personnage, de biens matériels, d'un idéal à atteindre au terme d'un parcours moral ou psychologique.
Auxiliaire ou adjuvant	Les personnages, les objets, les qualités qui aident le héros dans sa quête constituent les auxiliaires. Ils peuvent l'être délibérément ou involontairement. Ils peuvent être présents tout au long de l'intrigue ou n'apparaître que fugitivement.
Opposant	Les personnages, les objets, les défauts qui font obstacle à la quête du héros constituent les opposants. Selon la progression de l'intrigue, un opposant peut devenir auxiliaire du héros et réciproquement.

REPÈRE D'HISTOIRE LITTÉRAIRE

L'ÉVOLUTION DU PERSONNAGE DU ROMAN

Le Moyen Âge oppose les héros nobles et valeureux des romans de chevalerie aux types sociaux de l'univers réaliste des fabliaux : le curé, le bourgeois et son épouse, le paysan, le jeune clerc... Au XVIe siècle, en créant ses deux géants, Gargantua et Pantagruel, Rabelais mêle la parodie des romans de chevalerie avec l'héritage des fêtes du carnaval. De même, au XVIIe siècle, madame de La Fayette se dégage du roman précieux en développant la psychologie de son héroïne, la Princesse de Clèves, confrontée à la tragédie d'un amour impossible.

Le XVIIIe siècle crée une galerie de personnages attachants : Gil Blas, des Grieux et Manon Lescaut, Candide, Jacques le fataliste, Paul et Virginie. Parallèlement, les libertins comme Valmont, dans *Les Liaisons dangereuses*, suscitent la fascination et la répulsion du lecteur.

Le XIXe siècle montre des personnages confrontés à la réalité du monde industriel. Les romans de Balzac, Stendhal, Flaubert, Hugo, Zola et Maupassant rapportent les passions, les ambitions, les rêves, les désespoirs de héros dont l'itinéraire s'achève dans la gloire ou l'échec.

Tout au long du XXe siècle, nombreux sont les romans qui témoignent d'une crise du personnage. Il n'y a plus de héros : celui-ci est une voix anonyme, un être qui se sent étranger au monde. Cependant, Proust, Céline, Malraux, Giono, Tournier, Le Clézio, créent des personnages d'une humanité riche et complexe, à l'image d'une époque difficile et tourmentée. ■

Repérer l'identité du personnage

1 * **Le nom choisi par l'écrivain suggère parfois une caractéristique du personnage de fiction. Mettez en relation chaque nom avec une des caractéristiques proposées. Justifiez votre choix.**

Noms des personnages :
- Candide
- Henri de Lagardère
- Félicité
- Gobseck
- Rouletabille
- Saccard
- Tuvache

Caractéristiques suggérées :
- reporter
- banquier avide de richesses
- usurier
- paysan
- servante simple d'esprit dont la vie n'est faite que de malheurs
- jeune homme modeste et doux qui n'a pas conscience des horreurs du monde
- officier de l'armée royale, escrimeur de grand talent

2 * **1. Établissez la fiche d'identité du personnage présenté dans l'extrait suivant.**

2. Montrez que le nom du personnage reflète son identité.

La femme, une de celles appelées galantes, était célèbre par son embonpoint précoce qui lui avait valu le surnom de Boule-de-Suif[1]. Petite, ronde de partout, grasse à lard, avec des doigts bouffis, étranglés aux phalanges, pareils à des chapelets de courtes saucisses, avec une peau luisante et tendue, une gorge énorme qui saillait sous sa robe, elle restait cependant appétissante et courue, tant sa fraîcheur faisait plaisir à voir. Sa figure était une pomme rouge, un bouton de pivoine prêt à fleurir et là-dedans s'ouvraient, en haut, deux yeux noirs magnifiques, ombragés de grands cils épais qui mettaient une ombre dedans ; en bas, une bouche charmante, étroite, humide pour le baiser, meublée de quenottes[2] luisantes et microscopiques. Elle était de plus, disait-on, pleine de qualités inappréciables. Aussitôt qu'elle fut reconnue, des chuchotements coururent parmi les femmes honnêtes.

GUY DE MAUPASSANT, *Boule-de-Suif*, 1880.

1. Suif : *graisse animale qui était utilisée pour la fabrication des chandelles.* - 2. Quenottes : *dents.*

Étudier la caractérisation

3 * **Que peuvent suggérer les faits et gestes sur la situation et le caractère de ces deux personnages ?**

Le cœur battant, Nicole fit une pause à l'ombre avant d'arriver au carrefour, sortit du sac de maman le bâton de rouge et fignola son maquillage une dernière fois. Le miroir de poche en tombant se fêla.

Will était déjà là, dans sa Jeep, la regardant s'approcher d'un air malin. Pas un mot sur la robe, pas un compliment. Nicole aperçut une bouteille entre ses genoux.

« Ce soir, annonça-t-il en démarrant comme un fou, c'est la fête ! »

YANN QUEFFÉLEC, *Les Noces barbares*, Éd. Gallimard, 1985.

4 ** **1. Repérez dans cet extrait l'ensemble des informations apportées indirectement sur Zazie (dialogue, actions, gestes).**

2. Quelles informations la scène apporte-t-elle sur les autres personnages ? Relevez-les et étudiez-les.

Zazie, goûtant au mets, déclara tout net que c'était de la merde. Le flicard élevé par sa mère concierge dans une solide tradition de bœuf mironton, la rombière quant à elle experte en frites authentiques, Gabriel lui-même, bien qu'habitué aux nourritures étranges qu'on sert dans les cabarets, s'empressèrent de suggérer à l'enfant ce silence lâche qui permet aux gargotiers de corrompre le goût public sur le plan de la politique intérieure et, sur le plan de la politique extérieure, de dénaturer à l'usage des étrangers l'héritage magnifique que les cuisines de France ont reçu des Gaulois, à qui l'on doit, en outre, comme chacun sait, les braies, la tonnellerie et l'art non figuratif.

– Vous m'empêcherez tout de même pas de dire, dit Zazie, que c'*(geste)* est dégueulasse.

– Bien sûr, bien sûr, dit Gabriel, je veux pas te forcer. Je suis compréhensif moi, pas vrai, madame ?

– Des fois, dit la veuve Mouaque. Des fois.

– C'est pas tellement ça, dit Trouscaillon, c'est à cause de la politesse.

– Politesse mon cul, dit Zazie.

– Vous, dit Gabriel au flicmane, je vous prie de me laisser élever cette môme comme je l'entends. C'est moi qui en ai la responsabilitas. Pas vrai, Zazie ?

– Paraît, dit Zazie. En tout cas, moi, rien à faire pour que je bouffe cette saloperie.

– Mademoiselle désire ? s'enquit hypocritement un loufiat vicieux qui flairait la bagarre.

– Jveux ottchose, dit Zazie.

RAYMOND QUENEAU, *Zazie dans le métro*, Éd. Gallimard, 1959.

Étudier le portrait physique et le portrait moral

5 * **1. Relevez et classez les caractéristiques physiques et psychologiques du personnage.**

2. Comment les portraits physique et psychologique entrent-ils en relation ?

3. De quel type de caractérisation s'agit-il ?

Âgée, à la même époque, de trente-cinq ans, madame mère avait dix ans de moins que son mari et deux centimètres de plus. Née Pluvignec, je vous le rappelle, de cette riche, mais récente maison Pluvignec, elle était devenue totalement Rezeau et ne manquait pas d'allure. On m'a dit cent fois qu'elle avait été belle. Je vous autorise à le croire, malgré ses grandes oreilles, ses cheveux secs, sa bouche serrée et ce bas de visage agressif qui faisait dire à Frédie, toujours fertile en mots : « Dès qu'elle ouvre la bouche, j'ai l'impression de recevoir un coup de pied au cul. Ce n'est pas étonnant, avec ce menton en galoche. » Outre notre éducation, Mme Rezeau aura une grande passion : les timbres. Outre ses enfants, je ne lui connaîtrai que deux ennemis : les mites et les épinards. Je ne crois rien pouvoir ajouter à ce tableau, sinon qu'elle avait de larges mains et de larges pieds, dont elle savait se servir.

HERVÉ BAZIN, *Vipère au poing*, Éd. Grasset, 1948.

6 ** **1. Relevez sous forme de tableau les caractéristiques physiques et morales des deux personnages évoqués. Quel rôle joue la description des actions des personnages ?**

2. Comment s'effectue le passage d'un personnage à l'autre ?

3. Quelles relations peut-on établir entre les caractéristiques physiques et les caractéristiques morales ?

Le menuisier-charpentier-charron, c'était Pamphile de Fortunette. Il avait trente-cinq ans, une jolie moustache châtain, et la seule paire d'yeux bleus qu'on ait jamais vue au village. Comme il était moins avare et moins cachottier que les autres, les anciens le considéraient comme une tête brûlée, et qui finirait sans doute sur la paille, circonstance aggravante par le fait qu'il avait épousé la grosse Amélie d'Angèle. C'était une fille fraîche, mais énorme, qui avait à chaque instant des crises de fou rire, ou des colères fracassantes ; elle mangeait sans cesse du pain avec du saucisson, ou des figues, ou du boudin froid, tout en marchant dans la rue. Philoxène disait que ça coûtait moins cher de la charger que de la nourrir. Mais Pamphile était dur au travail, et vraiment « capable ». Il remplaçait les poutres pourries, réparait les charrettes, fabriquait des mangeoires, des râteliers, des lourdes tables paysannes.

MARCEL PAGNOL, *Jean de Florette*, Éd. Fallois, 1971.

Analyser la fonction et la construction d'un portrait

7 ** **1. Relevez et étudiez les différents éléments du décor qui servent de cadre au portrait.**

2. Quels sont les plans successifs du portrait ? Analysez sa progression.

3. Montrez que le portrait est construit à travers le point de vue des héros du roman.

Le soleil avait disparu derrière les montagnes. Le soir tombait. La tiédeur, le doré du jour, la paix, tout ce qui en avait fait sa gloire subsistaient en traces légères malgré les ombres. La route se promenait sur le plateau. De grandes montagnes couleur de lilas, qui avaient été cachées jusque-là sous la lumière, montaient de tous les côtés. La profondeur de lointaines vallées grondait au moindre mouvement de l'air.

Le mulet était docile et robuste.

Ils virent d'assez loin un homme qui marchait devant eux et qu'ils rattrapèrent. C'était un piéton bien équipé, avec des guêtres, un havresac[1] et une canne. Il portait en outre un fort joli chapeau de paille semblable à celui d'un moissonneur. Vu de près, il avait une barbe grise, des yeux très bleus et l'aspect fort sympathique. On pouvait lui donner dans les soixante ans mais il ouvrait solidement ses compas[2] comme le juif errant[3] en personne.

JEAN GIONO, *Le Hussard sur le toit*, Éd. Gallimard, 1951.

1. Havresac : *sac à dos* - 2. Ses compas : *ses jambes* - 3. Le juif errant : *personnage de légende qui erre sur les routes.*

8 ** **1. Relevez les caractéristiques physiques et morales attribuées au personnage.**

2. Quelle est la fonction de ce portrait ?

3. Quelle est la progression suivie par le portrait ? Montrez qu'il se construit à partir du point de vue d'un narrateur omniscient.

Tandis que les chevaux reprenaient haleine et que cocher et postillon se régalaient à la gourde, le cavalier s'était approché du carrosse dont la glace venait de s'abaisser, en même temps que s'y montrait une figure de femme Cette figure était celle d'une personne qui ne pouvait guère inspirer d'autre sentiment que le respect, car l'aspect s'en composait d'une large face pourvue d'un assez gros nez et de petits yeux que surmontaient de hauts sourcils. Une bouche mince se dessinait sous une lèvre légèrement moustachue, le tout relevé d'un teint encore frais et d'un air de bonne santé. Cette tête était supportée par un corps fort avantagé de la nature, qui s'était souciée plutôt de le solidement construire que d'en parer les vigoureuses proportions. Cette grave matrone, vêtue avec simplicité, exprimait par son maintien une sage réserve et un grand sérieux. On sentait qu'elle appartenait[1] à des gens de condition et qu'elle s'attachait à montrer qu'elle en ressentait tout l'honneur par la dignité de ses manières et la convenance de sa tenue.

Henri de Régnier, *L'Escapade*,
Éd. Mercure de France, 1926.

1. Appartenait : *travaillait pour des gens riches, « des gens de condition ».*

9 *** Étude littéraire

1. Faites l'analyse du portrait présenté dans le texte qui suit : caractéristiques physiques et morales du personnage, fonctions et construction du portrait.

2. En vous aidant de l'encadré, étudiez les caractéristiques de la rencontre amoureuse dans cette scène de roman.

Accoudés sur le comptoir ou assis les deux mains à plat sur le bois ciré, nous nous racontions mutuellement ce que nous savions de la mystérieuse jeune fille – et cela se réduisait à fort peu de choses – lorsqu'un bruit de roues nous fit tourner la tête.

« La voici, c'est elle », dirent-ils à voix basse.

Quelques secondes après, devant la porte vitrée, s'arrêtait l'étrange équipage. Une vieille voiture de ferme, aux panneaux arrondis, avec de petites galeries moulées, comme nous n'en avions jamais vu dans cette contrée ; un vieux cheval blanc qui semblait toujours vouloir brouter quelque herbe sur la route, tant il baissait la tête pour marcher ; et sur le siège – je le dis dans la simplicité de mon cœur, mais sachant bien ce que je dis – la jeune fille la plus belle qu'il y ait peut-être jamais eu au monde.

Jamais je ne vis tant de grâce s'unir à tant de gravité. Son costume lui faisait la taille si mince qu'elle semblait fragile. Un grand manteau marron, qu'elle enleva en entrant, était jeté sur ses épaules. C'était la plus grave des jeunes filles, la plus frêle des femmes. Une lourde chevelure blonde pesait sur son front et sur son visage délicatement dessiné, finement modelé. Sur son teint très pur, l'été avait posé deux taches de rousseur... Je ne remarquai qu'un défaut à tant de beauté : aux moments de tristesse, de découragement ou seulement de réflexion profonde, ce visage si pur se marbrait légèrement de rouge, comme il arrive chez certains malades gravement atteints sans qu'on le sache. Alors toute l'admiration de celui qui la regardait faisait place à une sorte de pitié d'autant plus déchirante qu'elle surprenait davantage.

Voilà du moins ce que je découvrais, tandis qu'elle descendait lentement de voiture et qu'enfin Marie-Louise, me présentant avec aisance à la jeune fille, m'engageait à lui parler.

Alain-Fournier, *Le Grand Meaulnes*,
Éd. Fayard, 1913.

POUR ÉTUDIER LE TEXTE

La première rencontre

Situation romanesque décisive, la première rencontre détermine le roman tout entier. Elle répartit les personnages, les lieux et les situations en auxiliaires ou opposants de la quête amoureuse. Les circonstances de la rencontre sont déterminantes. Elles accentuent les sensations éprouvées par les personnages. Elles mettent en valeur l'événement en le situant dans un cadre propice au déclenchement du sentiment amoureux. Dès lors, les réactions des protagonistes apparaissent aux yeux du lecteur à travers leurs traits physiques, leurs attitudes et leurs comportements. La première rencontre s'impose comme une scène capitale de l'intrigue.

Analyser les fonctions du personnage

10 ** **1. Lisez ce résumé de *L'Éducation sentimentale* de Gustave Flaubert. Dressez la liste des personnages. Indiquez la (ou les) fonction(s) qu'ils occupent dans l'intrigue.**

2. Rédigez, pour chaque personnage, une phrase qui résume le rôle joué dans le roman.

En 1840, à Paris, Frédéric Moreau, jeune bachelier aux ambitions mondaines, littéraires et politiques vagues, entreprend des études de droit en compagnie de Deslauriers, un ami qu'attire la politique. Il fréquente le salon des Dambreuse, retrouve un certain Jacques Arnoux, et tombe amoureux de sa femme. Mais, déçu par la froideur de Mme Arnoux, Frédéric se lie avec une coquette mondaine, Rosanette Bron. Désormais il est tiraillé entre les séductions d'une vie facile, les tentations du grand monde et l'amour qu'il ressent pour Mme Arnoux. Celle-ci lui avoue enfin ses sentiments ; mais à la suite d'un rendez-vous manqué, Frédéric devient l'amant de Rosanette. Lorsque éclatent les journées de 1848, il s'éloigne et file le parfait amour avec sa maîtresse à Fontainebleau. Puis il rompt avec elle, connaît une brève liaison avec Mme Dambreuse devenue veuve et perd la trace de Mme Arnoux, qu'il ne revoit qu'en 1867. Deux ans plus tard, Deslauriers et Frédéric reconnaissent, dans une conversation, qu'ils ont, comme leurs amis, tout raté, sauf leurs souvenirs.

HENRI MITTERAND, *Dictionnaire des œuvres de la littérature française*, Dictionnaires Le Robert, 1992.

11 ** **Repérez le rôle que joue chacun des personnages et déterminez quels sont les liens qui les unissent ou les opposent.**

J'ai été le plus considéré du village de Derlback auprès de Babylone, et je faisais, avec l'aide de ma femme, les meilleurs fromages à la crème de l'empire. La reine Astarté et le fameux ministre Zadig les aimaient passionnément. J'avais fourni à leurs maisons six cents fromages. J'allai un jour à la ville pour être payé ; j'appris, en arrivant dans Babylone, que la reine et Zadig avaient disparu. Je courus chez le seigneur Zadig, que je n'avais jamais vu ; je trouvai les archers du grand desterham, qui munis d'un papier royal, pillaient sa maison loyalement et avec ordre. Je volai aux cuisines de la reine ; quelques-uns des seigneurs de la bouche me dirent qu'elle était morte ; d'autres dirent qu'elle était en prison ; d'autres prétendirent qu'elle avait pris la fuite ; mais tous m'assurèrent qu'on ne me paierait point mes fromages. J'allai avec ma femme chez le seigneur Orcan, qui était une de mes pratiques : nous lui demandâmes sa protection dans notre disgrâce. Il l'accorda à ma femme, et me la refusa. Elle était plus blanche que ces fromages à la crème qui commencèrent mon malheur ; et l'éclat de la pourpre de Tyr n'était pas plus brillant que l'incarnat qui animait cette blancheur. C'est ce qui fit qu'Orcan la retint, et me chassa de sa maison. J'écrivis à ma chère femme la lettre d'un désespéré. Elle dit au porteur : « Ah, ah ! oui, je sais quel est l'homme qui m'écrit, j'en ai entendu parler : on dit qu'il fait des fromages à la crème excellents ; qu'on m'en apporte, et qu'on les lui paie. »

VOLTAIRE, *Zadig*, 1747.

12 ** **1. Complétez le tableau ci-dessous.**

	Texte 1	Texte 2
Portrait physique		
Portrait psychologique		

2. Quelle est la fonction de Suter dans le roman ? Quel est l'objet de sa quête dans le premier extrait ? A-t-il été atteint ?

TEXTE 1

Suter s'occupe de tout, dirige tout, surveille l'exécution des travaux jusque dans leurs moindres détails, il est sur tous les chantiers à la fois et n'hésite pas à donner personnellement un coup de main quand un homme fait défaut dans telle ou telle équipe. Des ponts sont jetés, des pistes tracées, des marais desséchés, des étangs creusés, un puits, des abreuvoirs, des canalisations d'eau. Une première palissade protège déjà la ferme ; un fortin est prévu.

TEXTE 2

Lui, l'homme d'action par excellence, lui qui n'a jamais hésité, hésite maintenant. Il devient renfermé, méfiant, sournois, avare. Il est plein de scrupules. La découverte des mines d'or l'a blanchi, barbe et cheveux ; aujourd'hui, l'inquiétude secrète qui le ronge courbe et ploie sa grande taille de chef.

BLAISE CENDRARS, *L'Or*, Éd. Denoël, 1924.

ACTIVITÉS D'ÉCRITURE

13 ** COMMENTER UN PORTRAIT

1. Relevez l'ensemble des informations apportées sur Fabrice del Dongo, le héros de *La Chartreuse de Parme*, dans cette scène. Classez-les selon la caractérisation utilisée par l'auteur.

2. Repérez l'ensemble des passages qui font de cette description un portrait objectif.

3. Rédigez un paragraphe dans lequel vous commenterez les caractéristiques du héros.

Fabrice del Dongo est un jeune homme naïf, rêvant de prestige et de gloire. Pour retrouver son héros, Napoléon, il se rend à Waterloo, où la bataille fait rage.

Ah ! m'y voilà donc enfin au feu ! se dit-il. J'ai vu le feu ! se répétait-il avec satisfaction. Me voici un vrai militaire. À ce moment, l'escorte allait ventre à terre, et notre héros comprit que c'étaient des boulets qui faisaient voler de la terre de toutes parts. Il avait beau regarder du côté d'où venaient les boulets, il voyait la fumée blanche de la batterie à une distance énorme, et, au milieu du ronflement égal et continu produit par les coups de canon, il lui semblait entendre des décharges beaucoup plus voisines ; il n'y comprenait rien du tout.

Le maréchal s'arrêta, et regarda de nouveau avec sa lorgnette. Fabrice, cette fois, put le voir tout à son aise ; il le trouva très blond, avec une grosse tête rouge. Nous n'avons point des figures comme celle-là en Italie, se dit-il. Jamais, moi qui suis si pâle et qui ai des cheveux châtains, je ne serai comme ça, ajoutait-il avec tristesse. Pour lui, ces paroles voulaient dire : Jamais je ne serai un héros. Il regarda les hussards ; à l'exception d'un seul, tous avaient des moustaches jaunes. Si Fabrice regardait les hussards de l'escorte, tous le regardaient aussi. Ce regard le fit rougir, et, pour finir son embarras, il tourna la tête vers l'ennemi.

STENDHAL, *La Chartreuse de Parme*, 1839.

14 *** RÉDIGER UN COMMENTAIRE ARGUMENTATIF

1. Comment sont rapportées les pensées d'Édouard dans le premier paragraphe ? dans le second ? Quel est le rôle joué par le narrateur ?

2. Quels sont les reproches adressés par le narrateur au roman réaliste du XIXe siècle ? Réfléchissez notamment au rôle traditionnel du portrait.

3. Quelle est la conception du roman défendue par Édouard ?

4. Partagez-vous la conception du roman définie dans ce passage ? Vous développerez votre point de vue dans un texte structuré et illustré d'exemples précis.

Édouard est sur le chemin qui le conduit de Paris à Londres et s'interroge sur les relations épistolaires qu'il entretient avec une jeune femme, Laura.

Édouard somnole ; ses pensées insensiblement prennent un autre cours. Il se demande s'il aurait deviné, à la seule lecture de la lettre de Laura, qu'elle a les cheveux noirs ? Il se dit que les romanciers, par la description trop exacte de leurs personnages, gênent plutôt l'imagination qu'ils ne la servent et qu'ils devraient laisser chaque lecteur se représenter chacun de ceux-ci comme il lui plaît. Il songe au roman qu'il prépare, qui ne doit ressembler à rien de ce qu'il a écrit jusqu'alors. Il n'est pas assuré que *Les Faux-Monnayeurs* soit un bon titre. Il a eu tort de l'annoncer. Absurde, cette coutume d'indiquer les « en préparation », afin d'allécher les lecteurs. Cela n'allèche personne et cela vous lie... Il n'est pas assuré non plus que le sujet soit très bon. Il y pense sans cesse et depuis longtemps mais il n'en a pas écrit encore une ligne. Par contre, il transcrit sur un carnet ses notes et ses réflexions.

Il sort de sa valise ce carnet. De sa poche, il sort un stylo. Il écrit :

« Dépouiller le roman de tous les éléments qui n'appartiennent pas spécifiquement au roman. De même que la photographie, naguère, débarrassa la peinture du souci de certaines exactitudes, le phonographe[1] nettoiera sans doute demain le roman de ses dialogues rapportés, dont le réaliste souvent se fait gloire. Les événements extérieurs, les accidents, les traumatismes appartiennent au cinéma ; il sied que le roman les lui laisse. Même la description des personnages ne me paraît point appartenir proprement au genre. Oui vraiment, il ne me paraît pas que le roman *pur* (et en art, comme partout, la pureté seule m'importe) ait à s'en occuper. »

ANDRÉ GIDE, *Les Faux-Monnayeurs*, Éd. Gallimard, 1926.

1. Phonographe : *nom donné aux premiers appareils de reproduction du son.*

EXERCICES

ACTIVITÉS D'ÉCRITURE

15 ** Imaginer un personnage

1. Quelles sont les caractéristiques de la jeune fille que le narrateur choisit de retenir ?

2. Quelles hypothèses pouvez-vous faire, à partir de ces choix, sur les caractéristiques du narrateur ?

3. Imaginez le portrait du narrateur. Adoptez le point de vue de la jeune fille pour rédiger votre portrait.

Elle portait une robe violette, des sandalettes de cuir blanc, et je remarquai qu'elle avait coloré les ongles de ses pieds en jaune. Assise sur un banc dans le parc du château de Nérac, la jeune fille semblait lire son gros livre les pieds enfoncés dans deux bouquets de crocus. C'était la première fois que je la voyais. Elle lisait Chateaubriand (...). Le lendemain, je la revis au même endroit. Elle lisait Francis Ponge, *Le Savon*. Dans la nuit, elle avait fini son Chateaubriand, cinq cents pages, quel appétit ! (...) Je me souviens lui avoir dit, pour la faire rire, vous lisez un savon ? Comme elle était gentille elle avait ri. Son rire était haut. Clair. Mais la jeune fille avait ri avec retard, en posant sur moi un regard perdu. Elle m'avait cherché un instant alors que j'étais là debout devant elle.

Jean-Marie Gourio, *Chut*, Éd. Julliard, 1998.

16 ** Rédiger un portrait

1. Repérez, dans les textes qui suivent, l'ensemble des caractéristiques attribuées à l'héroïne du roman : quelles différences, quelles contradictions les deux regards portés sur Manon mettent-ils en évidence ?

2. De la même manière, à partir de la photographie, rédigez le portrait du bébé à travers plusieurs regards. Chaque texte donnera une vision subjective de l'enfant en le montrant sous des aspects différents.

Le regard de des Grieux

Abandonné et trompé par Manon Lescaut, sa maîtresse, le chevalier des Grieux se réfugie au séminaire. Jusqu'au jour où elle lui rend visite.

Je demeurai interdit à sa vue, et, ne pouvant conjecturer quel était le dessein[1] de cette visite, j'attendais, les yeux baissés et avec tremblement, qu'elle s'expliquât. Son embarras fut, pendant quelque temps, égal au mien, mais, voyant que mon silence continuait, elle mit sa main devant ses yeux, pour cacher quelques larmes. Elle me dit, d'un ton timide, qu'elle confessait que son infidélité méritait ma haine ; mais que, s'il était vrai que j'eusse jamais eu quelque tendresse pour elle, il y avait eu, aussi, bien de la dureté à laisser passer deux ans sans m'informer de son sort, et qu'il y en avait beaucoup encore à la voir dans l'état où elle était en ma présence sans lui dire une parole. Le désordre de mon âme, en l'écoutant, ne saurait être exprimé.

Elle s'assit. Je demeurai debout, le corps à demi tourné, n'osant l'envisager directement. Je commençai plusieurs fois une réponse, que je n'eus pas la force d'achever. Enfin, je fis un effort pour m'écrier douloureusement :

« Perfide Manon ! Ah ! perfide ! perfide ! »

1. Le dessein : *le but, l'objectif.*

Le regard du valet de la prison

Manon se retrouve en prison pour escroquerie. Le chevalier des Grieux parvient à lui rendre visite.

Il se fit montrer le quartier où Manon avait sa chambre, et l'on nous y conduisit avec une clef d'une grandeur effroyable, qui servit à ouvrir sa porte. Je demandai au valet qui nous menait, et qui était aussi celui qu'on avait chargé du soin de la servir, de quelle manière elle avait passé le temps dans cette demeure. Il nous dit que c'était une douceur angélique ; qu'il n'avait jamais reçu d'elle un mot de dureté ; qu'elle avait versé continuellement des larmes pendant les six premières semaines après son arrivée, mais que, depuis quelque temps, elle paraissait prendre son malheur avec plus de patience et qu'elle était occupée à coudre du matin jusqu'au soir, à la réserve de quelques heures qu'elle employait à la lecture.

Antoine François Prévost, *Histoire du chevalier des Grieux et de Manon Lescaut*, 1731.

SYNTHÈSE

Étudier un roman

L'étude d'un roman doit permettre d'en déterminer les caractéristiques essentielles. Elle repose sur l'analyse de la fiction romanesque (genre, registre, intrigue et personnages), des contextes du roman (biographique, artistique, social et historique), des choix narratifs (organisation interne) et stylistiques de l'auteur (écriture, genre, registre).

I - DÉFINIR LA FICTION ROMANESQUE

• Dans quel genre et quel registre le roman s'inscrit-il ?

– **Les genres romanesques.** Le pacte de lecture se définit par un ensemble de normes et de conventions qui déterminent le genre romanesque : le roman d'analyse, le roman par lettres, le roman historique, le roman réaliste ou le roman d'aventures répondent aux attentes du lecteur par les caractéristiques qu'ils mettent en place.

– **Les registres du roman.** L'auteur inscrit son roman dans un registre dominant : épique, fantastique, réaliste, comique, lyrique, polémique, tragique ou pathétique... Les genres romanesques ont des registres privilégiés. Mais l'auteur varie les registres en fonction des épisodes et passe en quelques pages du pathétique au comique. Ainsi Émile Zola, dans *Germinal*, choisit-il le registre réaliste. Mais certaines scènes basculent dans le registre épique (la grève des mineurs), comique (la fête) ou tragique (l'échec de la révolte).

• Quelle est la progression de l'intrigue ?

– **L'état initial de la fiction romanesque.** Il correspond en général aux premières pages du roman qui présentent les personnages, l'époque et le lieu de l'action.

– **L'événement perturbateur.** Un événement remet en cause la situation initiale des protagonistes. Il peut prendre la forme d'une rencontre, d'une nouvelle inattendue, d'une découverte, etc.

– **Les péripéties.** Les péripéties constituent la plus grande partie du roman et modifient la situation des personnages. Elles déterminent la progression de l'intrigue dans le temps et l'espace romanesques.

– **La résolution.** L'ultime péripétie amène la résolution de l'intrigue : retrouvailles, mariage, mort, condamnation, etc.

– **L'état final.** L'état final du roman correspond à la situation des personnages, une fois l'intrigue résolue.

• Quelles sont les forces agissantes du récit ?

– **La fonction des personnages.** Les personnages occupent différentes fonctions dans le récit. Par leur action, ils contribuent à perturber la situation initiale, à accélérer ou à retarder la résolution de l'intrigue.

– **Le schéma actantiel.** Le héros est le sujet de l'action, en quête d'un objet (la gloire, un trésor, le pouvoir). Il croise des personnages secondaires, ses opposants ou ses auxiliaires.

– **Les autres actants.** Un objet, une ambition, un trait de caractère peuvent également être considérés comme des forces agissantes du récit, dans la mesure où ils contribuent à déterminer l'évolution de l'histoire racontée.

II - ÉTUDIER LES CONTEXTES DU ROMAN

• Quelle est la part de l'autobiographie ?

La biographie de l'auteur contribue à la construction du sens dans la mesure où elle influe sur l'intrigue et sur l'écriture du roman. On peut ainsi situer, dans la vie de l'auteur, le moment où le roman a été écrit.

• Quel est le contexte historique et social de la narration ?

Les grands thèmes qui traversent le roman correspondent à une réflexion de l'auteur sur son temps. Il faut donc, pour comprendre celle-ci, faire un état des lieux de la société dans laquelle a vécu l'auteur. De grands événements historiques (guerres, révolutions, conflits idéologiques) ont pu le marquer. De même, l'auteur fait le constat d'une évolution sociale : la psychologie des personnages, leurs actions, leurs ambitions ne peuvent s'expliquer que par rapport à la société dans laquelle ils vivent.

• Quelle est la genèse du roman ?

Établir la genèse du roman revient à définir les différentes étapes de son écriture. Ce travail révèle les sens cachés du roman, les obstacles rencontrés par l'auteur, mais aussi ses ambitions profondes. Mettre en évidence les influences contemporaines (mouvements littéraires) ou anciennes (tradition du genre) sur la rédaction du roman permet d'identifier les sources de l'œuvre, les échanges qu'elle entretient avec l'histoire littéraire.

III - ANALYSER LES CHOIX NARRATIFS

• Quel est le mode de narration utilisé ?

– **Le statut du narrateur.** Le narrateur est un être imaginaire, qu'il ne faut pas confondre avec l'auteur. Seul le cas du roman autobiographique fait exception : l'auteur, le narrateur et le personnage principal y sont une seule et même personne. Il arrive que, dans les romans de Balzac par exemple, le narrateur intervienne dans le récit pour un commentaire. Cela provoque alors un changement de système énonciatif (temps verbaux, pronoms, modalisateurs).

– **Les changements de narrateur.** Lorsqu'il y a changement de mode de narration (roman par lettres, récits enchâssés), il faut identifier les différents narrateurs : ceux-ci proposent des points de vue différents sur l'histoire, ce qui peut donner des indications précieuses pour la compréhension de l'intrigue.

• Quels sont les changements de focalisation ?

L'alternance des types de focalisation donne des éclairages multiples à l'histoire racontée. La focalisation externe entretient le suspense en ne donnant à voir au lecteur que ce qu'un témoin extérieur à l'histoire racontée en verrait. La focalisation zéro au contraire révèle au lecteur l'ensemble de la fiction romanesque, le passé des personnages et leurs motivations. La focalisation interne, en donnant accès aux pensées d'un personnage grâce aux discours rapportés, facilite l'identification du lecteur aux personnages.

• Que révèlent les variations de rythme du récit ?

Le récit se découpe en passages narratifs, passages descriptifs et dialogues. Leur alternance, leur longueur variée, l'insertion éventuelle de commentaires du narrateur déterminent le rythme du récit. Celui-ci varie aussi en fonction de l'enchaînement des scènes, des sommaires ou des ellipses. Le roman d'aventures a un rythme rapide, alternant surtout la narration et les dialogues. Le roman d'analyse a au contraire un rythme plus lent, propice à l'introspection.

IV - ANALYSER LES CHOIX STYLISTIQUES

Le lexique, la syntaxe, le niveau de langage utilisés, les figures de style mises en œuvre correspondent à des choix d'écriture. Ils contribuent à définir la dimension esthétique du roman. Ils peuvent souligner un respect des contraintes du genre ou, au contraire, une volonté de rupture.

Le style de l'auteur, les choix qu'il effectue par rapport à l'horizon d'attente du lecteur constituent les véritables enjeux du texte. Ils éclairent sur sa vision du monde et fixent sa place dans l'histoire littéraire.

CHAPITRE

21 La création poétique

En latin, le mot *versus* désigne le sillon que trace le laboureur : les vers découpent le texte en segments, comme les sillons d'un champ, en lignes égales et mesurées. La création poétique joue ainsi des effets de répétition, en reprenant, tout au long du poème, la même mesure du vers et des strophes identiques.

Le poète joue également avec les sonorités, les mots et les images. Il donne au langage une densité particulière qu'amplifient la mise en page du poème et l'harmonie créée entre le sens et le rythme du vers.

La création poétique développe des thèmes privilégiés. *Le Testament* de Villon, les *Amours* de Ronsard, *Le Spleen de Paris* de Baudelaire, *Une saison en enfer* de Rimbaud, *Fureur et Mystère* de René Char expriment les sentiments d'amour, de mélancolie, de révolte qui sont, dans la poésie, les sources d'une inspiration qui traverse les siècles.

Le poème de Verlaine utilise les ressources de la création poétique en adoptant un rythme fondé sur la répétition. Abandonnant les contraintes de la versification, Blaise Cendrars, pour sa part, cherche à produire un sens et des effets nouveaux, correspondant à sa perception de la modernité.

Quels points communs, quelles différences la confrontation de ces deux poèmes met-elle en évidence ?

TEXTE 1

Initium[1]

Les violons mêlaient leur rire au chant des flûtes
Et le bal tournoyait quand je la vis passer
Avec ses cheveux blonds jouant sur les volutes
De son oreille où mon Désir comme un baiser
S'élançait et voulait lui parler, sans oser.

Cependant elle allait, et la mazurque[2] lente
La portait dans son rythme indolent comme un vers,
– Rime mélodieuse, image étincelante, –
Et son âme d'enfant rayonnait à travers
La sensuelle ampleur de ses yeux gris et verts.

Et depuis, ma Pensée – immobile – contemple
Sa Splendeur évoquée, en adoration,
Et dans son Souvenir, ainsi que dans un temple,
Mon Amour entre, plein de superstition.

Et je crois que voici venir la Passion.

PAUL VERLAINE, *Poèmes saturniens*, 1866.

---

1. Initium : *en latin, commencement* - 2. Mazurque : *mis pour mazurka, danse à trois temps d'origine polonaise.*

TEXTE 2

Académie Médrano[1]

A Conrad Moricand.

Danse avec ta langue, Poète, fais un entrechat
Un tour de piste
sur un tout petit basset
noir ou haquenée
Mesure les beaux vers mesurés et fixe les formes fixes
Que sont LES BELLES LETTRES apprises
Regarde :
Les Affiches se fichent de toi te
mordent avec leurs dents
en couleur entre les doigts
de pied
La fille du directeur a des lumières électriques
Les jongleurs sont aussi les trapézistes
xuellirép tuaS
teuof ed puoC
aç-emirpxE
Le clown est dans le tonneau malaxé
Il faut que ta langue { passe à la caisse / fasse l'orchestre } les soirs où
Les Billets de faveur sont supprimés.

Novembre 1916.

BLAISE CENDRARS, *Du monde entier*, Éd. Denoël, 1947.

1. Académie Médrano : *nom d'un cirque célèbre au début du siècle. Le poème se présente comme une affiche qui annoncerait une représentation.*

1 Les règles de la versification

1. Observez le texte de Verlaine. Pourquoi peut-on dire qu'il s'agit d'un poème ?

2. Quelles différences de présentation remarquez-vous pour le texte de Cendrars ? Pourquoi peut-on dire qu'il s'agit aussi d'un poème ?

2 Le rythme et les effets sonores

3. Dans le poème de Verlaine, repérez l'ensemble des effets de répétition qui participent à la dimension musicale du texte. Quel effet cherchent-elles à produire ?

4. Repérez les répétitions sonores dans le poème de Cendrars.

3 Les répétitions lexicales et syntaxiques

5. Repérez dans le poème de Cendrars les répétitions de mêmes constructions syntaxiques.

4 La puissance du langage poétique

6. Repérez les comparaisons et métaphores présentes dans le poème de Verlaine. Analysez l'image contenue dans la deuxième strophe.

7. Commentez l'image du premier vers dans le poème de Cendrars.

2. L'enjambement

La fin d'un vers coïncide habituellement avec la fin d'un groupe syntaxique. Mais lorsque celui-ci déborde des limites du vers, il y a enjambement.

- **Le rejet.** Quand une phrase ou une proposition s'achève, non à la rime, mais au début du vers suivant, il y a rejet. Les mots rejetés sont mis en relief.
- **Le contre-rejet.** Quand une phrase ou une proposition grammaticale commence à la fin d'un vers pour se prolonger au vers suivant, on parle de contre-rejet. C'est dans ce cas le début de la proposition qui est mis en relief.

« Fleur grasse et riche, autour de toi ne flotte aucun
Arôme, et la beauté sereine de ton corps
Déroule, mate, ses impeccables accords. » (Verlaine)

3 Les effets sonores

- **Les allitérations et les assonances.** L'allitération est la répétition insistante d'un même son-consonne. Elle rythme la phrase et constitue la trame sonore du vers. L'assonance est la répétition d'un même son-voyelle. Elle instaure des échos et des correspondances entre les mots :

« C'est l'arbre toujours touffu de toutes les prières. » (Apollinaire)

- **L'harmonie imitative.** Certains sons, par leur répétition, imitent le bruit de ce qui est évoqué dans le vers. On parle alors d'harmonie imitative :

« Pour qui sont ces serpents qui sifflent sur vos têtes ? » (Racine)

- **L'harmonie suggestive.** D'autres sons semblent suggérer un sentiment ou une sensation, comme, dans l'exemple suivant, la souffrance du poète :

« Fuir ! Là-bas fuir ! Je sens que les oiseaux sont ivres
D'être parmi l'écume inconnue et les cieux ! » (Mallarmé)

4 Les répétitions lexicales et syntaxiques

À l'origine, la poésie et le chant se confondent. Le poète utilise les répétitions pour exprimer ses sentiments et inscrire son poème dans la mémoire.

- **Les répétitions de mots.** Souvent, le même mot se répète à l'intérieur du poème, créant des effets de musique et d'expressivité. L'anaphore, c'est-à-dire la reprise du même mot en tête de vers ou de phrase, crée un rythme obsédant tout en exposant et en diffusant le motif du poème.
- **Les reprises de construction.** Le parallélisme, c'est-à-dire la reprise d'une même construction syntaxique, structure le poème. La syntaxe souligne le sens du vers et lui donne un rythme régulier :

« Mon âme a plus de feu que vous n'avez de cendre !
Mon cœur a plus d'amour que vous n'avez d'oubli ! » (Victor Hugo)

5 La puissance du langage poétique

Qu'il s'agisse de termes rares ou familiers, le texte poétique charge les mots d'une valeur nouvelle, qui suscite de nombreuses connotations dans l'esprit du lecteur. Il donne aux mots une dimension symbolique qui enrichit leur sens.

1. Les réseaux lexicaux

Le poème se développe à travers le croisement de différents réseaux de sens. L'univers de l'auteur est traversé par la présence de réseaux lexicaux, comme celui des éléments naturels, des sensations, de l'expression des sentiments, du corps, ou de l'échange entre l'abstrait et le concret.

2. Le jeu sur les mots

En créant un univers original, le poète n'hésite pas à mêler des niveaux de langage et à faire des jeux portant sur les lettres ou sur le sens des mots. Il invente parfois des néologismes et des mots-valises par la fusion de deux mots existants. Il peut jouer sur le calembour :

« Mon verre s'est brisé comme un éclat de rire. » (Apollinaire)

3. La puissance des images

La poésie emploie des images pour restituer dans toute sa force une émotion, une impression que le langage ordinaire ne peut exprimer. La comparaison et la métaphore (chapitre 5), essentielles au texte poétique, permettent ainsi de traduire la vision originale du monde proposée par le poète.

REPÈRE D'HISTOIRE LITTÉRAIRE

La poésie et la versification

Poésie vient du mot grec « poiein » qui signifie faire, créer. Le monde antique concevait la poésie comme l'art de créer un langage élevé, différent du langage courant.

Le Moyen Âge utilise des vers réguliers et invente la rime. Ainsi, dans la chanson de geste, le rythme a une double fonction : il crée un effet d'harmonie et permet de mémoriser des textes très longs, souvent accompagnés de musique et de danse.

Au XVIIe siècle, les traités d'*Art poétique* imposent les règles strictes de la versification : mesure du vers, disposition des rimes, composition du texte. Ces règles sont scrupuleusement respectées avant d'être remises en question au XIXe siècle. Rimbaud abandonne ainsi progressivement toute forme versifiée.

L'invention du poème en prose et du vers libre préserve cependant la dimension musicale du langage poétique. Le XXe siècle maintient ces effets rythmiques et sonores dans les formes ouvertes et éclatées qu'adopte le poème, désormais affranchi des règles de la versification.

Étudier la mesure du vers

1 * **Comptez le nombre de syllabes des vers suivants. De quel type de vers s'agit-il ?**

- Il vécut au soleil sans se douter des lois.
  ALFRED DE MUSSET
- L'alouette au matin, lasse, n'a pas chanté.
  PAUL VERLAINE
- Mon amour, à moi, n'aime pas qu'on l'aime.
  TRISTAN CORBIÈRE
- L'air et l'eau coulent dans nos mains
  Comme verdure en notre cœur.
  PAUL ELUARD

2 * **1. Repérez le nombre de syllabes de chaque vers, en faisant attention au e muet.**
2. Indiquez, à chaque fois, le type des vers.

Je suis donc arrivée au douloureux moment
Où je vois par mon crime expirer mon amant.
N'était-ce pas assez, cruelle destinée,
Qu'à lui survivre, hélas ! je fusse condamnée ?
Et fallait-il encor que pour comble d'horreurs,
Je ne pusse imputer sa mort qu'à mes fureurs ?

JEAN RACINE, *Bajazet*, 1672.

Elle buvait mes petits mots
Qui bâtissaient une œuvre étrange ;
Son œil, parfois, perdait un ange
Pour revenir à mes rameaux.

PAUL VALÉRY, *Charmes*, 1922.

3 ** **1. Observez le nombre de syllabes des vers suivants afin de les identifier.**
2. Après avoir repéré la diérèse, indiquez quel effet elle produit.

Une froideur secrètement brûlante
Brûle mon corps, mon esprit, ma raison,
Comme la poix[1] anime le tison
Par une ardeur lentement violente.

JOACHIM DU BELLAY, *L'Olive*, 1550.

1. Poix : *résine du pin.*

4 ** **Identifiez les vers choisis. Expliquez quel est l'effet produit par le changement de mètre.**

À moi tes bras d'ivoire, à moi ta gorge blanche,
À moi tes flancs polis avec ta belle hanche
À l'ondoyant contour,
À moi tes petits pieds, ta main douce et ta
[bouche,
Et ce premier baiser que ta pudeur farouche
Refusait à l'amour.

THÉOPHILE GAUTIER, *La Comédie de la mort*, 1838.

5 ** **REPÈRES LITTÉRAIRES**

1. Ce poème est un poème en vers libres. En vous aidant de l'encadré, expliquez pourquoi.

2. L'auteur recherche les effets de surprise, en jouant à la fois sur la longueur des vers et le sens du poème. Repérez et commentez ces effets.

3. Toutes les règles de la versification sont-elles rejetées par Apollinaire ? Selon vous, pourquoi ?

J'ai vu ce matin une jolie rue dont j'ai oublié le
[nom
Neuve et propre du soleil elle était le clairon[1]
Les directeurs les ouvriers et les belles sténo-
[dactylographes
Du lundi matin au samedi soir quatre fois par
[jour y passent
Le matin par trois fois la sirène y gémit
Une cloche rageuse y aboie vers midi
Les inscriptions des enseignes et des murailles
Les plaques les avis à la façon des perroquets
[criaillant
J'aime la grâce de cette rue industrielle
Située à Paris entre la rue Aumont-Thiéville et
[l'avenue des Ternes

GUILLAUME APOLLINAIRE, « Zone », *Alcools*,
Éd. Gallimard, 1913.

1. Clairon : *instrument de musique.*

POUR ÉTUDIER LE TEXTE

Le vers libre

Dans la seconde moitié du XIXe siècle, les poètes symbolistes cherchent à créer des formes poétiques nouvelles. Ils refusent la rime et la mesure des vers.
Pour l'étude d'un poème en vers libre, il est donc difficile d'appliquer les règles de la poésie classique. En effet, le poème en vers libre se caractérise par son irrégularité : strophes de longueur variable, vers de mesure différente, rimes irrégulières, remplacées par des assonances en fin de vers, vers non rimés appelés vers blancs...
L'abandon des contraintes de la versification offre plus de liberté au poète et donne à la poésie un rythme plus naturel.
Guillaume Apollinaire et Blaise Cendrars, puis l'ensemble des poètes du XXe siècle, reprennent le vers libre pour exalter le rythme du monde moderne.

Étudier la rime

6 * **Déterminez, pour l'extrait suivant, la qualité, le genre et la disposition des rimes.**

PHILINTE

Je le trouve honnête homme, et d'un air assez sage.

CÉLIMÈNE

Oui ; mais il veut avoir trop d'esprit, dont j'enrage ;
Il est guindé[1] sans cesse ; et dans tous ses propos,
On voit qu'il se travaille à dire des bons mots.
Depuis que dans la tête il s'est mis d'être habile,
Rien ne touche son goût, tant il est difficile ;
Il veut voir des défauts à tout ce qu'on écrit
Et pense que louer n'est pas d'un bel esprit,
Que c'est être savant que trouver à redire,
Qu'il n'appartient qu'aux sots d'admirer et de rire.

MOLIÈRE, *Le Misanthrope*, II, 4, 1666.

1. Guindé : *faux, contraint.*

7 *** **1. Le sonnet est un poème de forme fixe obéissant à des règles de versification très strictes. Quelles sont ces règles, rappelées par Tristan Corbière ? Sont-elles respectées ?**
2. Observez, dans les deux quatrains, les mots situés à la rime : quels reproches le poète adresse-t-il aux règles de la versification ?
3. En vous aidant, lorsque c'est nécessaire, du précis de notions situé à la fin du manuel, définissez les termes du poème appartenant au réseau lexical de la poésie.

1 SONNET

AVEC LA MANIÈRE DE S'EN SERVIR

Réglons notre papier et formons bien nos lettres :

Vers filés à la main et d'un pied uniforme,
Emboîtant bien le pas, par quatre en peloton ;
Qu'en marquant la césure, un des quatre [s'endorme…
Ça peut dormir debout comme soldats de [plomb.

Sur le *railway*[1] du Pinde[2] est la ligne la forme ;
Aux fils du télégraphe ; – on en suit quatre, en [long ;
À chaque pieu, la rime – exemple : *chloroforme*.
– Chaque vers est un fil, et la rime un jalon.

– Télégramme sacré – 20 mots. – Vite à mon [aide…
(Sonnet – c'est un sonnet –) ô muse [d'Archimède[3] !
– La preuve d'un sonnet est par l'addition :
– Je pose 4 et 4 = 8 ! Alors je procède,
En posant 3 et 3 ! – Tenons Pégase[4] raide :
« Ô lyre ! Ô délire ! Ô… » – Sonnet – Attention !

TRISTAN CORBIÈRE, *Les Amours jaunes*, 1873.

1. Railway : *voie de chemin de fer* - 2. Pinde : *montagne de la Grèce, consacrée au dieu de la poésie, Apollon* - 3. Archimède : *mathématicien grec* - 4. Pégase : *cheval ailé, symbole de l'inspiration poétique.*

8 ** **1. Étudiez la qualité, le genre et la disposition des rimes dans les quatrains suivants.**
2. Commentez l'effet produit par l'association des termes ainsi rapprochés.

Morne l'après-midi des dimanches, l'hiver,
Dans l'assoupissement des villes de province,
Où quelque girouette inconsolable grince
Seule, au sommet des toits, comme un oiseau de [fer !

Il flotte dans le vent on ne sait quelle angoisse !
De très rares passants s'en vont sur les trottoirs :
Prêtres, femmes du peuple en grands capuchons [noirs,
Béguines[1] revenant des saluts de paroisse.

GEORGES RODENBACH, *La Jeunesse blanche*, 1886.

1. Béguines : *religieuses.*

Analyser l'unité de la strophe

9 * **1. Déterminez la mesure des vers contenus dans le poème suivant.**
2. Identifiez le type des strophes et déterminez le schéma de leurs rimes.

Déjà les beaux jours, la poussière,
Un ciel d'azur et de lumière
Les murs enflammés, les longs soirs !…
Et rien de vert : à peine encore
Un reflet rougeâtre décore
Les grands arbres aux rameaux noirs !

Ce beau temps me pèse et m'ennuie ;
Ce n'est qu'après les jours de pluie
Que doit surgir, en un tableau,
Le printemps verdissant et rose :
Comme une nymphe[1] fraîche éclose
Qui, souriante, sort de l'eau !

GÉRARD DE NERVAL,
« Le vingt-cinq mars », *Odelettes*, 1832.

1. Nymphe : *jeune fille.*

10 ** **1. Relevez et étudiez le schéma des rimes dans le poème suivant. Repérez les rimes intérieures et indiquez quel est l'effet recherché.**

2. Pourquoi peut-on dire de chaque strophe qu'elle possède une unité syntaxique et thématique ?

Par les soirs bleus d'été, j'irai par les sentiers,
Picoté par les blés, fouler l'herbe menue :
Rêveur, j'en sentirai la fraîcheur à mes pieds.
Je laisserai le vent baigner ma tête nue.

Je ne parlerai pas, je ne penserai rien :
Mais l'amour infini me montera dans l'âme,
Et j'irai loin, bien loin, comme un bohémien,
Par la Nature, – heureux comme avec une
[femme.

ARTHUR RIMBAUD, « Sensation », *Poésies*, 1870.

Repérer les accents et les coupes d'un poème

11 * **1. Les accents de ces vers sont placés de manière à donner un rythme régulier aux strophes. Indiquez sur quelles syllabes portent ces accents. Placez les césures.**

2. En quoi le thème des quatrains est-il souligné par la régularité du rythme ?

Te regardant assise auprès de ta cousine
Belle comme une Aurore, et toi comme un Soleil,
Je pensais voir deux fleurs d'un même teint pareil,
Croissantes en beauté, l'une à l'autre voisine.

La chaste, sainte, belle et unique Angevine,
Vite comme un éclair, sur moi jeta son œil :
Toi comme paresseuse, et pleine de sommeil
D'un seul petit regard tu ne m'estimas digne.

RONSARD, *Sonnets pour Hélène*, 1578.

12 ** **Les accents de ces vers sont placés à intervalles variables. Marquez ces accents et indiquez quel est l'effet produit.**

Saisir, saisir le soir, la pomme et la statue,
Saisir l'ombre et le mur et le bout de la rue.

Saisir le pied, le cou de la femme couchée
Et puis ouvrir les mains. Combien d'oiseaux
[lâchés,

Combien d'oiseaux perdus qui deviennent la rue,
L'ombre, le mur, le soir, la pomme et la statue !

JULES SUPERVIELLE, *Le Forçat innocent*,
Éd. Gallimard, 1930.

Repérer et étudier les enjambements

13 * **Repérez les rejets dans les vers suivants. Quels mots sont ainsi mis en valeur ?**

Depuis huit jours, j'avais déchiré mes bottines
Aux cailloux des chemins. J'entrais à Charleroi.
– *Au Cabaret-Vert :* je demandai des tartines
De beurre et du jambon qui fût à moitié froid.
Bienheureux, j'allongeai les jambes sous la table
Verte : je contemplai les sujets très naïfs
De la tapisserie. – Et ce fut adorable [...].

ARTHUR RIMBAUD, « Au Cabaret-Vert », octobre 1870.

14 ** **1. Comptez le nombre de syllabes de chaque vers.**

2. Placez les accents et les coupes. Quel est le rythme de la strophe ?

3. Repérez et observez l'enjambement. Quel mot met-il en valeur ?

4. Lisez le poème à haute voix puis commentez-le en associant son contenu avec les choix stylistiques opérés par l'auteur.

Il aimait à la voir, avec ses jupes blanches,
Courir tout au travers du feuillage et des
[branches,
Gauche et pleine de grâce, alors qu'elle cachait
Sa jambe, si la robe aux buissons s'accrochait.

CHARLES BAUDELAIRE, *Poème de jeunesse*,
publié en 1872.

Analyser le rythme d'un poème

15 ** **1. Placez les coupes des vers suivants.**

2. Indiquez si le rythme est binaire ou ternaire.

3. Quel est, pour chaque changement de rythme, l'effet produit ?

La foule hait cet homme et proscrit cette femme ;
Ils sont maudits. Quel est leur crime ? Ils ont
[aimé.

VICTOR HUGO, *Les Contemplations*, 1856.

De ces baisers puissants comme un dictame[1],
De ces transports plus vifs que des rayons,
Que reste-t-il ? C'est affreux, ô mon âme !
Rien qu'un dessin fort pâle, aux trois crayons.

CHARLES BAUDELAIRE, *Les Fleurs du mal*, 1857.

1. Dictame : *plante aromatique.*

Étudier les sonorités d'un poème

16 ** **1. Relevez les allitérations et les assonances contenues dans les citations suivantes.**

2. Quelle interprétation peut-on leur donner ?

Un frais parfum sortait des touffes d'asphodèles[1].
Les souffles de la nuit flottaient sur Galgala.

HUGO

1. Asphodèles : *fleurs blanches.*

Vous avez jusqu'ici
Contre leurs coups épouvantables
Résisté sans courber le dos.

LA FONTAINE

Dans les étables lamentables
Les lucarnes rapiécées
Ballottent leurs loques falotes.

VERHAEREN

Dans ce val solitaire et sombre,
Le cerf qui brame au bruit de l'eau,
Penchant ses yeux dans un ruisseau,
S'amuse à regarder son ombre.

DE VIAU

17 *** **1. La poésie s'appuie sur le retour de sonorités identiques à la rime mais aussi à l'intérieur des vers. Repérez ces répétitions.**

2. Quelle est l'allitération dominante ? Pourquoi peut-on parler d'harmonie imitative ?

3. Quels sentiments les assonances suggèrent-elles ? Relevez et analysez-les.

Il pleure dans mon cœur
Comme il pleut sur la ville ;
Quelle est cette langueur
Qui pénètre mon cœur ?

Ô bruit doux de la pluie
Par terre et sur les toits !
Pour un cœur qui s'ennuie
Ô le chant de la pluie !

Il pleure sans raison
Dans ce cœur qui s'écœure.
Quoi ? nulle trahison ?...
Ce deuil est sans raison.

C'est bien la pire peine
De ne savoir pourquoi
Sans amour et sans haine
Mon cœur a tant de peine !

PAUL VERLAINE, *Romances sans paroles*, 1874.

Étudier les répétitions lexicales et syntaxiques

18 * **Relevez et étudiez l'anaphore dans ce poème.**

Couvre-feu

Que voulez-vous la porte était gardée
Que voulez-vous nous étions enfermés
Que voulez-vous la rue était barrée
Que voulez-vous la ville était matée
Que voulez-vous elle était affamée
Que voulez-vous nous étions désarmés
Que voulez-vous la nuit était tombée

Que voulez-vous nous nous sommes aimés.

PAUL ÉLUARD, *Au rendez-vous allemand*, Éd. Minuit, 1945.

19 ** **1. Relevez et identifiez les répétitions lexicales et syntaxiques dans le texte suivant.**

2. En quoi le parallélisme est-il un procédé bien adapté à la poésie dramatique ?

Partagé entre son amour et sa foi, Polyeucte se convertit à la religion chrétienne et doit renoncer à Pauline.

PAULINE

Quittez cette chimère, et m'aimez...

POLYEUCTE

Je vous aime,
Beaucoup moins que mon Dieu, mais bien plus [que moi-même.

PAULINE

Au nom de cet amour, ne m'abandonnez pas.

POLYEUCTE

Au nom de cet amour, daignez suivre mes pas.

PAULINE

C'est peu de me quitter, tu veux donc me séduire ?

POLYEUCTE

C'est peu d'aller au ciel, je vous y veux conduire.

PAULINE

Imagination !

POLYEUCTE

Célestes vérités !

PAULINE

Étrange aveuglement !

POLYEUCTE

Éternelles clartés !

PAULINE

Tu préfères la mort à l'amour de Pauline !

POLYEUCTE

Vous préférez le monde à la bonté divine !

PIERRE CORNEILLE, *Polyeucte martyr*, Acte IV, scène 3, 1643.

Étudier les caractéristiques du langage poétique

20 ** **1. Sur quelles répétitions sonores, syntaxiques et lexicales le rythme du poème suivant repose-t-il ?**

2. Quels sens différents peut-on donner au terme « harmonie » ? Quelle dimension symbolique le mot « nuit » prend-il dans le poème ?

Elle a passé, la jeune fille,
Vive et preste comme un oiseau ;
À la main une fleur qui brille,
À la bouche un refrain nouveau.

C'est peut-être la seule au monde
Dont le cœur au mien répondrait ;
Qui, venant dans ma nuit profonde,
D'un seul regard l'éclairerait !...

Mais non, – ma jeunesse est finie...
Adieu, doux rayon qui m'a lui, –
Parfum, jeune fille, harmonie...
Le bonheur passait, – il a fui !

GÉRARD DE NERVAL, « Une allée du Luxembourg »,
Odelettes, 1832.

21 ** **1. Relevez les réseaux lexicaux développés par le poème suivant. Quelles sont les images associées à ces réseaux lexicaux ?**

2. Analysez la progression du poème : construction, rimes, thèmes.

Le temps a laissé son manteau
De vent, de froidure et de pluie,
Et s'est vêtu de broderie,
De soleil luisant, clair et beau.

Il n'y a ni bête ni oiseau
Qu'en son jargon[1] ne chante ou crie :
Le temps a laissé son manteau !

Rivière, fontaine et ruisseau
Portent, en livrée jolie,
Gouttes d'argent d'orfèvrerie,
Chacun s'habille de nouveau :
Le temps a laissé son manteau.

CHARLES D'ORLÉANS, *Rondeaux*, 1462.

1. Jargon : *langage*.

22 ** **1. Quel est le réseau lexical dominant du poème ? Relevez les termes qui le constituent.**

2. Étudiez le jeu de mots sonore proposé par le vers « Démons et merveilles ». Comment peut-on l'interpréter ?

3. Quel sens donnez-vous au titre du poème ?

Sables mouvants

Démons et merveilles
Vents et marées
Au loin déjà la mer s'est retirée
Et toi
Comme une algue doucement caressée
[par le vent
Dans les sables du lit tu remues en rêvant
Démons et merveilles
Vents et marées
Au loin déjà la mer s'est retirée
Mais dans tes yeux entrouverts
Deux petites vagues sont restées
Démons et merveilles
Vents et marées
Deux petites vagues pour me noyer.

JACQUES PRÉVERT, *Paroles*, Éd. Gallimard, 1949.

Repérer et étudier les images poétiques

23 *** **1. Relevez les images développées dans le poème suivant.**

2. Étudiez la façon dont la troisième strophe répond à la première.

3. Faites l'analyse de ce poème : vous étudierez les effets produits par le jeu sur la métrique, le rythme, les sonorités et les images.

Les sanglots longs
Des violons
De l'automne
Blessent mon cœur
D'une langueur
Monotone.

Tout suffocant
Et blême, quand
Sonne l'heure,
Je me souviens
Des jours anciens
Et je pleure ;

Et je m'en vais
Au vent mauvais
Qui m'emporte
Deçà delà,
Pareil à la
Feuille morte.

PAUL VERLAINE, « Chanson d'automne »,
Poèmes saturniens, 1866.

ACTIVITÉS D'ÉCRITURE

24 ** JOUER AVEC LE LEXIQUE

1. La poésie surréaliste accorde une grande importance au hasard, au travail de l'inconscient, qui possède pour André Breton et les surréalistes sa propre force poétique. Remplacez les mots et expressions en italique dans le poème par des termes appartenant au champ lexical de la ville.

2. Dans quelle mesure le résultat de votre travail peut-il être qualifié de « poétique » ?

Aube, adieu ! Je sors du *bois* hanté ; j'affronte les routes, *croix* torrides. Un *feuillage* bénissant me perd. L'août est sans brèches comme une *meule*.

Retiens la vue panoramique, hume *l'espace* et dévide machinalement les fumées.

Je vais m'élire une enceinte précaire : on enjambera s'il faut le *buis*. La *province* aux *bégonias* chauffés *caquète*, range. Que gentiment s'ameutent les *griffons* au volant frisé des jupes !

Où la chercher, depuis les *fontaines* ? À tort, je me fie à son collier de *bulles*...

ANDRÉ BRETON, « Âge », *Mont de Piété*, Éd. Gallimard, 1919.

25 ** CRÉER DES MOTS

1. La technique du mot-valise consiste à imbriquer deux mots ou plus pour n'en former qu'un seul, qui prendrait le sens de tous les autres réunis. Retrouvez les mots qui composent les mots-valises proposés ci-dessous.

2. Sur le même modèle, créez trois mots-valises puis donnez-leur la définition qui convient.

Définitions

ARMOURE : ensemble des défenses qui protègent l'individu contre la douleur d'aimer.

BIDINGUE : qui délire en deux langues.

BRIGOLER : éclater de rire en plantant un clou.

INSOVNI : objet volant qui traverse parfois le ciel nocturne, les yeux grands ouverts.

OPÉRAGE DE DENTS : chant inspiré par une douleur profonde.

SAPOTAGE : soupe servie trop froide, intentionnellement.

WAGABON : voiture récalcitrante, qui se détache du train et décide de vivre hors des rails.

ALAIN FINKIELKRAUT, *Petit Fictionnaire illustré*, Éd. du Seuil, 1981.

26 *** COMMENTER LE LANGAGE POÉTIQUE

1. La poésie est d'abord un jeu sur le langage. Elle s'attache à renouveler les images stéréotypées par le langage courant. Relevez et commentez quatre expressions courantes auxquelles s'attaque Desnos dans le poème qui suit.

2. Élaborez un texte qui accumule, comme celui de Desnos, des expressions du « langage cuit ».

3. Rédigez un paragraphe argumentatif dans lequel vous montrerez que la poésie, par un jeu sur le langage courant, s'attache à transformer l'univers quotidien. Aidez-vous pour cela de l'ensemble des poèmes proposés en « activités d'écriture ».

Un jour qu'il faisait nuit

Après cela il descendit au grenier.
Les étoiles de midi resplendissaient.
Le chasseur revenait carnassière pleine de poissons sur la rive au milieu de la Seine.
Un ver de terre marque le centre du cercle sur la circonférence.
En silence, mes yeux prononcèrent un bruyant discours.
Alors nous avancions dans une allée déserte où se pressait la foule.
Quand la marche nous eut bien reposés, nous eûmes le courage de nous asseoir puis au réveil nos yeux se fermèrent et l'aube versa sur nous les réservoirs de la nuit.
La pluie nous sécha.

ROBERT DESNOS, « Langage cuit », *Corps et biens*, Éd. Gallimard, 1930.

27 * IMAGINER UN POÈME

1. Le poème suivant est construit sur une énumération de comparaisons. Quel est le comparant ? Quel est l'effet produit par l'absence de comparé ?

2. Sur le même modèle, écrivez un poème commençant par l'anaphore « Gai comme ». Vous respecterez, pour chaque vers, la construction syntaxique proposée par Queneau, ainsi que le contraste provoqué par le dernier vers.

ACTIVITÉS D'ÉCRITURE

Mort comme une soupière
Mort comme l'ébrèchement d'une soupière
Mort comme le vide d'une soupière
Mort comme un reste de potage figé dans le fond [d'une soupière
Mort comme mille soupières
Mort comme dix mille soupières
Mort comme une souris noyée flottant à la [surface d'une panade emplissant une soupière
Mort comme un chou plein de poux à genoux [dans le fond d'une soupière
Mort comme une soupière
Vivant comme un caillou

RAYMOND QUENEAU, *Le Chien à la mandoline*, Éd. Gallimard, 1965.

28 *** CONFRONTER DEUX POÈMES

Confrontez les poèmes suivants dans un développement organisé et structuré. Vous montrerez comment Baudelaire utilise les ressources du langage poétique pour évoquer un univers harmonieux et sensuel.

TEXTE 1

« Parfum exotique » est un poème de jeunesse de Baudelaire. Ce sonnet est exemplaire d'une versification parfaitement maîtrisée.

Quand, les deux yeux fermés, en un soir chaud [d'automne,
Je respire l'odeur de ton sein chaleureux,
Je vois se dérouler des rivages heureux
Qu'éblouissent les feux d'un soleil monotone ;

Une île paresseuse où la nature donne
Des arbres singuliers et des fruits savoureux ;
Des hommes dont le corps est mince [et vigoureux,
Et des femmes dont l'œil par la franchise étonne.

Guidé par ton odeur vers de charmants climats,
Je vois un port rempli de voiles et de mâts
Encor tout fatigués par la vague marine,

Pendant que le parfum des verts tamariniers[1],
Qui circule dans l'air et m'enfle la narine,
Se mêle dans mon âme au chant des mariniers.

CHARLES BAUDELAIRE, « Parfum exotique », *Les Fleurs du mal*, 1857.

1. Tamariniers : *grand arbre exotique, très décoratif, aux feuilles et aux fruits comestibles.*

TEXTE 2

« Un hémisphère dans une chevelure » est un poème en prose qui s'inspire de deux pièces des Fleurs du mal *: « La chevelure » et « Parfum exotique ». On y retrouve les mêmes thèmes, que Baudelaire a toutefois choisi d'explorer sans les contraintes de la versification.*

Laisse-moi respirer longtemps, longtemps, l'odeur de tes cheveux, y plonger tout mon visage, comme un homme altéré, dans l'eau d'une source, et les agiter avec ma main comme un mouchoir odorant, pour secouer des souvenirs dans l'air.

Si tu pouvais savoir tout ce que je vois ! tout ce que je sens ! tout ce que j'entends dans tes cheveux ! Mon âme voyage sur le parfum comme l'âme des autres hommes sur la musique.

Tes cheveux contiennent tout un rêve, plein de voilures et de mâtures ; ils contiennent de grandes mers dont les moussons[1] me portent vers de charmants climats, où l'espace est plus bleu et plus profond, où l'atmophère est parfumée par les fruits, par les feuilles et par la peau humaine.

Dans l'océan de ta chevelure, j'entrevois un port fourmillant de chants mélancoliques, d'hommes vigoureux de toutes nations et de navires de toutes formes découpant leurs architectures fines et compliquées sur un ciel immense où se prélasse l'éternelle chaleur.

Dans les caresses de ta chevelure, je retrouve les langueurs des longues heures passées sur un divan, dans la chambre d'un beau navire, bercées par le roulis imperceptible du port, entre les pots de fleurs et les gargoulettes[2] rafraîchissantes.

Dans l'ardent foyer de ta chevelure, je respire l'odeur du tabac mêlée à l'opium et au sucre ; dans la nuit de ta chevelure, je vois resplendir l'infini de l'azur tropical ; sur les rivages duvetés de ta chevelure, je m'enivre des odeurs combinées du goudron, du musc[3] et de l'huile de coco.

Laisse-moi mordre longtemps tes tresses lourdes et noires. Quand je mordille tes cheveux élastiques et rebelles, il me semble que je mange des souvenirs.

CHARLES BAUDELAIRE, « Un hémisphère dans une chevelure », *Le Spleen de Paris*, 1862.

1. Moussons : *vents qui soufflent dans l'Asie du Sud-Est* - 2. Gargoulettes : *récipient où un liquide se rafraîchit* - 3. Musc : *substance odorante.*

CHAPITRE 22 Les formes poétiques

Dès son origine, dans l'Antiquité, le poète apparaît comme celui qui exprime les émotions et les sentiments des hommes, leur rapport avec les dieux comme avec la nature. Par la beauté de sa forme, par l'intensité de ses images, le poème s'inscrit dans la mémoire collective.

La poésie est un travail sur les mots, un acte de création individuel sur le langage. Le poète, dès le Moyen Âge, s'inspirant de l'Antiquité, crée les principes d'une écriture originale. Il invente et suit les règles fixées, comme le font Ronsard, Du Bellay, Malherbe, Boileau. Cependant, il cherche aussi, à partir de la fin du XIXe siècle, à renouveler l'écriture poétique : Baudelaire, Rimbaud, Mallarmé ouvrent la voie à de nouvelles audaces. À partir de Cendrars et Apollinaire, la poésie contemporaine affirme une liberté toujours plus grande, dans la création de formes originales.

Dans l'Antiquité, comme à l'époque classique, la poésie s'affirme d'abord à travers le respect d'un certain nombre de règles. Ces règles définissent les poèmes de forme régulière et de forme fixe. Mais le XIXe siècle multiplie les ruptures. Le poème en prose et le vers libre invitent la création poétique à explorer des voies originales, délivrées de toute contrainte.

I Les poèmes de formes régulières et de formes fixes

Le poème de forme régulière repose sur la répétition de vers de même mesure, sur le retour de la rime et des strophes. Dès le Moyen Âge apparaissent des formes fixes, mais certains poèmes gardent une certaine liberté qui dépend du choix du poète lui-même.

1. Les formes fixes

Certaines formes poétiques sont définitivement fixées, c'est-à-dire codifiées par des contraintes strictes de construction qui les rendent immédiatement identifiables, quel que soit le thème développé par le poème. Cependant, ces formes fixes ont pu évoluer au cours des siècles, permettant aux poètes une certaine liberté.

	CARACTÉRISTIQUES	ÉVOLUTION
Le rondeau	Il est composé de trois strophes en octosyllabes, de cinq, trois puis cinq vers. Les deux dernières strophes sont suivies d'un refrain.	• Le rondeau médiéval de Marot. • Le rondel symboliste de Mallarmé.
La ballade	Liée à la danse (« baller » signifie danser), elle est composée de trois strophes et d'un envoi au dédicataire. Le nombre de vers de chaque strophe est égal au nombre de syllabes de chaque vers (trois strophes de huit octosyllabes par exemple). Le dernier vers de chaque strophe constitue le refrain.	• La ballade médiévale comme *La Ballade des pendus* de Villon. • La ballade romantique comme les *Odes et Ballades* de Hugo.
Le sonnet	Il est composé de quatorze décasyllabes ou alexandrins répartis en deux quatrains et un sizain, divisé en deux tercets. Les deux quatrains comportent les mêmes rimes embrassées. Le sizain introduit trois nouvelles rimes. Le dernier vers crée un effet de surprise.	• Les sonnets réguliers de Ronsard et Du Bellay. • Les sonnets multipliant les enjambements de Baudelaire et de Rimbaud.

2. Les formes régulières

Certaines formes poétiques correspondent à des thèmes définis précisément, qui laissent toutefois au poète une grande liberté de construction :

• **L'épopée.** Issue de l'Antiquité, elle célèbre avec éclat l'héroïsme et le courage. Le plus souvent composée en octosyllabes ou en décasyllabes, l'épopée raconte l'affrontement des armées, célèbre le héros vainqueur et l'unité de la nation. Elle se distingue par son importante longueur, qui peut varier cependant selon les auteurs :

La Chanson de Roland (chanson de geste), *La Franciade* de Ronsard, *La Légende des siècles* de Hugo.

• **L'ode.** L'ode est un poème lyrique dans lequel le poète exprime des sentiments. Elle est composée de plusieurs strophes semblables par le nombre et la mesure des vers. Les *Odes* de Ronsard étaient ainsi destinées à être mises en musique.

- **La fable.** Elle raconte une petite histoire, qui met souvent en scène des animaux, avec une portée morale. La fable peut être en prose ; quand elle est un poème, elle autorise le changement de la mesure du vers pour animer le récit :

« Une morale nue apporte de l'ennui :
Le conte fait passer le précepte avec lui. » (Jean de La Fontaine)

- **La satire.** C'est un poème en alexandrins, qui combat les vices et les ridicules du temps, les défauts des hommes et de la société :

« L'argent, l'argent fatal, dernier dieu des humains,
Les prend par les cheveux, les secoue à deux mains... » (Auguste Barbier)

2 Le poème en prose

Rompant avec la tradition et les règles du vers, le poème en prose bouleverse l'histoire de la poésie.

- **L'apparition du poème en prose.** Aloysius Bertrand introduit le poème en prose en 1842, dans *Gaspard de la nuit*. Ses poèmes sont de courts récits sans vers ni rimes. Le texte est composé de quelques paragraphes de longueur à peu près égale, séparés par de larges blancs.

- **L'évolution du poème en prose.** Baudelaire dans ses *Petits Poèmes en prose*, Rimbaud dans ses *Illuminations* reprennent le principe du poème en prose en abandonnant les blancs entre les paragraphes.

La force poétique du poème en prose repose sur la puissance des images, le jeu sur le sens et la forme sonore des mots. La poésie moderne systématise l'usage du poème en prose, avec Paul Claudel, Henri Michaux, les écrivains surréalistes, René Char, Francis Ponge ou Philippe Jaccottet.

3 Le poème en vers libres

Après la rupture introduite par le poème en prose, le vers libre conteste à son tour les règles qui gouvernent l'écriture poétique.

- **L'apparition du vers libre.** Certains poètes symbolistes abandonnent à la fin du XIXe siècle l'unité de la strophe et l'obligation de la rime. Ils font se succéder des vers de longueurs différentes qui créent des rythmes nouveaux.

- **L'évolution du vers libre.** Le vers libre s'affirme et se développe dans la poésie du XXe siècle. Apollinaire et Cendrars abandonnent les premiers l'usage de la ponctuation. De nombreux poètes contemporains négligent l'usage de la majuscule en tête de vers, mais le poème se reconnaît encore par le retour à la ligne.

« Chocs
Rebondissements
Nous sommes un orage sous le crâne d'un sourd... » (Blaise Cendrars)

4 Le poème ouvert

Aujourd'hui, la poésie se veut une forme ouverte, qui n'obéit plus à des contraintes préétablies. Chaque poète s'affirme à travers une écriture personnelle, jouant avec les formes classiques ou créant des formes nouvelles.

- **Le poème graphique.** Il joue avec la taille, la forme, la disposition ou la couleur des lettres et des mots de manière à produire un effet analogue à celui d'une image ou d'un tableau. Il peut dessiner l'objet évoqué par le poème, comme Apollinaire dans ses *Calligrammes*.
- **Le poème déconstruit.** Il abandonne la disposition des vers en colonne et introduit des blancs. Les vers commencent à des endroits différents sur la ligne : certains vers sont centrés, d'autres alignés à droite. Les mots d'un même vers peuvent être séparés par des blancs. Le poète ressource le langage : il met chaque mot en valeur et arrache le texte poétique aux règles de la communication ordinaire.

« La porte qui ne s'ouvre pas
La main qui passe
Au loin un verre qui se casse
La lampe fume
Les étincelles qui s'allument
Le ciel est plus noir
Sur les toits » (Pierre Reverdy)

- **Le poème concentré.** Il joue sur un effet de grande densité. Le poème est alors très bref. Il prend l'apparence d'un fragment, qui transcrit une impression ou une idée fugitives. Il peut se rapprocher du poème japonais, le haïku, qui décrit un paysage en trois vers.

« Un cheval s'écroule au milieu d'une allée
Les feuilles tombent sur lui
Notre amour frissonne
Et le soleil aussi » (Jacques Prévert)

REPÈRE D'HISTOIRE LITTÉRAIRE

Les genres poétiques

À partir du Moyen Âge, les textes poétiques ont été peu à peu classés en quatre genres qui imposent chacun leurs règles d'écriture. La poésie épique célèbre le destin du héros glorieux au combat, fondateur de cités et de nations. La poésie lyrique, qu'on appelle aussi légère ou fugitive, rassemble les ballades, les chansons, les sonnets ou les odes qui expriment les sentiments personnels du poète. La poésie didactique est au contraire chargée d'enseignement : la fable ou la satire illustrent une morale, offrent une connaissance nouvelle du monde, portent un regard critique sur les mœurs de l'époque. La poésie dramatique, enfin, recouvre les pièces de théâtre, tragédies ou comédies, écrites en vers.

L'évolution de la poésie, au cours des siècles, a renversé cette hiérarchie. De la Renaissance au XIXe siècle, avec le sonnet, la poésie lyrique s'est en effet imposée comme le principal genre poétique. Mais le XXe siècle a complètement abandonné la distinction des genres poétiques, ouvrant ainsi la voie à l'explosion de formes et de thèmes nouveaux. ■

EXERCICES

Identifier et étudier un poème de forme fixe

1 * **1. Relevez, dans le rondeau suivant, l'ensemble des indications données sur cette forme poétique. Récapitulez l'ensemble de ces règles. Comment l'auteur en fait-il un jeu ?**

2. Quelle préoccupation du poète ce rondeau met-il en évidence ?

MA FOI, C'EST FAIT de moi ; car Isabeau
M'a conjuré de lui faire un rondeau :
Cela me met en une peine extrême.
Quoi ! treize vers, huit en EAU, cinq en ÈME !
Je lui ferai aussitôt un bateau.

En voilà cinq pourtant en un monceau.
Faisons-en sept en invoquant Brodeau[1],
Et puis mettons par quelque stratagème
MA FOI, C'EST FAIT.

Si je pouvais encor de mon cerveau
Tirer cinq vers, l'ouvrage serait beau.
Mais cependant me voilà dans l'onzième,
Et si[2] je crois que je fais le douzième,
En voilà treize ajustés de niveau.
MA FOI, C'EST FAIT.

VINCENT VOITURE, *Œuvres*, 1650.

1. Victor Brodeau : *poète du* XVIe *siècle, disciple de Marot.* - 2. Si : *pourtant.*

2 ** **1. Quel est le poème de forme fixe improvisé par Cyrano de Bergerac ? Vérifiez s'il en respecte les règles de construction.**

2. Relevez et étudiez les différentes images utilisées par Cyrano pour désigner son épée.

(Cyrano de Bergerac provoque un vicomte en duel. Il décide d'improviser un poème, tout en combattant...)

CYRANO, *fermant une seconde les yeux.*
Attendez !... je choisis mes rimes... Là, j'y suis.
Il fait ce qu'il dit, à mesure.

Je jette avec grâce mon feutre,
Je fais lentement l'abandon
Du grand manteau qui me calfeutre,
Et je tire mon espadon ;
Élégant comme Céladon,
Agile comme Scaramouche,
Je vous préviens, cher Mirmidon,
Qu'à la fin de l'envoi je touche !
Premiers engagements de fer.

Vous auriez bien dû rester neutre ;
Où vais-je vous larder, dindon ?...
Dans le flanc, sous votre maheutre ?...
Au cœur, sous votre bleu cordon ?...
– Les coquilles tintent, ding-don !
Ma pointe voltige, une mouche !
Décidément, c'est au bedon,
Qu'à la fin de l'envoi, je touche.

Il me manque une rime en eutre...
Vous rompez, plus blanc qu'amidon ?
C'est pour me fournir le mot pleutre !
– Tac ! je gare la pointe dont
Vous espériez me faire don ; –
J'ouvre la ligne, – je la bouche...
Tiens bien la broche, Laridon !
À la fin de l'envoi, je touche.
Il annonce solennellement :

ENVOI

Prince, demande à Dieu pardon !
Je quarte du pied, j'escarmouche,
Je coupe, je feinte...
Se fendant.
Hé ! là, donc,
Le vicomte chancelle ; Cyrano salue.
À la fin de l'envoi, je touche.

EDMOND ROSTAND, *Cyrano de Bergerac*, Acte I, scène 4, 1897.

3 ** **1. Relevez l'ensemble des caractéristiques du sonnet suivant.**

2. Chaque strophe développe un aspect du thème. Lequel ? Que suggère la chute du dernier vers ?

3. Quelle image le poète donne-t-il de lui-même ? Étudiez la métaphore du vers 4.

Il doit être minuit. Minuit moins cinq. On dort.
Chacun cueille sa fleur au vert jardin des rêves,
Et moi, las de subir mes vieux remords sans [trêves,
Je tords mon cœur pour qu'il s'égoutte en rimes [d'or.

Et voilà qu'à songer, me revient un accord,
Un air bête d'antan, et sans bruit tu te lèves
Ô menuet, toujours plus gai, des heures brèves
Où j'étais simple et pur, et doux, croyant encor.

Et j'ai posé ma plume. Et je fouille ma vie
D'innocence et d'amour pour jamais défleurie,
Et je reste longtemps, sur ma page accoudé,

Perdu dans le pourquoi des choses de la terre,
Écoutant vaguement dans la nuit solitaire
Le roulement impur d'un vieux fiacre attardé.

JULES LAFORGUE, « Veillée d'avril », écrit en 1880.

4 *** ÉTUDE LITTÉRAIRE

1. En vous aidant de l'encadré, étudiez la forme du sonnet suivant de manière à mettre en évidence les écarts qu'il propose par rapport aux normes de cette forme poétique.

2. En quoi les derniers vers respectent-ils la tradition du sonnet ?

LE SYLPHE[1]

Ni vu ni connu
Je suis le parfum
Vivant et défunt
Dans le vent venu !

Ni vu ni connu,
Hasard ou génie ?
À peine venu
La tâche est finie !

Ni lu ni compris ?
Aux meilleurs esprits
Que d'erreurs promises !

Ni vu ni connu,
Le temps d'un sein nu
Entre deux chemises !

PAUL VALÉRY, « Le Sylphe », *Charmes*, recueilli dans *Poésies*, Éd. Gallimard, 1922.

1. Le sylphe : *génie masculin de l'air qui revient fréquemment dans les contes du XVIIIe siècle.*

POUR ÉTUDIER LE TEXTE

L'évolution du sonnet

Le sonnet, d'origine italienne, a été introduit en France au début du XVIe siècle par Clément Marot. Les règles en sont rapidement fixées et stimulent la création poétique. Ronsard impose l'alternance de rimes féminines et masculines. Le dernier vers du sonnet comporte un effet de chute, de surprise. C'est la « pointe finale ». De Du Bellay à Baudelaire, de Ronsard à Mallarmé, le sonnet brille avec éclat comme une forme idéale que les poètes reprennent tour à tour.
Mais le désir d'enfreindre les règles s'est fait sentir au fil du temps. Pour créer divers effets, on tente l'octosyllabe, le vers impair, qui peut amplifier la musique du vers. On abandonne l'identité des rimes entre les deux quatrains. Ces jeux sur la forme révèlent la vitalité du sonnet tout au long de l'histoire de la poésie.

Étudier un poème de forme régulière

5 * **1. Quelle est la forme de ce poème ? S'agit-il d'une forme fixe ? Pourquoi ?**

2. Repérez les passages qui développent un récit. Repérez ceux qui introduisent des commentaires ou des réflexions. Quel est l'intérêt de cette alternance ?

L'Avarice perd tout en voulant tout gagner.
Je ne veux pour le témoigner
Que celui dont la Poule, à ce que dit la fable,
Pondait tous les jours un œuf d'or.
Il crut que dans son corps elle avait un trésor.
Il la tua, l'ouvrit, et la trouva semblable
À celles dont les œufs ne lui rapportaient rien,
S'étant lui-même ôté le plus beau de son bien.
Belle leçon pour les gens chiches :
Pendant ces derniers temps, combien en a-t-on [vus
Qui du soir au matin sont pauvres devenus
Pour vouloir trop tôt être riches ?

JEAN DE LA FONTAINE, « La Poule aux œufs d'or », *Fables*, V, 13, 1668.

6 ** **1. Quelle est la forme du poème suivant ? Justifiez votre réponse.**

2. Relevez les indices qui montrent que le poème s'inscrit dans le registre lyrique.

Mon bras pressait ta taille frêle
Et souple comme un roseau ;
Ton sein palpitait comme l'aile
D'un jeune oiseau.

Longtemps muets, nous contemplâmes
Le ciel où s'éteignait le jour.
Que se passait-il dans nos âmes ?
Amour ! Amour !

Comme un ange qui se dévoile,
Tu me regardais, dans ma nuit,
Avec ton beau regard d'étoile,
Qui m'éblouit.

VICTOR HUGO, *Les Contemplations*, 1856.

7 ** **1. Quelle est la forme du poème suivant ? Quelles sont ses caractéristiques ?**

2. Comment Boileau organise-t-il la progression thématique de son poème ? Relevez ses différentes étapes.

3. Quelles sont les différentes cibles du poème ?

Qui frappe l'air, bon Dieu ! de ces lugubres cris ?
Est-ce donc pour veiller qu'on se couche à Paris
Et quel fâcheux démon, durant des nuits entières,
Rassemble ici les chats de toutes les gouttières ?
J'ai beau sauter du lit, plein de trouble et d'effroi
Je pense qu'avec eux tout l'enfer est chez moi :
L'un miaule en grondant comme un tigre en furie,
L'autre roule sa voix comme un enfant qui crie.
Ce n'est pas tout encor, les souris et les rats
Semblent, pour m'éveiller, s'entendre avec les [chats,
Plus importuns pour moi, durant la nuit obscure,
Que jamais en plein jour, ne fut l'abbé De Pure[1].
Tout conspire à la fois à troubler mon repos,
Et je me plains ici du moindre de mes maux :
Car à peine les coqs, commençant leur ramage,
Auront de cris aigus frappé le voisinage,
Qu'un affreux serrurier, laborieux Vulcain[2],
Qu'éveillera bientôt l'ardente soif du gain,
Avec un fer maudit, qu'à grand bruit il apprête,
De cent coups de marteau me va fendre la tête.

BOILEAU, *Satires,* 1666.

1. L'abbé De Pure : *écrivain mondain, cible favorite de Boileau -*
2. Vulcain : *Dieu des Enfers, où il forge les armes des dieux.*

Étudier un poème en prose

8 ** **1. Quels écarts ce poème présente-t-il avec les poèmes de forme régulière ?**

2. Quelles caractéristiques font de ce poème une énigme ?

3. Commentez le dernier vers.

– Qui aimes-tu le mieux, homme énigmatique, dis ? ton père, ta mère, ta sœur ou ton frère ?
– Je n'ai ni père, ni mère, ni sœur, ni frère.
– Tes amis ?
– Vous vous servez là d'une parole dont le sens m'est resté jusqu'à ce jour inconnu.
– Ta patrie ?
– J'ignore sous quelle latitude elle est située.
– La beauté ?
– Je l'aimerais volontiers, déesse et immortelle.
– L'or ?
– Je le hais comme vous haïssez Dieu.
– Eh ! qu'aimes-tu donc, extraordinaire étranger ?
– J'aime les nuages... les nuages qui passent... là-bas... les merveilleux nuages !

CHARLES BAUDELAIRE, *Petits Poèmes en prose*, 1869.

9 *** **1. Étudiez la métaphore filée du poème.**

2. Montrez que l'harmonie du poème repose essentiellement sur les sonorités.

3. Lisez à haute voix ce poème en respectant le rythme imprimé par la ponctuation et par les sonorités. Commentez ensuite l'illustration inspirée à Henri Michaux par ce poème.

La maladie que j'ai me condamne à l'immobilité absolue au lit. Quand mon ennui prend des proportions excessives et qui vont me déséquilibrer si l'on n'intervient pas, voici ce que je fais : j'écrase mon crâne et l'étale devant moi aussi loin que possible et quand c'est bien plat, je sors ma cavalerie. Les sabots tapent l'air sur ce sol ferme et jaunâtre. Les escadrons prennent immédiatement le trot, et ça piaffe et ça rue. Et ce bruit, ce rythme net et multiple, cette ardeur qui respire le combat et la Victoire, enchantent l'âme de celui qui est cloué au lit et ne peut faire un mouvement.

HENRI MICHAUX, « Au lit », *Mes Propriétés* recueilli dans *La Nuit remue*, Éd. Gallimard, 1929.

Henri Michaux, *Peintures et dessins*, 1946.

ACTIVITÉS D'ÉCRITURE

18 ** Retrouver la forme d'un poème

1. Ce poème est proposé sans les alinéas. Chacune des strophes correspond à une unité syntaxique. Combien de strophes le poème comporte-t-il ?

2. Après avoir repéré les rimes, recopiez le poème avec les majuscules et les espaces.

3. Indiquez quelle est la forme du poème, la mesure des vers et quel est le schéma des rimes.

Sous le ciel pluvieux noyé de brumes sales, devant l'Océan blême, assis sur un îlot, seul, loin de tout, je songe au clapotis du flot, dans le concert hurlant des mourantes rafales. Crinière échevelée ainsi que des cavales[1], les vagues se tordant arrivent au galop et croulent à mes pieds avec de longs sanglots qu'emporte la tourmente aux haleines brutales. Partout le grand ciel gris, le brouillard et la mer, rien que l'affolement des vents balayant l'air. Plus d'heures, plus d'humains, et solitaire, morne, je reste là, perdu dans l'horizon lointain et songe que l'Espace est sans borne, et que le Temps n'aura jamais... jamais de fin.

JULES LAFORGUE, *Premiers Poèmes*, 1880.

1. Cavales : *juments.*

19 ** Jouer sur les réseaux lexicaux

1. Imaginez les termes qui pourraient compléter le poème. Complétez chaque strophe par un réseau lexical différent.

2. Quelle est la forme du poème suivant ? Justifiez votre réponse.

J'ai regardé devant moi
Dans la .... je t'ai vue
Parmi les .... je t'ai vue
Sous un .... je t'ai vue

Au bout de tous mes ....
Au fond de tous mes ....
Au tournant de tous les ....
Sortant de .... et du feu

L'été l'hiver je t'ai vue
Dans la .... je t'ai vue
Entre mes .... je t'ai vue
Dans mes .... je t'ai vue

Je ne te quitterai plus.

PAUL ÉLUARD, *Derniers Poèmes d'amour*, Éd. Seghers, 1947.

20 *** Imaginer

1. Lisez le poème en prose de Francis Ponge et étudiez sa progression thématique.

2. Repérez les allitérations et les assonances qui rythment le poème.

3. Repérez les images poétiques.

4. Sur le même modèle, en vous aidant de la définition de l'encyclopédie, rédigez un poème en prose que vous intitulerez « L'Orange ».
Vous respecterez les contraintes suivantes :
– présence d'au moins deux allitérations et une assonance ;
– présence d'au moins une comparaison, une métaphore et un oxymore.

L'Huître

L'huître, de la grosseur d'un galet moyen, est d'une apparence plus rugueuse, d'une couleur moins unie, brillamment blanchâtre. C'est un monde opiniâtrement clos. Pourtant on peut l'ouvrir : il faut alors la tenir au creux d'un torchon, se servir d'un couteau ébréché et peu franc, s'y reprendre à plusieurs fois. Les doigts curieux s'y coupent, s'y cassent les ongles : c'est un travail grossier. Les coups qu'on lui porte marquent son enveloppe de ronds blancs, d'une sorte de halo.

À l'intérieur l'on trouve tout un monde, à boire et à manger : sous un *firmament* (à proprement parler) de nacre, les cieux d'en dessus s'affaissent sur les cieux d'en dessous, pour ne plus former qu'une mare, un sachet visqueux et verdâtre, qui flue et reflue à l'odeur et à la vue, frangé d'une dentelle noirâtre sur les bords.

Parfois très rare une formule perle à leur gosier de nacre, d'où l'on trouve aussitôt à s'orner.

FRANCIS PONGE, *Le Parti pris des choses*, Éd. Gallimard, 1942.

Orange. N.f., fruit de l'oranger ; c'est une baie comestible à pépins, entourée d'une écorce parfumée d'une belle couleur jaune tirant sur le rouge, à pulpe jaune et parfois rougeâtre, divisée en quartiers et très juteuse. On en fait des confitures, des sirops ; l'écorce est confite.

Encyclopédie Focus, tome III, Éd. Bordas.

SYNTHÈSE

Étudier un recueil de poèmes

Un recueil regroupe un certain nombre de poèmes créés ou choisis pour être publiés ensemble. Étudier un recueil poétique, c'est d'abord déterminer le contexte dans lequel il a été écrit, qu'il s'agisse de la vie du poète ou des événements qui lui sont contemporains. L'étude de la structure du recueil prépare l'analyse des poèmes qui le composent.

I - DÉTERMINER LE CONTEXTE DE LA COMPOSITION

• À quel moment de sa vie le poète a-t-il écrit le recueil ?

– **La date de publication.** Elle donne une indication mais n'est pas un repère suffisant : un poète peut hésiter longtemps avant de publier, parce qu'il craint de se dévoiler ; certains recueils sont l'œuvre d'une grande partie de l'existence, voire de toute une vie.
– **Les événements biographiques.** L'œuvre contient des références à la vie de l'auteur : une biographie donne des indications sur cette relation entre la vie familiale ou amoureuse de l'auteur et l'œuvre publiée. Ainsi *Les Contemplations* font-elles de nombreuses allusions à la vie familiale de Victor Hugo.

• Quels événements de l'époque ont marqué le poète ?

L'étude du contexte historique et social de la vie de l'auteur met en évidence les grandes problématiques qui marquent une époque. La guerre, la révolution, le pouvoir en place déterminent l'engagement du poète, ses rapports avec le monde.

• Quels sont les choix esthétiques du poète ?

– **Le dialogue avec la tradition.** Toute œuvre dialogue avec le passé. Une première lecture des poèmes permet de mesurer à quel point le poète respecte les traditions antérieures et leur fait écho (formes, thèmes, registres). Elle permet aussi de voir dans quelle mesure l'auteur s'en distingue ou s'en écarte.
– **Le dialogue avec les contemporains.** S'il appartient à un mouvement littéraire, le poète obéit à un ensemble de règles et de normes qui peuvent d'ailleurs être exprimées dans un manifeste ; on comprend mieux le poète si on se renseigne sur ce mouvement. S'il n'appartient à aucun mouvement, le poète revendique une originalité, propose une vision personnelle du monde et de la société, qu'il s'agit de mettre en évidence.

II - DÉCOUVRIR LA COMPOSITION DU RECUEIL

• Le recueil obéit-il à une structure ?

Les poèmes successifs du recueil peuvent tracer un itinéraire, et même être regroupés en parties qui constituent autant d'étapes de cet itinéraire (Victor Hugo, *Les Contemplations*, *Les Châtiments* ; Baudelaire, *Les Fleurs du mal*). L'étude du sommaire, d'une éventuelle préface, permet de découvrir cette construction.

• Quelle est la forme poétique dominante ?

– **Les formes traditionnelles.** Les poèmes peuvent tous appartenir à une forme fixée par la tradition ; c'est le cas d'un recueil de sonnets, par exemple. L'appartenance à cette forme est un choix qui donne une unité au recueil (Ronsard, *Sonnets pour Hélène*). On peut également repérer la spécificité du recueil de fables, de l'épopée, de l'ode, etc.
– **Les formes libres.** Les poèmes peuvent être de forme libre, conservant ou non un système de strophes, conservant ou non la versification. Les poèmes peuvent même se dessiner sur la page en lignes inégales, discontinues, éparses. Les choix effectués par le poète révèlent sa vision de la poésie.

III - EFFECTUER UNE LECTURE GLOBALE DU RECUEIL

• Quel est le registre dominant ?

Le poète peut jouer sur plusieurs registres organisés de manière visible ou distribués sans ordre apparent. Mais le recueil s'inscrit souvent dans un registre dominant. Les registres les plus fréquents sont :
- le registre épique (*La Légende des siècles* de Victor Hugo, au XIXe siècle) ;
- le registre lyrique, en particulier celui du lyrisme amoureux (*Les Yeux d'Elsa* de Louis Aragon, au XXe siècle) ;
- le registre satirique (les *Satires* de Boileau, au XVIIe siècle) ;
- les registres pathétique et tragique (*Les Tragiques* d'Agrippa d'Aubigné, au XVIe siècle).

• Quels sont les thèmes récurrents ?

– Les thèmes traditionnels. On retrouve souvent les thèmes essentiels qui sont ceux de toute expérience humaine : l'amour, la nature, le temps qui passe, la souffrance, la mort... Le recueil propose alors une vision personnelle sur une problématique universelle.

– Les thèmes personnels. Chaque poète ponctue son recueil au moyen d'objets, d'états, de sensations ou de situations qui reviennent dans sa poésie comme un refrain. Il peut s'agir par exemple de l'automne chez Apollinaire, des parfums chez Baudelaire, du contraste entre l'ombre et la lumière chez Victor Hugo.

IV - ÉTUDIER LES POÈMES

• Comment donner du sens aux poèmes ?

– La polysémie. Le langage poétique étant fortement polysémique, un poème fournit un premier sens évident, mais il peut aussi en cacher un ou plusieurs autres plus symboliques qui n'apparaissent que si l'on va au-delà d'une lecture littérale. Un poème peut même être ésotérique, c'est-à-dire ne livrer aucun sens immédiat : le lecteur doit alors se livrer à un travail d'interprétation et construire un sens à partir de sa propre perception de l'univers mis en place par le poète.

– L'étude d'ensemble. Le sens du poème s'élabore aussi à partir des pistes fournies par l'étude des sources d'inspiration (le contexte, les traditions littéraires), des registres, des thèmes récurrents. Le poème peut également faire écho à d'autres pièces du recueil : dans ce cas, leur confrontation permet de les éclairer mutuellement.

• Que suggèrent les réseaux lexicaux et les connotations ?

– L'atmosphère générale. Il s'agit de chercher si les mêmes connotations et les mêmes réseaux lexicaux enrichissent le sens explicite du poème ou créent un univers particulier. On met cette recherche en relation avec le registre dominant du recueil, qui peut être renforcé ou nuancé.

– Les évolutions internes au poème. Il s'agit de voir à quels moments les connotations et les réseaux lexicaux marquent une étape nouvelle, une évolution dans l'expression d'une atmosphère ou d'un état d'âme.

• Que traduisent les images et les figures de style ?

La poésie réactive le langage. Elle joue avec le lexique mais aussi avec la syntaxe. Le poète souligne les ressemblances ou les contrastes au moyen de figures de style, renouvelle les images au moyen de comparaisons ou de métaphores originales.

• Quels effets produisent le rythme et les sonorités ?

Tout poète travaille le langage dans un cadre défini par les traditions et les mouvements littéraires qu'il accepte ou rejette, et que l'étude du contexte a permis de connaître. Mais tout poème renferme aussi ses trouvailles spécifiques qui sont à chercher dans la relation son/sens créée à l'intérieur du poème.

PARTIE V
LES GENRES LITTÉRAIRES

CHAPITRE

23 Le texte et la scène

Au théâtre, les acteurs font semblant de vivre sur scène ce que les spectateurs font semblant de prendre pour la réalité. Cette imitation qui multiplie à plaisir masques et faux-semblants passe par les paroles échangées sur scène.

Dans sa célèbre *Poétique*, Aristote (384-322 av. J.-C.) souligne que c'est le texte qui fait la valeur des œuvres théâtrales. Il ajoute même que la tragédie peut s'apprécier « sans acteurs » et que la mise en scène relève de « l'art des décorateurs » et non de « celui des poètes ». N'est-ce pas le texte en effet qui fait la valeur de l'*Antigone* de Sophocle, du *Tartuffe* de Molière, ou du *Mariage de Figaro* de Beaumarchais ?

Mais le texte change selon les conditions de la représentation. Au Moyen Âge, toute la ville participe à la célébration des mystères. Au XVIIe siècle, les bateleurs qui attirent les badauds sur les ponts de Paris ne disent pas les mêmes textes que les acteurs célèbres qui jouent des œuvres de Corneille, de Molière, de Racine, devant le roi et sa cour. De nos jours, les écrivains, comme Ionesco, Beckett, tiennent compte du nouvel usage du son et des images que permet la technique moderne. On ne peut lire une pièce de théâtre comme on lirait un roman ou un poème ; il faut donc suivre le conseil de Molière et essayer de « découvrir dans la lecture tout le jeu du théâtre ».

Pour porter un texte au théâtre, le metteur en scène doit déterminer le choix des comédiens, du style de jeu, des costumes, des décors, de la musique.

Comment la confrontation du texte de Beaumarchais et des décors choisis pour la mise en scène permet-elle de mesurer le long chemin qu'il faut parcourir pour aller du texte à la représentation ?

Le texte de théâtre

Acte 1, scène 1. Figaro, Suzanne

Le théâtre représente une chambre à demi démeublée ; un grand fauteuil de malade est au milieu. Figaro, avec une toise, mesure le plancher. Suzanne attache à sa tête, devant une glace, le petit bouquet de fleurs d'oranger, appelé chapeau de la mariée.

FIGARO. – Dix-neuf pieds sur vingt-six.

SUZANNE. – Tiens, Figaro, voilà mon petit chapeau : le trouves-tu mieux ainsi ?

FIGARO, *lui prend les mains.* – Sans comparaison, ma charmante. Oh ! que ce joli bouquet virginal élevé sur la tête d'une belle fille est doux, le matin des noces, à l'œil amoureux d'un époux !...

SUZANNE, *se retire.* – Que mesures-tu donc là, mon fils[1] ?

FIGARO. – Je regarde, ma petite Suzanne, si ce beau lit que Monseigneur nous donne aura bonne grâce ici.

SUZANNE. – Dans cette chambre ?

FIGARO. – Il nous la cède.

SUZANNE. – Et moi, je n'en veux point.

FIGARO. – Pourquoi ?

SUZANNE. – Je n'en veux point.

FIGARO. – Mais encore ?

SUZANNE. – Elle me déplaît.

FIGARO. – On dit une raison.

SUZANNE. – Si je n'en veux pas dire ?

FIGARO. – Oh ! quand elles sont sûres de nous !

SUZANNE. – Prouver que j'ai raison serait accorder que je puis avoir tort. Es-tu mon serviteur[2], ou non ?

FIGARO. – Tu prends de l'humeur contre la chambre du château la plus commode, et qui tient le milieu des deux appartements. La nuit, si madame est incommodée, elle sonnera de son côté ; zeste[3], en deux pas tu es chez elle. Monseigneur veut-il quelque chose ? il n'a qu'à tinter du sien ; crac, en trois sauts me voilà rendu.

SUZANNE. – Fort bien ! Mais quand il aura *tinté* le matin, pour te donner quelque bonne et longue commission, zeste, en deux pas, il est à ma porte, et crac, en trois sauts...

FIGARO. – Qu'entendez-vous par ces paroles ?

SUZANNE. – Il faudrait m'écouter tranquillement.

FIGARO. – Eh, qu'est-ce qu'il y a ? bon Dieu !

SUZANNE. – Il y a, mon ami, que, las de courtiser les beautés des environs, Monsieur le comte Almaviva veut rentrer au château, mais non pas chez sa femme ; c'est sur la tienne, entends-tu, qu'il a jeté ses vues, auxquelles il espère que ce logement ne nuira pas. Et c'est ce que le loyal[4] Bazile, honnête[4] agent de ses plaisirs, et mon noble[4] maître à chanter, me répète chaque jour, en me donnant leçon.

FIGARO. – Bazile ! ô mon mignon, si jamais volée de bois vert, appliquée sur une échine, a dûment redressé la moelle épinière à quelqu'un...

BEAUMARCHAIS, *Le Mariage de Figaro*, Acte 1, scène 1, 1784.

1. Mon fils : *mon ami* - 2. Mon serviteur : *mon chevalier servant* - 3. Zeste : *zou ! interjection familière qui indique la promptitude* - 4. Loyal, honnête, noble : *appellations ironiques.*

La mise en scène

Figaro et Suzanne dans la première scène de l'acte 1

La mise en scène de JEAN-PIERRE VINCENT.

La mise en scène d'ANTOINE VITEZ.

1 Le texte de théâtre

1. Que signalent les différences de caractères d'imprimerie dans le texte de théâtre ?

2. Observez les deux photographies. Quelles indications données par les didascalies se retrouvent dans les deux mises en scène ?

2 Une énonciation complexe

3. Au début de la pièce, l'auteur doit indiquer au spectateur quels sont les personnages en scène et la raison de leur présence. Qui sont les personnages présents ? Quel événement doit avoir lieu le jour même ? De quoi parlent-ils ?

4. Comment Beaumarchais procède-t-il pour faire croire aux spectateurs que les renseignements qu'il fournit sont donnés de façon naturelle ?

3 Les circuits de la parole

5. Les premières paroles d'une œuvre en donnent le ton. Suzanne et Figaro plaisantent sur un ton léger et familier. Relevez les détails du texte qui le montrent. Comment les deux mises en scène contribuent-elles à ce climat ?

6. Figaro juge très pratique la situation de la chambre. Suzanne n'est pas d'accord. Quelles sont leurs justifications respectives ? Comment l'organisation du dialogue met-elle en lumière ce qui les oppose ?

Le texte de théâtre est destiné à être joué et pas seulement à être lu. L'auteur ne s'adresse au public que par l'intermédiaire de l'ensemble des interprètes. Le recours à des conventions permet au dialogue de se poursuivre sur scène sans lasser les spectateurs.

1 Le texte de théâtre

1. Le texte publié

- **Deux énoncés.** Le texte de théâtre conduit à distinguer deux types d'énoncés différents : le texte prononcé par les acteurs qui est en caractères courants ; des indications variées, appelées didascalies, d'un mot grec qui signifie « enseigner, renseigner », qui sont en capitales et en italique.

- **Les didascalies.** Ces renseignements indiquent obligatoirement le découpage en actes, scènes ou tableau, les personnages présents, celui qui parle. Elles peuvent préciser les costumes, le décor, les déplacements, les intonations, les gestes des acteurs.
Parfois, au-delà des didascalies, c'est le texte même qui permet d'imaginer ce qui se passe sur la scène. Dans *Le Misanthrope* de Molière par exemple, Célimène demande « des sièges pour tous ». Cet ordre suppose qu'apparaissent des laquais, des accessoires, du mouvement.

2. Le texte joué

À la différence du roman, le texte de théâtre reste toujours incomplet : comme une partition musicale, il appelle l'intervention des interprètes qui le feront vivre et lui donneront un sens singulier.

- **Le jeu de l'acteur.** Il donne du sens au texte par ses intonations (douces, heurtées, rapides, lentes), par ses mimiques (regards, rires, larmes), par ses gestes et ses mouvements (lenteur majestueuse, agitation).

- **Le rôle du metteur en scène.** C'est le metteur en scène qui doit orchestrer décors, lumières, jeu des acteurs pour assurer la cohérence de l'interprétation.
Le décor, les éclairages, les accessoires, les bruits et parfois la musique contribuent au climat de la représentation.
Les costumes que portent les acteurs sont parlants : ils indiquent une époque, une classe sociale, des choix idéologiques ou dramaturgiques essentiels.
Les bruitages, l'accompagnement musical permettent d'élaborer un véritable décor sonore.

2 Une énonciation complexe

1. L'auteur et le public

L'auteur de théâtre ne s'adresse au public que par l'intermédiaire des discours échangés entre acteurs. Certes, ce type d'énonciation existe aussi dans le roman, mais les paroles rapportées dans le roman sont commentées par le narrateur : ce n'est pas le cas au théâtre.

Schéma de la communication théâtrale

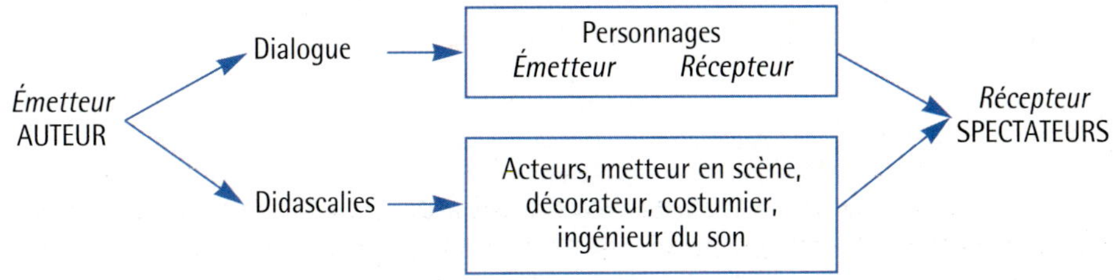

L'auteur de la pièce est doublement dessaisi de ses pouvoirs : parce que les didascalies peuvent toujours être interprétées ; parce que les discours prononcés sont attribués aux personnages, jamais à l'auteur. Le jeu théâtral trouve là une des raisons de sa complexité mais aussi de sa vitalité.

2. Une double énonciation

Sur scène, un personnage parle à un autre personnage, et indirectement au public : on parle d'une double énonciation. Une réplique a un sens pour le personnage, mais elle peut avoir un autre sens pour le spectateur qui en sait souvent plus.

> IPHIGÉNIE. – *Me sera-t-il permis de me joindre à vos vœux ?*
> *Verra-t-on à l'autel votre heureuse famille ?*
> AGAMEMNON. – *Hélas !*
> IPHIGÉNIE. – *Vous vous taisez ?*
> AGAMEMNON. – *Vous y serez, ma fille.*
> *Adieu.* (Jean Racine, *Iphigénie*, Acte II, scène 2, 1674)

Dans la tragédie de Racine, *Iphigénie*, la réplique du roi Agamemnon « *Vous y serez ma fille* », est ambiguë : sa fille Iphigénie pense que son père annonce son mariage alors que le spectateur sait qu'il s'agit de sa mort.

3 Les circuits de la parole

1. La distribution de la parole

La distribution de la parole est un enjeu essentiel : qui parle, à qui et pourquoi ? Qui prend la parole, qui la garde, qui la coupe, qui la perd, qui refuse de la prendre ? Le but recherché a-t-il été atteint ? Au théâtre, la parole est toujours action ; même lorsqu'elle se présente comme un simple récit, elle cherche à bouleverser une situation, à dominer ou à séduire un interlocuteur.

2. Les formes conventionnelles du dialogue théâtral

Entre le silence ou la violence gestuelle, le théâtre déploie toutes les formes possibles de l'échange, mais ces représentations restent très éloignées des dialogues de la vie courante. À ceux qui lui reprochaient de trop longues tirades, Corneille répondait que sans l'inventivité des poètes, « les grandes douleurs ne mettraient dans la bouche de nos acteurs que des exclamations et des *hélas* ». La parole au théâtre n'a donc, heureusement, rien de naturel.

Les formes stylisées du dialogue théâtral

	DÉFINITION	EFFET CHERCHÉ	EXEMPLE
La tirade	Longue réplique, parfois récit, parfois plaidoirie ou réquisitoire, qui s'adresse à un ou plusieurs interlocuteurs.	Soigneusement composée, elle permet au personnage de se faire écouter ; auteur et acteur peuvent y briller.	– Théramène raconte la mort d'Hyppolite ; – Horace explique pourquoi il a tué sa sœur Camille ; – Dom Juan vante l'infidélité ou l'hypocrisie.
La repartie	Réplique brève, souvent cinglante.	La repartie souligne la vivacité de l'affrontement, le brio du personnage ; renforce le tragique ou le comique.	Le Comte. –*Qui t'a donné une philosophie aussi gaie ?* Figaro. – *L'habitude du malheur.* (Beaumarchais)
La stichomythie	Succession de répliques brèves (limitées à un vers ou un hémistiche).	Elle marque que le dialogue menace de se rompre ; termine souvent une scène.	– *Es-tu si las de vivre ?* – *As-tu peur de mourir ?* (Corneille)
Le monologue	Un personnage parle seul en scène, parfois très longuement.	Il met en scène la solitude d'un personnage qui doit prendre une décision, qui traverse une crise.	– Rodrigue se demande s'il doit venger son père. – Figaro se sent trahi par sa fiancée.
L'aparté	Réplique entendue par le public mais non par l'interlocuteur pourtant en scène.	Il montre la difficulté d'un échange transparent ; crée une complicité avec le public.	Le Comte (*à part*). – *Voici du neuf.* Figaro (*à part*). – *À mon tour maintenant.* (Beaumarchais)
Le quiproquo	Les personnages prennent un mot pour un autre ou comprennent mal une phrase.	Comique ou tragique, il souligne la fragilité du langage, révèle des traits de caractère.	« *Les beaux yeux de ma cassette !* » Harpagon croit que Valère lui parle de son argent alors qu'il lui parle de sa fille.

REPÈRE D'HISTOIRE LITTÉRAIRE

LE MONOLOGUE : UN ARTIFICE CONTESTÉ MAIS TOUJOURS VIVANT

Dès l'Antiquité, un acteur pouvait parler seul, en particulier dans les prologues. Les jongleurs du Moyen Âge ont entretenu cette tradition qui faisait les beaux jours des bateleurs de foire.

Au début du XVIIe siècle, le public raffolait de ces morceaux de bravoure qui sont au théâtre ce que le grand air est à l'opéra : un moment délicieux de virtuosité. En 1632, dans sa tragi-comédie *Clitandre*, le jeune Corneille a offert 14 monologues à ses acteurs. Mais le souci de la vraisemblance jeta le discrédit sur une convention qui parut trop artificielle : parle-t-on seul sans passer pour un fou ?

Le théâtre classique substitua au monologue un échange avec un confident. Le monologue resta toutefois indispensable pour mettre en scène un personnage qui n'a personne à qui parler : seul son célèbre monologue, un des plus longs du répertoire, a pu donner au Figaro de Beaumarchais une profondeur qui lui manquait. Le théâtre contemporain, sensible à la solitude de l'homme d'aujourd'hui, y a souvent recours. ■

EXERCICES

Étudier le texte et les didascalies

1 * **Les didascalies fournissent des indications que le dialogue ne donne pas. Quels comportements révèlent-elles ? Répondez pour chaque passage.**

ORONTE. – C'est à vous, s'il vous plaît, que ce discours s'adresse. *(En cet endroit Alceste paraît tout rêveur et semble n'entendre pas qu'Oronte lui parle.)*
ALCESTE. – À moi, Monsieur ?
ORONTE. – À vous. Trouvez-vous qu'il vous blesse ?

MOLIÈRE, *Le Misanthrope*, Acte V, scène. 1, 1666.

LADY HURE. – Vous ne comprenez donc pas qu'il l'a séduite, la fera voler ou faire le trottoir.
LORD EDGARD, *qui ne comprend pas*. – Le trottoir ? *(Il comprend soudain.)* Le trottoir ! *(Il s'écroule.)*

JEAN ANOUILH, *Le Bal des voleurs*, Éd. de la Table ronde, 1938.

LA SŒUR. – Le malheur ne demande pas de temps. Il vient quand il veut, il transforme tout en un instant. Il détruit en un instant un objet précieux que l'on garde depuis des années. *(Elle prend un objet et le fait tomber sur le sol.)* Et on ne peut pas recoller les morceaux. Même en criant, on ne pourrait pas recoller les morceaux.

BERNARD-MARIE KOLTÈS, *Roberto Zucco*, Éd. de Minuit, 1990.

2 *** ÉTUDE LITTÉRAIRE

1. Dans le texte qui suit, pourrait-on éliminer les didascalies ?

2. En vous aidant de l'encadré, expliquez quelle est la relation entre les didascalies et les paroles du personnage ? Quelle atmosphère est ainsi créée ?

(Une femme d'une cinquantaine d'années est enterrée jusqu'au-dessus de la taille dans un petit mamelon d'herbe brûlée.)

Un temps long. Une sonnerie perçante se déclenche, cinq secondes, s'arrête. Winnie ne bouge pas. Sonnerie plus perçante, trois secondes. Winnie se réveille. La sonnerie s'arrête. Elle lève la tête, regarde devant elle. Un temps long. Elle se redresse, pose les mains à plat sur le mamelon, rejette la tête en arrière et fixe le zénith. Un temps long.
WINNIE *(fixant le zénith)*. – Encore une journée divine. *(Un temps. Elle ramène la tête à la verticale, regarde devant elle. Un temps. Elle joint les mains, les lève devant sa poitrine, ferme les yeux. Une prière inaudible remue ses lèvres, cinq secondes. Les lèvres s'immobilisent, les mains restent jointes. Bas.)* Jésus-Christ Amen. *(Les yeux s'ouvrent, les mains se disjoignent, reprennent leur place sur le mamelon. Un temps. Elle joint de nouveau les mains, les lève de nouveau devant sa poitrine. Une arrière-prière inaudible remue de nouveau ses lèvres, trois secondes. Bas.)* Siècle des siècles Amen. *(Les yeux s'ouvrent, les mains se disjoignent, reprennent leur place sur le mamelon. Un temps.)* Commence, Winnie. *(Un temps.)* Commence ta journée, Winnie.

SAMUEL BECKETT, *Oh les beaux jours*, Éd. de Minuit, 1963.

POUR ÉTUDIER LE TEXTE

Le succès des didascalies

Longtemps limitées aux noms des personnages et au découpage en scènes et en actes, les didascalies deviennent plus précises dès la fin du XVIIIe siècle et se multiplient surtout au XIXe siècle. En décrivant minutieusement les décors, en individualisant les personnages, les didascalies contribuent à donner l'illusion du réel. Au XXe siècle, l'abondance des didascalies, qui envahissent parfois tout le dialogue, se fonde sur une crise du discours ; quand le langage s'avère insuffisant, les objets, les voix, les corps deviennent signifiants et font pleinement partie de l'œuvre théâtrale. En 1956, Samuel Beckett conçoit même des *Actes sans paroles* qui ne comportent plus que des didascalies.

3 * **1. Sans les didascalies initiales, peut-on savoir combien d'acteurs sont sur scène ?**

2. Quels accessoires faut-il prévoir ?

Quelques provinciaux, en voyage à Paris, viennent de manger dans un restaurant, mais la note leur paraît trop élevée !

CHAMPBOURCY. – Cent trente-sept francs ! Vous vous êtes dit : « Ce sont des provinciaux, il faut les plumer ! »
BENJAMIN. – Mais, Monsieur...
COLLADAN. – Nous sommes aussi malins que toi, mon petit.
CORDENBOIS. – D'ailleurs, les prix sont sur la carte.
CHAMPBOURCY. – Donnez-moi la carte !
Benjamin, *la prenant sur une table et la remettant à Champbourcy*. – Voilà, Monsieur.
CHAMPBOURCY, *regardant*. – J'en étais sûr... Melon, un franc la tranche.

COLLADAN. – Pourquoi que vous portez dix francs ? Vous êtes un malfaiteur !

BENJAMIN. – Il y a dix francs, monsieur... C'est le cadre qui cache le zéro.

TOUS, *regardant*. – Oh !

CORDENBOIS. – Mais la terrine de Nérac... deux francs.

BENJAMIN. – Vingt francs, monsieur... C'est le cadre qui cache le zéro !

TOUS, *regardant*. – Oh !

LÉONIDA. – Nous sommes volés !

COLLADAN, *prenant la carte*. Tous les zéros sont cachés !

CHAMPBOURCY. – Mais nous ne payerons pas... Où est le patron ?

BENJAMIN. – Dans le salon d'à côté... Si ces messieurs veulent venir s'expliquer...

CHAMPBOURCY. – Allons-y !

TOUS. – Allons-y !

EUGÈNE LABICHE, *La Cagnotte*, 1864.

Repérez les effets de la double énonciation

4 * **1. Que sait le spectateur que ne sait pas Géronte ?**

2. À travers cette situation, quel aspect de la relation entre les deux personnages est mis en valeur ?

(Scapin a convaincu son maître Géronte de se cacher dans un sac. Puis le valet fait croire à son maître que ses ennemis arrivent sur scène.)

SCAPIN. – Cachez-vous. Voici un spadassin qui vous cherche. *(En contrefaisant sa voix.)* : « Quoi ? Jé n'aurai pas l'abantage dé tuer cé Géronte, et quelqu'un par charité né m'enseignera pas où il est ?... »

Prenez garde. En voici un autre qui a la mine d'un étranger...

« Parti ! moi courir comme une Basque, et moi ne pouve point troufair de tout le jour sti diable de Gironte ? »

MOLIÈRE, *Les Fourberies de Scapin*, Acte 3, scène 2, 1671.

5 ** **Le spectateur, lorsqu'il entend Thésée condamner son fils, connaît l'innocence d'Hippolyte. En quoi la double énonciation contribue-t-elle au tragique du passage ?**

(Thésée croit à tort qu'en son absence, son fils Hippolyte a tenté de séduire son épouse Phèdre. Il demande au redoutable Neptune, dieu des mers, d'« exécuter » son fils.)

THÉSÉE, *seul*.

Misérable, tu cours à ta perte infaillible.
Neptune, par le fleuve[1] aux Dieux mêmes terrible,
M'a donné sa parole et va l'exécuter.
Un Dieu vengeur te suit, tu ne peux l'éviter.
Je t'aimais ; et je sens que malgré ton offense,
Mes entrailles pour toi se troublent par avance.
Mais à te condamner tu m'as trop engagé.
Jamais père en effet fut-il plus outragé ?
Justes Dieux, qui voyez la douleur qui m'accable,
Ai-je pu mettre au jour un enfant si coupable ?

RACINE, *Phèdre*, 1677.

1. Le fleuve : *le Styx, fleuve des enfers.*

6 ** **1. Dans le passage suivant, quelles didascalies sont indispensables à la compréhension de la scène pour le lecteur ?**

2. Comment l'effet de surprise est-il ménagé ?

3. Comment la complicité entre l'auteur et le public se crée-t-elle ?

(M. Follavoine se plaint à son épouse Julie de n'avoir pas trouvé le mot « Hébrides » dans son dictionnaire.)

JULIE. – C'est dans les Z que tu as cherché ça ?

FOLLAVOINE, *un peu interloqué*. – Hein ?... mais... oui...

JULIE, *haussant les épaules avec pitié*. – Dans les Z, les Hébrides ? Ah ! bien, je te crois que tu n'as pas pu trouver.

FOLLAVOINE. – Quoi ? C'est pas dans les Z ?

Il contourne la table et remonte près de Julie.

JULIE, *tout en feuilletant rapidement le dictionnaire*. – Il demande si c'est pas dans les Z !

FOLLAVOINE. – C'est dans quoi, alors ?

JULIE, *s'arrêtant à une page du dictionnaire*. – Ah ! porcelainier, va !... Tiens, tu vas voir comme c'est dans les Z. *(Parcourant la colonne des mots.)* Euh !... « Ébraser, Èbre, Ébrécher... « C'est dans les E, voyons ! »... Ébriété, ébroïcien, ébro... « *(interloquée.)* Tiens ! Comment ça se fait ?

FOLLAVOINE. – Quoi ?

JULIE. – Ça n'y est pas !

FOLLAVOINE, *dégageant vers la gauche et sur un ton triomphant*. – Ah ! ah ! Je ne suis pas fâché !... Toi qui veux toujours en savoir plus que les autres !...

JULIE, *décontenancée*. – Je ne comprends pas : ça

devrait être entre « ébrécher « et « ébriété ».
FOLLAVOINE, *sur un ton rageur.* – Quand je te dis qu'on ne trouve rien dans ce dictionnaire !

GEORGES FEYDEAU, *On purge Bébé !*, 1910.

Étudier la forme du dialogue : la tirade

7 *** **1. Camille a décidé de devenir religieuse : elle préfère l'amour de Dieu à l'amour d'hommes infidèles et trompeurs. Pourquoi Perdican se lance-t-il dans ce long discours ? Pourquoi ne répond-il pas directement à la question de Camille ?**

2. Perdican cherche à persuader sa cousine. Repérez les marques de cet effort et caractérisez le registre de cette tirade : est-elle pathétique, polémique, tragique ?

3. Cette tirade s'adresse à Camille mais ne s'adresse-t-elle pas aussi au public ? Quelle thèse développe-t-elle ?

4. Outre le débat d'idées, quelle autre raison le spectateur peut-il soupçonner devant la vivacité des propos de Perdican ?

PERDICAN. – Sais-tu ce que c'est que ces nonnes[1], malheureuse fille ? Elles qui te représentent l'amour des hommes comme un mensonge, savent-elles qu'il y a pis encore, le mensonge de l'amour divin ? Savent-elles que c'est un crime qu'elles font, de venir chuchoter à une vierge des paroles de femme ? Ah ! comme elles t'ont fait la leçon ! Comme j'avais prévu tout cela quand tu t'es arrêtée devant le portrait de notre vieille tante[2] ! Tu voulais partir sans me serrer la main ; tu ne voulais revoir ni ce bois ni cette pauvre petite fontaine qui nous regarde tout en larmes ; tu reniais les jours de ton enfance, et le masque de plâtre que les nonnes t'ont plaqué sur les joues me refusait un baiser de frère ; mais ton cœur a battu ; il a oublié sa leçon, lui qui ne sait pas lire, et tu es revenue t'asseoir sur l'herbe où nous voilà. Eh bien ! Camille, ces femmes ont bien parlé ; elles t'ont mise dans le vrai chemin ; il pourra m'en coûter le bonheur de ma vie ; mais dis-leur cela de ma part : le ciel n'est pas pour elles.

CAMILLE. – Ni pour moi n'est-ce pas ?

PERDICAN. – Adieu, Camille, retourne à ton couvent, et lorsqu'on te fera de ces récits hideux qui t'ont empoisonnée, réponds ce que je vais te dire : « Tous les hommes sont menteurs, inconstants, faux, bavards, hypocrites, orgueilleux et lâches, méprisables et sensuels ; toutes les femmes sont perfides, artificieuses, vaniteuses, curieuses et dépravées ; le monde n'est qu'un égout sans fond, où les phoques les plus informes rampent et se tordent sur des montagnes de fange[3] ; mais il y a au monde une chose sainte et sublime, c'est l'union de deux de ces êtres si imparfaits et si affreux. On est souvent trompé en amour, souvent blessé et souvent malheureux ; mais on aime et quand on est sur le bord de sa tombe, on se retourne pour regarder en arrière, et on se dit : J'ai souffert souvent, je me suis trompé quelquefois, mais j'ai aimé. C'est moi qui ai vécu et non pas un être factice créé par mon orgueil et mon ennui. » *(Il sort.)*

ALFRED DE MUSSET, *On ne badine pas avec l'amour*, 1834.

1. Nonnes : *religieuses* - 2. Notre vieille tante : *Camille et Perdican sont cousins* - 3. Fange : *boue.*

8 *** **1. En étudiant le temps des verbes et les modalités les plus fréquentes, analysez le sentiment éprouvé par le personnage.**

2. Cette tirade fait-elle avancer l'action ? Quelle est son utilité théâtrale ?

Silence. – Le Roi fait signe à la Princesse.
LA PRINCESSE. – Que voulez-vous, père ?
Il lui parle. – Elle l'écoute, la tête penchée.
LE QUATRIÈME VEILLEUR, *qui est le plus jeune.* – O quand reviendra le soleil !
CÉBÈS. – O quand reviendra le soleil !
O la Marne dorée,
Où le batelier croit qu'il vogue sur les coteaux et les vignes et les maisons aux faîtes de plâtre, et les jardins où le linge est étendu !
Encore quelques heures,
Quelques heures, et le soleil poussera sa splendeur hors du Noir !
O il y a quelques années, alors que je n'avais pas encore achevé de grandir,
J'allais me baigner avant le jour, et quand je remontais, marchant dans la boue et les roseaux,
Je voyais l'Aurore grandir au-dessus des forêts,
Et, comme quelqu'un qui remet sa chemise, tout nu je levais les bras vers les coquelicots d'or !
O quand reviendra le soleil ! Que je te revoie encore cette fois, soleil de la terre !
Car désormais je ne te verrai plus t'élever dans l'Orient.
LA PRINCESSE, *au Roi.* – Excusez-moi ! je ne saurais.

PAUL CLAUDEL, *Tête d'or*, Éd. Mercure de France, 1901.

Étudier la forme du dialogue : la repartie et la stichomythie

9 * **1. Étudiez le rythme et l'effet produits par les répliques.**

2. Quelles antithèses renforcent l'affrontement ?

3. Comment les interlocuteurs sont-ils différenciés ?

(Sur ordre de Sylla, Pompée et Aristie ont dû se séparer ; ils s'aiment toujours mais Aristie, irritée par la soumission de Pompée, annonce qu'elle rompra.)

POMPÉE. – Qu'allez-vous faire ? Hélas !
ARISTIE. – Ce que vous m'enseignez.
POMPÉE – Éteindre un tel amour !
ARISTIE. – Vous-même l'éteignez.
POMPÉE. – La victoire aura droit de le faire renaître.
ARISTIE. – Si ma haine est trop faible, elle la fera [croître.
POMPÉE. – Pourrez-vous me haïr ?
ARISTIE. – J'en fais tous mes souhaits.
POMPÉE. – Adieu donc pour deux jours.
ARISTIE. – Adieu pour tout jamais.

CORNEILLE, *Sertorius*, 1662.

10 ** **1. Que sait le spectateur qu'ignorent les personnages ?**

2. Que souligne l'échange entre Agnès et Horace ?

3. Peut-on comparer la scène de Corneille (exercice 9) à celle de Molière ?

(Horace cherche à protéger Agnès de son tuteur Arnolphe. Il la confie donc à son ami M. de la Souche : il ignore que M. de la Souche est Arnolphe.)

Arnolphe prend la main d'Agnès sans qu'elle le reconnaisse.

AGNÈS. – Pourquoi me quittez-vous ?
HORACE. – Chère Agnès, il le faut.
AGNÈS. – Songez donc, je vous prie, à revenir [bientôt.
HORACE. – J'en suis assez pressé par ma flamme [amoureuse.
AGNÈS. – Quand je ne vous vois point, je ne suis [point joyeuse.
HORACE. – Hors de votre présence, on me voit [triste aussi.
AGNÈS. – Hélas, s'il était vrai, vous resteriez ici.
HORACE – Quoi ? vous pourriez douter de mon [amour extrême !
AGNÈS. – Non, vous ne m'aimez pas autant que je [vous aime.
Arnolphe la tire.

MOLIÈRE, *L'École des femmes*, 1662.

Étudier un monologue

11 * **1. Que soulignent les didascalies ?**

2. Monologue et aparté jouent-ils le même rôle dans cet extrait ?

3. D'où vient l'humour du passage ?

FLORINDO, *seul.* – Le voici cet adorable balcon auquel s'accoude ma bien-aimée. Si elle y venait maintenant, il me semble que j'oserais lui dire quelques mots. Je lui dirais par exemple... *(Ottavio arrive du côté opposé au balcon et s'immobilise pour observer Florindo.)* Oui, je lui dirais : « Madame, je vous aime tendrement ; sans vous je ne puis vivre ; vous êtes mon âme, ma vie. Oh, mon cher ange, je vous en supplie, ayez pitié de moi ! » *(Il se retourne et voit Ottavio. À part :)* Ciel ! je ne voudrais pas qu'il m'ait vu. *(À Ottavio :)* Cher ami, que dites-vous de la belle architecture de ce balcon ?

CARLO GOLDONI, *Le Menteur*, 1753,
trad. Michel Arnaud, Éd. Gallimard, 1972.

12 * **1. Pour quelles raisons, d'après ce texte, le monologue est-il condamné ?**

2. Sur quelles contradictions se fonde le comique du passage ? De quoi Feydeau veut-il nous faire rire ?

Non ! je m'en vais ! cela m'agace ! Il y a là, à côté, ce grand blond, vous savez, ce grand blond qui dit des monologues... Eh bien ! il en dit un en ce moment !...

Des monologues ! a-t-on idée de cela ! Si j'étais la préfecture de police, je les défendrais ! C'est faux ! archi-faux ! Un homme raisonnable ne parle pas tout seul : il pense, et alors il ne parle pas ! C'est ce qui le distingue des fous qui parlent et qui ne pensent pas. Admettre le monologue, c'est rabaisser l'humanité ! On devrait le défendre ! cela me rend malade !

Moi, je n'admets le monologue... qu'à plusieurs, parce qu'alors ce n'est plus un monologue ! Ce sont des gens qui parlent et nous, qui les écoutons, dans la salle, nous sommes comme des indiscrets ; mais ils ne s'occupent pas de nous. Tandis que celui qui vient nous débiter un monologue... De quel droit ? Qui est-ce qui lui demande quelque chose ? Enfin, c'est comme si je venais vous en dire un, moi ! Hein ! qu'est-ce que vous diriez ? C'est faux, archi-faux n'est-ce pas ? Eh bien ! nous sommes du même avis.

GEORGES FEYDEAU, *Un monsieur qui n'aime pas les monologues*, 1882.

13 ** ÉTUDE LITTÉRAIRE

1. Perdican a été irrité par la conversation qu'il a eue avec sa jeune cousine Camille tout juste sortie du couvent (voir exercice 7). Celle-ci, se méfiant des faiblesses de l'amour humain, prétend vouloir devenir religieuse. Quelle phrase du texte pourrait donner de la vraisemblance au fait qu'il parle seul ?

2. Repérez les étapes d'un raisonnement.

3. À quoi voit-on le trouble du personnage ?

4. En vous aidant de l'encadré, expliquez comment ce monologue révèle une situation de crise.

PERDICAN. – Je voudrais bien savoir si je suis amoureux. D'un côté, cette manière d'interroger tant soit peu cavalière, pour une fille de dix-huit ans ; d'un autre des idées que ces nonnes lui ont fourrées dans la tête auront de la peine à se corriger. De plus, elle doit partir aujourd'hui. Diable ! je l'aime, cela est sûr. Après tout, qui sait ? peut-être elle répétait une leçon, et d'ailleurs il est clair qu'elle ne se soucie pas de moi. D'une autre part, elle a beau être jolie, cela n'empêche pas qu'elle ait des manières beaucoup trop décidées, un ton trop brusque. Je n'ai qu'à n'y plus penser ; il est clair que je ne l'aime pas. Cela est certain qu'elle est jolie ; mais pourquoi cette conversation d'hier ne veut-elle pas me sortir de la tête ? En vérité, j'ai passé la nuit à radoter. Où vais-je donc ? – Ah ! je vais au village. *(Il sort.)*

ALFRED DE MUSSET,
On ne badine pas avec l'amour, 1834.

POUR ÉTUDIER LE TEXTE

Crise et monologue

Le temps du monologue est toujours le temps d'une crise. Crise du dialogue d'abord puisque le personnage en scène n'a plus personne à qui parler. Le monologue tente de compenser cette solitude en multipliant les apostrophes à des interlocuteurs fictifs. Crise intérieure ensuite puisque le personnage, comique ou tragique, se montre déchiré entre des forces ou des volontés contradictoires.

Dans le théâtre classique, le monologue conduit à des décisions qui permettent de renouer le dialogue, de relancer l'action. Révélateur des conflits dont le théâtre se nourrit, le monologue théâtral montre tout autant l'impossibilité de la solitude que la difficulté du dialogue.

Étudier l'aparté et le quiproquo

14 **

1. Quel accessoire rend plus vraisemblable le surprenant quiproquo ?

2. Pourquoi les apartés sont-ils ici indispensables ?

3. Pourquoi peut-on dire que le quiproquo influe sur l'action ?

« Monsieur Damis en domino[1] *est caché dans une pièce obscure ; il veut ainsi apprendre qui est l'amoureux d'Angélique, celle qu'il aime. »*

ÉRASTE. – Je ne saurais douter qu'Angélique ne m'aime ; mais sa timidité m'inquiète, et je crains de ne pouvoir l'enhardir à dédire sa mère[2].

MONSIEUR DAMIS, *à part*. – Est-ce que je me trompe ? c'est la voix de mon fils, écoutons.

ÉRASTE. – Tâchons de ne pas faire de bruit.

Il marche en tâtonnant.

MONSIEUR DAMIS. – Je crois qu'il vient à moi ; changeons de place.

ÉRASTE. – J'entends remuer du taffetas ; est-ce vous, Angélique, est-ce vous ?

En disant cela, il attrape Monsieur Damis par le domino.

MONSIEUR DAMIS, *retenu*. – Doucement !...

ÉRASTE. – Ah ! c'est vous-même.

MONSIEUR DAMIS, *à part*. – C'est mon fils.

ÉRASTE. – Eh bien ! Angélique, me condamnerez-vous à mourir de douleur ? Vous m'avez dit tantôt que vous m'aimiez ; vos beaux yeux me l'ont confirmé par les regards les plus aimables et les plus tendres ; mais de quoi me servira d'être aimé si je vous perds ? Au nom de notre amour, Angélique, puisque vous m'avez permis de me flatter du vôtre, gardez-vous à ma tendresse, je vous en conjure par ces charmes que le ciel semble n'avoir destinés que pour moi ; par cette main adorable sur qui je vous jure un amour éternel. *(Monsieur Damis veut retirer sa main).* Ne la retirez pas, Angélique, et dédommagez Éraste du plaisir qu'il n'a point de voir vos beaux yeux, par l'assurance de n'être jamais qu'à lui, Angélique.

MONSIEUR DAMIS, *à part, les premiers mots*. – J'entends du bruit. Taisez-vous, petit sot.

MARIVAUX, *L'École des mères*, 1732.

1. Domino : *costume de bal masqué que Monsieur Damis avait enfilé pour se dissimuler* - 2. L'enhardir à dédire : *lui donner le courage de résister à sa mère.*

15 * **Dans sa pièce, l'auteur, Jean Tardieu, a voulu établir un contraste comique entre la brièveté et la pauvreté des répliques échangées d'une part, et l'abondance et la richesse des apartés d'autre part. Analysez les cinq répliques en remplissant le tableau selon le modèle suivant.**

À haute voix	En aparté
Réplique 1 : Zénaïde Elle demande qui est là.	On apprend qu'Oswald est son fiancé, qu'elle a peur que ce soit lui. Il aime une de ces robes qu'elle n'a pas mise. Il s'est passé quelque chose

ZÉNAÏDE, *haut.*

Qui est là ? *(À part.)* Pourvu que ce ne soit pas Oswald, mon fiancé ! Je n'ai pas mis la robe qu'il préfère ! Et d'ailleurs, à quoi bon ? Après tout ce qui s'est passé !

LA VOIX D'OSWALD, *au-dehors.*

C'est moi, Oswald !

ZÉNAÏDE, *à part.*

Hélas, c'est lui, c'est bien Oswald ! *(Haut.)* Entrez, Oswald ! *(À part.)* Voilà bien ma chance ! Que pourrai-je lui dire ? Jamais je n'aurai le courage de lui apprendre la triste vérité !

Entre Oswald. Il reste un moment sur le seuil et contemple Zénaïde avec émotion.

OSWALD, *haut.*

Vous, vous, Zénaïde ! *(À part.)* Que lui dire de plus ? Elle qui est si confiante, si insouciante ! Jamais je n'aurai la cruauté de lui avouer la grave décision qui vient d'être prise à son insu !

ZÉNAÏDE, *allant vers lui et lui donnant sa main à baiser ; haut.*

Bonjour Oswald ! *(À part, tandis qu'Oswald agenouillé lui baise la main avec transport.)* Se peut-il que tout soit fini ! Ah ! tandis qu'il presse ma main sur ses lèvres, mon Dieu, ne prolongez pas mon supplice et faites que cette minute, qui me paraît un siècle, passe plus vite que l'alcyon sur la mer écumante !

OSWALD, *se relevant, tandis que Zénaïde retire gracieusement sa main ; haut, avec profondeur.*

Bonjour, Zénaïde ! *(À part.)* Ah ! ce geste gracieux et spontané, plus éloquent que le plus long discours ! J'ai toujours aimé le silence qu'elle répand autour d'elle : il est comme animé de paroles mystérieuses que l'oreille n'entendrait pas, mais que l'âme comprendrait.

JEAN TARDIEU, « Oswald et Zénaïde ou les Apartés » in *La Comédie de la comédie*, Éd. Gallimard, 1951.

16 ** **1. La reine commence à deviner que le jeune messager qui lui a porté une lettre du roi, Ruy Blas, est l'auteur de la déclaration d'amour reçue trois jours plus tôt. Justifiez l'utilisation de l'aparté.**
2. En quoi ces apartés font-ils avancer l'action ?

LA REINE
À Ruy Blas.
Monsieur...
RUY BLAS, *à part, tressaillant.*
Elle me voit !
Elle me parle ! Dieu ! je tremble.
LA DUCHESSE, *à Ruy Blas.*
Approchez, comte.
DON GURITAN, *regardant Ruy Blas de travers, à part.* – Ce jeune homme ! Écuyer ! Ce n'est pas là [mon compte.
Ruy Blas pâle et troublé approche à pas lents.
LA REINE, *à Ruy Blas.*
Vous venez d'Aranjuez ?
Ruy Blas, *s'inclinant.*
Oui, Madame.
LA REINE.
Le roi
Se porte bien ?
RUY BLAS *s'incline, elle montre la lettre royale.*
Il a dicté ceci pour moi ?
RUY BLAS
Il était à cheval, il a dicté la lettre...
Il hésite un moment.
À l'un des assistants.
LA REINE, *à part, regardant Ruy Blas.*
Son regard me pénètre.
Je n'ose demander à qui. *(Haut.)*
C'est bien, allez.
– Ah ! –
Ruy Blas qui avait fait quelques pas pour sortir [revient vers la reine.
Beaucoup de seigneurs étaient là rassemblés ?
À part.
Pourquoi donc suis-je émue en voyant ce jeune [homme ?
Ruy Blas s'incline, elle reprend.
Lesquels ?
RUY BLAS
Je ne sais point les noms dont on les nomme.
Je n'ai passé là-bas que des instants fort courts.
Voilà trois jours que j'ai quitté Madrid.
LA REINE, *à part.*
Trois jours !
Elle fixe un regard plein de trouble sur Ruy Blas.
RUY BLAS, *à part.*
C'est la femme d'un autre ! ô jalousie affreuse !
– Et de qui ! – Dans mon cœur un abîme se [creuse.

VICTOR HUGO, *Ruy Blas*, 1838.

ACTIVITÉS D'ÉCRITURE

17 * Rédiger un pastiche

En conservant la didascalie initiale, rédigez un dialogue en imaginant que ce que voient les deux personnages est inquiétant.

Chez Un, Un et Deux regardent à travers un mur par deux trous minuscules.

Un. – Il est gros, hein ?

Deux. – Non, il est petit.

Un. – Oui, c'est un petit gros.

Deux. – Regardez, regardez, regardez ! le voilà parti.

Un. – Zioupe ! Oh il va revenir.

Deux. – Tiens, en voilà deux autres.

Un. – Où ?

Deux. – À la lisière. Tout noirs.

Un. – Ah ! – Vous êtes sûrs que c'en est ?

Deux. – En tout cas, ils bougent.

Un. – Oui, vous avez raisons. Ils n'ont pas l'air très convaincus.

Deux. – Non. Sûrement qu'ils n'iront pas loin.

Roland Dubillard, « Les voisins « (1976), *Les dialogues et autres inventions à deux voix*, Éd. Gallimard, 1998.

18 *** Rédiger des notes de mise en scène

1. Pour mettre en scène un texte, le dramaturge doit analyser précisément le texte pour construire une interprétation qui orientera le travail des comédiens. Quelle interprétation le dramaturge Alain Milianti donne-t-il, à travers ses notes, du personnage de Madame Champbaudet ?

2. Réalisez le même travail d'interprétation sur le personnage d'Arsène en rédigeant les notes 8 à 14.

Le texte de théâtre

Scène 1

Madame Champbaudet puis Arsène

Madame Champbaudet *(debout et se regardant dans une petite glace à main)* (2). – Je ne veux pas me flatter...(3) non !... mais il y a des matins...(4) quand le ciel est pur et que ma toilette est terminée (5) où je me donnerais tout au plus trente ans... tout au plus trente ans. *(Minaudant.)* (6) Mon petit bonnet rose me coiffe comme un bijou... J'ai l'air d'une petite fleur (7) ; mais il ne tient pas... Sonnons ma femme de chambre.

Elle se rassied devant sa toilette et sonne.

Arsène (8) *(paraissant par la porte du pan coupé de gauche)*. – Madame a sonné ?

Madame Champbaudet. – Pas vous, mon garçon... Justine.

Arsène. – Justine ? Elle n'est plus ici... Madame l'a renvoyée hier pour inconduite (9).

Madame Champbaudet. – Ah ! c'est juste. Mon Dieu, que faire ?... Il va venir (10). *(À Arsène.)* Sauriez-vous attacher une épingle ?

Arsène. – Des fois.

Madame Champbaudet. – Eh ! bien... tenez... placez-moi celle-ci... là, à gauche... et prenez garde de me piquer...

Arsène *(à lui-même)*. – J'étais en train de faire les lampes (11)... mais ça ne fait rien *(il s'essuie les mains avec son tablier et coiffe Madame Champbaudet en lui disant :)* Madame !... un malheur... le robinet de la fontaine s'a (12) cassé... C'est celui à l'eau filtrée... et je guette le fontainier... quand il passera avec sa petite trompette. Je l'entends tous les jours vers une heure...

Madame Champbaudet. – Aïe ! vous me piquez !

Arsène. – C'est pas moi... c'est l'épingle... (13) Pour lors, Madame m'autorise à acheter un autre robinet ?

Madame Champbaudet *(se levant)*. – Mais oui... vous m'ennuyez avec votre fontaine !... Le coiffeur n'a rien apporté pour moi ?

Arsène. – Non, Madame... (14)

Eugène Labiche, *La Station Champbaudet*, 1862.

La préparation de la mise en scène
Les notes du dramaturge

(1) Scène d'ouverture de rideau. Mme Champbaudet est une femme mûre (45 ans) en chemise, bras nus : sensualité un peu lourde, rire plus cruel. Il y a, dans le vaudeville, l'ombre portée de la tragédie d'une femme qui ne veut pas vieillir, qui veut être aimée pour ne pas mourir.

(2) Que voit-on vraiment dans une petite glace à main ? Rien.

(3) Le rythme est assez vif, mais avec rupture temps et hésitation. Elle est joyeuse mais inquiète.

(4) Prendre un temps. Elle n'en est pas si sûre que ça de ne pas se flatter.

(5) Elle est vraiment achevée ? Décisif pour la scène entre elle et Arsène.

(6) Hésitation. Comment minaude une femme qui a 45 ans ?

(7) La cruauté est dans l'écart entre ce que nous voyons et ce qu'elle dit.

Notes de Alain Milianti, dramaturge. Directeur du Théâtre du Havre (texte inédit, 1987).

ACTIVITÉS D'ÉCRITURE

19 *** RÉDIGER UNE SCÈNE D'AFFRONTEMENT

1. Pour quelles raisons Cendrars fait-il l'éloge de la publicité ?

2. Quelles formules, quelles constructions manifestent l'enthousiasme de l'auteur ?

3. Des habitants d'une ville de province s'opposent aux projets du maire : celui-ci est favorable à l'implantation de panneaux publicitaires à l'entrée de la ville. Imaginez leur dialogue. Vous limiterez le groupe des habitants à deux personnages. Le partisan de la publicité ne se limitera pas aux arguments développés par Blaise Cendrars. Vous n'oublierez pas de caractériser les personnages (âge, sexe, profession, traits de caractère).

La publicité est la fleur de la vie contemporaine : elle est une affirmation d'optimisme et de gaieté ; elle distrait l'œil et l'esprit.

C'est la plus chaleureuse manifestation de la vitalité des hommes d'aujourd'hui, de leur puissance, de leur puérilité, de leur don d'invention et d'imagination, et la plus belle réussite de leur volonté de moderniser le monde dans tous ses aspects et dans tous les domaines.

Avez-vous déjà pensé à la tristesse que représenteraient les rues, les places, les gares, le métro, les palaces, les dancings, les cinémas, le wagon-restaurant, les voyages, les routes pour automobiles, la nature sans les innombrables affiches, sans les vitrines (ces beaux joujoux tout neufs pour les familles soucieuses), sans les enseignes lumineuses, sans les boniments des haut-parleurs, et concevez-vous la tristesse et la monotonie des repas et des vins sans les menus polychromés et sans les belles étiquettes ?

Oui, vraiment, la publicité est la plus belle expression de notre époque, la plus grande nouveauté du jour, un Art.

BLAISE CENDRARS,
Aujourd'hui, Éd. Denoël, 1927.

20 *** TRANSPOSER UN TEXTE

1. Aurélien, jeune rentier qui se fait ici appeler Roger, a appris une nouvelle technique de nage à Riquet rencontré à la piscine. Les deux jeunes hommes se sont donné rendez-vous au café. Comment le narrateur souligne-t-il que la conversation devient de plus en plus difficile ?

2. À partir de ce texte, composez un dialogue théâtral.

3. Le dialogue ainsi transposé au théâtre produit-il un effet différent ? Pourquoi, selon vous ?

Quand Riquet a revu son nouvel ami habillé, lui qui avait son vieux pantalon rayé, tout esquinté, et une veste bleue, et la casquette, il a fait entendre un sifflement. Désappointé. « Moi qui t'offrais... qui vous offrais à boire ! » Il n'en revient pas de la gaffe. Il lui dira *vous* maintenant, on ne l'en fera pas démordre. Il y a quelque chose de cassé. Enfin, parce qu'il ne sait plus comment s'en sortir, il se laisse tout de même traîner à la Chope du Clair de Lune qui s'appelle plus précisément *Brasserie de la Chope du Clair de Lune*. Un café pâle comme son nom. Presque désert. C'est haut, ça fait vide. Au comptoir, un byrrh à l'eau... Riquet louche sur les fringues de son compagnon : « Alors on est capitaliste ?... » Dit comme ça, ça a l'air moins grave. Oui. Pas vraiment ? Si vraiment... « Et à quoi vous travaillez ? » Voilà le difficile à expliquer. S'il lui dit qu'il ne fait rien... Ça le dégoûte de mentir : « Je vis de mes rentes... » Ça a eu un effet absolument inattendu. Un effet de comique nerveux qui ne s'arrête plus. Il en pleurerait de rire, Riquet. Rentier ! Monsieur est rentier ! Puis il se rappelle que ce rentier lui paye un verre. Il s'excuse, il devient la politesse même, il boit son verre d'un air appréciatif, pour faire honneur. Il reparle de la nage. De cette nage turque... non : grecque, que Monsieur m'a montrée... « Ah bien, Riquet, si tu m'appelles Monsieur parce qu'on s'est fringué... tu ne me tutoies déjà plus. » *Fringué* est clairement un mot dit pour se mettre à la portée de Riquet. Celui-ci le sent. Il dit que ce n'est pas parce qu'on s'est *rhabillé*, et il souligne de la voix le *rhabillé*, qu'il dit monsieur à Roger, et le nom de Roger tombe comme un raffinement d'amabilité, tandis qu'Aurélien en rougit un peu... mais s'il lui dit monsieur à Roger, c'est parce que Roger est un monsieur, voilà tout : on n'y peut rien, on est un monsieur ou on n'est pas un monsieur... Tout de même, intéressé, il retrouve le tutoiement pour lui dire : « Mais alors, explique un peu... Tu ne fais rien, rien du tout toute la journée ?... Vrai ?... À quoi alors tu passes ton temps ? Moi, je ne pourrais pas. J'ai été chômeur... Il faut de la santé pour être chômeur toute la vie... »

LOUIS ARAGON, *Aurélien*, Éd. Gallimard, 1944.

CHAPITRE 24 L'action théâtrale

Comme le roman ou certains poèmes, l'œuvre théâtrale raconte le plus souvent une histoire qui oppose des personnages dans un lieu et pour un temps donnés. Mais cette histoire, le théâtre la donne à voir, ici et maintenant, dans l'espace d'une scène et pour la durée d'une représentation ; le théâtre fait parler des acteurs qui doivent par leur présence et leurs discours retenir l'attention du public.

La façon de conduire l'action, de gérer le temps de la représentation, d'occuper l'espace de la scène, de concevoir les personnages sont des éléments essentiels de chaque œuvre. Au XVIIe siècle, le théâtre classique de Corneille, de Racine, de Molière montre dans un lieu unique des personnages qui s'affrontent le temps d'une crise. Au XIXe siècle, le théâtre romantique de Hugo, de Musset cherche de nouveaux modes de représentation en multipliant les lieux, les personnages, en mélangeant les genres. Ainsi, l'action d'*Hernani*, le célèbre drame de Hugo qui fit scandale en 1830, s'étend-elle sur plus de six mois et se déroule-t-elle dans les lieux les plus divers. Au XXe siècle, de nombreux créateurs comme Ionesco ou Beckett refusent toute action : leurs œuvres donnent forme à leurs rêves et à leurs cauchemars.

C'est donc en comparant ces diverses manières de concevoir le théâtre qu'on peut saisir comment chaque créateur anime tout un univers et construit peu à peu une image de l'homme et du monde où il vit.

L'œuvre de Beckett montre une action réduite à l'essentiel dans un espace qui semble vidé de toute localisation précise : des personnages venus de nulle part errent le long d'une route ou semblent tourner en rond.

Comment le metteur en scène donne-t-il vie à un texte qui paraît réduire à l'extrême les séductions ordinaires de la représentation théâtrale ?

TEXTE 1

Le texte de théâtre

VLADIMIR. – Si tu les essayais ? (**1**)

ESTRAGON. – J'ai tout essayé. (**2**)

VLADIMIR. – Je veux dire, les chaussures. (**3**)

ESTRAGON. – Tu crois ? (**4**)

VLADIMIR. – Ça fera passer le temps. (**5**)

(Estragon hésite.) (**6**)

Je t'assure, ce sera une diversion. (**7**)

ESTRAGON. – Un délassement. (**8**)

VLADIMIR – Une distraction.

ESTRAGON. – Un délassement.

VLADIMIR. – Essaie.

ESTRAGON. – Tu m'aideras ?

VLADIMIR. – Bien sûr.

ESTRAGON. – On ne se débrouille pas trop mal, hein, Didi, tous les deux ensemble ?

VLADIMIR. – Mais oui, mais oui ! Allez, on va essayer la gauche d'abord.

ESTRAGON. – On trouve toujours quelque chose, hein, Didi, pour nous donner l'impression d'exister ?

VLADIMIR *(impatiemment)*. – Mais oui, mais oui, on est des magiciens. Mais ne nous laissons pas détourner de ce que nous avons résolu. *(Il ramasse une chaussure.)* Viens, donne ton pied. *(Estragon s'approche de lui, lève le pied.)* L'autre, porc ! *(Estragon lève l'autre pied.)* Plus haut ! *(Les corps emmêlés, ils titubent à travers la scène. Vladimir réussit finalement à lui mettre une chaussure.)* Essaie de marcher. *(Estragon marche.)* Alors ?

ESTRAGON. – Elle me va.

VLADIMIR *(prenant de la ficelle dans sa poche)*. – On va la lacer.

ESTRAGON *(véhémentement)*. – Non, non, pas de lacet ! pas de lacet !

VLADIMIR. – Tu as tort. Essayons l'autre. *(Même jeu.)* Alors ?

ESTRAGON. – Elle me va aussi.

VLADIMIR. – Elles ne te font pas mal ?

ESTRAGON *(faisant quelques pas appuyés)*. – Pas encore.

VLADIMIR. – Alors tu peux les garder.

ESTRAGON. – Elles sont trop grandes.

VLADIMIR – Tu auras peut-être des chaussettes un jour.

ESTRAGON. – C'est vrai.

SAMUEL BECKETT, *En attendant Godot,* Éd. de Minuit, 1952.

TEXTE 2

Les notes pour une mise en scène

(1) Vladimir fait mine de se diriger vers les chaussures et ce mouvement explicite le pronom *les* (si tu *les* essayais ?). Sa phrase est affirmative : il considère que l'affirmation va de soi. L'inflexion est enjouée, d'intensité moyenne.

(2) Estragon prend la phrase à contresens : forçant le ton dans une clameur désespérée (si tu les *essayais ?* – J'ai tout essayé !). Corporellement, il se dérobe au regard de Vladimir, se ferme à la proposition, se détourne aux trois quarts pour ne pas voir les chaussures. Estragon dirige sa réplique *contre* son partenaire. Le sens devient : je te préviens, tu ne m'auras pas.

(3) Devant cette réaction forte, Vladimir ose à peine préciser qu'il s'agit des chaussures et répéter ; il dit moins fort : « Je veux dire, les chaussures ».

Légère pause, ajoutée par la mise en scène, au cours de laquelle Estragon renonce à son enfermement et se retourne vers Vladimir, calmé.

(4) Il envisage de participer. Son « Tu crois ? », dit presque sans y toucher, donne un léger espoir à Vladimir.

(5) Les bras grands ouverts, Vladimir confirme sa proposition.

(6) Deuxième pause. Pas convaincu. Estragon ne répond pas encore (l'indication de Beckett : *Estragon hésite*). Sa mimique exprime le doute. La pause n'est pas un temps mort, sans qu'il y ait toutefois un geste précis. Le corps entier est concentré sur la situation.

ODETTE ASLAN, *Les Voies de la création théâtrale*, Tome X, Éd. du C.N.R.S., 1982.

V = *Vladimir* E = *Estragon*
g = *chaussures* c = *chapeau*
: *pierre* : *arbre*

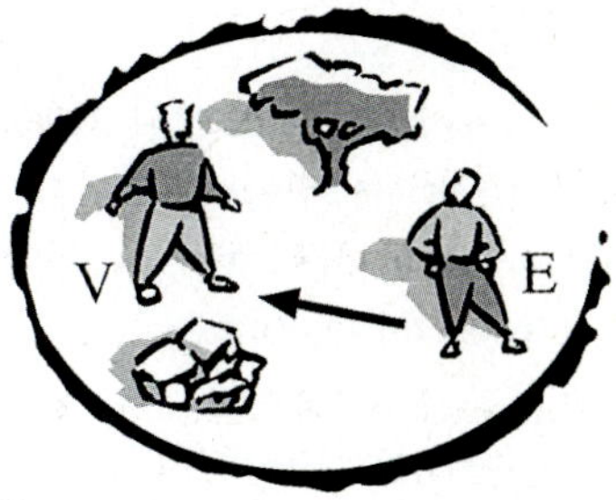

Mise en scène : notes ① ② *et* ③.

Mise en scène : notes ④ ⑤ *et* ⑥

Texte : notes ⑦ *et* ⑧

1 L'action

1. Le théâtre donne à voir une action. Quelle est l'action qui est mise en scène dans ce passage ? Quel est le but envisagé ? Quel est l'obstacle ? Quels sont les éléments qui facilitent la réalisation du projet ?

2. Quelle note du metteur en scène évoque cette action ? Quelles indications dans le texte et dans les notes donnent de l'importance à une action qui peut paraître dérisoire ?

2 L'espace et le temps

3. Le lieu de la scène est présenté ainsi par Beckett : « Route à la campagne, avec arbre. » De quelle façon le texte évoque-t-il l'espace de la route ?

4. Quelles expressions dans le texte de Beckett évoquent le temps ?

3 Les personnages

5. À partir des sept premières répliques et des éléments d'analyse correspondants, trouvez pour chaque personnage une indication sur les gestes, les déplacements, le rythme de la parole, les intonations.

6. Quelles oppositions de caractère percevez-vous entre les deux personnages ?

Le théâtre montre des personnages en train de vivre les événements représentés sur la scène. Il faut donc choisir et combiner les événements essentiels de cette action, les situer dans l'espace et dans le temps et rendre cohérents les personnages. La complexité de ces choix explique la diversité des genres théâtraux.

1 L'action

1. L'action dramatique

L'action dramatique désigne le conflit principal qui fonde le développement de l'œuvre : dans *Electre*, Oreste tuera-t-il sa mère ? Dans *Les Femmes savantes*, Henriette épousera-t-elle Clitandre ? Pour développer cette action, chaque écrivain choisit les épisodes à montrer sur la scène et les agence à son gré.

2. L'intrigue

L'intrigue désigne la série organisée des événements qui mènent de l'exposition au dénouement : Henriette obtiendra-t-elle l'appui de son père ? Celui-ci résistera-t-il à son épouse ? Henriette parviendra-t-elle seule à convaincre son ennemi Trissotin ? La conduite des épisodes détermine le rythme de l'action en prolongeant les moments de tension ou en multipliant les coups de théâtre.

Pour assurer la cohérence de l'œuvre, le théâtre classique se concentre sur une crise dont le déroulement est rigoureusement réglé :

	DÉFINITION	CARACTÉRISTIQUES
L'exposition	En quelques scènes, l'exposition doit préciser les données de la situation, présenter les personnages et donner le ton de l'œuvre.	Tout en paraissant naturelle, elle doit être rapide et complète ; tous les éléments que l'action développera doivent être mis en place dès le début de l'œuvre.
Le nœud de l'action	L'action est nouée quand les personnages rencontrent l'obstacle qui s'oppose à leurs désirs.	La tension du conflit, renouvelée par d'éventuelles péripéties, tient le spectateur en suspens.
Le dénouement	L'œuvre se termine par la résolution du conflit : la situation est alors dénouée.	Heureux ou malheureux, il doit être rapide, complet et nécessaire : il doit découler des données mises en place dans l'exposition.

2 L'espace et le temps

1. L'espace scénique et l'espace représenté

L'action représentée peut se déployer dans un ou plusieurs lieux, mais la représentation se déroule sur une scène unique. La façon dont cette scène est utilisée pour représenter d'autres espaces définit différentes formes de représentations théâtrales.

• **La scène correspond à un seul lieu.** La pièce entière se déroule dans une salle de palais, une entrée de maison, une place publique. Cet endroit passe-partout permet l'unité de lieu du théâtre classique.

Dans *Horace*, de Corneille (1640), toute la pièce se déroule « dans une salle de la maison d'Horace ».

- **La scène représente tour à tour ou simultanément des lieux différents.** Il y a changement de décors ou décors à compartiments. Cet espace est celui du théâtre baroque et romantique.

Dans *Lucrèce Borgia* de Hugo (1833), le drame a lieu sur la terrasse d'un palais vénitien, puis dans divers endroits de Ferrare (en plein air sur une place, dans des salles de palais...).

- **La scène ne représente rien.** Sans décor, la scène fait voir simplement le plateau où évoluent les personnages. C'est souvent le lieu du théâtre contemporain.

Dans *En attendant Godot* de Beckett (1952), la pièce se déroule dans un lieu indéterminé, « une route à la campagne, avec arbre ».

L'espace est aussi défini par les discours des personnages : ces discours lient le lieu de l'action au monde extérieur qui échappe à la scène.

2. Le temps scénique et le temps représenté

La durée de la représentation peut rarement coïncider avec la durée de l'action représentée. Le rapport entre la durée de l'action évoquée et la durée de la représentation définit différents styles de théâtre.

- **La durée de l'action se rapproche de la durée du spectacle.** La durée de l'action ne dépasse pas une journée, le temps le moins long possible s'écoule entre les actes ; il y a unité de temps.

Puisqu'en un même jour l'ardeur d'un même zèle
Achève le destin de son amant, et d'elle,
Je veux qu'un même jour témoin de leurs deux morts
En un même tombeau voie enfermer leurs corps.

À la fin de sa tragédie *Horace*, Corneille souligne que la mort de Camille et celle de Curiace ont eu lieu en une seule journée.

- **La durée de l'action est sans rapport avec la durée du spectacle.** Des mois, des années peuvent s'écouler entre les actes ou les tableaux. Cette liberté de conception se trouve dans les mystères bibliques au Moyen Âge et principalement dans le théâtre baroque et romantique.

Six mois s'écoulent entre le deuxième et le troisième acte du drame de Victor Hugo, *Ruy Blas*. Une telle durée permet la transformation du héros de laquais en premier ministre

- **Les repères temporels sont brouillés.** La durée de l'action est incertaine : l'attente est prolongée comme dans les pièces de Beckett ; la fin de l'œuvre ressemble à son début comme dans *La Cantatrice chauve* de Ionesco. Ces durées complexes caractérisent les œuvres contemporaines.

3 Les personnages

1. Le caractère du personnage

• **Dans la tradition.** Traditionnellement, le personnage de théâtre se reconnaît à quelques traits psychologiques, moraux, sociaux ou physiques peu nombreux et fortement marqués : il s'agit d'un personnage-type (le valet rusé, le père tyrannique, le vieillard amoureux...).

Cette caractérisation ne s'oppose pas à la naissance de figures plus complexes : Don Juan, personnage de Molière, est bien plus qu'un simple séducteur ; en dotant Figaro de caractéristiques individuelles, Beaumarchais renouvelle la figure du valet rusé.

• **Dans le théâtre contemporain.** Le théâtre contemporain montre souvent des personnages sur lesquels le spectateur possède peu de renseignements. Parfois anonyme, vaguement personnifié, le personnage n'existe que par les discours qu'il tient sur scène.

2. Le conflit révélateur du personnage

Les types théâtraux se répartissent fréquemment en personnages opposés : leur affrontement est le moteur de l'action (par exemple, le fils dépensier s'oppose au père avare). Les personnages les plus complexes existent par les conflits auxquels ils participent : la façon dont ils se heurtent aux autres, leurs discours et leurs silences, leur action ou leur inaction, les discours qu'on tient sur eux dessinent leur portrait.

3. La fonction du personnage

À travers la conception de chaque rôle, l'auteur cherche à éclairer un aspect de l'existence humaine. Chaque personnage fait éprouver une difficulté, révèle un ridicule, incarne une valeur. Le Don Juan de Molière remet en cause les valeurs traditionnelles de la société de son temps. Figaro se fait le porte-parole de la bourgeoisie des Lumières révoltée par les abus de la noblesse. Plus le personnage est complexe, plus il permet une multiplicité d'interprétations.

4 Les genres théâtraux

Traditionnellement, on classe les œuvres théâtrales en trois genres principaux : la tragédie, la comédie et le drame. La tragédie montre des personnages illustres dans des situations extrêmes. La comédie cherche à faire rire en outrant les ridicules de personnages qui semblent familiers. Le drame veut provoquer à la fois le rire et les larmes en montrant sur scène des personnes de milieux très divers : le drame prône le mélange des genres. Le tableau ci-contre rappelle sur quels critères se fonde ce genre de classement.

	TRAGÉDIE CLASSIQUE	COMÉDIE CLASSIQUE	DRAME ROMANTIQUE
Les personnages	illustres héros légendaires ou historiques : rois, princes	bourgeois, paysans, parfois quelques nobles	historiques ou fictifs, représentant tous les milieux
L'époque	éloignée : Antiquité, époque biblique	contemporaine de l'auteur et du public	de la Renaissance aux Temps Modernes
Le lieu	lieu éloigné : Rome, Grèce, pièce d'un palais	lieu familier, intérieur bourgeois, ville, maison	lieux multiples : palais, chambres, jardin...
La durée de l'action	vingt-quatre heures maximum	vingt-quatre heures maximum	durées variées, d'une journée à plusieurs mois
La forme du texte	cinq actes en alexandrins : style noble	trois ou cinq actes en prose ou en vers, registre soutenu ou familier, patois, etc.	cinq actes en prose ou en vers (Hugo), registres mêlés : poétique ou trivial
L'effet recherché	inspirer la terreur et la pitié et provoquer ainsi la purification des passions (catharsis)	par le rire ou le sourire, critiquer des comportements déviants ou certains aspects de la société	en mélangeant les genres, veut représenter tous les aspects de la réalité sociale et historique
Le dénouement	malheureux	heureux	malheureux
Le thème	l'homme face à ses passions, ses ambitions, son destin	l'homme et les conventions sociales, ses ridicules	l'homme et ses passions face à la société et l'histoire
Les auteurs	Corneille, Racine, Voltaire	Molière, Marivaux, Beaumarchais	Hugo, Vigny, Musset
Les genres voisins	tragi-comédie, comédie héroïque, drame, mystère	farce, comédie-ballet, vaudeville, pastorale	mélodrame, Grand-Guignol, mystère

REPÈRE D'HISTOIRE LITTÉRAIRE

La distinction des genres

Dès l'Antiquité, Aristote, le premier, a opposé la tragédie qui représente « les belles actions et celles des caractères nobles » à la comédie qui montre des « hommes de caractère inférieur ». Au XVIIe siècle encore, la tragédie passe pour le genre noble et Molière doit se battre pour imposer la légitimité de la comédie.

Le drame bourgeois dont rêve Diderot, comme le drame romantique que Hugo, Dumas et Vigny font triompher au XIXe siècle, veut accomplir le mélange des genres, provoquer le rire et les larmes, mêler les pays et les époques, brasser le grotesque et le sublime. La différence s'estompe peu à peu entre les genres traditionnels ; du reste, d'autres types d'œuvres, comédies héroïques, tragi-comédies, pastorales, comédies-ballets, puis vaudevilles, mélodrames, ont toujours menacé ces cadres trop rigides.

Au XXe siècle, de telles distinctions paraissent sans pertinence : chez Ionesco, chez Beckett, c'est par le comique le plus dérisoire qu'on atteint le tragique le plus sombre. Tout au plus distinguerait-on le théâtre dit de boulevard, qui cherche à divertir un large public, d'un théâtre plus ambitieux qui présente des œuvres dites d'avant-garde ou des mises en scène inventives des grands classiques du répertoire. ■

Étudier l'action et l'intrigue

1 * **1. Dans les extraits suivants, qu'apprend-on sur l'action en cours ?**

2. Quel conflit est ainsi mis en jeu ?

La Flèche. – Le seigneur Harpagon est de tous les humains l'humain le moins humain, le mortel de tous les mortels le plus dur et le plus serré. Il n'est point de service qui pousse sa reconnaissance jusqu'à lui faire ouvrir les mains. De la louange, de l'estime, de la bienveillance en paroles, ou de l'amitié tant qu'il vous plaira ; mais de l'argent, point d'affaires. Il n'est rien de plus sec et de plus aride que ses bonnes grâces et ses caresses ; et, *donner* est un mot pour qui il a tant d'aversion[1] qu'il ne dit jamais : « Je vous donne » mais « Je vous prête le bonjour ».

Molière, *L'Avare*, Acte I, scène 6, 1667.

1. Aversion : *haine, antipathie.*

Le Marquis, *à part.* – Je parie que je ne trouverai point encore ici le chevalier.

M. Turcaret, *à part.* – Ah ! morbleu ! c'est le marquis de la Thibaudière... La fâcheuse rencontre !

Le Marquis, *à part.* – Il y a près de deux jours que je le cherche. *(Apercevant M. Turcaret.)* Eh ! que vois-je ?... Oui... non... pardonnez-moi... justement... c'est lui-même, M. Turcaret. *(À la baronne.)* Que faites-vous de cet homme-là, madame ? Vous le connaissez ? Vous empruntez sur gage ? Palsambleu ! Il vous ruinera.

La Baronne. – Monsieur le marquis...

Le Marquis, *l'interrompant.* – Il vous pillera, il vous écorchera ; je vous en avertis. [...] il vend son argent au poids de l'or.

M. Turcaret, *à part.* – J'aurais mieux fait de m'en aller.

La Baronne, *au marquis.* – Vous vous méprenez, monsieur le marquis ; M. Turcaret passe dans le monde pour un homme de bien et d'honneur.

Lesage, *Turcaret*,
Acte III, scène 4, 1720.

La Torine. – Quoi que vous dites ?... C'est au père Leleu que vous auriez dessein de léguer votre bien ?... À ce vieux bredin de bourrelier ? À ce fripouille de père ganache ? Qui ne vient jamais se berlauder chez nous que pour boire notre vin et se cuiter les fesses à notre braise ? À ce vieux couâle de malheur ?...

Roger Martin du Gard, *Le Testament du Père Leleu*,
Acte I, Éd. Gallimard, 1914.

2 ** **Voici l'intrigue de deux œuvres célèbres du théâtre contemporain. Peut-on y repérer exposition, obstacle, dénouement ?**

Acte 1.

Au bord d'une route, deux vagabonds, Estragon et Vladimir, attendent Godot. Ils ignorent s'il viendra, qui il est et ce qu'ils attendent exactement de lui. Surviennent deux étranges personnages : Pozzo tient en laisse Lucky qui doit lui obéir aveuglément. Pozzo et Lucky partent. Un garçon annonce que Godot ne viendra pas ce soir mais « sûrement demain ». La nuit tombe.

Acte 2.

Le lendemain, les deux vagabonds se retrouvent au même endroit : ils essayent de passer le temps. Repassent Pozzo, devenu aveugle, et Lucky, devenu silencieux. Après leur départ, le garçon de l'acte 1 annonce Godot pour le lendemain, « sûrement ». Ils décident de partir mais restent sur place.

Samuel Beckett, *En attendant Godot*,
Éd. de Minuit, 1952.

M. et Mme Smith, Anglais, échangent dans leur salon anglais des banalités parfois incohérentes. Ils reçoivent M. et Mme Martin et la conversation multiplie banalités et illogismes. Le capitaine des pompiers, qui cherche des incendies, retrouve la bonne dont il est amoureux. Des récits absurdes sont suivis par des formules qui ont de moins en moins de sens jusqu'au moment où les personnages hurlent des lettres. Puis la pièce recommence avec les Martin dans le rôle tenu au début par les Smith.

Eugène Ionesco, *La Cantatrice chauve*,
Éd. Gallimard, 1950.

Étudier la scène d'exposition

3 * **1. Comment le spectateur peut-il savoir qui sont les personnages en scène ?**

2. Qu'est-ce qui justifie que Jason donne à Pollux les renseignements dont le spectateur a besoin ?

3. Quelles indications sur le lieu et le moment apporte le dialogue ?

4. Quel événement provoque la stupeur de Pollux ? Sur quel ton Jason répond-il ?

POLLUX. – Que je sens à la fois de surprise et de [joie !
Se peut-il faire, ami, qu'ici je vous revoie,
Que Pollux dans Corinthe ait rencontré Jason ?
JASON. – Vous n'y pourriez venir en meilleure [saison,
Et pour vous rendre encore l'âme plus étonnée
Préparez-vous à voir dans peu mon Hyménée[1].
POLLUX. – Quoi ! Médée est donc morte à ce [compte ?
JASON. – Elle vit,
Mais un objet[2] nouveau la chasse de mon lit.
POLLUX. – Dieux ! et que fera-t-elle ?
JASON. – Et que fit Hypsipyle[3]
Que former dans son cœur un regret inutile,
Jeter les cris en l'air, me nommer inconstant ?
Si bon semble à Médée, elle en peut faire autant
Je la quitte à regret, mais je n'ai point d'excuse
Contre un pouvoir plus fort qui me donne à [Creüse.

PIERRE CORNEILLE, *Médée*, 1634.

1. Hyménée : *mariage* - 2. Objet : *être aimé* - 3. Hypsipyle : *reine de Lemnos.*

4 * **1. Dans le passage suivant, quels renseignements annoncent l'élément moteur de l'action ?**

2. Comment ces indications sont-elles transmises au spectateur ?

3. À quels indices peut-on reconnaître le genre du passage : drame, comédie ?

Une forêt

On découvre Mélisande au bord d'une fontaine. – Entre Golaud.

GOLAUD. – Je ne pourrai plus sortir de cette forêt. – Dieu sait jusqu'où cette bête m'a mené. Je croyais cependant l'avoir blessée à mort ; et voici des traces de sang. Mais maintenant, je l'ai perdue de vue ; je crois que je me suis perdu moi-même – et mes chiens ne me retrouvent plus – je vais revenir sur mes pas... – J'entends pleurer... Oh ! oh ! qu'y a-t-il là au bord de l'eau ?... Une petite fille qui pleure à la fontaine ? *(Il tousse.)* – Elle ne m'entend pas. Je ne vois pas son visage. *(Il s'approche et touche Mélisande à l'épaule.)* Pourquoi pleures-tu ? *(Mélisande tressaille, se dresse et veut fuir.)* – N'ayez pas peur. Vous n'avez rien à craindre. Pourquoi pleurez-vous ici, toute seule ?

MÉLISANDE. – Ne me touchez pas ! ne me touchez pas !

GOLAUD. – N'ayez pas peur... Je ne vous ferai pas... ; Oh ! vous êtes belle !

MÉLISANDE. – Ne me touchez pas ! ou je me jette à l'eau !...

GOLAUD. – Je ne vous touche pas... Voyez, je resterai ici, contre l'arbre. N'ayez pas peur. Quelqu'un vous a-t-il fait du mal ?

MÉLISANDE. – Oh ! oui ! oui, oui !

(Elle sanglote profondément.)

MAURICE MAETERLINCK, *Pelléas et Mélisande*, 1892.

5 * **L'exposition permet de comprendre l'action. Le destin tragique d'Antigone est au centre de l'histoire. Relevez les phrases qui l'indiquent.**

Antigone, c'est la petite maigre qui est assise là-bas, et qui ne dit rien. Elle regarde droit devant elle. Elle pense. Elle pense qu'elle va être Antigone tout à l'heure, qu'elle va surgir soudain de la maigre jeune fille noiraude et renfermée que personne ne prenait au sérieux dans la famille et se dresser seule en face du monde, seule en face de Créon, son oncle, qui est le roi. Elle pense qu'elle va mourir, qu'elle est jeune et qu'elle aussi, elle aurait bien aimé vivre. Mais il n'y a rien à faire. Elle s'appelle Antigone et il va falloir qu'elle joue son rôle jusqu'au bout... Et, depuis que ce rideau s'est levé, elle sent qu'elle s'éloigne à une vitesse vertigineuse de sa sœur Ismène, qui bavarde et rit avec un jeune homme, de nous tous, qui sommes là bien tranquilles à la regarder, de nous qui n'avons pas à mourir ce soir.

Le jeune homme avec qui parle la blonde, la belle, l'heureuse Ismène, c'est Hémon, le fils de Créon. Il est le fiancé d'Antigone.

JEAN ANOUILH, *Antigone*, 1946,
Éd. de la Table ronde.

Antigone de Jean Anouilh
dans une mise en scène de Éric Civanyan en 1987.

Étudier le dénouement

6 * **1. En quoi peut-on dire qu'il s'agit d'un dénouement traditionnel de comédie ?**
2. Quel jeu permet de gagner en vivacité ?
3. Quel personnage est rendu ridicule ? De quelle façon ?

(Julie, amoureuse d'Éraste, a feint d'aimer Pourceaugnac que lui destinait son père, Oronte. Mais ce dernier est maintenant convaincu qu'Éraste est un meilleur parti pour sa fille.)

JULIE. – Je ne veux point d'autre mari que Monsieur de Pourceaugnac.
ORONTE. – Et je veux, moi, tout à l'heure, que tu prennes le seigneur Éraste. Çà, la main.
JULIE. – Non, je n'en ferai rien.
ORONTE. – Je te donnerai sur les oreilles.
ÉRASTE. – Non, non, Monsieur ; ne lui faites point de violence, je vous en prie.
ORONTE. – C'est à elle à m'obéir, et je sais me montrer le maître.
ÉRASTE. – Ne voyez-vous pas l'amour qu'elle a pour cet homme-là ? et voulez-vous que je possède un corps dont un autre possédera le cœur ?
ORONTE. – C'est un sortilège qu'il lui a donné, et vous verrez qu'elle changera de sentiment avant qu'il soit peu. Donnez-moi votre main. Allons.
JULIE. – Je ne...
ORONTE. – Ah ! que de bruit ! Ça, votre main, vous dis-je. Ah, ah, ah !
ÉRASTE. – Ne croyez pas que ce soit pour l'amour de vous que je vous donne la main : ce n'est que Monsieur votre père dont je suis amoureux, et c'est lui que j'épouse.
ORONTE. – Je vous suis beaucoup obligé, et j'augmente de dix mille écus le mariage de ma fille. Allons, qu'on fasse venir le notaire pour dresser le contrat.

MOLIÈRE, *Monsieur de Pourceaugnac*, 1669.

7 ** **1. Voici les dernières répliques du drame de Victor Hugo, *Ruy Blas*. Sur quels aspects de l'action et des personnages ce dénouement met-il l'accent ?**
2. Pourquoi Ruy Blas dit-il qu'il a « la joie au cœur » (v. 32) ? Le dénouement en est-il heureux ?

(Au XVIIe siècle, en Espagne, le jeune Ruy Blas a conquis le cœur de la reine en se faisant passer pour un gentilhomme de la cour. Or ce n'est qu'un valet à la solde du puissant Don Salluste, ennemi de la reine. Ce dernier vient de révéler à la reine la véritable identité de celui qu'elle aimait en le prenant pour un noble.)

RUY BLAS, *d'une voix grave et basse.*
Ruy Blas fait quelques pas en chancelant[1] *vers la reine immobile et glacée, puis il tombe à genoux, l'œil fixé à terre, comme s'il n'osait lever les yeux jusqu'à elle.*

Maintenant, madame, il faut que je vous dise.
– Je n'approcherai pas. – Je parle avec franchise.
Je ne suis point coupable autant que vous croyez.
Je sens, ma trahison, comme vous la voyez,
Doit vous paraître horrible. Oh ! ce n'est pas facile
À raconter. Pourtant je n'ai pas l'âme vile[2],
Je suis honnête au fond. – Cet amour m'a perdu.
Je ne me défends pas ; je sais bien, j'aurais dû
Trouver quelque moyen. La faute est consommée !
– C'est égal, voyez-vous, je vous ai bien aimée.

LA REINE.
Monsieur...

RUY BLAS, *toujours à genoux.*
N'ayez pas peur. Je n'approcherai point.
À Votre majesté je vais de point en point
Tout dire. Oh ! croyez-moi, je n'ai pas l'âme vile !
Aujourd'hui tout le jour j'ai couru par la ville
Comme un fou. Bien souvent même on m'a [regardé.
Auprès de l'hôpital que vous avez fondé,
J'ai senti vaguement, à travers mon délire,
Une femme du peuple essuyer sans rien dire
Les gouttes de sueur qui tombaient de mon front.
Ayez pitié de moi, mon Dieu ! mon cœur se rompt !

LA REINE.
Que voulez-vous ?

RUY BLAS.
Que vous me pardonniez, madame !
(Il se lève et marche lentement vers la table.)

LA REINE.
Jamais.

RUY BLAS.
Bien sûr ?

LA REINE.
Non. Jamais !

RUY BLAS
(Il prend la fiole[3] *posée sur la table, la porte à ses lèvres et la vide d'un trait). –*
Triste flamme,
Éteins-toi.

LA REINE, *se levant et courant vers lui.*
Que fait-il ?

RUY BLAS, *posant la fiole.*
Rien. Mes maux sont finis.
Rien. Vous me maudissez, et moi je vous bénis.
Voilà tout.

La Reine, *éperdue.*
Don César.
Ruy Blas.
Quand je pense, pauvre ange,
Que vous m'avez aimé !
La Reine.
Quel est ce philtre[4] étrange ?
Qu'avez-vous fait ? Dis-moi ! réponds-moi !
[parle moi !
César ! je te pardonne et t'aime, et je te crois.
Ruy Blas.
Je m'appelle Ruy Blas.
La Reine, *l'entourant de ses bras.*
Ruy Blas, je vous pardonne !
Mais qu'avez-vous fait là ? Parle, je te l'ordonne !
Ce n'est pas du poison, cette affreuse liqueur,
Dis ?
Ruy Blas.
Si ! C'est du poison. Mais j'ai la joie au cœur.
(*Tenant la reine embrassée et levant les yeux au ciel.*)
Permettez, ô mon Dieu, justice souveraine,
Que ce pauvre laquais bénisse cette reine,
Car elle a consolé mon cœur crucifié,
Vivant, par son amour, mourant, par sa pitié !

Victor Hugo, *Ruy Blas*, Acte V, scène 4, 1838.

1. Chancelant : *risquant de tomber* - 2. Vile : *méprisable* - 3. Fiole : *petite bouteille.* - 4. Philtre : *boisson magique.*

Étudier l'espace

8 * **1. Comment l'auteur a-t-il donné une réalité à ce que ne voient pas les spectateurs ?**
2. En quoi cela donne-t-il plus de réalité à l'espace représenté sur scène ?

(Seule dans sa chambre avec sa servante Suzanne, la Comtesse se désole des infidélités de son mari, Monseigneur le Comte.)

La Comtesse, *se servant de l'éventail.* – Ouvre un peu la croisée sur le jardin. Il fait une chaleur ici !...
Suzanne. – C'est que Madame parle et marche avec action. (*Elle va ouvrir la croisée du fond.*)
La Comtesse, *rêvant longtemps.* – Sans cette constance à me fuir... Les hommes sont bien coupables !
Suzanne *crie à la fenêtre.* – Ah ! voilà Monseigneur qui traverse à cheval le grand potager, suivi de Pédrille, avec deux, trois, quatre lévriers.
La Comtesse. – Nous avons du temps devant nous. (*Elle s'assied.*) On frappe, Suzon ?
Suzanne *court ouvrir en chantant.* – Ah ! c'est mon Figaro ! ah ! c'est mon Figaro !

Beaumarchais, *Le Mariage de Figaro*, 1784.

9 ** **1. La scène se déroule dans un hôtel chinois de Chicago. Quels indices dans les répliques permettent d'identifier le lieu de l'action ?**
2. Comment l'espace extérieur est-il présent ?

Par la porte ouverte, on entend le bruit de Chicago qui s'éveille : cri des laitiers, roulement des voitures à viande.

Marie. – Maintenant Chicago s'éveille avec le cri des laitiers, et le roulement sonore des voitures à viande, et les journaux, et l'air frais du matin. Partir serait une chose utile, se laver dans l'eau est utile, et la savane et l'asphalte donnent quelque résultat. Maintenant, par exemple, je suis sûre qu'un vent frais passe sur la savane où nous étions naguère.
Le Babouin. – Tu sais encore le petit catéchisme, Jane ?
Jane, *pleurnichant.* – Ça va de plus en plus mal, ça va de plus en plus mal, ça va de plus en plus mal.
Ils se mettent à faire le ménage, relèvent les stores, roulent les nattes.

Bertolt Brecht, *Dans la jungle des villes*, 1921, trad. J. Jourdheuil et S. Muller, Éd. L'Arche, 1987.

Étudier le temps

10 ** **1. Comment Ionesco rend-il sensible le passage du temps ?**
2. Pourquoi peut-on dire que cette œuvre qui s'achève par la mort du roi respecte la règle classique de l'unité de temps ?
3. Quels sens prennent dans le contexte les mots « distraire » et « programme » ?

(Le roi Bérenger 1er est entouré de la Reine Marguerite, la première épouse, et de la Reine Marie, la deuxième épouse.)

Marguerite, *au roi.* – Tu vas mourir dans une heure vingt-cinq minutes.
Le Médecin. – Oui, Sire. Dans une heure vingt-quatre minutes cinquante secondes.
Le Roi, *à Marie.* – Marie !
Marguerite. – Dans une heure vingt-quatre minutes quarante et une secondes. (*Au roi :*) Prépare-toi.
Marie. – Ne cède pas.
Marguerite, *à Marie.* – N'essaye plus de le distraire. Ne lui tends pas les bras. Il est déjà sur la pente, tu ne peux plus le retenir. Le programme sera exécuté point par point.
Le Garde, *annonçant.* – La cérémonie commence !

Eugène Ionesco, *Le roi se meurt*, Éd. Gallimard, 1962.

Étudier les personnages

11 ** **1. Agrippine a tout fait pour que son fils Néron devienne empereur à Rome. Au début de la tragédie de Racine, Agrippine se plaint à Albine, sa confidente, de l'ingratitude de son fils. La tirade suivante révèle-t-elle d'autres motivations ?**

2. Quelle image se fait-elle de son fils ?

ALBINE. – Néron devant sa mère a permis le [premier
Qu'on portât les faisceaux couronnés de lauriers[1].
Quels effets voulez-vous de sa reconnaissance ?
AGRIPPINE. – Un peu moins de respect, et plus de [confiance.
Tous ces présents, Albine, irritent mon dépit :
Je vois mes honneurs croître, et tomber mon [crédit.
Non, non, le temps n'est plus que Néron, jeune [encore,
Me renvoyait les vœux d'une cour qui l'adore,
Lorsqu'il se reposait sur moi de tout l'État,
Que mon ordre au palais assemblait le sénat,
Et que derrière un voile, invisible et présente,
J'étais de ce grand corps[2] l'âme toute-puissante.
Des volontés de Rome alors mal assuré,
Néron de sa grandeur n'était point enivré.

JEAN RACINE, *Britannicus*, 1669,
Acte I, scène 1, v. 85-98.

1. Faisceaux et lauriers : *insignes de pouvoirs réservés jusque-là aux empereurs et aux plus hauts magistrats de Rome* - 2. Grand corps : *le Sénat.*

12 ** **1. Face à son confident Narcisse qui lui demande s'il craint sa mère Agrippine, le jeune Néron avoue des sentiments complexes. Quelle image se fait-il de sa mère ?**

2. Ce qu'il dit d'Agrippine confirme-t-il ce que sa mère a révélé d'elle-même dans la tirade citée dans l'exercice 12 ?

3. Quels indices permettent d'identifier le genre théâtral du passage cité ?

NÉRON.
Éloigné de ses yeux, j'ordonne, je menace,
J'écoute vos conseils, j'ose les approuver ;
Je m'excite contre elle, et tâche à la braver.
Mais (je t'expose ici mon âme toute nue)
Sitôt que mon malheur me ramène à sa vue,
Soit que je n'ose encor démentir le pouvoir
De ces yeux où j'ai lu si longtemps mon devoir ;
Soit qu'à tant de bienfaits ma mémoire fidèle
Lui soumette en secret tout ce que je tiens d'elle,
Mais enfin mes efforts ne me servent de rien ;
Mon génie[1] étonné[2] tremble devant le sien.
Et c'est pour m'affranchir de cette dépendance,
Que je la fuis partout, que même je l'offense,
Et que de temps en temps j'irrite ses ennuis[3],
Afin qu'elle m'évite autant que je la fuis.

RACINE, *Britannicus*, 1669,
Acte II, scène 2, v. 496-510.

1. Génie : *tendances innées du caractère* - 2. Étonné : *frappé de stupeur, foudroyé* - 3. Ennuis : *douleurs, graves inquiétudes.*

13 ** **1. Quelles sont les caractéristiques d'Agrippine que le dessin met en valeur ?**

2. Quels aspects du personnage, présents dans les textes cités dans les exercices 11 et 12 ne sont pas suggérés par le dessin ?

3. Le costume dessiné correspond-il au genre théâtral de cette œuvre de Racine ?

4. Quelles indications donneriez-vous pour le costume de Néron ?

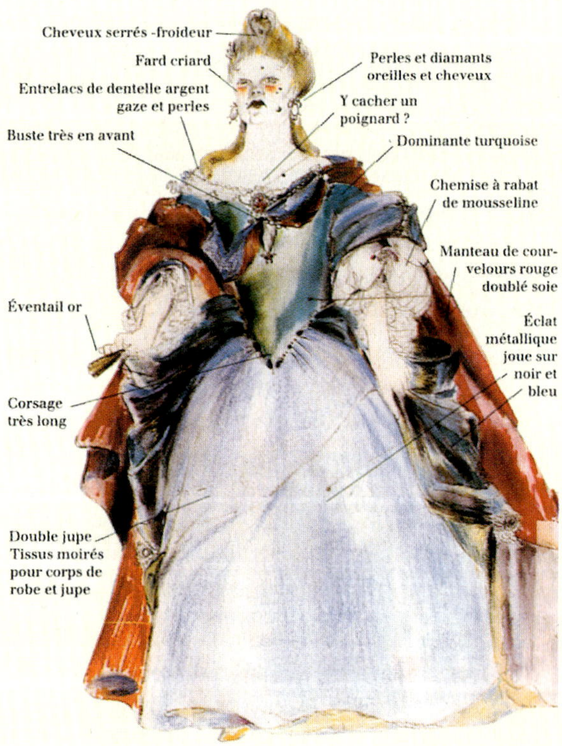

Agrippine, mère de l'empereur Néron. Croquis préparatoire de Françoise Chevalier, qui a conçu les costumes de la pièce *Britannicus* mise en scène par Gildas Bourdet en 1979.

ACTIVITÉS D'ÉCRITURE

14 * Commenter un texte

Observez la scène suivante et expliquez en quoi elle remplit les fonctions de l'exposition. Rédigez votre réponse en un paragraphe.

Un jardin. À droite, au fond, la maison. Porte sur le jardin. Deux fenêtres au premier étage. À gauche et à droite, une table de jardin. Un banc. Un arbre. Une haie.

C'est l'été. Personne. Musique. Simon entre. Demeure immobile. Simon rentre dans la maison et revient avec des assiettes.

SIMON. – Deux couverts. Posés là. Maman ne mange jamais là. Je ne sais pas pourquoi. Qu'est-ce qui manque ? *(Il sort, revient avec les couverts.)*... Fourchettes, couteaux. Je ne la vois jamais. Ils croient que je ne m'en aperçois pas. *(Il regarde l'arbre.)*... Bonjour. Qu'est-ce qui manque ? *(Il ressort, revient avec les verres.)* ... Il y a des tas d'animaux à la campagne. Il y en a même qu'on ne voit pas. Ce gros lézard transparent qui est entré hier. Il me prenait pour un imbécile. Bon. Inutile de faire tant de voyages...

(Simon traverse la scène. S'allonge par terre. Il regarde quelque chose sous la haie. Passe Moitié Cerise. Il n'est pas déguisé en chat. C'est un homme d'âge moyen.)

MOITIÉ CERISE. – Vous cherchez quelque chose ?

(Pas de réponse. Simon, au bout d'un moment.)

SIMON. – Non.

MOITIÉ CERISE. – Ah non !...

SIMON. – À vous je peux parler... Quelquefois... les autres, c'est différent. Vous comprenez ?

MOITIÉ CERISE. – Non. *(Simon se réabsorbe dans la contemplation de quelque chose sous la haie.)* En tout cas, vous cherchez quelque chose. Ça se voit, mais je saurai ce que c'est.

(Moitié Cerise sort. Venant de la maison, Lorette apparaît, des cahiers à la main.)

LORETTE. – Simon, tu cherches quelque chose ? *(Il ne bouge pas. Elle pose ses cahiers sur la table. S'assied. Simon la regarde. Reprend son observation. Puis il se relève ; il tient quelque chose dans sa main. Il s'approche de Lorette et lui tend son poing fermé.)*

LORETTE. – Montre ! *(Il rit.)* ... Montre ! *(Elle lui prend la main.)* ... Ouvre !... Tu ne veux pas ouvrir ! *(Il fait non de la tête.)* ... Mets ta main là. *(Il pose sa main sur la table. Elle lui donne un coup de règle.)*

SIMON. – Aïe !

Romain Weingarten, *L'Été*, 1990,
Éd. des Quatre-Vents.

15 * Préparer une mise en scène

1. Le texte se présente sans ponctuation. Quel est le seul signe conservé ? Quel est l'effet recherché ?

2. Le texte ne donne aucune indication de décor. Décrivez le décor que vous pourriez proposer au metteur en scène. Appuyez-vous sur les mots du texte pour justifier vos propositions.

3. Le texte se présente sans didascalie. En vous inspirant des notes du dramaturge A. Milianti (p. 285) et de celles de O. Aslan (p. 289), rédigez les indications et les conseils que vous donneriez aux comédiens.

4. Michel Vinaver a présenté cette œuvre comme une « pièce en douze morceaux ». En analysant le registre du passage, peut-on préciser le genre de l'œuvre ?

(La pièce se présente comme une suite de douze dialogues entre Hélène et Philippe, son fils.)

PHILIPPE. – C'était Simon ?

HÉLÈNE. – Tes copains ne disent pas leur nom ils entrent et ils sortent ils ne me disent pas bonjour non plus

PHILIPPE. – C'était qui alors ?

HÉLÈNE. – Je leur ouvre ils ne me voient pas

Philippe. – Tu n'es pas exactement accueillante avec eux

HÉLÈNE. – Je t'ai dit ce que je pense de leur façon d'être on existe

PHILIPPE. – Il a dit que je pouvais passer chez Simon et c'est tout ?

HÉLÈNE. – Je ne comprends pas ce que tu leur trouves à ces garçons

PHILIPPE. – Arrête

HÉLÈNE. – Il a dit chez Simon ou si Simon n'est pas là chez Patricia

PHILIPPE. – Patricia ?

HÉLÈNE. – Je crois qu'il a dit Patricia et il a dit avant midi

PHILIPPE. – J'y vais

HÉLÈNE. – Non Philippe d'abord tu vas déjeuner nous allons déjeuner je t'attendais tu sais regarde et avant de te mettre à table écoute

PHILIPPE. – Quoi ?

HÉLÈNE. – Enlève ta canadienne tes gants tes mains tu peux les laver

PHILIPPE. – J'ai surtout envie de dormir

HÉLÈNE. – Alors tu n'iras pas ?

MICHEL VINAVER, *Dissident, il va sans dire*,
Éd. L'Arche, 1978.

ACTIVITÉS D'ÉCRITURE

16 ** TRANSFORMER UN DÉNOUEMENT

Imaginez un dénouement différent pour la pièce *Les Palmes de M. Schultz*. Transformez les didascalies et les répliques pour que la fin devienne particulièrement inquiétante. La pièce met en scène la rencontre de Pierre Curie avec Marie et raconte la découverte du radium.

Prenant le radium pour le ranger, ils constatent qu'il émet une faible lueur bleutée.

PIERRE (*émerveillé*). – Oh... !

MARIE. – Il émet même de la lumière !

PIERRE. – La Lumière du Futur, Marie, la Lumière du Futur.

MARIE. – J'ai presque envie de pleurer.

PIERRE. – Parce que tu entrevois tout le bien que les hommes feront de cette nouvelle énergie ?

MARIE. – Parce qu'on va avoir le prix Nobel ! Et j'ai plus rien à me mettre !

Noir final.

Rideau

JEAN-NOËL FENWICK, *Les Palmes de M. Schutz*, Acte II, scène 6, *L'Avant-Scène Théâtre* n° 855/856, 1989.

17 *** CONFRONTER DEUX CONCEPTIONS D'UN MÊME PERSONNAGE

Dans les deux passages suivants, la situation est identique. Antigone, par fidélité à l'un de ses frères, a désobéi aux ordres de Créon, le chef de Thèbes. Elle a été condamnée à mort. Hémon, le fils de Créon, le fiancé d'Antigone, vient demander à son père Créon de sauver la vie de la jeune fille.

1. Comparez les arguments du fils dans la pièce de Sophocle et dans celle d'Anouilh.

2. De la même façon, comparez les arguments de Créon dans les deux passages.

3. À partir des réponses précédentes, rédigez un développement où vous comparerez la façon dont Sophocle et Anouilh ont opposé le père à son fils.

4. Si un conflit tragique est un conflit insoluble, quelle scène semble la plus tragique ?

TEXTE 1

CRÉON. – Est-ce une conduite à tenir que de s'incliner devant des rebelles ?

HÉMON. – Je ne demande nullement qu'on ait des égards pour des traîtres.

CRÉON. – N'est-ce pas là pourtant le mal qui la possède ?

HÉMON. – Ce n'est pas ce que dit tout le peuple de Thèbes.

CRÉON. – Thèbes aurait donc à me dicter mes ordres ?

HÉMON. – Tu le vois, tu réponds tout à fait en enfant.

CRÉON. – Ce serait pour un autre que je devrais gouverner ce pays ?

HÉMON. – Il n'est point de cité qui ne soit le bien d'un seul.

CRÉON. – Une cité n'est plus alors la chose de son chef ?

HÉMON. – Ah ! tu serais bien fait pour commander tout seul dans une cité vide !

SOPHOCLE, *Antigone*, 442 av. J.-C., trad. P. Mazon, Éd. Les Belles Lettres, 1964.

TEXTE 2

HÉMON. – Père, la foule n'est rien ! Tu es le maître.

CRÉON. – Je suis le maître avant la loi. Plus après.

HÉMON. – Père, je suis ton fils, tu ne peux pas me la laisser prendre !

CRÉON. – Si, Hémon. Si, mon petit. Du courage. Antigone ne peut plus vivre. Antigone nous a déjà quittés tous.

HÉMON. – Crois-tu que je pourrai vivre, moi, sans elle ? Crois-tu que je l'accepterai, votre vie ? Et tous les jours, depuis le matin jusqu'au soir, sans elle ! Et votre agitation, votre bavardage, votre vide, sans elle.

CRÉON. – Il faudra bien que tu acceptes, Hémon. Chacun de nous a un jour, plus ou moins triste, plus ou moins lointain, où il doit enfin accepter d'être un homme. Pour toi, c'est aujourd'hui... Et te voilà devant moi, avec ces larmes au bord de tes yeux et ton cœur qui te fait mal, mon petit garçon, pour la dernière fois... Quand tu te seras détourné, quand tu auras franchi ce seuil tout à l'heure, ce sera fini.

HÉMON, *recule un peu et dit doucement* – C'est déjà fini.

JEAN ANOUILH, *Antigone*, Éd. de la Table ronde, 1946.

SYNTHÈSE

Étudier une pièce de théâtre

L'étude d'une pièce de théâtre doit permettre d'en déterminer les caractéristiques essentielles qui portent à la fois sur le texte et sur sa représentation. Resituer l'œuvre dans le contexte où elle est née, étudier sa construction, en analyser les personnages, confronter les interprétations qu'elle a suscitées permet de mieux la comprendre et de prendre plus de plaisir encore à sa représentation.

I - SITUER LE TEXTE DANS SON CONTEXTE

• Dans quelles circonstances l'œuvre a-t-elle été écrite ?

La pièce a été conçue et composée dans des circonstances qui peuvent éclairer certains de ses aspects. Cette recherche du contexte porte sur plusieurs caractéristiques : événements historiques ou politiques, rivalités propres au monde du théâtre, évolution de la société, vie de l'auteur. Lesquels de ces facteurs sont directement présents dans l'œuvre ? Lesquels ont été transposés ?

• Dans quelles conditions l'œuvre a-t-elle été représentée ?

La première représentation de l'œuvre, à laquelle l'auteur a assisté et qu'il a parfois préparée, est un moment révélateur. L'auteur a-t-il dû combattre la censure ? Connaît-on la distribution de la « première » ? A-t-on gardé trace des décors, des costumes ? Quel a été l'accueil de la critique et du public ? L'œuvre a-t-elle suscité des polémiques ?

II - ANALYSER LA CONSTRUCTION DE L'ŒUVRE

• Comment l'action est-elle conduite ?

– **L'exposition.** Quand peut-on considérer que l'exposition est terminée ? Quelles sont les données essentielles de la situation ? À partir des réponses à ces questions, on peut dégager les sources des conflits, les désirs et les obstacles qui animent l'action.

– **Les principales péripéties.** On repère leurs causes en vérifiant si elles sont liées aux données initiales, aux caractéristiques des personnages ou si elles sont dues à des événements imprévus et leurs conséquences.

– **Le dénouement.** Quand commence-t-il ? Découle-t-il logiquement des données initiales ou fait-il intervenir des forces extérieures ? Est-il complet ou laisse-t-il une marge d'incertitude ? Résout-il clairement tous les conflits déclarés ?

• Comment l'espace est-il présenté ?

– **L'espace et l'action.** Les didascalies et le dialogue indiquent où se déroule la pièce. Que représentent ces lieux ? Sont-ils liés à une classe sociale, à une époque historique ? En quoi les lieux choisis par l'auteur facilitent-ils le déroulement de l'action ?

– **L'espace et le registre.** Le lieu où se déroule la scène est parfois commenté par les personnages. Ce lieu est lié aux personnages et aux thèmes essentiels de l'œuvre. En quoi contribue-t-il au registre principal de la pièce ?

• Comment le temps est-il organisé ?

– **Les repères temporels.** L'action est-elle située dans une époque précise (historique ou contemporaine) ? Combien de temps s'écoule à l'intérieur d'un même acte et entre les actes ? Ces indications temporelles sont-elles données et commentées par les personnages ?

– **La durée et le rythme.** La durée de chaque scène permet de distinguer les moments de crise, où tout semble se précipiter de façon parfois irréversible, des moments d'attente ou de détente. L'alternance de ces moments détermine le rythme de l'œuvre. En quoi ce rythme permet-il d'inscrire l'œuvre dans un genre théâtral particulier ?

SYNTHÈSE

III - COMPOSER LE PORTRAIT D'UN PERSONNAGE

• Comment le personnage est-il caractérisé ?

– **L'origine du personnage** : s'agit-il d'un type traditionnel, d'une figure mythique, d'un personnage déjà présent dans l'œuvre d'autres auteurs ou dans d'autres œuvres du même auteur ? De quelle façon le personnage étudié se distingue-t-il de ses devanciers ?

– **Les caractéristiques du personnage.** Tantôt indiquées par les didascalies, tantôt inscrites dans le texte, ces caractéristiques peuvent être diverses : nom, costume, classe sociale, situation familiale, traits physiques ou psychologiques. De quelle façon ces indications assurent-elles la cohérence du portrait ?

• Comment le personnage évolue-t-il ?

– **Le personnage et l'action.** Le personnage existe au théâtre à travers ses paroles et ses interventions dans l'action. Quels sont les obstacles qu'il rencontre ? Comment cherche-t-il à les surmonter ? À quels autres personnages s'oppose-t-il, directement et indirectement ?

– **L'évolution du personnage.** Les épreuves qu'il traverse contribuent à faire évoluer le personnage. Quelles justifications donne-t-il à son attitude ? Préfère-t-il le silence ? Lui arrive-t-il de se contredire ? Ce qu'il dit est-il confirmé par ce que disent de lui les autres personnages ?

• Que représente le personnage étudié ?

– **Le personnage dans le contexte social.** Il peut être à l'image d'un groupe social dont il révèle les attitudes, les choix, les stratégies ; il est alors l'instrument d'une vision critique de la société. Dans *Le Mariage de Figaro* de Beaumarchais, le personnage du comte Almaviva contribue à dénoncer les abus d'une aristocratie frivole.

– **Le personnage confronté au destin.** Il peut représenter la situation de l'être humain face au destin : il permet alors de poser des questions d'ordre moral, religieux ou politique. On explique ainsi comment le personnage est devenu parfois un type ou un mythe. Ainsi le Don Juan de Molière illustre-t-il le mythe d'une révolte radicale qui pousse l'homme à refuser toute loi, qu'elle soit humaine ou divine.

IV - ÉTUDIER UN CONFLIT

• Comment le conflit est-il mis en place ?

En montrant des personnages en pleine action, l'auteur met en scène des conflits. Quelles scènes apportent d'éventuelles réponses au conflit ? Comment le dénouement modifie-t-il les éléments mis en place dans la scène d'exposition ? En quoi le conflit appartient-il au genre théâtral (comédie, tragédie, drame...) ? Comment s'inscrit-il dans le registre de l'œuvre ?

• Comment les personnages sont-ils opposés ?

Au théâtre, les thèmes sont abordés à travers les conflits entre personnages. Quels personnages développent cette thématique ? On compare ce que disent les personnages et la situation qu'ils vivent : y a-t-il une cohérence dans leur comportement, ou un écart entre ce qui est dit et fait ?

• Quels sont les enjeux du conflit ?

Le conflit étudié doit être lié au contexte de l'œuvre. Dans quelle mesure le contexte biographique, historique, social éclaire-t-il la façon dont le conflit a été mis en scène ?
Mais on doit se demander aussi comment la conduite du conflit est, ou reste, éclairante pour le public d'aujourd'hui. En faisant pleurer ou rire, à quoi l'auteur a-t-il voulu faire réfléchir ?

PARTIE VI
L'ARGUMENTATION

CHAPITRE 25 La logique du raisonnement

Dès ses débuts, la rhétorique, c'est-à-dire l'art du discours, est l'enjeu d'un débat qui se poursuit encore aujourd'hui. Est-elle le moyen de prouver n'importe quoi grâce à l'habileté de l'orateur ? Ou bien est-elle un art exigeant qui permet d'exposer clairement une thèse ? C'est cette idée que défend Aristote dès l'Antiquité : pour lui, la rhétorique « ne doit rien persuader d'immoral », c'est-à-dire qu'elle doit se mettre au service du bien public.

Si, pour certains, l'argumentation s'apparente à une technique au service d'intérêts particuliers, pour d'autres au contraire, elle doit être mise au service de la vérité et de la raison. Ainsi, les écrivains de la Renaissance, les philosophes des Lumières, les intellectuels engagés fondent-ils, à la suite d'Aristote, leur discours sur la logique du raisonnement.

Cette logique, au service d'une thèse, s'appuie sur des arguments, eux-mêmes illustrés par des exemples. Elle suit un mode de raisonnement qui donne au discours argumentatif la rigueur d'une démonstration.

S'interrogeant sur le racisme, Tahar Ben Jelloun adapte son mode de raisonnement en tenant compte des caractéristiques de son destinataire. Il défend ainsi la même thèse, au moyen d'arguments et d'exemples différents, selon qu'il s'adresse à sa fille ou aux lecteurs du journal *Le Monde*...

Quelles différences, quels points communs la confrontation de ces deux textes met-elle en évidence ?

TEXTE 1

Le racisme expliqué par un père à son enfant

Dans Le Racisme expliqué à ma fille, *le romancier Tahar Ben Jelloun présente au lecteur, sous la forme d'un dialogue, les explications qu'il a données à sa petite fille pour lui faire comprendre le racisme. Il y utilise des mots simples, mais également un mode de raisonnement adapté à son interlocutrice.*

– C'est quoi un étranger ?

– Le mot « étranger » vient du mot « étrange », qui signifie du dehors, extérieur. Il désigne celui qui n'est pas de la famille, qui n'appartient pas au clan ou à la tribu. C'est quelqu'un qui vient d'un autre pays, qu'il soit proche ou lointain, parfois d'une autre ville ou d'un autre village. Cela a donné le mot « xénophobie », qui signifie hostile aux étrangers, à ce qui vient de l'étranger. Aujourd'hui, le mot « étrange » désigne quelque chose d'extraordinaire, de très différent de ce qu'on a l'habitude de voir. Il a comme synonyme le mot « bizarre ».

– Quand je vais chez ma copine, en Normandie, je suis une étrangère ?

– Pour les habitants du coin, oui, sans doute, puisque tu viens d'ailleurs, de Paris, et que tu es marocaine. Tu te souviens quand nous sommes allés au Sénégal ? Eh bien, nous étions des étrangers pour les Sénégalais.

– Mais les Sénégalais n'avaient pas peur de moi, ni moi d'eux !

– Oui, parce que ta maman et moi t'avions expliqué que tu ne devais pas avoir peur des étrangers, qu'ils soient riches ou pauvres, grands ou petits, blancs ou noirs. N'oublie pas ! On est toujours l'étranger de quelqu'un, c'est-à-dire qu'on est toujours perçu comme quelqu'un d'étrange par celui qui n'est pas de notre culture.

TAHAR BEN JELLOUN, *Le Racisme expliqué à ma fille*, Éd. du Seuil, 1998.

TEXTE 2

Le racisme expliqué aux lecteurs du journal *Le Monde*

Le racisme, la xénophobie sont des phénomènes complexes. Tahar ben Jelloun, lorsqu'il donne son point de vue sur des questions qui le préoccupent, adapte son discours au lecteur de la tribune du journal Le Monde.

Au commencement, la xénophobie : l'étranger n'est pas accepté. On ne donne pas forcément de raisons. On parle à la rigueur d'incompatibilité ; on invoque le « seuil de tolérance ». En fait, on se sent menacé dans son petit bonheur, car on s'est installé dans un territoire de certitudes. À l'ouverture sur les autres, on préfère la méfiance. Cette hostilité à tout ce qui vient de l'étranger, quand elle est exaspérée, devient de la haine, l'ignorance et le manque d'information aidant. Le glissement vers le racisme affiché, vers le « racisme militant », se fait aisément en des moments de crise socio-économique et politique.

L'Autre devient l'indésirable parce qu'il a le tort de renvoyer à la société où il est de passage une image où elle ne se reconnaît pas. Le Noir aux États-Unis est l'image qui indispose une mentalité satisfaite et encombrée de préjugés. C'est une question de couleur de peau, de faciès ; une question d'apparence. L'Autre est refoulé sur simple présentation de son visage. Tout l'irrationnel du racisme est là : la haine de l'Autre à partir d'une question d'épiderme !

TAHAR BEN JELLOUN, « La xénophobie »,
Le Monde, « Dossiers et documents », 1978.

1 La thèse qui structure le raisonnement

1. Relevez l'idée défendue dans le premier texte. À quel moment du raisonnement se situe-t-elle ? Pourquoi ?

2. Quelle est l'idée rejetée par l'auteur dans le second texte ? Quelle est par conséquent l'idée défendue de manière sous-entendue ?

2 Les arguments et les exemples

3. L'auteur, dans son article, rejette les justifications de ceux à qui il s'oppose. Repérez les arguments sur lesquels il s'appuie.

4. Les exemples ont-ils la même importance dans l'un et l'autre texte ? Relevez les exemples dans chacun des textes. D'après vous, jouent-ils le même rôle ? Pourquoi ?

3 L'organisation du raisonnement

5. La thèse, dans le premier texte, est affirmée après plusieurs exemples. Montrez que cette logique est adaptée à la situation d'énonciation proposée par le texte.

6. Quelle autre progression l'auteur a-t-il choisie pour les lecteurs du *Monde* ? Selon vous, pourquoi ?

Le raisonnement, pour convaincre, fait appel à la logique. Il se donne pour objectif de démontrer la pertinence de la thèse défendue, ou de s'opposer à une thèse erronée, en s'appuyant sur l'organisation du discours et la force des arguments.

1 La thèse qui structure le raisonnement

Le raisonnement affirme la thèse de l'auteur tout en réfutant, de manière explicite ou non, une thèse rejetée ou une opinion jugée fausse.

1. La thèse défendue et la thèse réfutée

L'auteur développe une thèse, c'est-à-dire un point de vue à propos d'un thème. La défense de la thèse structure l'ensemble de l'argumentation. L'auteur peut également s'employer à réfuter, c'est-à-dire à rejeter, une thèse à laquelle il s'oppose, en montrant le caractère erroné de cette dernière :

> *« L'étranger n'est pas accepté. On ne se donne pas forcément de raisons. On parle à la rigueur d'incompatibilité. »*
>
> Dans ces deux phrases, Tahar Ben Jelloun expose la thèse à laquelle il s'oppose pour la réfuter ensuite.

2. Thèse explicite et thèse implicite

La thèse défendue par l'auteur est en général affirmée explicitement, c'est-à-dire clairement, au début ou à la fin du raisonnement.

Lorsque ce n'est pas le cas, le destinataire peut la déduire implicitement de l'ensemble du raisonnement.

Par ailleurs, dans le raisonnement, la thèse rejetée reste souvent implicite : l'auteur y fait allusion sans la développer.

2 Les arguments et les exemples

Pour valider ou réfuter une thèse, le locuteur apporte des arguments ou des contre-arguments. Les exemples permettent de passer d'une vision abstraite à une vision concrète du problème posé.

1. Les arguments et les contre-arguments

- **Les arguments.** Pour convaincre, l'auteur doit apporter au destinataire un certain nombre d'arguments. Ceux-ci appuient la thèse défendue.

- **Les contre-arguments.** Lorsque les arguments apportés répondent aux arguments défendus par l'adversaire, dans le cadre d'un débat par exemple, on parle de contre-arguments :

> *« On parle à la rigueur d'incompatibilité ; on invoque le « seuil de tolérance ». En fait, on se sent menacé dans son petit bonheur, car on s'est installé dans un territoire de certitudes. »*
>
> À l'argument de ses adversaires, l'auteur oppose son contre-argument.

On peut distinguer plusieurs types d'arguments :

TYPES D'ARGUMENTS	DÉFINITION	EXEMPLE
L'assertion	Une idée, les caractéristiques d'une personne ou d'une chose sont affirmées comme incontestables.	→ Jean Cluzel voit dans la télévision l'accès à la culture du plus grand nombre (exercice 12).
Le recours aux faits	L'explication d'un fait précis, un témoignage, un cas particulier servent d'arguments.	→ L'agneau de La Fontaine prouve son innocence par des faits indiscutables (exercice 6).
L'argument d'autorité	C'est la référence à un ouvrage célèbre, un auteur, un spécialiste reconnu ou à des données chiffrées.	→ César, le personnage de Pagnol, appuie son argumentation sur un ouvrage médical (exercice 4).
L'appui sur les valeurs	C'est l'appel à des valeurs, au beau ou au bien dans la société : le Vrai, la Justice, la Solidarité, l'Honnêteté, etc.	→ Rousseau dans le *Discours sur l'origine de l'inégalité* évoque des valeurs opposées (exercice 11).

2. Les exemples

Abstraits, les arguments sont explicités par des exemples concrets. Ces exemples facilitent la compréhension des idées en les confrontant à la réalité.

• Lorsque l'exemple éclaire une idée générale par un cas particulier, il a une fonction illustrative puisqu'il prolonge un argument en l'éclairant :

> *« Le Noir aux États-Unis est l'image qui indispose une mentalité satisfaite et encombrée de préjugés. »*
> L'exemple de Tahar Ben Jelloun vient illustrer l'argument qui précède.

• Lorsqu'une idée générale est déduite de l'exemple proposé, cet exemple a une fonction démonstrative :

> *« Tu te souviens quand nous sommes allés au Sénégal ? Eh bien, nous étions des étrangers pour les Sénégalais. »*
> L'exemple sert d'argument, amène la thèse de manière simple et compréhensible par tous.

3 L'organisation du raisonnement

1. Le raisonnement inductif

Le raisonnement inductif part d'un ou de plusieurs exemples, ou faits particuliers, pour en tirer un principe, une loi, une idée générale.

2. Le raisonnement déductif

Dans le raisonnement déductif, on part d'une ou plusieurs idées générales pour en déduire une conséquence particulière :

> *« La libre communication des pensées et des opinions est un des droits les plus précieux de l'homme ; tout citoyen peut donc parler, écrire, imprimer librement. »* (Déclaration des droits de l'homme et du citoyen, Article 11, 1789)

3. Le raisonnement par analogie

Dans le raisonnement par analogie, l'auteur utilise une comparaison pour défendre une thèse : il établit une relation de similitude entre des éléments appartenant à des univers différents.

Ainsi la fable met-elle en relation l'univers animal et l'univers politique réel pour en déduire une morale. La validité du raisonnement dépend de la pertinence des images utilisées dans la comparaison.

4. Le raisonnement par l'absurde

Il fait semblant d'accepter une hypothèse et en tire par déduction logique des conséquences ridicules. La fausseté évidente des conclusions démontre alors l'absurdité de l'hypothèse de départ.

Voltaire s'oppose à Rousseau, qui explique que la société corrompt les hommes. Dans sa démarche, il pousse son raisonnement jusqu'à l'absurde :
« Autant vaudrait-il dire que, dans la mer, les harengs sont originairement faits pour nager isolés, et que c'est par un excès de corruption qu'ils passent en groupe de la mer Glaciale sur nos côtes. »

(Voltaire, *Dictionnaire philosophique*, 1764)

5. Le raisonnement concessif

La concession semble admettre un argument ou une idée avancés par le raisonnement adverse pour mieux les réfuter dans la suite du raisonnement :

« Les personnes qui ne voient les choses que par leur plus petit côté ont imaginé que le dandysme était surtout l'art de la mise, une heureuse et audacieuse dictature en fait de toilette et d'élégance extérieure. Très certainement c'est cela aussi ; mais c'est bien davantage. »

(Jules Barbey d'Aurevilly, *Du dandysme*, 1845)

REPÈRE D'HISTOIRE LITTÉRAIRE

L'HISTOIRE DE LA RHÉTORIQUE

Née en Sicile à l'occasion de débats judiciaires, la rhétorique, c'est-à-dire l'art du discours, se perfectionne au contact des institutions démocratiques d'Athènes, aux Vᵉ et IVᵉ siècles avant J.-C.

Au Moyen Âge, les techniques du discours sont codifiées et enseignées par les clercs. L'art oratoire se met au service des puissants et de l'Église. Au XVIIIᵉ siècle, Montesquieu, Voltaire, Diderot et Rousseau renouvellent l'art du discours qu'ils utilisent pour répandre les Lumières : l'ironie, la dérision, l'attaque deviennent des armes au service de la raison.

Le XIXᵉ siècle remet en cause la rhétorique : Victor Hugo et les romantiques ou Gustave Flaubert lui reprochent de figer l'usage du discours dans un recueil de recettes formelles. Cependant, stimulée par l'intensification des débats politiques, la rhétorique connaît un regain d'intérêt au XXᵉ siècle. Par ailleurs, la publicité et les médias se sont emparés de ses techniques pour en renouveler l'usage. ■

Identifier une thèse

1 * **Quelle est la thèse défendue dans l'extrait suivant ?**

À vouloir être partout, le zappeur[1] n'est plus nulle part. Pour lui, plus de spectacle en continu, mais une succession de fragments. Il ne regarde plus, il sonde. Il ne s'installe plus, il saute. À la durée, il préfère le va-et-vient ; à la fidélité, le vagabondage ; à la connaissance, les flashes. Ne voulant rien rater, il est de toutes les histoires et de tous les discours, mais sans y entrer vraiment, de sorte qu'il manque l'essentiel.

BERNARD PIVOT, *Le Métier de lire*, Éd. Gallimard, 1990.

1. Le zappeur : *l'utilisateur forcené de la télécommande.*

2 * **Repérez la thèse défendue et la thèse réfutée dans l'extrait qui suit.**

On aurait tort de croire que la politesse est le propre des sociétés comblées. La marche triomphante de la civilisation mécanicienne, au XIXe siècle, a contribué grandement à ruiner le sentiment de politesse.

GEORGES DUHAMEL, *Chronique des saisons amères*, 1940-1943.

3 ** **1. Quelle est la thèse défendue dans l'extrait suivant ?**

2. Reformulez la thèse réfutée.

Le jour c'est le jour, c'est fait pour travailler, nom de nom ! Et la nuit... la nuit ? On dort. Point final. Sans discussion. Sans faire d'histoires. C'est un excellent rythme, judicieux, rationnel, fonctionnel, rentable pour tous, finalement. Chacun s'y retrouve : l'employeur et l'employé. Bref, il n'est pas raisonnable de s'absenter de la vie sociale, juste pour piquer un petit roupillon, comme si de rien n'était ! Et pourtant, face à ces arguments de gens responsables, j'avoue, je confesse, je proclame : la sieste est un temps fort d'un art de vivre – oui, un art de vivre ! – qu'il convient de défendre, de populariser, de pratiquer, avec conviction, plaisir et sérieux. Siesteuses et siesteurs, de tous les âges, de toutes les latitudes et fuseaux horaires, de toutes les professions, affirmez votre singularité et résistez au temps planétaire, satellitaire, totalitaire ! Ce n'est qu'un début, la sieste continue...

THIERRY PAQUOT, *L'Art de la sieste*, Éd. Zulma, 1998.

Étudier une thèse implicite

4 ** **1. Quelle thèse César défend-il de manière implicite dans le dialogue suivant ?**

2. Pourquoi César, cafetier marseillais, n'affirme-t-il pas sa thèse de manière explicite ?

3. Comment le personnage procède-t-il pour donner une apparence logique à son discours ?

CÉSAR. – Monsieur Brun, tous les apéritifs sont faits avec des plantes : gentiane, sauge, anis, peau d'orange, absinthe, et cétéra. Or, les plantes, ce sont des remèdes. Dans ma chambre, j'ai un gros livre : *La Santé par les plantes*, ça guérit TOUT. Alors, finalement, qu'est-ce que c'est qu'un apéritif ? C'est une espèce de tisane froide. Vous pourriez me dire qu'il y a de l'alcool...

MONSIEUR BRUN. – Je vous le dis.

CÉSAR. – Et qu'est-ce que c'est, l'alcool ? Essence de vigne : plante ! Et, quand quelqu'un se trouve mal, qu'est-ce qu'on dit ? « Vite, faites-lui boire quelque chose ! Vite ! Un peu de rhum ! Un peu de Chartreuse ! » Donc, remède. Naturellement, il ne faut pas en boire trop. Pour tous les remèdes, c'est la même chose. Sur toutes les boîtes, il y a écrit : « Ne pas dépasser la dose prescrite ».

MARCEL PAGNOL, *César*, Éd. de Fallois, 1936.

Repérer et étudier les arguments

5 ** **1. Quelles sont les deux thèses en présence dans ce texte ?**

2. Reformulez l'argument apporté par Sépulvéda et le contre-argument de Las Casas. Indiquez, à chaque fois, de quel type d'argument il s'agit.

Les Indiens du Nouveau Monde ont-ils une âme ? Au XVIe siècle, le souverain d'Espagne convoque une assemblée pour trancher le débat. Deux hommes exposent leur point de vue, en présence du cardinal, éminence envoyée par le pape : Bartholomé de Las Casas et le chanoine Sépulvéda.

– Éminence, les habitants du Nouveau Monde sont des esclaves par nature. En tout point conformes à la description d'Aristote.

– Cette affirmation demande des preuves, dit doucement le prélat.

Sépulvéda n'en disconvient pas. D'ailleurs, sachant cette question inévitable, il a préparé tout un dossier. Il en saisit le premier feuillet.

– D'abord, dit-il, les premiers qui ont été

découverts se sont montrés incapables de toute initiative, de toute invention. En revanche, on les voyait habiles à copier les gestes et les attitudes des Espagnols, leurs supérieurs. Pour faire quelque chose, il leur suffisait de regarder un autre l'accomplir. Cette tendance à copier, qui s'accompagne d'ailleurs d'une réelle ingéniosité dans l'imitation, est le caractère même de l'âme esclave. Âme d'artisan, âme manuelle pour ainsi dire.

– Mais on nous chante une vieille chanson ! s'écrie Las Casas. De tout temps, les envahisseurs, pour se justifier de leur mainmise, ont déclaré les peuples conquis indolents, dépourvus, mais très capables d'imiter ! César racontait la même chose des Gaulois qu'il asservissait ! Ils montraient, disait-il, une étonnante habileté pour copier les techniques romaines ! Nous ne pouvons pas retenir ici cet argument !

JEAN-CLAUDE CARRIÈRE, *La Controverse de Valladolid*, Éd. Actes Sud-Papiers, 1999.

6 *** **1. Quelle est la thèse défendue par le loup de la fable ? Quelle est la thèse défendue par l'agneau ?**

2. Repérez, sous forme de tableau, les arguments apportés par l'agneau et les contre-arguments apportés par le loup.

3. Selon vous, pour quelles raisons le dialogue a-t-il échoué ? Justifiez la morale de la fable.

La raison du plus fort est toujours la meilleure ;
Nous l'allons montrer tout à l'heure.

Un agneau se désaltérait
Dans le courant d'une onde pure.
Un loup survient à jeun, qui cherchait aventure,
Et que la faim en ces lieux attirait.
« Qui te rend si hardi de troubler mon breuvage ?
Dit cet animal plein de rage :
Tu seras châtié de ta témérité.
– Sire, répond l'agneau, que votre Majesté
Ne se mette pas en colère ;
Mais plutôt qu'elle considère
Que je me vas désaltérant
Dans le courant,
Plus de vingt pas au-dessous d'Elle ;
Et que par conséquent, en aucune façon,
Je ne puis troubler sa boisson.
– Tu la troubles, reprit cette bête cruelle ;
Et je sais que de moi tu médis l'an passé.
– Comment l'aurais-je fait si je n'étais pas né ?
Reprit l'agneau ; je tète encore ma mère.
– Si ce n'est toi, c'est donc ton frère.
– Je n'en ai point. – C'est donc quelqu'un des tiens ;
Car vous ne m'épargnez guère,
Vous, vos bergers et vos chiens.
On me l'a dit, il faut que je me venge. »
Là-dessus, au fond des forêts
Le loup l'emporte, et puis le mange,
Sans autre forme de procès.

JEAN DE LA FONTAINE, *Fables*, I, 10, 1668.

7 * **Dans la séquence publicitaire suivante, thèse et arguments sont donnés de manière implicite. Seul l'exemple est donné de manière explicite par chaque illustration.**

1. Quelle est la thèse défendue par la succession d'affiches publicitaires ?

2. Quels arguments les dessins suggèrent-ils ?

3. Quels sont les objectifs du publicitaire ?

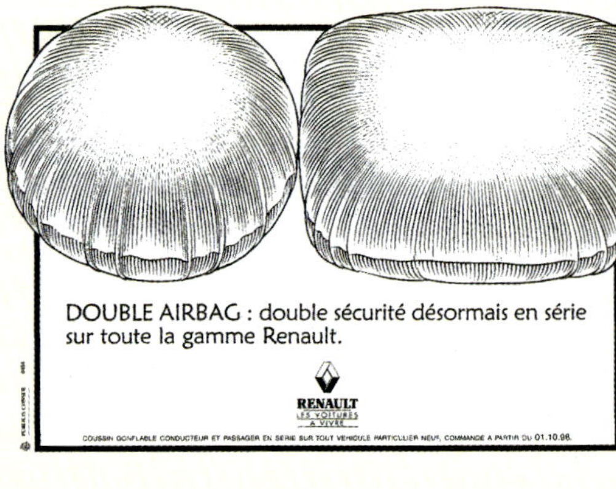

Repérer et étudier les exemples

8 * **1. Retrouvez la thèse, l'argument et l'exemple dans le texte suivant.**

2. L'exemple est-il illustratif ou démonstratif ?

L'inutilité de toutes les guerres est évidente. Qu'elles soient défensives, offensives, civiles, pour la paix, le droit, pour la liberté, toutes les guerres sont inutiles. La succession des guerres dans l'histoire prouve bien qu'elles n'ont jamais rien conclu puisqu'il a toujours fallu recommencer les guerres. La guerre de 1914 a d'abord été pour nous, Français, une guerre dite défensive. Nous sommes-nous défendus ? Non, nous sommes au même point qu'avant. Elle devait être ensuite la guerre du droit. A-t-elle créé le droit ? Non, nous avons vécu depuis des temps pareillement injustes. Elle devait être la dernière des guerres ; elle était la guerre à tuer la guerre. L'a-t-elle fait ? Non.

JEAN GIONO, *Lettre aux paysans sur la pauvreté et la paix*, Éd. de la Butte aux Cailles, 1938.

9 *** ÉTUDE LITTÉRAIRE

1. Reformulez la thèse et les arguments de Rica.

2. Repérez les exemples : quelle est leur fonction ?

3. Quels sentiments Rica exprime-t-il ?

4. En vous aidant de l'encadré, expliquez quels sont les objectifs de Montesquieu dans cette lettre.

RICA À RHÉDI

À Venise.

Je trouve les caprices de la mode, chez les Français, étonnants. Ils ont oublié comment ils étaient habillés cet été ; ils ignorent encore plus comment ils le seront cet hiver. Mais, surtout, on ne saurait croire combien il en coûte à un mari pour mettre sa femme à la mode.

Que me servirait de te faire une description exacte de leur habillement et de leurs parures ? Une mode nouvelle viendrait détruire tout mon ouvrage, comme celui de leurs ouvriers, et, avant que tu n'eusses reçu ma lettre, tout serait changé.

Une femme qui quitte Paris pour aller passer six mois à la campagne en revient aussi antique que si elle s'y était oubliée trente ans. Le fils méconnaît le portrait de sa mère, tant l'habit avec lequel elle est peinte lui paraît étranger ; il s'imagine que c'est quelque Américaine qui y est représentée, ou que le peintre a voulu exprimer quelqu'une de ses fantaisies.

Quelquefois les coiffures montent insensiblement, et une révolution les fait descendre tout à coup. Il a été un temps que leur hauteur immense mettait le visage d'une femme au milieu d'elle-même. Dans un autre, c'étaient les pieds qui occupaient cette place ; les talons faisaient un piédestal, qui les tenait en l'air. Qui pourrait le croire ? [...]

Le prince imprime le caractère de son esprit à la cour ; la cour, à la ville, la ville, aux provinces. L'âme du souverain est un moule qui donne la forme à toutes les autres.

De Paris, le 8 de la lune de Saphar, 1717.

MONTESQUIEU, *Lettres persanes*, 1721.

POUR ÉTUDIER LE TEXTE

Le regard de l'Autre

Mettre en scène un étranger permet de porter un regard différent sur la société. Sa logique n'est pas la même. Son mode de raisonnement met à jour les préjugés, les abus et les absurdités que l'habitude empêche de reconnaître. Cette démarche de l'auteur a un triple objectif :
- révéler les défauts des comportements individuels ;
- montrer les ridicules ou les préjugés dans certains comportements collectifs ;
- critiquer l'organisation sociale ou le pouvoir politique, parfois en contournant la censure.

Tous les domaines de la vie sont passés au crible de cette logique nouvelle, rigoureuse sous son apparence naïve. Le regard de l'Autre devient alors le miroir de la société qu'il contemple.

10 * **1. Repérez la thèse défendue dans le texte suivant. Quels sont les arguments apportés ?**

2. Quelle est la conséquence qui découle de cette thèse ? Comment appelle-t-on ce type de raisonnement ?

Il ne faut pas juger d'un homme comme d'un tableau ou d'une figure, sur une seule et première vue : il y a un intérieur et un cœur qu'il faut approfondir. Le voile de la modestie couvre le mérite, et le masque de l'hypocrisie cache la malignité. Il n'y a qu'un très petit nombre de connaisseurs qui discerne, et qui soit en droit de prononcer : ce n'est que peu à peu, et forcés même par le temps et les occasions, que la vertu parfaite et le vice consommé viennent enfin à se déclarer.

JEAN DE LA BRUYÈRE, *Les Caractères*, 1688.

Étudier le mode de raisonnement

11 ** **1. Sur quels exemples ou faits particuliers Rousseau appuie-t-il son raisonnement ?**

2. Quelle est la thèse développée implicitement par Rousseau ?

3. Comment appelle-t-on ce mode de raisonnement ?

Le premier qui, ayant enclos un terrain, s'avisa de dire : *Ceci est à moi*, et trouva des gens assez simples pour le croire, fut le vrai fondateur de la société civile. Que de crimes, de guerres, de meurtres, que de misères et d'horreurs n'eût point épargnés au genre humain celui qui, arrachant les pieux ou comblant le fossé, eût crié à ses semblables : « Gardez-vous d'écouter cet imposteur ; vous êtes perdus si vous oubliez que les fruits sont à tous, et que la terre n'est à personne ! » Mais il y a grande apparence qu'alors les choses en étaient déjà venues au point de ne pouvoir durer comme elles étaient ; car cette idée de propriété, dépendant de beaucoup d'autres idées antérieures qui n'ont pu naître que successivement, ne se forma pas tout d'un coup dans l'esprit humain.

JEAN-JACQUES ROUSSEAU,
Discours sur l'origine de l'inégalité, 1755.

12 ** **1. Repérez la concession faite dans la première partie du paragraphe. Quelle est l'expression qui annonce la réfutation qui suit ?**

2. En définitive, l'auteur du texte considère-t-il la télévision comme un outil culturel ?

Le rôle de la télévision dans la diffusion et la démocratisation de la culture devient indiscutable lorsqu'elle retransmet – du moins lorsqu'elle le fait bien – des concerts, des opéras, des pièces de théâtre. Grâce à elle, ce ne sont plus seulement quelques centaines de Parisiens, ou de provinciaux de passage, qui peuvent assister aux représentations de la capitale : ce sont des millions et des millions de spectateurs, même dans les villages les plus reculés. Voilà l'un des contrepoids les plus efficaces à l'inéluctable centralisation dont souffre la culture française. Reste à savoir si, pendant que l'on donne du Molière, du Goldoni ou du Bizet, le téléspectateur ne choisira pas systématiquement de voir le match de football ou quelque spectacle de variété.

JEAN CLUZEL, *La Télévision*,
Éd. Flammarion, 1996.

13 ** **1. Sur quelle analogie le raisonnement suivant repose-t-il ?**

2. Relevez et commentez les deux réseaux lexicaux associés à cette comparaison.

L'homme n'est heureux que de vouloir et d'inventer. Cela se voit dans le jeu de cartes ; il est clair, d'après les visages, que chacun contemple alors sa propre puissance de délibérer et de décider ; il y a des Césars de la manille, et des passages du Rubicon[1] à chaque instant. Même dans les jeux de hasard, le joueur a tout pouvoir de risquer ou de ne pas risquer ; tantôt il ose, quel que soit le risque ; tantôt il s'abstient, quelle que soit l'espérance ; il se gouverne lui-même ; il règne.

ALAIN, *Propos sur le bonheur*,
Éd. Gallimard, 1928.

1. Rubicon : *fleuve que César franchit pour marcher sur Rome. L'expression « franchir le Rubicon » désigne aujourd'hui le fait de prendre une grande décision.*

14 *** **1. Quelle est la thèse affirmée au début du texte suivant ? Quel est le mode de raisonnement choisi par l'auteur ?**

2. Quelles sont, dans le premier paragraphe, les conclusions tirées de cette thèse ?

3. Quelle est, par conséquent, la thèse défendue dans le second paragraphe ?

Quelques mauvais plaisants[1] ont abusé de leur esprit jusqu'au point de hasarder le paradoxe étonnant que l'homme est originairement fait pour vivre seul comme un loup-cervier[2] et que c'est la société qui a dépravé la nature. Autant vaudrait-il dire que, dans la mer, les harengs sont ordinairement faits pour nager isolés, et que c'est par un excès de corruption qu'ils passent en troupe de la mer Glaciale sur nos côtes ; qu'anciennement les grues volaient en l'air chacune à part, et que par une violation du droit naturel elles ont pris le parti de voyager en compagnie.

Chaque animal a son instinct ; et l'instinct de l'homme, fortifié par la raison, le porte à la société comme au manger et au boire. Loin que le besoin de la société ait dégradé l'homme, c'est l'éloignement de la société qui le dégrade.

VOLTAIRE, article « Homme »,
Dictionnaire philosophique, 1768.

1. Mauvais plaisants : *Voltaire fait ici allusion à Rousseau* - 2. Loup-cervier : *autre nom du lynx.*

ACTIVITÉS D'ÉCRITURE

15 * Poursuivre une argumentation

1. Repérez les arguments des partisans de la vitesse.

2. Quels contre-arguments l'auteur leur oppose-t-il ?

3. Poursuivez le texte de manière à répondre au dernier argument présenté par les partisans de la vitesse.

Les automobilistes aiment à conduire vite et sont tout disposés à croire qu'il s'agit là d'un plaisir innocent. Les constructeurs, relayés par les différentes associations et l'ensemble de la presse spécialisée, ne manquent pas d'argumenter contre cette « intolérable brimade[1]». Mais leurs plaidoyers résistent mal à l'évidence des faits. Comment contester que l'apparition des limitations de vitesse a brutalement fait baisser le nombre des morts et que, par conséquent, leur suppression le ferait de nouveau augmenter ? C'est alors que les chantres[2] du 200 kilomètres à l'heure jettent dans la balance l'argument décisif : l'atteinte à la liberté individuelle.

François de Closets, *La Grande Manip*, Éd. du Seuil, 1990.

1. Brimade : *punition* - 2. Chantres : *partisans.*

16 ** Rédiger un paragraphe argumentatif

L'illustration qui suit représente un projet d'Ingrid Webendorfer. Ce projet architectural consiste à emballer Notre-Dame de Paris de manière provisoire, dans une enveloppe de Plexiglas, afin de donner une nouvelle modernité au monument légendaire.

1. Quels arguments pourriez-vous apporter à la défense de ce projet ? Organisez votre réflexion à partir des termes suivants : contraste, poésie, matériaux, transparence, pyramide.

2. Quel nom pourriez-vous donner à ce projet, de manière à mettre en évidence son ambition à la fois artistique et architecturale ?

3. Rédigez un paragraphe argumentatif qui servirait d'introduction à la plaquette de présentation du projet, en utilisant le mode de raisonnement de votre choix.

Informations à utiliser : La cathédrale Notre-Dame fut conçue en 1163 par Maurice de Sully, évêque de Paris. Le monument fut achevé un siècle et demi plus tard. Victor Hugo en fit le décor de son roman *Notre-Dame de Paris*, faisant de la cathédrale un personnage à part entière de son récit. L'écrivain Anatole France, plus critique, disait de la cathédrale : « Elle est lourde comme un éléphant et fine comme un insecte. » Dans son projet, Ingrid Webendorfer l'a enveloppée de Plexiglas.

17 ** Transposer une argumentation

1. Quelle est la fonction des exemples dans le texte suivant ? À quel mode de raisonnement cette utilisation est-elle liée ?

2. Sur le même modèle, rédigez un article pour le journal des lycéens qui reprendrait la démarche de Vallès pour présenter au choix :
– la sortie de cinéphiles après un film ;
– la sortie du lycée après une journée de cours ;
– le retour d'un groupe de sportifs après une compétition.
Vous adopterez au choix un registre tragique ou comique et utiliserez, comme l'auteur, une anaphore à la fin de chaque paragraphe.

Cet homme à peau de bête, coiffé comme un pendu, que la pluie glace, que la vapeur brûle, debout sur la locomotive, coupant le vent, avalant la neige, mécanicien, chauffeur, c'est le Peuple !

L'animal qui, là-bas dans les champs, redresse son échine cassée et levant son cou maigre aux muscles tendus comme des cordes, regarde d'un œil terne le wagon qui s'enfuit, le paysan brun

ACTIVITÉS D'ÉCRITURE

comme une feuille de vigne ou blanc comme une rave[1], c'est le Peuple !

Ce barbu aux épaules larges, à chapeau de goudron, qui, sur la rivière muette, mène dans le courant le radeau de bois noyé, seul entre le ciel et l'eau, le flotteur mouillé jusqu'au ventre et perclus jusqu'au cœur, c'est le Peuple !

Ce mineur qui vient, la lampe accrochée à son front, traverser la chambre du feu grisou[2], et qui est resté l'autre jour enfoui dix heures sous un éboulement – on ne voyait que ses grands yeux blancs dans le trou noir – ce mineur, c'est le Peuple !

Ce couvreur qui tombe du toit comme un oiseau mort, ce verrier dont la vie fond avec le verre dans le brasier, ce tourneur que la poussière de cuivre étouffe, ce peintre que la céruse[3] mord, ce mitron[4], pâle comme sa farine, c'est le Peuple !

Il suffit à tout, contre l'eau, le vent, la terre et le feu, ce peuple héroïque et misérable !

C'est de ce peuple-là que nous allons parler.

JULES VALLÈS, journal *Le Peuple*, Éditorial du n° 1, 4 février 1869.

1. Rave : *radis* - 2. Grisou : *gaz explosif* - 3. Céruse : *colorant contenant du plomb* - 4. Mitron : *garçon boulanger ou pâtissier.*

18 *** RÉDIGER UNE ARGUMENTATION

1. Les deux textes qui suivent ont pour thème le football. Quelle est la thèse défendue par chacun des auteurs ?

2. Quels sont les arguments et les exemples apportés pour valider chacune des thèses ?

3. Quel est le mode de raisonnement choisi par chaque auteur ? Justifiez votre réponse.

4. Le sport en général est-il pour vous un grand spectacle ou, comme le pense Giono, une forme moderne d'escroquerie ? Vous développerez votre point de vue dans un raisonnement structuré, en respectant les contraintes suivantes :
– présenter les deux thèses en présence ;
– réfuter la thèse rejetée au moyen de contre-arguments associés à des exemples ;
– valider la thèse défendue au moyen d'arguments nouveaux illustrés par des exemples.

TEXTE 1

Ce sport d'équipe et de contact offre un éventail de propriétés athlétiques, dramatiques et esthétiques qui se prêtent tout particulièrement à la spectacularisation et aux symbolisations les plus diverses. Si l'on entre aussi volontiers dans cette histoire de ballon, de pieds, de torse et de tête, c'est que le match, à l'instar des grands genres, fait éprouver, en quatre-vingt-dix minutes, toute la gamme des émotions que l'on peut ressentir dans le temps long et distendu d'une vie : la joie, la souffrance, la haine, l'angoisse, l'admiration, le sentiment d'injustice... On retrouve ici « la bonne dimension » qui, selon Aristote, modèle la tragédie, c'est-à-dire « celle qui comprend tous les événements qui font passer les personnages du malheur au bonheur ou du bonheur au malheur. »

CHRISTIAN BROMBERGER, «Passions pour "la bagatelle la plus importante du monde" : le football », *Passions ordinaires*, Bayard Éditions, 1998.

TEXTE 2

Quant au sport, qui a besoin d'un ministre (pour un tas de raisons, d'ailleurs, qui n'ont rien à voir avec le sport), voilà ce qui se passe : quarante mille personnes s'assoient sur les gradins d'un stade et vingt-deux types tapent du pied dans un ballon. Ajoutons suivant les régions un demi-million de gens qui jouent au concours de pronostics ou au totocalcio[1], et vous avez ce qu'on appelle le sport. C'est un spectacle, un jeu, une combine ; on dit aussi une profession ; il y a les professionnels et les amateurs. Professionnels et amateurs ne sont jamais que vingt-deux ou vingt-six au maximum ; les sportifs qui sont assis sur les gradins, avec des saucissons, des canettes de bière, des banderoles, des porte-voix et des nerfs sont quarante, cinquante ou cent mille ; on rêve de stades d'un million de places dans les pays où il manque cent mille lits dans les hôpitaux, et vous pouvez parier à coup sûr que le stade finira par être construit et que les malades continueront à ne pas être soignés comme il faut par manque de place. Le sport est sacré ; or, c'est la plus belle escroquerie des temps modernes.

JEAN GIONO, « Le sport », *Les Terrasses de l'île d'Elbe*, Éd. Gallimard, 1963.

1. Totocalcio : *nom donné en Italie au loto sportif.*

PARTIE VI

L'ARGUMENTATION

CHAPITRE

26 L'art de convaincre

La volonté de convaincre s'inscrit dans une situation où l'on cherche à modifier l'opinion du destinataire, à l'entraîner dans l'action. Cet enjeu détermine la stratégie de l'auteur, qui s'appuie d'abord sur la construction et sur l'enchaînement logique des idées.

Au-delà de l'exposé des arguments, l'auteur utilise aussi tous les moyens de la persuasion pour mobiliser son destinataire et emporter son adhésion. Il s'implique lui-même dans le texte et interpelle celui à qui il s'adresse. En s'appuyant sur différents procédés stylistiques, il séduit par la beauté et l'éloquence de son discours.

Cette volonté de convaincre et de persuader se rencontre dans les situations de chaque jour dès qu'il s'agit de mettre en valeur un point de vue. Ainsi, la presse, l'essai, le débat télévisé, la critique ou la publicité recourent-ils aux procédés qui caractérisent l'art de convaincre.

S'interrogeant sur l'éloquence, c'est-à-dire sur l'art de persuader par le discours, le moraliste du XVIIe siècle Jean de La Bruyère la définit comme « un don de l'âme » qui permet de se rendre « maître du cœur et de l'esprit des autres ».

Cette définition peut-elle s'appliquer, un siècle et demi plus tard, au discours d'Alphonse de Lamartine, poète et député ?

Quels moyens l'orateur met-il en œuvre pour convaincre et persuader ses opposants ?

TEXTE 1

L'éloquence en action

Le 25 février 1848, les insurgés chassent le roi Louis-Philippe et proclament la République. Devant une porte de l'Hôtel de Ville, ils projettent de remplacer les drapeaux tricolores par le drapeau rouge. Lamartine, debout sur une chaise, au milieu des menaces et des coups de fusil, s'adresse à la foule hostile...

Peuple ! Je vous ai parlé en citoyen jusqu'ici ; eh bien ! laissez-moi, puisque vous aimez la patrie, vous parler en homme d'État et en patriote à présent ! *(Mouvement d'attention et de silence.)* Vous m'enlevez le drapeau tricolore ; sachez-le bien, vous m'enlevez la moitié de la force extérieure de la France ! car l'Europe ne connaît que le drapeau de ses défaites et de nos victoires[1] ; c'est le drapeau de la République et de l'Empire. En voyant le drapeau rouge, elle ne croira voir que le drapeau d'un parti ! C'est le drapeau de la France, c'est le drapeau de vos armées victorieuses, c'est le drapeau de vos triomphes qu'il faut relever devant l'Europe. La France et le drapeau tricolore, c'est une même pensée, un même prestige, une même terreur au besoin, contre les ennemis de la patrie ! Abattez ce drapeau rouge ou répudiez la gloire et la force de la France !

(On applaudit et on menace tour à tour l'orateur de la pointe des sabres et des piques.)

Vous ne me ferez pas reculer, vous ne me ferez pas taire tant que j'aurai un souffle de vie sur les lèvres. J'aime l'ordre, j'y dévoue, comme vous voyez, ma vie ; j'exècre l'anarchie, parce qu'elle est le démembrement de la société civilisée ; j'abhorre[2] la démagogie parce qu'elle est la honte du peuple et le scandale de la liberté ; mais quoique né dans une région sociale plus favorisée, plus heureuse que vous, mes amis, que dis-je ? précisément parce que j'y suis né, parce que j'ai moins travaillé, moins souffert que vous, parce qu'il m'est resté plus de loisir et de réflexion pour contempler vos détresses et pour y compatir de plus haut, ayez confiance dans mes conseils, repoussez ce drapeau de sang ! Abolissez la peine de mort et relevez le drapeau de l'ordre, de la victoire et de l'humanité.

(Le peuple obéit à ces paroles, le drapeau rouge descend des fenêtres et tombe des mains du peuple ; l'orateur se présente à la fin du discours sur les marches du palais et harangue la multitude apaisée.)

ALPHONSE DE LAMARTINE, *Contre le drapeau rouge*, 1848.

---

1. Le drapeau de ses défaites et de nos victoires : *le drapeau tricolore* - 2. J'abhorre : *je déteste au plus haut point.*

TEXTE 2

Une définition de l'éloquence

Le peuple appelle éloquence la facilité que quelques-uns ont de parler seuls et longtemps, jointe à l'emportement du geste, à l'éclat de la voix, et à la force des poumons. Les pédants[1] ne l'admettent aussi que dans le discours oratoire, et ne la distinguent pas de l'entassement des figures, de l'usage des grands mots, et de la rondeur des périodes.

Il semble que la logique est l'art de convaincre de quelque vérité ; et l'éloquence un don de l'âme, lequel nous rend maîtres du cœur et de l'esprit des autres ; qui fait que nous leur inspirons ou que nous leur persuadons tout ce qui nous plaît.

L'éloquence peut se trouver dans les entretiens et dans tout genre d'écrire. Elle est rarement là où on la cherche, et elle est quelquefois où on ne la cherche point. [...]

Les esprits médiocres ne trouvent point l'unique expression, et usent de synonymes. Les jeunes gens sont éblouis de l'éclat de l'antithèse, et s'en servent. Les esprits justes, et qui aiment naturellement à faire des images qui soient précises, donnent naturellement dans la comparaison et la métaphore. Les esprits vifs, pleins de feu, et qu'une vaste imagination emporte hors des règles de la justesse, ne peuvent s'assouvir de l'hyperbole. Pour le sublime[2], il n'y a, même entre les grands génies, que les plus élevés qui en soient capables.

JEAN DE LA BRUYÈRE, *Les Caractères*, 1688.

---

1. Les pédants : *ceux qui s'expriment de manière prétentieuse, faussement savante* -
2. Le sublime : *dans l'esthétique classique, le style, le ton propres aux sujets élevés.*

1 La construction de l'argumentation

1. Dans une première partie, Lamartine évoque la thèse de ses opposants et la réfute point par point. Quelle est la thèse défendue par les opposants ?
Quels contre-arguments apporte-t-il ?

2. Quelles définitions de l'éloquence La Bruyère évoque-t-il dans le premier paragraphe ?
Quelle autre définition leur oppose-t-il ?

2 L'implication de l'émetteur

3. À travers quels pronoms personnels les auteurs apparaissent-ils dans leur texte ?

3 L'appel au destinataire

4. Lamartine interpelle directement son public. À travers quels types de phrases ?
Comment justifier cet appel à l'auditoire ?

4 Les figures de style

5. Quelle importance La Bruyère accorde-t-il aux figures de style ?
Quelle est, pour lui, leur fonction ?

6. Quelles figures de style La Bruyère évoque-t-il ? Illustrez ces figures par des exemples tirés du texte de Lamartine.

L'argumentation, pour emporter l'adhésion du destinataire, s'appuie sur une construction du discours qui met en valeur l'opinion défendue. Pour persuader le destinataire, l'auteur mobilise aussi d'autres moyens, relevant de l'éloquence : il s'implique dans l'argumentation, il fait appel à son destinataire, il a recours aux figures de style.

1 La construction de l'argumentation

Dans un texte écrit, l'argumentation, pour convaincre, s'organise en grandes parties, elles-mêmes divisées en paragraphes. Une introduction pose les enjeux de l'argumentation et annonce le plan suivi. Une conclusion récapitule les étapes du raisonnement.

1. La progression de l'argumentation

- **Le plan démonstratif.** L'argumentation suit une organisation logique qui s'apparente à un raisonnement. Sa construction rigoureuse lui donne l'aspect d'une démonstration. Elle s'appuie sur l'induction, la déduction ou l'analogie pour défendre une thèse au moyen d'arguments (chapitre 25).

- **Le plan analytique.** L'argumentation est organisée autour de l'analyse d'un fait ou d'un phénomène. Elle expose d'abord la problématique et la thèse qui permet d'y répondre. Elle s'articule ensuite sur l'exposé de causes et de conséquences. Elle propose enfin une solution qui rappelle la thèse défendue.

- **Le plan dialectique.** L'argumentation se présente comme un dialogue entre la thèse réfutée et la thèse défendue. Elle expose d'abord la thèse adverse et relève ses contradictions. Elle réfute ensuite chaque argument de la thèse adverse en avançant à chaque fois un contre-argument. Elle présente enfin une nouvelle thèse qu'elle développe.

2. L'enchaînement des idées

Pour faciliter la compréhension des arguments et souligner l'enchaînement des idées, des termes d'articulation logique (chapitre 7) marquent la relation qui unit entre elles les étapes de l'argumentation : la cause, la conséquence, l'opposition, l'hypothèse ou encore la simple addition.

2 L'implication de l'émetteur dans l'argumentation

L'émetteur manifeste sa conviction par sa présence dans son discours. Il crée ainsi un lien avec le destinataire de l'argumentation.

1. L'emploi de la première personne

- **La présence d'indices personnels.** L'émetteur s'implique dans l'énoncé au moyen de la première personne du singulier (« je », « me », « moi »...). Cette présence plus ou moins forte traduit une volonté tactique de convaincre. La première personne du pluriel (« nous », « nos ») inclut également le destinataire :

> « *Jamais l'avenir ne fut si difficile à imaginer. À peine le traitons-nous en esquisse, les traits se brouillent, les idées s'opposent aux idées, et nous nous perdons dans le désordre caractéristique du monde moderne.* »
>
> (Valéry)

• **L'absence d'indices personnels.** Lorsque l'émetteur veut donner l'impression d'être impartial, il évite de s'impliquer dans l'argumentation en effaçant du discours les marques de l'énonciation.

2. Les termes modalisateurs

Un certain nombre d'indices montrent le degré de conviction affiché par l'émetteur, que ce soit pour défendre, nuancer ou réfuter une thèse ou un argument. Ces termes modalisateurs sont des adverbes (peut-être), des verbes (sembler), des locutions (sans aucun doute). Il peut s'agir aussi de verbes au conditionnel, dont l'emploi indique un doute.

3. Les marques de l'opinion

L'émetteur utilise un lexique évaluatif qui exprime un jugement (« bien », « mal ») et un lexique affectif qui traduit ses sentiments (« aimer », « haïr »). L'emploi de termes péjoratifs ou mélioratifs souligne cette subjectivité du discours par la dévalorisation ou la valorisation :

> « *Voici venus les jours du carnaval, les jours où le bétail humain s'amuse par masses, par troupeaux, montrant bien sa bestiale sottise.* »
>
> (Maupassant)

3 L'appel au destinataire

L'émetteur peut vouloir établir une relation étroite avec le destinataire, pour l'amener à partager sa conviction. Cette volonté tactique se traduit par la présence plus ou moins forte d'indices et de procédés de l'implication.

1. Les indices personnels

• **L'utilisation de la deuxième personne.** L'émetteur emploie la deuxième personne (« tu », « vous », « vos »...) pour que le destinataire ait le sentiment d'être directement concerné.

• **L'utilisation du pronom « on ».** Le pronom « on » désigne parfois les partisans de la thèse adverse : dans ce cas, le pronom « on » s'oppose aux pronoms de la première personne. Mais il peut aussi inclure le destinataire, renvoyer à une communauté ou à un « on » universel.

> « *On n'est jamais si heureux ni si malheureux qu'on s'imagine.* »
>
> (La Rochefoucauld)

2. Les adresses au destinataire

En interpellant directement son destinataire, l'émetteur cherche à l'inclure dans la démarche de l'argumentation.

• **L'exclamation.** L'exclamation traduit une émotion que l'émetteur veut faire partager au destinataire.

« Jeunesse, jeunesse ! sois toujours avec la justice. » (Zola)

• **La question oratoire.** La fausse question, ou question oratoire, fournit implicitement la réponse attendue. Elle conduit le destinataire à partager une démarche argumentative.

« Tu es venu ; nous sommes-nous jetés sur ta personne ? avons-nous pillé ton vaisseau ? t'avons-nous saisi et exposé aux flèches de nos ennemis ? » (Diderot)

• **L'apostrophe.** L'émetteur interpelle le destinataire pour le faire réagir. L'apostrophe peut prendre la force d'un conseil pressant, voire impérieux :

« Riches, portez le fardeau du pauvre ; soulagez sa nécessité ; aidez-le à soutenir les afflictions sous le poids desquelles il gémit. » (Bossuet)

4 Les ornements du discours : les figures de style

Les figures de style (voir chapitres 4 et 5) contribuent à la clarté de l'argumentation en établissant un rapport d'analogie entre deux problèmes, deux phénomènes. Elles ont également une fonction persuasive qui participe à la force de conviction de l'auteur. Elles rendent le discours éloquent, soulignent l'indignation ou la colère, l'émotion ou la révolte.

REPÈRE D'HISTOIRE LITTÉRAIRE

L'ÉLOQUENCE DU GESTE ET DE LA VOIX

Dans l'Antiquité, l'argumentation est essentiellement orale et accorde une grande importance au geste et à la voix. L'articulation, le rythme et le souffle mais aussi le regard, le mouvement de la main et du bras participent à la volonté de convaincre, au pathétique ou au lyrisme du discours. Jusqu'au XVIIe siècle, de grands orateurs chrétiens impressionnent les foules de fidèles et les engagent à l'action : Pierre l'Ermite prêche la Croisade, Bossuet rappelle à la cour les devoirs du chrétien.

À la fin du XVIIIe siècle, les révolutionnaires comme Danton, Saint-Just ou Robespierre retrouvent les accents des tribuns antiques. Au XIXe siècle, les écrivains engagés dans le combat politique, comme Lamartine et Victor Hugo, prennent la défense du peuple à la tribune de l'Assemblée.

Enfin, au XXe siècle, André Malraux perpétue cette présence de l'orateur inspiré qui, dans l'emphase du geste et le tremblement de la voix, fait partager les convictions qui animent son combat littéraire et politique. ■

EXERCICES

Étudier la progression d'une argumentation

1 * **1. Le texte suivant s'apparente à une argumentation démonstrative. Étudiez la progression du raisonnement en relevant dans le texte l'affirmation de la thèse, les arguments apportés et la conclusion que l'auteur en déduit.**

2. Relevez et étudiez les liens logiques qui structurent le raisonnement.

Le réaliste, s'il est un artiste, cherchera non pas à nous montrer la photographie banale de la vie, mais à nous en donner une vision plus complète, plus saisissante, plus probante que la réalité même.

Raconter tout serait impossible, car il faudrait alors un volume au moins par journée, pour énumérer les multitudes d'incidents insignifiants qui emplissent notre existence.

Un choix s'impose donc, – ce qui est une première atteinte à la théorie de toute la vérité.

La vie, en outre, est composée des choses les plus différentes, les plus imprévues, les plus contraires, les plus disparates; elle est brutale, sans suite, sans chaîne, pleine de catastrophes inexplicables, illogiques et contradictoires qui doivent être classées au chapitre *faits divers*.

Voilà pourquoi l'artiste, ayant choisi son thème, ne prendra dans cette vie encombrée de hasards et de futilités que des détails caractéristiques utiles à son sujet, et il rejettera tout le reste, tout l'à-côté.

Un exemple entre mille :

Le nombre des gens qui meurent chaque jour par accident est considérable sur la terre. Mais pouvons-nous faire tomber une tuile sur la tête d'un personnage principal, ou le jeter sous les roues d'une voiture, au milieu d'un récit, sous prétexte qu'il faut faire la part de l'accident ?

GUY DE MAUPASSANT, « Le roman »,
Préface de *Pierre et Jean*, 1888.

2 ** **1. Quel plan l'argumentation suit-elle dans le texte suivant ?**

2. Étudiez la progression de l'argumentation en repérant dans le texte : le phénomène analysé, ses causes, ses conséquences, la réaffirmation de la thèse défendue.

3. Par quels liens logiques la progression du raisonnement est-elle soulignée ?

Le développement de l'informatique, si rapide depuis des années, va-t-il aboutir à une sorte de mise en carte des citoyens, à un contrôle abusif du pouvoir, de l'administration sur l'activité de chacun de nous, bref à une nouvelle réforme d'esclavage ?

Ce n'est pas impossible car la poussée du secteur « information », qui s'ajoute maintenant aux classiques secteurs de la population active : agriculture, industrie, services, est considérable. Aux USA, la nation la plus avancée dans le monde, plus de 50 pour cent de la population active est occupée dans ce secteur : soit pour la création d'outils d'information, soit pour son traitement et son acheminement. D'où une pression économique énorme pour une consommation toujours accrue d'information. D'où une pression publicitaire constante aboutissant à une psychose afin de provoquer le désir d'un grand nombre de besoins artificiels. Toutes les possibilités, même celles qui peuvent nous apparaître comme de la science-fiction, seront explorées. Il sera donc impensable d'espérer échapper à un contrôle social centralisé, ce qui donnera une puissance extraordinaire au pouvoir.

LOUIS LEPRINCE-RINGUET, *Le Grand Merdier*,
Éd. Flammarion, 1978.

3 ** **1. Quelle est la thèse réfutée par le texte suivant ?**

2. Repérez les trois étapes de l'argumentation : l'exposé de la thèse adverse; la réfutation des arguments; l'affirmation d'une nouvelle thèse.

3. Relevez les liens logiques qui séparent chaque étape du raisonnement. Quelle relation logique soulignent-ils ?

On déclame sans fin contre les Passions; on leur impute toutes les peines de l'homme, et l'on oublie qu'elles sont aussi la source de tous les plaisirs. C'est, dans sa constitution, un élément dont on ne peut dire ni trop de bien ni trop de mal. Mais ce qui me donne de l'humeur, c'est qu'on ne les regarde jamais que du mauvais côté. On croirait faire injure à la raison, si l'on disait un mot en faveur de ses rivales. Cependant, il n'y a que les passions et les grandes passions qui puissent élever l'âme aux grandes choses. Sans elles, plus de sublime, soit dans les mœurs, soit dans les ouvrages.

DENIS DIDEROT, *Pensées philosophiques*, 1746.

Étudier l'emploi de la première personne

4 * **1. Par quels pronoms le locuteur s'implique-t-il dans l'énoncé ?**

2. À qui ces pronoms renvoient-il également ?

Quoi ! Vivrons-nous toujours dans cet esclavage de déguiser tous nos sentiments ? Faudra-t-il louer, faudra-t-il approuver sans cesse ? Portera-t-on la tyrannie jusque sur nos pensées ? Qui est-ce qui est en droit d'exiger de nous cette espèce d'idolâtrie ? Certes l'homme est bien faible de rendre de pareils hommages, et bien injuste de les exiger.

MONTESQUIEU, *Éloge de la sincérité*, 1721.

5 * **1. À qui le pronom « nous » renvoie-t-il ?**

2. Quel est l'effet recherché par son utilisation ?

Le sport, parce qu'il nous épanouit dans un libre jeu de l'esprit et du corps, apporte le vrai repos aux hommes du siècle. Il nous ramène aux plaisirs sains, aux grands rythmes naturels. Une de ses joies et non des moindres, c'est ainsi la conscience que nous avons de pouvoir, grâce à lui, protester contre la civilisation en nous exerçant, pour quelques heures, à redevenir des sauvages.

PAUL MORAND, *Apprendre à se reposer*, Éd. Flammarion, 1937.

Étudier les termes modalisateurs et affectifs

6 * **1. Quels sont les pronoms utilisés dans le texte suivant ? Quels sentiments soulignent-ils chez l'auteur de la lettre ?**

2. À travers quels autres termes l'auteur s'implique-t-il dans sa lettre ? Relevez les marques de l'opinion qu'elle contient.

3. Modifiez le texte en inversant tous les termes modalisateurs et affectifs. Quel est l'effet produit ?

J'ai quelque chose de bête et de ridicule à vous dire. Je vous l'écris sottement au lieu de vous l'avoir dit, je ne sais pourquoi, en rentrant de cette promenade. J'en serai désolé ce soir. Vous allez me rire au nez, me prendre pour un faiseur de phrases dans tous mes rapports avec vous jusqu'ici. Vous me mettrez à la porte et vous croirez que je mens. Je suis amoureux de vous. Je le suis depuis le premier jour où j'ai été chez vous.

ALFRED DE MUSSET, LETTRE À GEORGE SAND, 1833.

7 *** ÉTUDE LITTÉRAIRE

1. Relevez l'ensemble des pronoms utilisés par l'auteur. À quelle personne renvoient-ils le plus souvent ?

2. Relevez les termes modalisateurs. Comment pourriez-vous qualifier le degré de conviction de l'auteur ?

3. En vous aidant de l'encadré, expliquez en quoi ce passage vise aussi à convaincre le lecteur : expliquez quelle est la démarche suivie par l'auteur ; montrez ensuite que le texte définit les enjeux de l'autobiographie.

Je forme une entreprise qui n'eut jamais d'exemple et dont l'exécution n'aura point d'imitateur. Je veux montrer à mes semblables un homme dans toute la vérité de la nature ; et cet homme ce sera moi.

Moi seul. Je sens mon cœur et je connais les hommes. Je ne suis fait comme aucun de ceux que j'ai vus ; j'ose croire n'être fait comme aucun de ceux qui existent. Si je ne vaux pas mieux, au moins je suis autre. Si la nature a bien ou mal fait de briser le moule dans lequel elle m'a jeté, c'est ce dont on ne peut juger qu'après m'avoir lu.

Que la trompette du jugement dernier sonne quand elle voudra ; je viendrai, ce livre à la main, me présenter devant le souverain juge.

JEAN-JACQUES ROUSSEAU, *Les Confessions*, 1782.

POUR ÉTUDIER LE TEXTE

La justification et l'autobiographie

Une autobiographie est une biographie écrite par celui qui en est le sujet : l'auteur, le narrateur et le personnage principal se confondent en une seule et même personne. Elle sert parfois à justifier le parcours d'une existence. Le « je » qui s'adresse au lecteur est la personne réelle de l'auteur qui s'engage, plus ou moins, à dire la vérité. L'autobiographie se caractérise aussi par sa dimension rétrospective : c'est un récit écrit après coup qui sollicite la mémoire. Elle utilise donc les temps du passé et de la première personne. Témoignage adressé au public, l'autobiographie est l'occasion de réfléchir sur sa propre identité. Elle peut parfois, pour justifier certaines décisions et certaines actions, recourir à l'argumentation.

8 ** **1. Relevez l'ensemble des pronoms de la première personne et étudiez leur emploi.**

2. Quels autres procédés Hugo emploie-t-il pour s'impliquer dans le discours ? Relevez ces procédés et classez-les.

3. Ce texte a été prononcé en public et interrompu plusieurs fois par des applaudissements. Après quels passages à votre avis y a-t-il eu applaudissements ? Pourquoi ?

Que l'assemblée me permette ici une observation qui, selon moi, éclaire jusqu'au fond, et d'un jour vrai et rassurant, cette grande question du suffrage universel.

Quoi ! le gouvernement veut restreindre, amoindrir, émonder, mutiler le suffrage universel ! Mais y a-t-il bien réfléchi ? Mais voyons, vous, ministres, hommes sérieux, hommes politiques, vous rendez-vous bien compte de ce que c'est que le suffrage universel ? Le suffrage universel vrai, le suffrage universel sans restrictions, sans exclusions, sans défiances, comme la révolution de février l'a établi, comme le comprennent et le veulent les hommes de progrès ?

Je vous entends, vous me répondez : « Nous n'en voulons pas ! C'est le mode de création de l'anarchie ! » Eh bien ! c'est précisément tout le contraire. C'est le mode de création du pouvoir. Oui, il faut le dire et le dire bien haut, et j'y insiste ; ceci, selon moi, devrait éclairer toute cette discussion : ce qui sort du suffrage universel, c'est la liberté, sans nul doute.

VICTOR HUGO, « Le suffrage universel », *Actes et Paroles*, 20 mai 1850.

Étudier l'implication du destinataire

9 * **1. Quel est le pronom utilisé par l'auteur pour s'adresser à son destinataire ?**

2. Quel est l'effet recherché par cette utilisation ?

Jeunesse, jeunesse ! sois toujours avec la justice. Si l'idée de justice s'obscurcissait en toi, tu irais à tous les périls. Et je ne te parle pas de la justice de nos codes[1], qui n'est que la garantie des liens sociaux. Certes, il faut la respecter, mais il est une notion plus haute que la justice, celle qui pose en principe que tout jugement des hommes est faillible et qui admet l'innocence possible d'un condamné, sans croire insulter les juges.

ÉMILE ZOLA, *La Vérité en marche*, 1901.

1. Nos codes : *le code civil et le code pénal.*

10 ** **Quelles sont les valeurs d'emploi du pronom « on » dans chacun des textes suivants ? Indiquez précisément qui ce pronom désigne à chaque fois.**

L'on s'en va de la comédie le cœur si rempli de toutes les beautés et de toutes les douceurs de l'amour, et l'âme et l'esprit si persuadés de son innocence, qu'on est tout préparé à recevoir ses premières impressions, ou plutôt à chercher l'occasion de les faire naître dans le cœur de quelqu'un, pour recevoir les mêmes plaisirs et les mêmes sacrifices que l'on a vus si bien dépeints dans la comédie.

MADAME DE SABLÉ, *Maximes*, Éd. posth., 1678.

Le train du jour est de magnifier les victoires de Bonaparte : les patients ont disparu ; on n'entend plus les imprécations, les cris de douleur et de détresse des victimes ; on ne voit plus la France épuisée, labourant son sol avec des femmes ; on ne voit plus les parents arrêtés en place de leurs fils, les habitants des villages frappés solidairement des peines applicables à un réfractaire ; on ne voit plus ces affiches de conscription collées au coin des rues, les passants attroupés devant ces immenses arrêts de mort et cherchant, consternés, les noms de leurs enfants, de leurs frères, de leurs amis, de leurs voisins. On oublie que tout le monde se lamentait des triomphes ; on oublie que la moindre allusion contre Bonaparte au théâtre, échappée aux censeurs, était saisie avec transport ; on oublie que le peuple, la cour, les généraux, les ministres, les proches de Napoléon étaient las de son oppression et de ses conquêtes, las de cette partie toujours gagnée et jouée toujours, de cette existence remise en question chaque matin par l'impossible repos.

CHATEAUBRIAND, *Mémoires d'outre-tombe*, 1849.

11 * **1. Relevez deux exemples d'adresses au destinataire : une exclamation et une question oratoire.**

2. Quels sentiments la modalité exclamative souligne-t-elle chez l'auteur ?

Les idées que les ruines éveillent en moi sont grandes. Tout s'anéantit, tout périt, tout passe. Il n'y a que le monde qui reste. Il n'y a que le temps qui dure. Qu'il est vieux ce monde ! Je marche entre deux éternités. De quelque part que je jette les yeux, les objets qui m'entourent m'annoncent une fin et me résignent à celle qui m'attend. Qu'est-ce que mon existence éphémère, en comparaison de celle de ce rocher qui s'affaisse, de ce vallon qui se creuse, de cette forêt qui chancelle, de ces masses suspendues au-dessus de ma tête et qui s'ébranlent ? Je vois le marbre des tombeaux tomber en poussière, et je ne veux pas mourir !

Denis Diderot, *Essai sur la peinture*, 1767.

Analyser l'éloquence à travers l'étude des figures de style

12 * **1. Repérez les anaphores. Quel rôle jouent-elles dans la construction de l'argumentation ?**

2. Repérez et étudiez la gradation.

Nous l'avons vue, la guerre. Nous avons vu les hommes redevenus des brutes, affolés, tuer par plaisir, par terreur, par bravade, par ostentation[1]. Alors que le droit n'existe plus, que la loi est morte, que toute notion du juste disparaît, nous avons vu des innocents trouvés sur une route et devenus suspects parce qu'ils avaient peur. Nous avons vu tuer des chiens enchaînés devant la porte de leur maître pour essayer des revolvers neufs, nous avons vu mitrailler par plaisir des vaches couchées dans un champ, sans aucune raison, pour tirer des coups de fusil, histoire de rire. [...]

Qu'ont-ils fait pour prouver même un peu d'intelligence, les hommes de guerre ? Rien. Qu'ont-ils inventé ? Des canons et des fusils. Voilà tout.

Guy de Maupassant, « La guerre »,
Gil Blas, 11 décembre 1883.

1. Ostentation : *envie de se montrer, de faire valoir ses qualités.*

13 ** **1. Relevez la métaphore développée par l'article : quel effet recherche-t-elle ?**

2. À travers quels autres termes l'opinion du journaliste s'exprime-t-elle ? Expliquez, à chaque fois, leur utilisation.

Romans: noyade d'automne

En automne, il n'y a pas que les feuilles mortes qui se ramassent à la pelle. Les romans aussi. Chaque année, c'est le même déluge de livres. Tout le monde s'en plaint: les écrivains, noyés sous la masse; les critiques, condamnés à l'injustice ou à l'indigestion; les libraires, transformés en spéléologues. Malgré cette unanime et récurrente révolte devant l'encombrement romanesque automnal, les éditeurs poursuivant leur fuite en avant: il paraît que c'est une question de survie (une affaire de comptabilité – plus ils publient, plus ils font rentrer de l'argent à court terme). Le résultat est évidemment inverse: c'est la littéra-ture qu'on assassine. Ray Bradbury[1] s'est trompé. Dans *Fahrenheit 451*, il imaginait un monde où les livres seraient interdits et brûlés par une police de la Pensée. Ce monde, nous vivons dedans aujourd'hui. Bradbury a seulement fait une erreur sur la méthode employée: le livre ne périra pas par le feu mais par la noyade.

Frédéric Beigbeder, *Lire* n° 278, septembre 1999.

1. Ray Bradbury : *Écrivain américain de science-fiction.*

14 *** **1. Reformulez la thèse défendue dans le texte suivant.**

2. Relevez et analysez un exemple de chacune des adresses au destinataire : une exclamation, une question oratoire et une apostrophe. Quels sentiments sont ainsi mis en évidence par l'auteur ?

3. Étudiez la construction de l'argumentation.

4. La force de persuasion du discours repose-t-elle davantage sur la logique de raisonnement ou sur l'éloquence ? Justifiez votre réponse en étudiant l'ensemble des figures de style présentes dans le poème.

Où vont tous ces enfants dont pas un seul ne rit ?
Ces doux êtres pensifs que la fièvre maigrit ?
Ces filles de huit ans qu'on voit cheminer seules ?
Ils s'en vont travailler quinze heures sous des [meules ;
Ils vont, de l'aube au soir, faire éternellement
Dans la même prison le même mouvement.
Accroupis sous les dents d'une machine sombre,
Monstre hideux qui mâche on ne sait quoi dans [l'ombre,
Ils travaillent. Tout est d'airain, tout est de fer.
Jamais on ne s'arrête et jamais on ne joue.
Aussi quelle pâleur ! La cendre est sur leur joue.
Il fait à peine jour, ils sont déjà bien las.
Ils ne comprennent rien à leur destin, hélas !
Ils semblent dire à Dieu : « Petits comme nous [sommes,
« Notre père, voyez ce que nous font les [hommes ! »
Ô servitude infâme imposée à l'enfant !
Rachitisme ! travail dont le souffle étouffant
Défait ce qu'a fait Dieu ; qui tue, œuvre insensée,
La beauté sur les fronts, dans les cœurs la pensée,
Et qui ferait – c'est là son fruit le plus certain –
D'Apollon un bossu, de Voltaire un crétin !

Victor Hugo, « Melancholia »,
Les Contemplations, 1856.

ACTIVITÉS D'ÉCRITURE

15 ** DÉVELOPPER UNE ANALYSE ARGUMENTÉE

1. Relevez et définissez les termes appartenant au lexique de l'argumentation.

2. Comment Hortensius compte-t-il séduire Lisette? Pourquoi ne parvient-il pas à la persuader? Développez votre réponse dans un paragraphe analytique.

LISETTE. – Monsieur Hortensius, Madame m'a chargée de vous dire que vous alliez lui montrer les livres que vous avez achetés pour elle.

HORTENSIUS. – Je serai ponctuel à obéir, Mademoiselle Lisette ; et Madame la Marquise ne pouvait charger de ses ordres personne qui me les rendît plus dignes de ma prompte obéissance.

LISETTE. – Ah ! le joli tour de phrase ! Comment ! vous me saluez de la période la plus galante qui se puisse, et l'on sent bien qu'elle part d'un homme qui sait sa rhétorique !

HORTENSIUS. – La rhétorique que je sais là-dessus, Mademoiselle, ce sont vos beaux yeux qui me l'ont apprise.

LISETTE. – Mais ce que vous me dites là est merveilleux ; je ne savais pas que mes beaux yeux enseignassent la rhétorique.

HORTENSIUS. – Ils ont mis mon cœur en état de soutenir thèse, Mademoiselle ; et, pour essai de ma science, je vais, si vous l'avez pour agréable, vous donner un petit argument en forme.

LISETTE. – Un argument à moi ! Je ne sais ce que c'est ; je ne veux point tâter de cela : adieu.

MARIVAUX, *La Seconde Surprise de l'Amour*, 1727.

16 * TRANSPOSER UNE ARGUMENTATION

1. Sur quelle figure de style l'éloquence de ce texte repose-t-elle principalement ?

2. Relevez et étudiez les comparaisons et métaphores utilisées par l'auteur. À quel mode de raisonnement l'emploi de ces figures correspond-il ?

3. Sur le même modèle, mais en utilisant des images personnelles, développez la thèse suivante : la pollution repose sur la bêtise et compromet l'avenir.

L'opinion est fondée sur l'ignorance, et l'ignorance favorise extrêmement le despotisme[1].

C'est elle qui, tenant le bandeau sur les yeux des peuples, les empêche de connaître leurs droits, d'en sentir le prix et de les défendre.

C'est elle qui, leur cachant les noirs complots, les sourdes menées, les profonds artifices des princes contre la liberté, leur fait donner dans toutes les embûches, et se prendre perpétuellement aux mêmes pièges.

C'est elle qui, les rendant dupes de tant de préceptes mensongers, leur lie les mains, plie leur tête au joug[2], et leur fait recevoir en silence les ordres arbitraires des despotes.

C'est elle, en un mot, qui les porte à rendre avec soumission aux tyrans tous les devoirs qu'ils exigent, et les fait révérer du crédule vulgaire[3] comme des dieux.

Pour soumettre les hommes, on travaille d'abord à les aveugler.

JEAN-PAUL MARAT, *Les Chaînes de l'esclavage*, 1792.

1. Despotisme : *pouvoir absolu* - 2. Plier au joug : *soumettre, assujettir* - 3. Crédule vulgaire : *l'opinion publique*.

17 *** CONSTRUIRE UNE ARGUMENTATION

En vous aidant des documents présentés, répondez, sous la forme d'un texte argumentatif, à la question suivante :
« Faut-il interdire les jeux d'argent ? »
Votre texte, adressé à un destinataire de votre choix, respectera les contraintes suivantes :
– une construction en grandes parties ;
– votre implication dans l'argumentation ;
– l'appel au destinataire de votre argumentation ;
– l'emploi de figures de style.

DOCUMENT 1

Les jeux d'argent en France (547 F dépensés par habitant et par an)

Types de jeux	Chances de gagner le « gros lot »
Courses hippiques (6 000 francs environ par joueur et par an)	1 chance sur 1 860 480 (quinté)
Loto (10 millions de bulletins par semaine)	1 chance sur 14 millions de cocher les six bons numéros
Jeux de « grattage » (2,2 milliards de tickets vendus par an)	1 chance sur 500 000 de passer à la télé
Casinos (environ 70 milliards de francs par an)	1 chance sur 200 000 (machines à sous)

Chiffres publiés dans le magazine *Quo* n° 3, janvier 1997.

DOCUMENT 2

Sylvie, quarante-cinq ans, raconte : « Je me suis laissé prendre aux machines. Je ne savais même pas comment ça se présentait, je suis passée devant

ACTIVITÉS D'ÉCRITURE

un casino et je suis rentrée par hasard. Je jouais comme tout le monde un petit Loto, des choses comme ça, mais jamais de sommes importantes et ça ne me passionnait pas. Là, ça me passionne.

À chaque fois que je quitte le casino, je dis c'est fini, je n'y retournerai plus, c'est terminé, il faut que j'arrête, il faut que j'arrête et malheureusement... C'est comme une drogue, c'est plus fort que soi. On se dit : oui, mais il faut que je me refasse, il y en a qui gagnent, pourquoi pas moi ? Et on retourne, et malheureusement on s'enfonce... Et on reprend de l'argent au distributeur, c'est dramatique... Il y règne aussi une ambiance, vous savez, dans ces salles. Une fois que l'on est dehors, on dit : on est bien dehors. On a l'impression qu'à l'intérieur il règne une atmosphère... »

Témoignage cité dans *Passions ordinaires*, Christian Bromberger et Armelle Achour, Éd. Bayard, 1998.

DOCUMENT 3

À la banalité de l'existence, à la platitude du quotidien, l'homme oppose encore le jeu en ce qu'il véhicule de sensations, d'émotions, de plaisir. À l'instabilité, la perte de repères, l'incertitude, il oppose encore et toujours le jeu comme tentative de résolution de conflits qui le dépassent, insolubles à son niveau. Et, de quelque nature qu'elles soient, les différences sont gommées dans l'attente du résultat : *pour un instant* tout le monde est à égalité devant le jeu.

Cependant, le plaisir ressenti dans la pratique des jeux d'argent et de hasard peut, pour certains, servir de litière à une dépendance ultérieure : c'est la crainte qu'expriment à leur façon quatre jeunes gens à la sortie de la salle des machines à sous : « On en a discuté après. On s'est tous dit à la sortie qu'il ne faudrait pas qu'on revienne là »... Et nous ne pouvons manquer de constater que c'est à une véritable culture du jeu que les enfants d'aujourd'hui sont initiés.

Christian Bromberger et Armelle Achour, *Passions ordinaires*, Éd. Bayard, 1998.

18 *** Défendre un point de vue

1. Quelle est la thèse défendue par l'auteur dans le texte suivant ?

2. Étudiez la construction du texte. Montrez que l'argumentation obéit à un plan analytique.

3. Étudiez l'emploi de « on » dans le premier paragraphe.

4. Pensez-vous, comme l'affirme l'auteur, que « comme chacun travaillera d'où il veut, grâce à la technologie, les entreprises seront obligées de créer des occasions pour inciter leurs employés à passer au bureau » ?

5. Développez votre point de vue à travers un texte argumenté et structuré.

« Le bureau espace de plaisir et de rencontres »

Michele De Lucchi est architecte pour l'industrie en Italie. Sa passion : imaginer le bureau du futur.

« Toutes les prévisions faites il y a dix ou vingt ans sur l'évolution de l'espace de travail se sont révélées fausses. On prédisait la fin du papier ; les bureaux sont couverts de dossiers. On disait que les gens travailleraient de chez eux ; ils continuent à se rendre au bureau. Dans le futur, le bureau, en tant que lieu, existera toujours mais il sera très différent d'aujourd'hui. Avec toute la virtualité induite par les nouvelles technologies, l'homme aura encore plus besoin de concret. Il ne peut pas vivre sans relation avec les objets, l'espace ou l'autre. Le bureau existera donc plus que jamais. Ce sera d'abord un lieu lié à l'image de l'entreprise, un lieu de représentation. Mais ce sera surtout un espace de rencontres. Comme chacun travaillera d'où il veut grâce à la technologie, les entreprises seront obligées de créer des occasions pour inciter leurs employés à passer au bureau. Pour être attractif, le bureau devra être beau, agréable, confortable. Mais confortable ne veut pas dire tapis, tissus et bois précieux. Le plus important est d'attribuer de l'espace à chacun. L'espace donne le sens de la richesse et marque l'appartenance. Ajourd'hui, l'espace est une des plus belles valeurs. Le temps aussi. Les entreprises devront donner plus de temps libre à leurs employés et surtout leur accorder la liberté d'organiser ce temps comme ils le souhaitent.

Le bureau ne sera plus un lieu lié à la fatigue et à la pénibilité, mais un lieu de plaisir et de rencontres. Dans le futur, ce n'est pas seulement le bureau et le travail qui vont changer mais aussi la conception de la vie. La qualité de la vie va s'améliorer. Grâce à l'Internet et aux télécommunications, on va gagner tous les jours des petits bouts de liberté en plus. C'est aux politiques de faire en sorte que ces nouvelles technologies assurent liberté et confort et non contrainte et contrôle. » ● Cécile Daumas, *Libération*, 10 janvier 2000.

CHAPITRE

27 Les formes de l'argumentation

À son origine, l'art du discours s'est développé dans les tribunaux, où dès l'Antiquité s'opposent le réquisitoire et le plaidoyer. Il se retrouve aussi dans les assemblées publiques où il s'agit d'honorer, de blâmer un citoyen, ou de prendre une décision qui engage la collectivité.

Tout au long de l'histoire, le discours argumentatif accompagne le développement de la société, des mœurs et des idées. Voltaire et Diderot, dans leurs lettres et essais, défendent les idées des Lumières ; Hugo, dans ses discours, et Zola, dans la presse, s'élèvent contre les injustices de la société industrielle ; Sartre et Camus, dans tous leurs écrits, prennent position dans les conflits idéologiques du XXe siècle.

La diversité des genres argumentatifs (l'éloge, le plaidoyer, la satire, le pamphlet, l'essai) témoigne ainsi d'un débat ouvert et adapté aux enjeux de chaque époque.

Jean-Jacques Rousseau affirme que l'argent est une source d'inégalité entre les hommes. Deux siècles plus tard, Robinson, héros du roman de Michel Tournier *Vendredi ou les Limbes du Pacifique*, développe une argumentation radicalement opposée.

Qu'est-ce qui, à travers la confrontation de ces deux textes, permet de mettre en évidence le genre et le registre d'une argumentation ?

TEXTE 1

Contre l'argent : l'essai philosophique

Avant qu'on eût inventé les signes représentatifs des richesses, elles ne pouvaient guère consister qu'en terre et en bestiaux, les seuls biens réels que les hommes puissent posséder. Or, quand les héritages se furent accrus en nombre et en étendue au point de couvrir le sol entier et de se toucher tous, les uns ne purent plus s'agrandir qu'aux dépens des autres ; et les surnuméraires[1] que la faiblesse ou l'indolence[2] avaient empêchés d'en acquérir à leur tour, devenus pauvres sans avoir rien perdu, parce que, tout changeant autour d'eux, eux seuls n'avaient point changé, furent obligés de recevoir ou de ravir leur subsistance de la main des riches ; et de là commencèrent à naître, selon les divers caractères des uns et des autres, la domination et la servitude[3], ou la violence et les rapines[4]. Les riches, de leur côté, connurent à peine le plaisir de dominer, qu'ils dédaignèrent bientôt tous les autres, et, se servant de leurs anciens esclaves pour en soumettre de nouveaux, ils ne songèrent qu'à subjuguer et asservir leurs voisins : semblables à ces loups affamés qui, ayant une fois goûté de la chair humaine, rebutent[5] toute autre nourriture, et ne veulent plus que dévorer des hommes.

C'est ainsi que, les plus puissants ou les plus misérables se faisant de leurs forces ou de leurs besoins une sorte de droit au bien d'autrui, équivalant, selon eux, à celui de propriété, l'égalité rompue fut suivie du plus affreux désordre ; c'est ainsi que les usurpations des riches, les brigandages des pauvres, les passions effrénées de tous, étouffant la pitié naturelle et la voix encore faible de la justice, rendirent les hommes avares, ambitieux et méchants.

JEAN-JACQUES ROUSSEAU, *Discours sur l'origine et les fondements de l'inégalité parmi les hommes*, 1750.

1. Surnuméraires : *personnes en surnombre* - 2. Indolence : *paresse* - 3. Servitude : *esclavage* - 4. Rapines : *vols, larcins* - 5. Rebutent : *repoussent*.

TEXTE 2

Pour l'argent : l'éloge fait par un personnage de roman

Je mesure aujourd'hui la folie et la méchanceté de ceux qui calomnient cette institution divine : l'argent ! L'argent spiritualise[1] tout ce qu'il touche en lui apportant une dimension à la fois rationnelle – mesurable – et universelle – puisqu'un bien monnayé devient virtuellement accessible à tous les hommes. La vénalité[2] est une vertu cardinale[3]. L'homme vénal sait faire taire ses instincts meurtriers et asociaux – sentiment de l'honneur, amour-propre, patriotisme, ambition politique, fanatisme religieux, racisme – pour ne laisser parler que sa propension[4] à la coopération, son goût des échanges fructueux, son sens de la solidarité humaine. Il faut prendre à la lettre l'expression *l'âge d'or*, et je vois bien que l'humanité y parviendrait vite si elle n'était menée que par des hommes vénaux. Malheureusement, ce sont presque toujours des hommes désintéressés qui font l'Histoire, et alors le feu détruit tout, le sang coule à flots. Les gras marchands de Venise nous donnent l'exemple du bonheur fastueux que connaît un État mené par la seule loi du lucre[5], tandis que les loups efflanqués de l'Inquisition[6] espagnole nous montrent de quelles infamies sont capables des hommes qui ont perdu le goût des biens matériels. Les Huns se seraient vite arrêtés dans leur déferlement s'ils avaient su profiter des richesses qu'ils avaient conquises. Alourdis par leurs acquisitions, ils se seraient établis pour mieux en jouir, et les choses auraient repris leur cours naturel. Mais c'étaient des brutes désintéressées. Ils méprisaient l'or. Et ils se ruaient en avant, brûlant tout sur leur passage.

MICHEL TOURNIER, *Vendredi ou les Limbes du Pacifique*, Éd. Gallimard, 1967.

1. Spiritualiser : *donner une âme* - 2. Vénalité : *attirance pour l'argent* - 3. Vertu cardinale : *les quatre vertus cardinales sont la Justice, la Prudence, la Tempérance et la Force* - 4. Propension : *penchant, tendance, attirance* - 5. Lucre : *profit* - 6. L'Inquisition : *tribunal ecclésiastique chargé de réprimer l'hérésie.*

1 Les intentions du discours

1. Quelle est la thèse développée dans chaque texte ?

2. Quels sont les principaux arguments apportés à l'appui de chaque thèse ?

3. Quelles sont les valeurs défendues par Rousseau et le personnage de Robinson dans le texte de Tournier ?

2 Les genres argumentatifs

4. L'essai traite d'un problème de société. Retrouvez, dans le texte de Jean-Jacques Rousseau, le plan de son argumentation.

5. L'éloge célèbre quelqu'un ou quelque chose. Par quels exemples le narrateur du texte de Michel Tournier illustre-t-il son éloge de l'argent ?

6. Retrouvez dans le texte de Michel Tournier le plan de son éloge.

3 Les registres de l'argumentation

7. L'exagération, l'indignation, l'ironie, la provocation sont des procédés du registre polémique. À votre avis, quel texte s'inscrit particulièrement dans ce registre ?

L'émetteur se donne pour objectif d'agir par le langage : il veut démontrer, accuser, défendre, louer, blâmer, conseiller... Il doit persuader le destinataire, en s'adressant à la fois à sa raison et à ses sentiments. Les différentes intentions de l'argumentation ont produit différents genres argumentatifs, qui s'inscrivent dans des registres variés.

1 Les intentions du discours

Dès l'Antiquité, Aristote définit trois types de discours, qu'il appelle « genres oratoires », qui contribuent tous les trois à l'exercice quotidien de la démocratie.

TYPE DE DISCOURS	OBJECTIFS DE L'ÉMETTEUR	FONCTION DU DESTINATAIRE	OBJET DU DISCOURS	VALEURS ÉVOQUÉES
Judiciaire	accuser défendre	juger	le passé	le juste l'injuste
Épidictique	louer blâmer	évaluer	le présent	le beau le laid
Délibératif	conseiller déconseiller	décider	l'avenir	l'utile le nuisible

2 Les genres argumentatifs

À la suite des genres oratoires définis par Aristote, les genres argumentatifs se sont diversifiés tout au long de l'histoire, à travers la multiplication et le renouvellement du discours.

1. Le réquisitoire et le plaidoyer

Ce sont les genres argumentatifs les plus anciens. Il s'agit pour le locuteur de défendre ou d'attaquer celui qui est accusé, afin de mettre en évidence son innocence ou sa culpabilité.

• **Le réquisitoire.** Il est, au sens strict du terme, le discours prononcé par le procureur pour accuser quelqu'un d'un délit ou d'un crime. Au sens large, le réquisitoire désigne toutes les formes d'argumentation qui attaquent de manière rationnelle, logique, quelqu'un ou quelque chose.

La littérature a souvent mis en scène cette forme d'argumentation, comme par exemple dans *Le Rouge et le Noir* de Stendhal (1830) ou *L'Étranger* de Camus (1942).

• **Le plaidoyer.** Il s'oppose au réquisitoire en présentant la défense de l'accusé. Il peut s'apparenter à la démonstration, en présentant des contre-arguments, ou faire appel aux sentiments du destinataire, en évoquant les circonstances atténuantes.

Aujourd'hui, le terme plaidoyer désigne également la défense par écrit d'une idée ou d'un individu : *Plaidoyer pour un rebelle* (Emmanuel Roblès).

• **Les procédés utilisés par le réquisitoire et le plaidoyer :** lexique judiciaire, interpellation de l'auditoire, procédés de la valorisation ou de la dévalorisation.

2. La critique

• **Les objectifs de la critique.** La critique se donne pour objectif de manifester les qualités et les défauts d'une œuvre artistique : livre, tableau, film, œuvre musicale, pièce de théâtre... La critique est amenée à prendre position pour ou contre l'objet de son discours. Les médias, et notamment la presse spécialisée, se font ainsi l'écho des nouvelles créations, qu'ils jugent pour leurs lecteurs, mais ils peuvent également apporter un regard contemporain sur des œuvres anciennes.

- **Les procédés utilisés par la critique :** lexique technique du genre critiqué, louange, ironie, vocabulaire évaluatif.

3. L'éloge, la satire et le pamphlet

- **L'éloge.** C'est un discours qu'on prononce pour célébrer quelqu'un ou quelque chose, par exemple un éloge funèbre prononcé à l'occasion d'un décès.

> *« En louant l'homme incomparable dont cette illustre assemblée célèbre les funérailles et honore les vertus, je louerai la sagesse même. »*
>
> (Bossuet, début de l'*Oraison funèbre de Michel Le Tellier*, 25 janvier 1686)
>
> Dans l'éloge funèbre qu'il prononce à la mort des grands hommes, Bossuet s'inscrit dans la tradition des grands orateurs chrétiens.

Il peut s'agir des louanges qu'on souhaite développer à propos d'un individu injustement accusé. On parle alors d'apologie, comme l'*Apologie de Socrate* par Platon.

- **La satire.** De l'Antiquité jusqu'au XVIIIe siècle, la satire désigne un discours en vers qui se moque de quelqu'un ou de quelque chose : Boileau s'illustre dans ce genre au XVIIe siècle. Mais un texte en prose ou un dessin peuvent également être satiriques et aller jusqu'à la caricature.

- **Le pamphlet.** Le pamphlet est un écrit souvent violent qui prend pour cible une institution ou une personnalité. Ainsi, dans *Napoléon le petit* (1853), Victor Hugo ridiculise-t-il Napoléon III ; Zola, dans sa *Lettre à M. Félix Faure, président de la République*, lance son célèbre « J'accuse ! » qui déclenche l'affaire Dreyfus.

- **Les procédés utilisés par l'éloge, le pamphlet, la satire :** exclamation, louange, portrait, valorisation et dévalorisation, ironie.

4. Le manifeste et l'essai

- **Le manifeste.** Il s'agit d'un écrit qui proclame des idées nouvelles en rupture avec la tradition comme, en littérature, la *Défense et Illustration de la langue française* (1549) ou le *Manifeste du surréalisme* d'André Breton (1924). Le manifeste expose les principes d'un mouvement littéraire auquel se rallieront de jeunes écrivain.

- **L'essai.** L'essai permet de traiter d'un sujet, d'un auteur, d'un problème de société. Il exprime un point de vue personnel, renouvelle la façon d'aborder une question de littérature, d'art ou d'histoire. C'est dans cet esprit que Voltaire écrit son *Essai sur les mœurs*, en 1756, ou Chateaubriand son *Essai sur les révolutions* (1793-1797).

• **Les procédés utilisés par le manifeste et l'essai :** formes du raisonnement logique, comparaison entre le passé et le présent, implication dans le discours.

« *C'est ainsi que, les plus puissants ou les plus misérables se faisant de leurs forces ou de leurs besoins une sorte de droit au bien d'autrui, équivalant, selon eux, à celui de propriété, l'égalité rompue fut suivie du plus affreux désordre.* » (Jean-Jacques Rousseau, *Discours sur l'origine et les fondements de l'inégalité entre les hommes*, 1750)

Dans son essai, Jean-Jacques Rousseau utilise le raisonnement logique (« c'est ainsi que... fut suivie... »). Il oppose et compare le passé (« l'égalité ») au présent (« affreux désordre »).

3 Les registres de l'argumentation

Par la diversité des situations rencontrées, l'argumentation s'exprime dans des registres privilégiés :

TYPE DE REGISTRE	DÉFINITION	PROCÉDÉS UTILISÉS
Polémique	Il souligne l'attaque, la défense, le débat, la dispute sur une œuvre ou une idée (voir chapitre 16).	procédés de l'indignation, de la provocation, de l'attaque ou de l'ironie.
Satirique	Il tourne les mœurs d'une époque en dérision, déforme et exagère la réalité.	ironie, jeux de mots, exagération, lexique et images dévalorisants.
Pathétique	Il suscite l'émotion du lecteur ou de l'auditoire de manière à emporter son adhésion (voir chapitre 11)	énumération, exclamation, termes affectifs.
Laudatif	Il met en valeur les qualités et les mérites de ce dont on parle.	lexique et images valorisants, périphrase élogieuse, euphémisme.

REPÈRE D'HISTOIRE LITTÉRAIRE

La fonction de l'éloge

La Grèce et Rome voyaient dans l'éloge le moyen d'exposer les valeurs qui fondaient la société. L'orateur présentait comme un modèle de vertu civique, militaire ou morale, le soldat ou le citoyen exemplaires. Au Moyen Âge, les troubadours mettent en poème et en musique l'éloge des seigneurs et des chevaliers. Mais, dès le XVIe siècle, on rédige aussi, par jeu, des éloges parodiques : Érasme écrit ainsi l'*Éloge de la folie*.

Au XVIIe siècle, Bossuet fait devant la cour l'éloge des grands hommes frappés par la mort. L'Académie française nouvellement créée codifie l'éloge à travers les discours de réception du nouvel élu, tradition qui se poursuit encore de nos jours. Le XVIIIe siècle multiplie à son tour les occasions de louange : Voltaire écrit l'éloge du roi, l'éloge de la raison, ou de Madame du Châtelet. Au XIXe siècle, les écrivains perpétuent la tradition de l'éloge funèbre, en prononçant un discours sur la tombe du confrère disparu.

Au XXe siècle, c'est particulièrement dans le domaine de la critique – littéraire, cinématographique ou musicale – que se retrouve le discours de l'éloge. L'éloge demeure toujours l'hommage rendu à celui qui, par son talent, son courage ou son dévouement, suscite l'admiration de tous. ■

EXERCICES

Identifier l'intention du discours

1 * **1. Quel est l'objectif du critique cinématographique dans cet article ?**

2. Qui est le destinataire de l'argumentation ? En quoi l'article lui permet-il d'évaluer le film ?

4 garçons plein d'avenir

À la fin des années 70, même si elle marchait encore fort, la comédie franco-débile (avec ses titres incroyables) s'était vue, de *Bronzés* en *Père Noël*, donner un sacré coup de vieux par Thierry Lhermitte et le Splendid. On est donc un peu surpris, et peiné, de voir Thierry revenir aujourd'hui avec une sorte de sous-*Sous-doués* mâtiné d'*À nous les petites Marseillaises* dépourvu de la moindre aspérité, à l'exception des honorables participations de Patrick Sébastien et Roland Giraud. On se croirait revenu trente ans en arrière, en pire. La vogue persistante des *seventies* ne devrait pas suffire à sauver ce mauvais téléfilm d'un drôle pas drôle du tout, d'une pauvreté tous azimuts et réalisé comme le mythique *Voisin, voisine,* dont il est le cousin par la teneur du scénario, même si les dialogues sont plutôt du niveau d'une pub pour Twix.

Première, septembre 1997.

2 * **À quel type de discours argumentatif l'extrait suivant appartient-il ? Indiquez quels sont les objectifs de l'orateur, la fonction du destinataire, l'objet du discours et les valeurs évoquées.**

Je suis convaincu que les progrès de la mécanique, de la chimie, seront la rédemption[1] de l'ouvrier ; que le travail matériel de l'humanité ira toujours en diminuant et en devenant moins pénible ; que de la sorte l'humanité deviendra plus libre de vaquer à une vie heureuse, morale, intellectuelle. Aimez la science. Respectez-la, croyez-le, c'est la meilleure amie du peuple, la plus sûre garantie de ses progrès.

ERNEST RENAN, *Conférences*, 1885.

1. Rédemption : *ici, le salut.*

Étudier le réquisitoire et le plaidoyer

3 ** **1. Pourquoi peut-on dire du texte suivant qu'il est un réquisitoire ?**

2. Quels sont les arguments des partisans de la thèse adverse réfutés par l'auteur ? Quels sont les contre-arguments apportés ?

3. Quels sont les procédés utilisés par Victor Hugo pour convaincre son auditoire ?

Tenez, monsieur l'avocat général, je vous le dis sans amertume, vous ne défendez pas une bonne cause. Vous avez beau faire, vous engagez une lutte inégale avec l'esprit de civilisation, avec les mœurs adoucies, avec le progrès. Vous avez contre vous l'intime résistance du cœur de l'homme ; vous avez contre vous tous les principes à l'ombre desquels, depuis soixante ans, la France marche et fait marcher le monde : l'inviolabilité de la vie humaine, la fraternité pour les classes ignorantes, le dogme de l'amélioration, qui remplace le dogme de la vengeance ! Vous avez contre vous tout ce qui éclaire la raison, tout ce qui vibre dans les âmes, la philosophie comme la religion, d'un côté Voltaire, de l'autre Jésus-Christ ! Vous avez beau dire, cet effroyable service que l'échafaud a la prétention de rendre à la société, la société au fond, en a horreur et n'en veut pas !

VICTOR HUGO, « La peine de mort »,
Actes et Paroles, 11 juin 1851.

4 ** **1. Observez le passage au style direct dans l'extrait suivant. À quel genre argumentatif appartient-il ? Justifiez votre réponse.**

2. Quel est l'objectif de l'orateur ? Étudiez les réactions de l'auditoire afin de montrer si cet objectif est atteint.

Il a dit enfin que son devoir était douloureux, mais qu'il l'accomplirait fermement. Il a déclaré que je n'avais rien à faire avec une société dont je méconnaissais les règles les plus essentielles et que je ne pouvais pas en appeler à ce cœur humain dont j'ignorais les réactions élémentaires.

« Je vous demande la tête de cet homme, a-t-il dit, et c'est le cœur léger que je vous la demande. Car s'il m'est arrivé au cours de ma déjà longue carrière de réclamer des peines capitales, jamais autant qu'aujourd'hui, je n'ai senti ce pénible devoir compensé, balancé, éclairé par la conscience d'un commandement impérieux et sacré et par l'horreur que je ressens devant un visage d'homme où je ne lis rien que de monstrueux. »

Quand le procureur s'est rassis, il y a eu un moment de silence assez long. Moi, j'étais étourdi de chaleur et d'étonnement. Le président a toussé un peu et sur un ton très bas, il m'a demandé si je n'avais rien à ajouter.

ALBERT CAMUS, *L'Étranger*, Éd. Gallimard, 1942.

Étudier une critique

5 *** **1. Classez les termes utilisés par l'auteur pour justifier le titre de son ouvrage :**

Le « pour »	Le « contre »
– la faveur	– la haine
– ...	– ...

2. Quelle intention revendique-t-il ? À travers quels termes cette volonté apparaît-elle dans le texte ?

J'intitule cet ouvrage LE POUR ET CONTRE, c'est-à-dire que voulant éviter tout ce qui peut sentir la faveur, la haine, le mépris, l'ironie même, en un mot toute ombre de partialité et de passion ; voulant observer toutes les bienséances, remplir tous les devoirs, et ne sortir jamais des bornes de la liberté française, je me propose de remarquer avec le même soin ce que je croirai apercevoir de bien et de mal dans chaque sujet sur lequel j'entreprendrai de m'expliquer. Si je parle d'un ouvrage d'esprit, je tâcherai d'en faire éloge avec la même sincérité que la critique. Si je rapporte un fait, général ou particulier, je le représenterai du bon côté aussi soigneusement que du mauvais. Si je m'arrête sur quelque point de littérature, j'exposerai ce que j'aurai pu recueillir de plus fort, aussi bien pour le soutenir que pour le combattre ; et cela avec le même air d'indifférence pour l'un et l'autre sentiment ; avec les mêmes égards d'honnêteté pour l'un et l'autre parti ; avec la même mesure ; avec le même poids, et en conservant toujours ma balance dans le même équilibre.

Abbé Prévost, Préface du *Pour et Contre*, 1733.

6 ** **1. Quelle est la position adoptée par le critique dans le texte suivant ?**

2. Étudiez les procédés utilisés : vocabulaire technique, comparaisons, termes appréciatifs, figures de style.

Ce n'est même plus de la porcelaine, c'est du léché flasque ; c'est je ne sais quoi, quelque chose comme de la chair molle de poulpe. *La Naissance de Vénus*, étalée sur la cimaise d'une salle, est une pauvreté qui n'a pas de nom. La composition est celle de tout le monde. Une femme nue sur une coquille, au centre. Tout autour, d'autres femmes s'ébattant dans des poses connues. Les têtes sont banales, ce sont ces *Sidonies* qu'on voit tourner dans la devanture des coiffeurs ; mais ce qui est plus affligeant encore, ce sont les bustes et les jambes. Prenez la Vénus de la tête aux pieds, c'est une baudruche mal gonflée. Ni muscles, ni nerfs, ni sang. Les genoux godent, manquent d'attaches ; c'est par un miracle d'équilibre que cette malheureuse tient debout. Un coup d'épingle dans ce torse et le tout tomberait. La couleur est vile, et vil est le dessin. C'est exécuté comme pour des chromos[1] de boîtes à dragées ; la main a marché seule, faisant l'ondulation du corps machinalement. C'est à hurler de rage quand on songe que ce peintre qui, dans la hiérarchie du médiocre, est maître, est chef d'école, et que cette école, si l'on n'y prend garde, deviendra tout simplement la négation la plus absolue de l'art !

Mais en voilà assez ; ces misères de toiles ne méritent pas qu'on s'en occupe ; allons nous débarbouiller la vue avec un peu de chair fraîche.

Joris-Karl Huysmans, *Le Salon de 1879*.

1. Chromos : *Impressions en couleurs.*

Étudier l'éloge, la satire et le pamphlet

7 * **1. Confrontez les deux documents suivants. À quel genre argumentatif appartiennent-ils ?**

2. Relevez et justifiez la métaphore commune présente dans les deux documents.

DOCUMENT 1

Une flamme s'est éteinte.

Depuis très longtemps et dans le monde entier, le Baron Bich a symbolisé tant par sa créativité que par sa rigueur ce que l'industrie française pouvait avoir de meilleur.

L'homme a disparu. Mais ses idées resteront à jamais.

Hommage publié dans la presse le jour de la mort du baron Bich, créateur de la marque BIC (EURO RSCG).

DOCUMENT 2

« Tant que tu es là, elle n'est pas là. Quand elle sera là, tu n'y seras plus », dit Béranger Ier dans *Le roi se meurt* en parlant de la mort. Eugène Ionesco est mort ce lundi, en début d'après-midi, chez lui, à Paris, à quelques heures de la 11 944e représentation de *La Leçon* et de *La Cantatrice chauve* – ses deux pièces les plus jouées et les plus traduites dans le monde entier – qui se sont données hier soir, comme chaque soir ou presque, à l'increvable théâtre de la Huchette.

À 81 ans, fort de 33 pièces, d'un roman, de quelques essais, d'une épée d'académicien, c'est un petit homme devenu monumental, et pour finir monument officiel, qui vient de s'éteindre, en finissant avec une vieillesse qu'il haïssait.

Libération, 29 mars 1994.

8 ** **1. À quel genre argumentatif le texte suivant appartient-il ?**

2. Quels sont les procédés utilisés par l'auteur pour mettre en valeur la langue française ?

La langue française, si belle, si souple, si flexible. Encore pleine de cette émouvante maladresse des langues neuves, de cette rugosité des langages de paysans. Multipliant les doublets, les struments, les auxiliaires. « Il s'en est allé », « Il pleut », « Quelle heure est-il ? » Et tous ces diminutifs : « soleil », « alouette », « demoiselle ». Le rire et le savoir, éclatants dans ces mots, dans ces tournures, quelque chose de tendre, d'inachevé. Cette très grande précision dans les termes du réel, et ce flou charmant dans l'abstrait, dans l'idée. Cette langue si contraire au latin d'administrateurs et d'avocats, à l'allemand des prêcheurs et à l'anglais, langue d'archers, d'arpenteurs.

Comment imaginer un monde sans cette langue ?

J.-M.G. Le Clézio, « Éloge de la langue française », *L'Express*, 7 octobre 1993.

9 ** **1. De quoi le texte suivant fait-il la satire ? Quels sont les reproches adressés par l'auteur ?**

2. Quels procédés l'auteur utilise-t-il dans son texte pour tourner en dérision ce dont il se moque ? Illustrez votre réponse par des éléments précis du texte.

C'est sans doute un très bel art que celui qui désole les campagnes, détruit les habitations et fait périr, année commune, quarante mille hommes sur cent mille. [...]

Des peuples assez éloignés entendent dire qu'on va se battre, et qu'il y a cinq ou six sous par jour à gagner pour eux s'ils veulent être de la partie : ils se divisent aussitôt en deux bandes comme des moissonneurs, et vont vendre leurs services à quiconque veut les employer.

Ces multitudes s'acharnent les unes contre les autres, non seulement sans avoir aucun intérêt au procès, mais sans savoir même de quoi il s'agit.

Il se trouve à la fois cinq ou six puissances belligérantes[1], tantôt trois contre trois, tantôt deux contre quatre, tantôt une contre cinq, se détestant toutes également les unes les autres, s'unissant et s'attaquant tour à tour ; toutes d'accord en un seul point, celui de faire tout le mal possible.

Voltaire, article « Guerre », *Dictionnaire philosophique portatif*, 1767.

1. Belligérantes : *en guerre.*

Étudier le manifeste et l'essai

10 * **Quelle est la conception de la poésie proclamée par Breton dans cet extrait ? Quel est son objectif ?**

Je crois à la résolution future de ces deux états, en apparence si contradictoires, que sont le rêve et la réalité, en une sorte de réalité absolue, de surréalité, si l'on peut dire ainsi. C'est à sa conquête que je vais, certain de n'y pas parvenir mais trop insoucieux de ma mort pour ne pas supputer un peu les joies d'une telle possession.

André Breton, *Manifeste du surréalisme*, Nouvelles éd. J.-J. Pauvert, 1924.

11 ** **1. Repérez dans cet essai les passages qui relèvent de l'attaque : quelle est la conception du théâtre rejetée par l'auteur ?**

2. Analysez la construction de l'argumentation.

3. Quelle conception du spectacle Rousseau propose-t-il ?

Quoi ! ne faut-il donc aucun spectacle dans une république ? Au contraire, il en faut beaucoup. C'est dans les républiques qu'ils sont nés, c'est dans leur sein qu'on les voit briller avec un véritable air de fête. À quels peuples convient-il mieux de s'assembler souvent et de former entre eux les doux liens du plaisir et de la joie, qu'à ceux qui ont tant de raison de s'aimer et de rester à jamais unis ? Mais n'adoptons point ces spectacles exclusifs[1] qui renferment tristement un petit nombre de gens dans un antre obscur ; qui les tiennent craintifs et immobiles dans le silence et l'inaction ; qui n'offrent aux yeux que des cloisons, que pointes de fer, que soldats, que d'affligeantes images de la servitude et de l'inégalité. Non, peuples heureux, ce ne sont pas là vos fêtes. C'est en plein air, c'est sous le ciel qu'il faut vous rassembler et vous livrer au doux sentiment de votre bonheur.

Jean-Jacques Rousseau, *Lettre sur les spectacles*, 1758.

Déterminer les registres d'une argumentation

12 ** **1. De quel type de discours s'agit-il ? Identifiez l'objectif de l'orateur, la fonction de l'auditoire, l'objet du discours et les valeurs défendues.**

2. À quels événements historiques est-il fait allusion au début du texte ?

3. Que défend l'auteur du discours ? Qu'attaque-t-il ?

4. Dans quel registre l'argumentation s'inscrit-elle ? Justifiez votre réponse.

Vous avez craint le jugement des hommes, quand vous fîtes périr un roi ; cette cause n'intéressait que votre orgueil : celle que vous allez agiter est plus touchante ; elle intéresse votre gloire : la Constitution sera votre réponse et votre manifeste sur la terre.

La tyrannie déprave l'homme, et par une longue altération le rend à ses propres yeux incapables du bien. Ôtez la tyrannie du monde, vous y rétablirez la paix et la vertu.

La tyrannie est intéressée à la mollesse du peuple ; elle est intéressée aux crimes ; elle est de moitié dans toutes les bassesses et les attentats ; elle arme le fils contre le père par la loi civile, elle arme les morts contre les vivants ; tout est pression et répression. C'est elle qui assassine sur un chemin par le bras d'un voleur ; c'est elle qui corrompt les cœurs et les déprave sous le joug. Elle endort l'âme humaine. Si donc un pareil ordre de choses cesse, le peuple, qui n'a plus devant les yeux cet appareil du faste qui ne corrompt pas moins le pauvre que le riche, par l'envie, le fait s'avilir par l'appât du gain, ou le pousse à de lâches professions, ou le séduit ; le peuple alors se régénère et redevient lui-même.

SAINT-JUST, *Discours sur la Constitution de la France*, 24 avril 1793.

13 ** ÉTUDE LITTÉRAIRE

1. À quel genre argumentatif le texte suivant appartient-il ?

2. Dans quel registre le texte suivant s'inscrit-il ?

3. En vous aidant de l'encadré, étudiez les procédés de l'ironie dans ce texte : relevez et commentez un exemple pour chacun des procédés utilisés.

Il est certain que la RATP fonctionnerait bien mieux sans les usagers, qui encombrent les quais, les couloirs et les voitures, qui mettent en danger la sécurité des conducteurs de rames et obligent l'administration à payer un grand nombre de fonctionnaires, déambulant par trois et appelés contrôleurs, chargés de trier cette introuvable population. On connaît bien le tagger fou, le voleur à la tire, le clochard, le marchand à la sauvette, le resquilleur. Des colloques les ont définis, des sociologues les ont approchés. Mais l'usager ? L'usager est l'inconnu du métropolitain.

À quoi servent les usagers ? À contrarier le bon usage des services. Il faudrait supprimer les usagers. Ils sont la plaie de la fonction publique. Voyez les chemins de fer. À quoi servent les voyageurs ? À ternir l'image des chemins de fer chaque fois que se produisent une panne de caténaire, une grève, un accident. Et le téléphone ? À quoi servent les abonnés ? À se plaindre du téléphone. Quant aux postes, hélas, la question ne se pose même plus : les postes sont faites pour les chiens – qui mordent les facteurs, lesquels s'en vont conséquemment grossir les rangs des usagers budgétivores[1] de la Sécurité sociale. Les crises de la télévision du service public sont à l'avenant. À quoi servent les téléspectateurs de France 2 et de France 3 ? À regarder TF1.

JEAN-LOUIS EZINE, *Du train où vont les jours*, Éd. du Seuil, 1994.

1. Budgétivores : *qui vivent aux dépens du budget d'un organisme public.*

POUR ÉTUDIER LE TEXTE

Les procédés de l'ironie

L'ironie tourne en dérision l'adversaire ou l'idée combattue, en s'attirant la complicité de l'auditoire, du jury ou du lecteur. Voltaire utilise tous les procédés de l'ironie dans son combat pour les Lumières.

L'antiphrase, le principal procédé de l'ironie, consiste à dire le contraire de ce que l'on veut faire comprendre : « C'est sans doute un très bel art que celui qui désole les campagnes, détruit les habitations, et fait périr, année commune, quarante mille hommes sur cent mille » (article « Guerre » du *Dictionnaire philosophique*).

Les autres procédés de l'ironie – l'exagération, l'atténuation déconcertante, les mots à valeur négative, la périphrase satirique et l'appellation insolite – se retrouvent aussi dans le réquisitoire, la satire et le pamphlet.

ACTIVITÉS D'ÉCRITURE

14 ** ANALYSER UNE SATIRE

1. Quelles sont les critiques formulées par La Bruyère ? Qui concernent-elles ?

2. Relevez dans le second texte un exemple actuel qui illustre chaque critique de La Bruyère.

3. Montrez, à travers l'étude du texte 2, que l'auteur, dans la tradition de la satire, exagère la réalité et se montre même cruel. Rédigez votre réponse sous la forme d'un paragraphe argumenté et illustré d'exemples.

TEXTE 1

Hermippe est l'esclave de ce qu'il appelle ses petites commodités ; il leur sacrifie l'usage reçu, la coutume, les modes, la bienséance.

Imaginez, s'il est possible, quelques outils qu'il n'ait pas, et les meilleurs et plus commodes à son gré que ceux mêmes dont les ouvriers se servent : il y en a de nouveaux et d'inconnus, qui n'ont point de nom, productions de son esprit, et dont il a presque oublié l'usage. Nul ne peut se comparer à lui pour faire en peu de temps et sans peine un travail fort inutile. Il faisait dix pas pour aller de son lit dans sa garde-robe, il n'en fait plus que neuf par la manière dont il a su tourner sa chambre : combien de pas épargnés dans le cours d'une vie !

LA BRUYÈRE, *Les Caractères*, 1688.

TEXTE 2

Alex est très heureux de vivre l'époque qui a vu l'éclosion du deuxième millénaire. Jamais il ne se retourne sur les années passées : elles font partie, pour lui, du Moyen Âge. Ce qu'il aime, Alex, c'est le progrès, les découvertes, la nouveauté. [...]

Dans tous les domaines, il met un point d'honneur à acquérir ce qui existe de plus perfectionné. Il fut l'un des premiers Français à posséder un téléphone portable. Le sien, aujourd'hui, a le format d'un paquet de cigarettes. Il se moque de ses amis qui notent encore leurs adresses et leurs rendez-vous dans de jolis carnets rechargeables à couverture de cuir. Lui se sert d'un mini-PC qu'il relie à son ordinateur de table pour transformer ou mettre à jour informations et agenda.

Chez lui, tout est automatique, électronique, informatique. Le paillasson camoufle une alarme à ultra-sons qui déclenche les aboiements furieux d'un faux pit-bull à l'intérieur de l'appartement. Sa cuisine est un haut lieu de technicité. La cafetière parlante donne les nouvelles du monde en trois idiomes différents. Le fer à repasser, un modèle japonais haut de gamme, recolle instantanément et sans fil les boutons de chemise à moitié décousus.

SOPHIE CHEVALIER, « Alex le gadget », *Les Ridicules du XXIe siècle*, Arnaud Franel Éditions, 1999.

15 ** TRANSPOSER UNE SATIRE

Imaginez, sur le modèle du texte de Sophie Chevalier (exercice précédent), la satire moderne du *Caractère* de La Bruyère suivant.

Iphis voit à l'église un soulier d'une nouvelle mode ; il regarde le sien et en rougit ; il ne se croit plus habillé. Il était venu à la messe pour s'y montrer, et il se cache, le voilà retenu par le pied dans sa chambre tout le reste du jour. Il a la main douce, et il l'entretient avec une pâte de senteur ; il a soin de rire pour montrer ses dents ; il fait la petite bouche, et il n'y a guère de moments où il ne veuille sourire ; il regarde ses jambes, et se voit au miroir : l'on ne peut être plus content de personne qu'il l'est de lui-même ; il s'est acquis une voix claire et délicate et heureusement il parle gras ; il a un mouvement de tête et je ne sais quel adoucissement dans les yeux, dont il n'oublie pas de s'embellir ; il a une démarche molle, et le plus joli maintien qu'il est capable de se procurer ; il met du rouge, mais rarement, il n'en fait pas habitude. Il est vrai qu'il porte des chausses et un chapeau, et qu'il n'a ni boucles d'oreilles ni collier de perles ; aussi ne l'ai-je pas mis dans le chapitre des femmes.

LA BRUYÈRE, *Les Caractères*, 1688.

16 ** COMMENTER LES PROCÉDÉS UTILISÉS DANS UN ÉLOGE

1. Quelles qualités de l'œuvre de La Fontaine Chamfort met-il en évidence dans son éloge ?

2. Identifiez les procédés de l'éloge présents dans le texte.

3. Rassemblez les réponses aux questions précédentes dans un commentaire du texte de Chamfort.

Mais ce qui distingue La Fontaine de tous les moralistes, c'est la facilité insinuante de sa morale, c'est cette sagesse naturelle, comme lui-même, qui paraît n'être qu'un heureux développement de son instinct. Chez lui, la vertu ne se présente point environnée du cortège effrayant qui l'accompagne d'ordinaire. Rien d'affligeant, rien de pénible :

ACTIVITÉS D'ÉCRITURE

offre-t-il quelque exemple de générosité, quelque sacrifice, il le fait naître de l'amour, de l'amitié, d'un sentiment si simple, si doux pour celui qui l'éprouve, que ce sacrifice même a dû lui paraître un bonheur. Mais, s'il écarte en général les idées tristes d'efforts, de privations, de dévouements, il semble qu'ils cesseraient d'être nécessaires, et que la société n'en aurait plus besoin. Il ne vous parle que de vous-même ou pour vous-même.

CHAMFORT, « Éloge de la Fontaine », 1774.

17 ** RÉDIGER UN PLAIDOYER

1. Définissez avec précision les deux situations d'argumentation mises en scène par Stendhal.

2. Quels procédés les deux personnages utilisent-ils pour convaincre ?

3. Pour un plaidoyer en faveur de Julien Sorel, quelles informations peut-on tirer des textes ?

4. Imaginez le plaidoyer que pourrait prononcer l'avocat de Julien Sorel. Vous respecterez les contraintes suivantes :
– registre pathétique,
– vocabulaire affectif,
– marques de l'opinion,
– implication de l'orateur et de l'auditoire dans le plaidoyer,
– procédés de l'apostrophe, de la fausse question et de l'exclamation.

Dans la petite ville de Verrières, à l'époque de la Restauration, le jeune Julien Sorel, le héros du roman, est engagé comme précepteur des enfants du maire, M. de Rênal. Une passion naît entre Mme de Rênal et le jeune homme. Plus tard, à Paris, devenu secrétaire du marquis de La Mole, Julien séduit sa fille, Mathilde. Alors qu'il doit l'épouser, une lettre de Mme de Rênal, écrite sous la contrainte, le dénonce au marquis comme un aventurier sans scrupule. Furieux, Julien tente d'assassiner Mme de Rênal. Arrêté, il passe en procès devant la cour d'assises de Besançon.

TEXTE 1

Madame de Rênal céda sans peine aux ordres de son mari. Si je paraissais à la cour d'assises, se disait-elle, j'aurais l'air de demander vengeance.

Malgré toutes les promesses de prudence faites au directeur de sa conscience et à son mari, à peine arrivée à Besançon elle écrivit de sa main à chacun des trente-six jurés :

« Je ne paraîtrai point le jour du jugement, monsieur, parce que ma présence pourrait jeter de la défaveur sur la cause de M. Sorel. Je ne désire qu'une chose au monde et avec passion, c'est qu'il soit sauvé. (...).

Qu'est-ce que ses ennemis pourront opposer à ce fait ? La blessure, qui a été le résultat d'un de ses moments de folie que mes enfants eux-mêmes remarquaient chez leur précepteur, est tellement peu dangereuse, qu'après moins de deux mois, elle m'a permis de venir en poste de Verrières à Besançon. Si j'apprends, monsieur, que vous hésitiez le moins du monde à soustraire à la barbarie des lois un être si peu coupable, je sortirai de mon lit, où me retiennent uniquement les ordres de mon mari, et j'irai me jeter à vos pieds.

Déclarez, monsieur, que la préméditation n'est pas constante, et vous n'aurez pas à vous reprocher le sang d'un innocent. »

STENDHAL, *Le Rouge et le Noir*, 1830.

TEXTE 2

« Messieurs les jurés,

L'horreur du mépris, que je croyais pouvoir braver au moment de la mort, me fait prendre la parole. Messieurs, je n'ai point l'honneur d'appartenir à votre classe, vous voyez en moi un paysan qui s'est révolté contre la bassesse de sa fortune.

Je ne vous demande aucune grâce, continua Julien, en affermissant sa voix. Je ne me fais point d'illusion, la mort m'attend : elle sera juste. J'ai pu attenter aux jours de la femme la plus digne de tous les respects, de tous les hommages. Madame de Rênal avait été pour moi comme une mère. Mon crime est atroce, et il fut *prémédité*. J'ai donc mérité la mort, messieurs les jurés. Quand je serais moins coupable, je vois des hommes qui, sans s'arrêter à ce que ma jeunesse peut mériter de pitié, voudront punir en moi et décourager à jamais cette classe de jeunes gens qui, nés dans un ordre inférieur, et en quelque sorte opprimés par la pauvreté, ont le bonheur de se procurer une bonne éducation, et l'audace de se mêler à ce que l'orgueil des gens riches appelle la société.

Voilà mon crime, messieurs, et il sera puni avec d'autant plus de sévérité, que, dans le fait, je ne suis point jugé par mes pairs[1]. Je ne vois point sur les bancs des jurés quelque paysan enrichi, mais uniquement des bourgeois indignés... »

Pendant vingt minutes, Julien parla sur ce ton ; il dit tout ce qu'il avait sur le cœur.

STENDHAL, *Le Rouge et le Noir*, 1830.

1. Pairs : *semblables*.

SYNTHÈSE

Étudier une argumentation

L'argumentation s'inscrit dans des situations de communication multiples : elle peut appartenir à un genre argumentatif (essai, pamphlet, satire...), mais elle peut également être extraite d'un roman, d'un poème ou d'une pièce de théâtre. Il importe donc de définir la situation d'argumentation dans laquelle s'inscrit le texte avant d'en analyser le contenu et la construction.

I - REPÈRER LA SITUATION D'ARGUMENTATION

• Comment définir la situation ?

La situation d'argumentation est déterminée à la fois par le statut de l'émetteur, celui du destinataire et par les circonstances (époque, lieu, intention) dans lesquelles le message est proposé.

• Qui est l'émetteur de l'argumentation ?

– **L'auteur.** L'émetteur de l'argumentation peut être l'auteur du texte. Dans ce cas, l'argumentation défend le point de vue de l'écrivain dans le cadre d'un essai, d'un manifeste, d'une satire ou d'un pamphlet : par exemple, dans son *Discours sur l'origine de l'inégalité*, Jean-Jacques Rousseau donne son point de vue sur les fondements de la société.
– **Un personnage.** Mais l'argumentation peut aussi être l'objet d'un dialogue de roman ou de théâtre. Dans ce cas, l'émetteur est l'un des personnages de l'argumentation qui prend souvent la forme d'un débat. Par exemple, les *Contes* de Voltaire, certains poèmes de Victor Hugo ou les pièces de théâtre d'Albert Camus présentent au lecteur, ou au public, des dialogues argumentatifs.

• Qui est le destinataire de l'argumentation ?

– **Le lecteur.** Lorsque l'auteur s'adresse directement au lecteur, ce dernier est invité à réfléchir sur le point de vue défendu. Il peut être alors pris à parti par l'émetteur qui cherche à l'impliquer dans son discours à travers les marques de la deuxième personne, les fausses questions ou les apostrophes. Mais le débat n'existe pas réellement car le destinataire ne peut répondre à l'émetteur.
– **Un personnage.** Lorsque l'émetteur est un personnage imaginaire, le destinataire est souvent un autre personnage : un dialogue, un débat peut alors s'engager et il appartient au lecteur de déterminer quelle est l'opinion défendue par l'auteur.

• Quelles sont les circonstances de l'argumentation ?

Toute argumentation s'inscrit dans un contexte. Le lieu, l'époque, les événements déterminent les idées, les valeurs défendues au moment où l'argumentation est écrite. On ne peut par exemple comprendre les idées défendues par Molière dans *Le Malade imaginaire* que si l'on prend en compte l'état de la médecine au XVIIe siècle. La même pièce de théâtre, écrite aujourd'hui, devrait tenir compte de nouvelles caractéristiques, tant les progrès de la médecine ont été importants.

II - ÉTUDIER LE CIRCUIT ARGUMENTATIF

• Comment le texte argumentatif est-il construit ?

L'argumentation défend une thèse, validée par des arguments, eux-mêmes illustrés par des exemples. La place de ces différents éléments peut être variable et leur expression est plus ou moins explicite.

• Quelle est la thèse défendue ?

La thèse est l'idée défendue par l'émetteur de l'argumentation. Elle se situe généralement au début ou à la fin de l'argumentation. Cette thèse peut être clairement affirmée, mais elle peut aussi être implicite : il appartient dans

ce cas au lecteur de la déduire de l'ensemble des propos tenus par l'émetteur.
La thèse défendue s'oppose à une idée généralement admise, mais elle peut également s'employer à réfuter une thèse adverse, notamment dans le cadre du dialogue argumentatif. Dans ce cas, les deux thèses s'opposent.

• Quels sont les arguments apportés ?

Les arguments sont les idées apportées par l'émetteur pour convaincre le destinataire du bien-fondé de la thèse qu'il défend. Sans argument, la thèse n'est qu'une opinion ; argumentée, la thèse convainc en fonction de la force des arguments présentés.
Lorsque la thèse s'oppose à une thèse adverse, elle apporte des contre-arguments.

• Quels exemples illustrent le raisonnement ?

Les exemples éclairent la thèse et les arguments. Ils rendent les idées plus faciles à comprendre, plus concrètes. Un exemple, lorsqu'il est suffisamment puissant et développé, peut suffire pour convaincre : il structure dans ce cas l'ensemble du raisonnement.

III - ANALYSER LA STRATÉGIE ARGUMENTATIVE

• Qu'est-ce qu'une stratégie argumentative ?

Toute argumentation met en place une stratégie, c'est-à-dire une démarche destinée à convaincre ou à persuader le destinataire du bien-fondé de la thèse défendue. Cette stratégie détermine le registre dans lequel s'inscrit le discours argumentatif.

• L'émetteur fait-il appel à la raison du destinataire ?

L'argumentation peut chercher à convaincre. Elle s'appuie dans ce cas sur un mode de raisonnement qui fait appel à la raison, à l'intelligence du destinataire. Ce mode de raisonnement repose sur l'induction, la déduction, l'analogie, la concession ou l'absurde. Le discours obéit alors à une construction rigoureuse et peut difficilement être réfuté. C'est notamment le cas de certains textes du XVIIIe siècle, qui s'appuient sur la raison pour revendiquer des transformations sociales ou politiques de la société d'Ancien Régime.

• L'émetteur fait-il appel aux sentiments du destinataire ?

L'argumentation peut chercher à persuader. Elle s'appuie sur les sentiments du destinataire. Ce type de discours, largement présent dans la presse et la publicité, utilise des images et un vocabulaire affectifs et cherche surtout à soulever l'émotion.

• L'émetteur s'appuie-t-il sur l'éloquence ?

L'argumentation peut chercher à la fois à convaincre et à persuader. Elle s'appuie alors sur l'éloquence de l'émetteur. Celui-ci met toutes les ressources de la rhétorique au service des idées qu'il défend. C'est par exemple Victor Hugo défendant la liberté de la presse à la tribune de l'Assemblée.

• Quel est le registre de l'argumentation ?

L'argumentation, quelle que soit la stratégie mise en œuvre, s'inscrit dans un registre. Par nature, le discours argumentatif est un discours polémique : il attaque ou défend des idées. Mais il peut utiliser les procédés du registre satirique, du registre lyrique, du registre pathétique ou de l'ironie pour persuader le destinataire. Du registre choisi par l'auteur dépendent les choix lexicaux, syntaxiques et stylistiques du texte.

TABLEAUX DES MOUVEMENTS LITTÉRAIRES

	L'humanisme	La Pléiade	Le baroque
Époque	XVIe siècle	Seconde moitié du XVIe siècle	Première moitié du XVIIe siècle
Principes	L'Humanisme développe une nouvelle image de l'homme, libre et épanoui. Il s'élève contre les terreurs du Moyen Âge, au nom d'un retour à l'Antiquité, mais aussi de l'intelligence et du savoir.	Participant à l'humanisme, les écrivains de la Pléiade veulent retrouver l'inspiration qui a fait la grandeur de la culture antique. Ils rejettent les formes de la littérature médiévale et cherchent à développer et enrichir la langue française.	Marqués par les guerres de religion, convaincus de l'incertitude du devenir de l'homme, les écrivains baroques défendent l'exubérance des formes. Ils témoignent de la fantaisie et de la virtuosité de l'artiste.
Objectifs	• placer l'homme au centre des préoccupations morales et philosophiques • encourager les sciences et le savoir ainsi que la lecture des textes antiques • répandre toutes les formes d'art	• imiter les œuvres de l'Antiquité pour en retrouver la richesse • défendre la langue française contre l'usage du latin • exalter la grandeur de l'univers ; • célébrer le poète inspiré par la « fureur divine »	• refuser la codification des genres en mêlant le sublime et le grotesque • revendiquer la liberté et l'imagination • exprimer l'intensité des sensations éprouvées au contact de la nature
Formes privilégiées	Le roman, l'essai, le portrait, la littérature didactique, la poésie, l'épître	L'ode, l'hymne repris de l'Antiquité, le sonnet emprunté à la poésie italienne	Le théâtre, le roman, la poésie ouverts à tous les jeux formels
Thèmes essentiels	• la méditation sur l'homme et sur soi • le dialogue incessant du maître et de l'élève • l'instruction du Prince et des puissants sur leurs devoirs	• l'exaltation du sentiment amoureux • la fuite du temps et la mélancolie • la beauté féminine, reflet de la splendeur de l'univers • l'immortalité de la poésie	• l'illusion et l'instabilité, les métamorphoses du monde et des êtres • les déguisements, les masques et les miroirs, les jeux sur l'identité • les incertitudes du bonheur toujours menacé
Procédés d'écriture	• l'usage des sentences et des maximes • la citation de la Bible et des auteurs de l'Antiquité • l'interpellation du lecteur à travers le questionnement	• l'utilisation de l'alexandrin • la multiplication des métaphores et des allégories • la création de mots nouveaux	• l'antithèse et les effets de contraste • l'hyperbole et l'amplification des sensations • les images étonnantes • le théâtre dans le théâtre et la complexification de l'intrigue romanesque
Manifestes et écrits théoriques	• *Méthode pour connaître l'Histoire* (BODIN, 1566, en latin) • *Le Courtisan* (CASTIGLIONE, 1528, en italien)	*Défense et Illustration de la langue française* (DU BELLAY, 1549)	• *Satire IX* (RÉGNIER, 1613)
Écrivains et œuvres	• MORE, *L'Utopie* (1516, traduit du latin en 1550) • ÉRASME, *Éloge de la folie* (1509, traduit du latin en 1520) • MAROT, *L'Adolescence clémentine* (1523-1535) • RABELAIS, *Pantagruel* (1532) ; *Gargantua* (1534) • BUDÉ, *L'Institution du Prince* (1547, en latin) • MONTAIGNE, *Essais* (1580-1588)	• RONSARD, *Odes* (1550) ; *Amours de Cassandre* (1552) ; *Amours de Marie* (1556) ; *Sonnets pour Hélène* (1578) • JODELLE, *Cléopâtre captive* (1553) • DU BELLAY, *Les Regrets* (1558) ; *Les Antiquités de Rome* (1558) • BAÏF, *Antigone* (1573, pièce adaptée de Sophocle)	• D'URFÉ, *L'Astrée* (1607-1619) • D'AUBIGNÉ, *Les Tragiques* (1616) • VIAU, *Œuvres poétiques* (1621) • SAINT-AMANT, *Œuvres du Sieur de Saint-Amant* (1627) • CORNEILLE, *L'Illusion comique* (1636) • TRISTAN L'HERMITE, *La Marianne* (1636) • CYRANO DE BERGERAC, *Histoire comique des États et empires de la lune* (1662, posth.)

	Le classicisme	Les Lumières	Le romantisme
Époque	Seconde moitié du XVIIe siècle	XVIIIe siècle	Première moitié du XIXe siècle
Principes	En réaction contre l'exubérance du Baroque, le classicisme cherche à créer des modèles, en fondant chaque genre littéraire sur des règles de construction claires et rigoureuses. Il revendique l'usage d'un style simple et naturel.	Les écrivains des Lumières s'engagent afin de répandre le savoir et de favoriser l'exercice de la raison, contre les ténèbres de l'ignorance et du despotisme. Ils refusent toute vérité imposée par l'autorité religieuse et politique.	Le romantisme revendique une sensibilité nouvelle reposant sur l'exaltation du sentiment, le goût pour le passé, le rêve et la nature, la défense des peuples opprimés au nom de la liberté. Il s'oppose ainsi au goût et à la tradition classiques.
Objectifs	• instruire le lecteur et le spectateur, tout en les distrayant • retrouver le naturel et l'universalité des caractères et des passions • établir et respecter des règles strictes, pour chaque genre littéraire	• développer l'exercice de la raison critique • combattre l'intolérance et les préjugés • diffuser les connaissances des sciences et des techniques • défendre les valeurs de liberté et d'égalité	• libérer les genres littéraires des règles strictes fixées par la tradition • exprimer les sentiments et les souffrances profondes des individus • retrouver l'harmonie du moi avec le monde à travers la communion avec la nature
Formes privilégiées	Le théâtre, la fable et le portrait, qui favorisent l'analyse morale et psychologique	L'essai, le pamphlet, les lettres philosophiques, le dictionnaire, le conte philosophique, le roman	L'autobiographie, le drame, le roman et la nouvelle, les formes de la poésie lyrique
Thèmes essentiels	• la peinture des caractères, des désirs et des sentiments humains • la confrontation de l'individu avec les contraintes sociales, politiques et morales • l'idéal d'équilibre et d'honnêteté	• l'analyse des formes du fanatisme et de la superstition • le regard critique porté sur les préjugés, les coutumes et les mœurs • l'idéal de tolérance et de reconnaissance des autres • la quête du bonheur	• la solitude du moi, inquiet et révolté, mélancolique et habité par la nostalgie du passé • la nuit et ses mystères ouvrant sur le merveilleux • le pittoresque et le fantastique du Moyen Âge • le dialogue avec la nature
Procédés d'écriture	• l'utilisation de maximes et de formules générales • l'emploi de la litote qui permet le respect de la bienséance • la multiplication des effets de parallélisme et de symétrie	• le recours au discours argumentatif et à la diversité des modes de raisonnement • l'usage de l'ironie, qui implique le lecteur • l'éloquence et les formes de l'adresse au destinataire	• le mélange des registres comique et tragique • l'utilisation d'un langage hyperbolique • la multiplication des enjambements et l'usage du rythme ternaire en poésie
Manifestes et écrits théoriques	• *Commentaire sur Desportes* (MALHERBE, 1608) • *Art poétique* (BOILEAU, 1674-1683)	• article Philosophe de l'*Encyclopédie* (DUMARSAIS, 1751) • *Traité sur la tolérance* (VOLTAIRE, 1763)	• Préface de *Cromwell* (HUGO, 1827) • Préface de *Mademoiselle de Maupin* (GAUTIER, 1835)
Écrivains et œuvres	• CORNEILLE, *Le Cid* (1637) • BOSSUET, *Oraisons funèbres* (1653-1687) • RACINE, *Andromaque* (1667) • MOLIÈRE, *L'Avare* (1668) • LA FONTAINE, *Fables* (1668-1693) • Mme de LA FAYETTE, *La Princesse de Clèves* (1678) • LA BRUYÈRE, *Les Caractères* (1688)	• MONTESQUIEU, *Lettres persanes* (1721), *De l'esprit des lois* (1748) • VOLTAIRE, *Lettres philosophiques* (1734), *Candide* (1759), *Dictionnaire philosophique* (1764) • ROUSSEAU, *Discours sur l'origine de l'inégalité* (1755), *Le contrat social* (1762) • DIDEROT, *Encyclopédie* (1751-1772), *Jacques le Fataliste* (1765) • BEAUMARCHAIS, *Le Mariage de Figaro* (1784)	• LAMARTINE, *Méditations poétiques* (1820) • VIGNY, *Cinq-Mars* (1826) ; *Les Destinées* (1864 posth.) • HUGO, *Hernani* (1830) ; *Notre-Dame de Paris* (1831) ; *Les Rayons et les Ombres* (1840) • MUSSET, *Lorenzaccio* (1834), *Les Nuits* (1835-1837) • CHATEAUBRIAND, *Mémoires d'outre-tombe* (1848, posth.)

	Le réalisme	Le naturalisme	Le symbolisme
Époque	XIXe siècle	Seconde moitié du XIXe siècle	Fin du XIXe siècle
Principes	Les écrivains réalistes veulent peindre la réalité de leur temps et explorer la vie quotidienne sous toutes ses formes. Ils représentent l'ensemble des milieux sociaux, même les plus défavorisés.	S'appuyant sur les découvertes de la science, les écrivains naturalistes transposent dans le roman les lois de l'hérédité et du milieu sur les individus. Ils s'inscrivent dans la continuation du courant réaliste pour représenter la société de leur temps.	L'écrivain symboliste se donne pour mission de suggérer l'existence d'un univers supérieur et invisible dont le monde réel n'est que le reflet. Il s'oppose ainsi au réalisme et à l'idéologie de la science et du progrès.
Objectifs	• rejeter toutes les formes d'idéalisation de la réalité • démonter les mécanismes économiques et sociaux conduisant l'individu à la réussite ou à l'échec • peindre d'une manière objective tous les aspects de la société contemporaine	• montrer la transmission héréditaire d'une fatalité biologique, d'une « fêlure » au sein d'une même famille • mettre en évidence l'influence du contexte familial dans lequel évolue l'individu • décrire les fléaux sociaux, comme l'alcoolisme ou la prostitution, qui menacent l'ensemble de la société	• recréer les correspondances qui existent entre les signes du langage, le monde naturel et le monde de l'art • exercer un pouvoir évocateur et suggestif sur l'imaginaire du lecteur • reproduire dans le texte l'harmonie de la musique
Formes privilégiées	Le roman et la nouvelle, qui favorisent l'illusion du réel	Le roman et la nouvelle, mais aussi l'adaptation au théâtre des œuvres romanesques	Le poème qui, par sa puissance évocatrice, fait accéder au monde des symboles
Thèmes essentiels	• l'apprentissage de la vie et l'initiation sentimentale • le rayonnement de Paris, centre des affaires et des plaisirs • la puissance de l'argent et du pouvoir politique	• les malheurs du peuple, amplifiés par l'urbanisation et le capitalisme naissant • les instincts et les pulsions que l'individu ne peut contrôler • l'exploration de l'univers nouveau créé par la Révolution industrielle	• la création d'un paysage fluide et mystérieux, qui incarne un état d'âme • la solitude et le silence du poète • la présence du blanc : de la neige, du brouillard et de la page vierge
Procédés d'écriture	• la multiplication des petits détails vrais • l'expansion de la description • l'utilisation de niveaux de langage adaptés aux situations et aux personnages	• la pratique de l'enquête préparatoire et l'usage du document au sein de l'œuvre • l'alternance des points de vue et l'utilisation du discours indirect libre • l'amplification épique dans la représentation des lieux, des machines et des personnages	• l'harmonie suggestive qui joue sur les sonorités • le vers classique, mais aussi le vers impair, le vers blanc et le vers libre • la multiplication des symboles, à travers les images poétiques • l'utilisation d'un langage énigmatique
Manifestes et écrits théoriques	• Avant-propos de *La Comédie humaine* (BALZAC, 1842) • *Le Réalisme* (CHAMPFLEURY, 1857) • *Étude sur le roman* (MAUPASSANT, 1888)	• Préface de *Germinie Lacerteux* (1865) • Préface de *L'Assommoir* (ZOLA, 1877) • *Le Roman expérimental* (ZOLA, 1880)	• *Le Manifeste du symbolisme* (MORÉAS, 1886) • *Avant-dire au Traité du verbe* (MALLARMÉ, 1886) • *Traité du verbe* (RENÉ GHIL, 1886)
Écrivains et œuvres	• BALZAC, *La Comédie humaine* (1842-1848) • STENDHAL, *Le Rouge et le Noir* (1830) • FLAUBERT, *Madame Bovary* (1857) • MAUPASSANT, *Une vie* (1883)	• EDMOND ET JULES DE GONCOURT, *Germinie Lacerteux* (1865) • ZOLA, *Les Rougon-Macquart, histoire naturelle et sociale d'une famille sous le Second Empire* (1871-1893) • ALEXIS, CÉARD, HENNIQUE, HUYSMANS, MAUPASSANT et ZOLA, *Les Soirées de Médan* (1880)	• VERLAINE, *Sagesse* (1880) • LAFORGUE, *Les Complaintes* (1885) • MALLARMÉ, *Poésies* (1899 posth.)

	Le surréalisme	L'absurde	Le nouveau Roman
Époque	Première moitié XXe siècle	Seconde moitié du XXe siècle	Seconde moitié du XXe siècle
Principes	Le surréalisme cherche à créer un langage poétique qui exprime la puissance du rêve et du désir. Il s'appuie sur les recherches de la psychanalyse pour revendiquer l'importance du hasard dans la création artistique.	Les écrivains de l'absurde représentent une image tragique de l'homme, voué à la solitude et confronté à un univers dépourvu de sens. Ils expriment l'angoisse existentielle née de l'impossible de communiquer avec les autres.	Le « nouveau roman » refuse le développement de l'intrigue et de la psychologie du roman traditionnel. Il cherche à créer des formes narratives originales, qui restituent la réalité complexe d'un monde fragmenté.
Objectifs	• explorer l'univers de la magie, du rêve et de la folie • combattre la censure exercée par la morale et par la raison • célébrer l'intensité de l'amour fou, source de création	• combattre les illusions, littéraires et philosophiques, qui donnent une image idéalisée de l'homme • mettre en évidence l'absurdité de la condition humaine • montrer les limites du langage dans la communication	• faire du roman un laboratoire de formes d'écriture nouvelles • créer une nouvelle forme de personnages, anonymes et impersonnels • restituer le cheminement de la pensée à travers les voix intérieures de la conscience
Formes privilégiées	La poésie, le récit onirique, les collages, le jeu sur les formes brèves comme la maxime ou la définition	Le roman, la nouvelle, mais surtout le théâtre, qui favorise l'expression d'une crise du langage	Le roman, ouvert à toutes les recherches
Thèmes essentiels	• le hasard, la coïncidence et les rencontres fortuites • la liberté et la force créatrice du rêve • la fascination de la femme qui réalise la fusion du rêve, du réel et du désir	• la solitude de l'homme, qui se sent étranger dans le monde • l'écoulement infini du temps, dans un univers sans passé et sans avenir • le vide d'un espace sans repères • la vanité des actions humaines	• la présence entêtante et obsessionnelle des objets • le souvenir et les images du passé, qui traversent la conscience d'une manière discontinue • le labyrinthe, qui peut prendre forme d'une ville ou d'une errance intérieure
Procédés d'écriture	• l'écriture automatique qui consiste à écrire sous la dictée de l'inconscient • l'association libre et le jeu humoristique sur les mots • le rapprochement, à travers la métaphore, de réalités éloignées	• les jeux sur le langage : jeux de mots, clichés, répétitions, humour noir, dérision • le mélange des registres tragique et comique • les effets de rupture dans les dialogues, à travers les phrases brèves, souvent réduites à un mot	• la minutie objective et froide de la description • la déconstruction de la chronologie, trouée par les jeux de la mémoire ou de la projection dans le futur • la répétition et la variation des mêmes scènes, mises en série
Manifestes et écrits théoriques	• *Le Manifeste du surréalisme* (BRETON, 1924) • *Une vague de rêves* (ARAGON, 1924)	• *L'existentialisme est un humanisme* (SARTRE, 1946) • *Précis de décomposition* (CIORAN, 1949) • *Notes et Contre-Notes* (IONESCO, 1962)	• *L'Ère du soupçon* (SARRAUTE, 1956) • *Pour un nouveau roman* (ROBBE-GRILLET, 1963) • *Essais sur le roman* (BUTOR, 1964)
Écrivains et œuvres	• BRETON et SOUPAULT, *Les Champs magnétiques* (1919) • ÉLUARD, *L'Amour, la poésie* (1929) • ARAGON, *Le Paysan de Paris* (1926) • BRETON, *Nadja* (1928) • DESNOS, *Corps et Biens* (1930)	• SARTRE, *La Nausée* (1938) ; *Huis clos* (1944) • CAMUS, *L'Étranger* (1942) • IONESCO, *La Cantatrice chauve* (1950) ; RHINOCÉROS (1960) ; *Le roi se meurt* (1962) • BECKETT, *En attendant Godot* (1953) ; *Fin de partie* (1957) • ADAMOV, *Le Ping-pong* (1955)	• ROBBE-GRILLET, *Les Gommes* (1953) • BUTOR, *La Modification* (1957) • SARRAUTE, *Le Planétarium* (1959) • DURAS, *Le Ravissement de Lol V. Stein* (1964) • SIMON, *Histoire* (1967)

Moyen Âge	Événements historiques	Littérature française
VIIIe s.	778 : bataille de Ronceveaux	
IXe s.	800 : sacre de Charlemagne (→ 814)	842 : *Serments de Strasbourg*, écrits en ancien français
Xe s.	987 : Hugues Capet roi de France (→ 996)	
XIe s.	1054 : séparation des Églises d'Orient et d'Occident 1066 : bataille d'Hastings 1095-1099 : première Croisade 1099 : prise de Jérusalem par les croisés	vers 1040 : *Vie de saint Alexis* vers 1070 : *Chanson de Roland*
XIIe s.	1180 : Philippe Auguste, roi de France (→ 1223) 1189 : Richard Cœur de Lion, roi d'Angleterre (→ 1199)	vers 1160 : premiers fabliaux en vers vers ; *Jeu d'Adam* au théâtre 1165 : Chrétien de Troyes, *Erec et Enide* vers 1170 : *Roman de Renart* vers 1181 : Béroul, *Tristan*
XIIIe s.	1204 : prise de Constantinople par les croisés 1226 : Louis IX, futur saint Louis, roi de France (→ 1270) 1250 : affranchissement massif de serfs 1285 : règne de Philippe le Bel (→ 1314)	Apogée du roman de chevalerie (cycle de Lancelot, cycle du Graal) 1207 : naissance des chroniques historiques avec *La Conquête de Constantinople* de Villehardouin 1230 : Guillaume de Lorris, *Roman de la Rose* vers 1270 : Jean de Meung, *Roman de la Rose* ; *Jeux* d'Adam de la Halle
XIVe s.	1307 : procès des Templiers 1309 : la papauté s'installe en Avignon 1337-1453 : guerre de Cent Ans 1348-1358 : peste noire	1374 : Froissart, *Chroniques*
XVe s.	1429 : Jeanne d'Arc délivre Orléans 1431 : Jeanne d'Arc brûlée à Rouen 1440 : Charles d'Orléans, capturé par les Anglais en 1415, revient en France 1453 : prise de Constantinople par les Turcs 1461 : Louis XI roi de France (→ 1483) 1492 : découverte de l'Amérique par Christophe Colomb 1494 : début des guerres d'Italie 1497 : début du voyage de Vasco de Gama	De 1415 à 1440 : Charles d'Orléans écrit *Ballades* et *Rondeaux* pendant sa captivité 1456 : Antoine de la Sale : *Le Petit Jehan de Saintré* 1457 : Villon, *Lais* 1461 : Villon, *Testament* 1466 : *Les Cent Nouvelles Nouvelles* ; *Farce de Maître Pathelin*

XVIe		
1500	1509 : Henri VIII roi d'Angleterre (→ 1547)	
1510	1515-1547 : règne de François 1er 1515 : victoire de Marignan 1517 : Luther en Allemagne lance la Réforme 1519 : Charles Quint empereur d'Allemagne (→ 1556) ; tour du monde de Magellan ; conquête du Mexique par Cortez	
1520	1520 : guerre entre la France et l'Autriche	1527 : Marot, *Épître au roi, pour le délivrer de prison*
1530	1534 : premières persécutions contre les protestants (affaire des Placards) ; Jacques Cartier au Canada	1532 : Rabelais, *Pantagruel* 1534-1535 : Rabelais, *Gargantua*
1540	1545-1563 : Concile de Trente	1540-1558 : Marguerite de Navarre, *L'Heptaméron* 1549 : Du Bellay, *Défense et illustration de la langue française* ; *L'Olive*
1550	1556 : Philippe II roi d'Espagne (→ 1598) 1559 : fin des guerres d'Italie	1550 : Ronsard, *Odes* 1552-1553 : Ronsard, *Amours de Cassandre* 1553 : Jodelle, *Cléopâtre captive* 1555 : Louise Labé, *Élégie et Sonnets* 1558 : Du Bellay, *Les Antiquités de Rome* et *Les Regrets*
1560	1562 : début des guerres de religion en France 1565 : révolte des Pays-Bas contre l'Espagne	
1570	1572 : massacre de la Saint-Barthélemy	1572 : Ronsard, *La Franciade* 1577 : D'Aubigné, *Les Tragiques* 1578 : Ronsard, *Sonnets pour Hélène*
1580	1588 : l'Invincible Armada 1589 : Henri IV roi de France (→ 1610) 1593 : entrée d'Henri IV dans Paris	1580-1588 : Montaigne, *Essais*
1590	1598 : Édit de Nantes en faveur des protestants	1596 : Malherbe, *Odes*

Littérature étrangère	Arts, sciences et techniques
	vers 840 : premières enluminures 880 : première horloge
	Apogée de l'art roman
	Développement des moulins à eau, apparition de la charrue vers 1070 : construction de l'Église Saint-Marc à Venise 1077 : tâpisserie de Bayeux
vers 1100 : *Psautier* de Canterbury vers 1160 : AVERROÈS, *Commentaires d'Aristote* 1190 : *Nibelungenlieder*	1150 : apogée de l'art gothique 1163 : début de la construction de Notre-Dame de Paris
1226 : FRANÇOIS D'ASSISE, *Œuvres spirituelles* 1266 : ROGER BACON, *Œuvres* 1298 : MARCO POLO, *Livre des Merveilles*	Invention de la brouette, du rouet, des lunettes, de la boussole 1245 : achèvement de la construction de Notre-Dame de Paris 1257 : fondation de la Sorbonne
1307-1321 : DANTE, *La Divine Comédie* 1349 : BOCACCE, *Le Décaméron* 1352 : PÉTRARQUE, *Les Triomphes* 1387 : CHAUCER, *Contes de Canterbury*	1340 : développement de la métallurgie (invention du haut fourneau)
vers 1460 : LÉONARD DE VINCI, *Carnets*	Multiples progrès dans l'art de la navigation (invention de la caravelle) 1455 : première Bible imprimée, de Gutenberg

Littérature étrangère	Arts, sciences et techniques
1506 : LÉONARD DE VINCI, *Traité de la peinture* 1509-1511 : ÉRASME, *Éloge de la folie*	vers 1500 : invention de l'arquebuse 1500 : ■ Bosch, *La Tentation de saint Antoine* 1503-1507 : ■ Vinci, *La Joconde*
1513 : MACHIAVEL, *Le Prince* 1516 : MORE, *L'Utopie* ; L'ARIOSTE, *Le Roland furieux*	Construction des châteaux de la Loire
1528 : CASTIGLIONE, *Le Courtisan*	
1536 : L'ARÉTIN, *Ragionamenti* (Dialogues des courtisanes)	1530 : fondation du Collège de France 1534 : ■ Michel-Ange, *Le Jugement dernier* 1538 : première carte du monde de Mercator
1548 : LOYOLA, *Exercices spirituels*	1541 : construction du Louvre de Lescot 1543 : système de Copernic ; Vésale, *La Fabrique du corps humain*
1550 : VASARI, *Vies des plus illustres peintres* 1554 : BANDELLO, *Nouvelles*	1550 : ■ sculptures de Gougon 1558 : ■ portraits de Cloué
	vers 1560, invention du crayon 1560 : ■ travaux de Palissy sur l'émail
1572 : CAMOËNS, *Les Lusiades*	vers 1572 : observations de Tycho Brahé sur le mouvement des planètes 1573 : ■ Arcimboldo, *Les Saisons*
1580 : LE TASSE, *La Jérusalem délivrée* 1588 : MARLOWE, *La Tragique Histoire du docteur Faustus*	1582 : calendrier grégorien 1583 : lois du pendule découvertes par Galilée 1586 : ■ Le Gréco, *L'Enterrement du comte d'Orgaz*
Premières grandes pièces de SHAKESPEARE 1597 : BACON, *Essais*	

■ Peinture ▲ Musique • Cinéma

XXe	Histoire	Littérature française
1900	1905 : loi de séparation de l'Église et de l'État 1906 : réhabilitation de Dreyfus	1901 : Zola, *La Vérité en marche* 1902 : Gide, *L'Immoraliste* 1907 : Feydeau, *La Puce à l'oreille*
1910	1912 : guerre dans les Balkans 1914 : Première Guerre mondiale 1916 : bataille de Verdun 1917 : entrée en guerre des États-Unis ; Révolution russe 1918 : armistice du 11 novembre 1919 : traité de Versailles ; fondation de la SDN ; journée de huit heures	1912 : Cendrars, *Les Pâques à New York* 1913 : Alain-Fournier, *Le Grand Meaulnes* ; Apollinaire, *Alcools* ; Cendrars, *La Prose du Transsibérien* ; Proust, *Du côté de chez Swann* 1914 : Gide, *Les Caves du Vatican* 1916 : Barbusse, *Le Feu* 1918 : Apollinaire, *Calligrammes*
1920	1922 : Mussolini au pouvoir en Italie 1923 : occupation de la Ruhr par les Français ; la Russie prend le nom d'URSS 1927 : guerre civile en Chine 1929 : Krach boursier de Wall Street	1920 : Breton et Soupault, *Les Champs magnétiques* 1923 : Colette, *Le Blé en herbe* 1924 : Breton, *Manifeste du surréalisme* ; Romains, *Knock* 1925 : Genevoix, *Raboliot* ; Gide, *Les Faux-Monnayeurs* 1927 : Mauriac, *Thérèse Desqueyroux* 1928 : Breton, *Nadja*
1930	1931 : République en Espagne 1933 : Hitler au pouvoir en Allemagne 1934 : début de la « Longue Marche » de Mao Tsé-toung, en Chine 1936 : Front populaire ; guerre civile en Espagne 1937 : le Japon envahit la Chine 1938 : annexion de l'Autriche par l'Allemagne 1939 : Seconde Guerre mondiale	1932 : Céline, *Voyage au bout de la nuit* 1933 : Malraux, *La Condition humaine* 1935 : Giraudoux, *La guerre de Troie n'aura pas lieu* 1936 : Céline, *Mort à crédit* 1937 : Malraux, *L'Espoir* 1938 : Sartre, *La Nausée*
1940	1940 : défaite de la France ; gouvernement de Vichy ; De Gaulle lance l'appel du 18 juin depuis Londres 1941 : entrée en guerre de l'URSS et des États-Unis 1942 : déportations massives des Juifs d'Europe vers l'Allemagne 1944 : débarquement allié en Normandie 1945 : conférence de Yalta ; capitulation allemande ; bombe atomique au Japon ; création de l'ONU 1946 : IVe République (→ 1958) ; début de la guerre froide 1949 : formation de la Chine populaire	1942 : Camus, *L'Étranger* ; Ponge, *Le Parti pris des choses* 1943 : Sartre, *Les Mouches* 1944 : Sartre, *Huis clos* 1946 : Saint-John Perse, *Vents* 1947 : Camus, *La Peste* ; Genet, *Les Bonnes* ; Queneau, *Exercices de style* ; Césaire, *Cahiers d'un retour au pays natal* 1949 : Prévert, *Paroles* ; Beauvoir, *Le Deuxième Sexe*
1950	1953 : mort de Staline ; traité de Rome 1956 : indépendance du Maroc et de la Tunisie 1958 : Ve République ; De Gaulle élu président de la République (→ 1969)	1950 : Ionesco, *La Cantatrice chauve* 1951 : Giono, *Le Hussard sur le toit* ; Gracq, *Le Rivage des Syrtes* 1953 : Beckett, *En attendant Godot* ; Robbe-Grillet, *Les Gommes* 1955 : Lévi-Strauss, *Tristes Tropiques* 1957 : Butor, *La Modification* 1958 : Duras, *Moderato Cantabile* ; Queneau, *Le Chien à la mandoline*
1960	1962 : indépendance de l'Algérie ; crise de Cuba 1963 : assassinat du président Kennedy 1966 : Révolution culturelle en Chine 1968 : mouvement de Mai 68 ; intervention soviétique en Tchécoslovaquie 1969 : démission du général de Gaulle	1960 : Ionesco, *Rhinocéros* 1961 : Ponge, *Le Grand Recueil* 1962 : Ionesco, *Le roi se meurt* 1964 : Sartre, *Les Mots* 1965 : Perec, *Les Choses* 1968 : Cohen, *Belle du seigneur* 1969 : Tournier, *Vendredi ou les Limbes du Pacifique*
1970	1973 : fin de la guerre du Viêt-nam ; coup d'État au Chili ; premier choc pétrolier 1976 : mort de Mao Tsé-toung 1979 : révolution islamique en Iran	1971 : Jaccottet, *La Semaison* 1977 : Char, *Chants de la Balandrane* 1978 : Perec, *La Vie mode d'emploi* ; Modiano, *Rue des boutiques obscures*
1980	1981 : Mitterrand président de la République (→ 1995) 1985 : Gorbatchev au pouvoir en URSS 1987 : accords Reagan-Gorbatchev sur les armes nucléaires 1989 : répression sanglante des manifestations à Pékin ; chute du mur de Berlin ; réunification allemande	1980 : Le Clézio, *Désert* 1983 : Koltès, *Combat de nègre et de chiens* 1984 : Duras, *L'Amant* 1985 : Quéffelec, *Les Noces barbares* 1987 : Ben Jelloun, *La Nuit sacrée*
1990	1991 : guerre du Golfe 1991 : fin de l'URSS ; traité de Maastricht, la CEE devient Union européenne 1994 : Mandela président de l'Afrique du Sud 1999 : Euro, monnaie européenne	1990 : Rouaud, *Les Champs d'honneur* 1991 : Quignard, *Tous les matins du monde* ; Le Clézio, *Onitsha* 1996 : Darrieussecq, *Truisme* 1998 : Houellebecq, *Les Particules élémentaires*

Littérature étrangère	Arts, sciences et techniques
1091 : Wells, *L'Homme invisible* 1904 : Tchekhov, *La Cerisaie* 1909 : Marinetti, *Manifeste du futurisme*	1900 : exposition universelle de Paris 1902 : • Méliès, *Voyage dans la lune* 1903 : premier vol en aéroplane ; premier Tour de France cycliste 1904 : ■ Cézanne, *La Montagne Sainte-Victoire* 1907 : ■ Picasso, *Les Demoiselles d'Avignon* 1909 : Blériot traverse la Manche en avion
1912 : Kafka, *La Métamorphose* 1913 : Gorki, *Enfance* 1916 : Freud, *Introduction à la psychanalyse* 1918 : Tzara, *Manifeste Dada*	1912 : naufrage du *Titanic* 1914 : ■ Monet, *Nymphéas* 1917 : ■ Modigliani, *Nu sur un coussin bleu*
1921 : Pirandello, *Six personnages en quête d'auteur* 1922 : Joyce, *Ulysse* 1924 : Mann, *La Montagne magique* 1925 : Fitzgerald, *Gatsby le Magnifique* ; Kafka, *Le Procès*	1922 : prix Nobel de physique à Einstein ; • Lang, *Docteur Mabuse* 1923 : ■ Ernst, *Ubu Imperator* 1926 : • Eisenstein, *Le Cuirassé Potemkine* 1927 : Fleming découvre la pénicilline ; Lindbergh traverse l'Atlantique
1939 : Steinbeck, *Les Raisins de la colère*	1934 : découverte de la radioactivité par les Curie 1936 : • Chaplin, *Les Temps modernes* ; Capa, *Guerre d'Espagne 1936* 1937 : découverte du nylon ; ■ Picasso, *Guernica* ; • Renoir, *La Grande Illusion* 1938 : • Carné, *Hôtel du Nord* ; Renoir, *La Bête humaine* 1939 : avion à réaction
1940 : Hemingway, *Pour qui sonne le glas* 1948 : Moravia, *La Désobéissance* 1949 : Orwell, *1984*	1940 : découverte du plutonium 1941 : ■ Welles, *Citizen Kane* 1942 : ■ Carné, *Les Visiteurs du soir* 1943 : ■ Clouzot, *Le Corbeau*
1952 : Hemingway, *Le Vieil Homme et la mer* 1955 : Nabokov, *Lolita* 1957 : Kerouac, *Sur la route* ; Pasternak, *Le Docteur Jivago* 1959 : Grass, *Le Tambour*	1950 : Doisneau, *Baiser place de l'Hôtel de Ville* 1953 : premier film en cinémascope 1955 : ■ Nicolas de Stael, *Paysage* 1956 : • Vadim, *Et Dieu créa la femme* 1958 : • Tati, *Mon Oncle* 1959 : • Truffaut, *Les 400 coups*
1962 : Soljenitsyne, *Une journée d'Ivan Denissovitch* 1966 : Buzatti, *Le K* 1967 : Arrabal, *Le Jardin des délices*	1960 : • Godard, *À bout de souffle* ; • Fellini, *La Dolce Vita* 1961 : Youri Gagarine dans l'espace 1968 : première greffe du cœur 1969 : l'homme marche sur la Lune ; ■ Picasso, *Le Baiser*
1974 : Böll, *L'Honneur perdu de Katarina Blum* 1974-1976 : Soljenitsyne, *L'Archipel du Goulag* 1975 : Morante, *La Storia*	1971 : • Kubrick, *Orange mécanique* 1972 : prototype du TGV 1974 : invention de la carte à puce 1977 : inauguration du centre Pompidou 1979 : • Coppola, *Apocalypse now* ; lancement de la fusée Ariane
1980 : Styron, *Le Choix de Sophie* 1981 : Garcia-Marquez, *Chronique d'une mort annoncée* 1982 : Eco, *Le Nom de la rose* 1984 : Kundera, *L'Insoutenable Légèreté de l'être*	1980 : • Truffaut, *Le Dernier Métro* 1982 : premiers compacts disques 1985 : inauguration de la Géode à la Villette 1988 : Pei, *Pyramide du Louvre*
1995 : Muňoz Molina, *Une ardeur guerrière* 1997 : Magris, *Microcosmes* 1998 : Roth, *Pastorale américaine* 1998 : Irving, *Une veuve de papier*	1992 : ouverture du réseau Internet aux particuliers 1993 : première expérience de clonage aboutie en France 1994 : tunnel sous la Manche 1998 : ■ Boltanski, *Dernières années*

■ Peinture ▲ Musique • Cinéma

LEXIQUE

Absurde : le terme caractérise ce à quoi on ne peut pas donner de sens. Au milieu du XXe siècle, l'absurde qualifiait plusieurs courants intellectuels et artistiques. Albert Camus a défendu la philosophie de l'absurde. Le sentiment de «l'absurde naît de cette confrontation entre l'appel humain et le silence déraisonnable du monde». Mais l'homme conquiert sa dignité quand il devient capable de le savoir et de l'assumer. Eugène Ionesco a illustré le théâtre de l'absurde; sa pièce la plus célèbre est *La Cantatrice chauve*.

Abyme (mise en) : l'expression, qui appartient à l'étude des structures du récit, est empruntée à la science du blason : l'abyme est le nom que prend le centre du blason lorsqu'il représente lui-même un autre écu. Il y a donc mise en abyme quand des éléments représentatifs du récit sont insérés dans un deuxième récit à l'intérieur du même roman. André Gide par exemple, dans son roman *Les Faux-Monnayeurs*, campe le personnage d'Édouard, écrivain en train d'écrire *Les Faux-Monnayeurs*.

Académie : à l'origine, ce mot désignait le jardin, du grec *Akadémos*, lieu où Platon enseignait dans l'Athènes antique. Il s'est donc, par la suite, confondu avec l'école platonicienne. Par extension, il a fini par désigner toute société de gens de lettres, de savants, d'artistes. En 1635, Richelieu créa l'Académie française.

Accent, on distingue :
- l'accent de langue, appelé aussi accent d'intensité, qui allonge la voyelle accentuée et se trouve à une place fixe : sur la dernière syllabe d'une unité syntaxique (ou sur l'avant-dernière si la dernière comporte un e muet) ;
- l'accent d'insistance dont la place n'est pas fixe et dont le but est l'expressivité ;
- l'accent métrique, qui contribue à scander les vers, et qui est en général placé sur la syllabe qui précède une coupe.

Acception : sens précis que prend un mot parmi tous ceux qu'il peut avoir.

Accumulation : cette figure de style consiste à écrire, à la suite les uns des autres, une série de termes de même nature (série de noms, série de verbes...).

Acte : la partie d'une pièce de théâtre composée d'une série de scènes ou de tableaux. Dans le théâtre classique, une pièce comportait en général cinq actes.

Action : elle désigne la suite des événements dans un récit, une pièce de théâtre, un film. L'action peut jouer un rôle secondaire, si l'auteur a préféré tenir compte de la psychologie des personnages ou de la création d'une atmosphère. Mais elle peut être essentielle comme par exemple dans le roman policier.

Adjuvant (ou auxiliaire) : il s'agit, dans un conte ou un récit, du personnage qui a pour fonction de venir en aide au héros.

Alexandrin : vers de douze syllabes : pour cette raison on peut aussi l'appeler dodécasyllabe (en grec, *dodéka* = douze). Le nom d'alexandrin, lui, vient d'un des premiers romans écrits en vers de douze syllabes, qui s'intitulait *Le Roman d'Alexandre*.

Allégorie : cette figure de style consiste à représenter une notion abstraite par une personne portant des vêtements ou des objets symboliques. Parfois elle agit ou parle. L'allégorie, figure constante dans la poésie du Moyen Âge, a vu son rôle se réduire progressivement avant le XVIe siècle et au moment de la Pléiade. Mais elle ne disparaîtra jamais et, au XIXe siècle, Baudelaire l'emploie beaucoup.

Allitération : répétition insistante, à une fréquence supérieure à la fréquence habituelle dans la langue, du même son consonantique.

Anachronisme : c'est une erreur qui consiste à attribuer à une époque des événements, des coutumes, des idées qui appartiennent à une autre époque. L'anachronisme peut aussi être voulu, pour provoquer le comique par exemple.

Anacoluthe : cette figure de style consiste à créer un écart, une rupture de construction par rapport à la syntaxe courante, comme une sorte d'erreur voulue.

Anagramme : on fabrique un anagramme lorsqu'on utilise toutes les lettres, ou une partie des lettres d'un mot, en les mettant dans un ordre différent, pour composer un autre mot. Rabelais avait choisi pour pseudonyme l'anagramme de son vrai nom Alcofribas Nasier.

Analogie : mise en relation de deux objets, deux phénomènes, deux situations qui appartiennent à des domaines différents mais font penser l'un à l'autre parce que leur déroulement, leur aspect présentent des similitudes. Le raisonnement par analogie est la recherche d'une conclusion à partir de cette mise en relation.

Anaphore : répétition du même mot ou de la même expression au début de plusieurs vers, phrases ou paragraphes.

Anthologie : recueil composé d'un ensemble de textes ou d'extraits choisis pour leur valeur esthétique (*anthos*, en grec, signifie «fleurs»).

Anthropomorphisme : attribution de la forme humaine à Dieu ou à des divinités.

Antihéros : dans une œuvre littéraire ou cinématographique, l'antihéros est un personnage principal qui ne possède aucune des qualités remarquables du héros traditionnel. Il est au contraire falot, sans envergure. Les personnages de Flaubert sont souvent des antihéros.

Antiphrase : figure de style consistant à dire le contraire de ce que l'on veut faire entendre, tout en ne laissant aucun doute sur ce qu'on pense.

Antiroman : roman qui refuse toutes les règles traditionnelles du genre, et qui dénonce ainsi les illusions sur lesquelles repose le roman. On a pu dire par exemple que *Jacques le Fataliste*, de Diderot, était un antiroman parce qu'il brouille sans cesse les intrigues, va même jusqu'à les modifier en cours de route pour empêcher le lecteur de céder à l'illusion du réel.

Antithèse : opposition, à l'intérieur d'une même unité du discours (membre de phrase, phrase, paragraphe, strophe), de deux idées, deux sensations ou sentiments, deux réalités.

Antonyme : terme de sens contraire par rapport à un autre terme.

Aparté : au théâtre, réplique entendue par le public mais non par l'interlocuteur pourtant en scène.

Apologie : on prononce ou on écrit une apologie lorsqu'on défend inconditionnellement quelqu'un ou quelque chose.

Apologue : court récit allégorique contenant une morale.

Apostrophe : brusque interpellation d'une personne, ou d'une chose qui se trouve ainsi personnifiée.

Archaïsme : tour de la langue, qui n'est plus usité, mais qui peut être employé intentionnellement.

Argot : terme désignant tout lexique spécifique à une profession ou à un milieu social et qui, parce qu'il n'est pas connu des autres, est un signe de reconnaissance au sein du groupe.

Assonance : répétition insistante, à une fréquence supérieure à la fréquence habituelle dans la langue, du même son vocalique. L'assonance a été employée par les premiers poètes français (Moyen Âge) avant la généralisation de la rime.

Autobiographie : comme le montre l'étymologie, c'est le récit rétrospectif qu'une personne fait de sa propre existence.

auto	bio	graphie
↓	↓	↓
propre à soi	vie	écriture

À la différence des mémoires, qui insistent avant tout sur l'époque historique à laquelle l'auteur a vécu, l'autobiographie insiste sur l'histoire individuelle (*Les Confessions* de Rousseau).

Ballade : poème composé de trois strophes et d'un envoi au dédicataire. Le nombre de vers de chaque strophe est égal au nombre de syllabes de chaque vers (trois strophes de huit octosyllabes par exemple). le dernier vers de chaque strophe constitue le refrain.

Bienséance : terme de la critique classique, très usité au XVIIe siècle, qui désigne la convenance, la décence, la délicatesse. La règle des bienséances dans le théâtre classique interdisait que les personnages mangent, boivent, se tuent ou meurent sur scène.

Bouffon : adjectif qui désigne ce qui fait rire par la farce, par une exagération grossière.

Bucolique : terme littéraire qui qualifie un texte évoquant la vie des bergers, mais sous une forme idéalisée.

Burlesque : adjectif qui désigne un comique outré, reposant sur l'extravagance des situations. Substantivé, il a désigné aussi un genre littéraire ou un style dont le comique naissait du contraste entre le sujet, qui se voulait noble, et le style familier et amusant dans lequel il était traité. Ce genre a été très à la mode au milieu du XVIIe siècle.

Cacophonie : c'est, au contraire de l'euphonie, la rencontre de sons qui ne vont pas ensemble.

Calembour : jeu de mot jouant sur la ressemblance sonore pour employer un mot ou un groupe de mots à la place d'un autre.

Calligrammes : poème que l'auteur représente sous la forme d'un dessin. Les lignes de ce dessin sont les vers eux-mêmes.

Caractérisation d'un personnage : manière dont l'auteur construit son personnage, lui donne progressivement les caractéristiques qui s'inscriront dans la mémoire du lecteur.

Caricature : portrait qui grossit les défauts de la personne, dans le but de faire rire.

Catastrophe : dans la dramaturgie classique, c'est le dernier événement, en général funeste, qui amène le dénouement d'une tragédie.

Catharsis : mot emprunté au philosophe grec antique Aristote. Pour lui, le spectateur se libère de passions qui pourraient être dangereuses. Il sort du spectacle purifié parce qu'il a libéré ses passions sur le mode imaginaire, en s'identifiant aux personnes ou situations sur scène.

Césure : coupe principale fixe dans un vers.

Champ lexical : l'ensemble des mots qui, dans un texte, appartiennent par leur dénotation à un même domaine.

Chanson de geste : poème épique écrit en langue vulgaire (XI-XIIe siècles), en alexandrins ou en décasyllabes, avec des assonances. Il comportait plusieurs milliers de vers et était récité avec un accompagnement musical. Il avait pour sujet les exploits plus ou moins merveilleux de héros réels mais souvent mythifiés. Les plus célèbres ont raconté la légende de Charlemagne et de ses preux.

Chiasme : figure de style consistant à faire se suivre deux membres de phrase contenant les mêmes éléments syntaxiques et lexicaux, mais dont on intervertit l'ordre dans le deuxième membre de phrase, de façon à créer un effet de miroir.

Chute : élément de surprise par lequel on termine un texte. Dans un sonnet, c'est le dernier vers.

Cliché : expression ou image devenue banale pour avoir été trop souvent employée.

Commedia dell'arte : ce genre de comédie est né en Italie dans la deuxième moitié du XVIe siècle. Les comédiens, qui incarnent des personnages stéréotypés, improvisent à partir d'un canevas, c'est-à-dire d'un plan qui fixe grossièrement les éléments de l'intrigue.

Comparaison : figure de style par laquelle sont rapprochées deux réalités en fonction d'un rapport de ressemblance au moyen d'un outil de comparaison.

Concession : faire une concession, c'est admettre un point de vue différent du sien. Un raisonnement par concession commence d'abord par reconnaître que la thèse adverse se justifie dans une certaine mesure. Ensuite le raisonnement s'attache à critiquer et à exposer une antithèse. Un paragraphe, mais aussi un plan de devoir, peut être organisé en raisonnement par concession.

Confident : au théâtre, il s'agit d'un personnage secondaire qui a pour fonction essentielle de recevoir les confidences du héros. C'est par exemple le cas d'Œnone dans la *Phèdre* de Racine. Le spectateur prend ainsi connaissance des sentiments éprouvés par le héros.

Connotations : l'ensemble des associations d'idées et d'impressions qui peuvent s'ajouter au sens strict d'un mot, par influence du contexte, ou des références culturelles, sociales ou personnelles.

Contrepèterie : permutation de sons, de lettres ou de syllabes, dans un ensemble de mots, pour faire surgir un autre sens générateur de comique.

Contre-rejet : fait de commencer un groupe syntaxique ou une phrase à la fin d'un vers pour le continuer au vers suivant.

Controverse : il s'agit d'un débat à rebondissements, sur un sujet à propos duquel il y a désaccord.

Correspondance : selon cette théorie, illustrée par Baudelaire, il existerait :
- des correspondances « horizontales », ou « synesthésiques », entre les différents sens (« il est des parfums frais comme des chairs d'enfants, / Doux comme les hautbois, verts comme les prairies ») ;
- des correspondances verticales, c'est-à-dire une relation entre notre monde visible et un monde invisible.

Coupes : pauses du vers, qui se situent après chaque syllabe accentuée.

Déduction : cette opération logique consiste à passer d'une étape à l'étape suivante, souvent sous la forme du passage d'une cause à une conséquence. La déduction peut aussi avoir un sens plus particulier qui s'oppose alors au sens de l'induction : c'est le passage du général au particulier, alors que l'induction est le passage du particulier au général.

Dénotation : sens premier d'un mot, tel que le donne le dictionnaire.

Dénouement : moment où, à la fin d'une pièce de théâtre, se résout le conflit.

Désinence : élément grammatical, composé d'une ou plusieurs lettres, qui s'ajoute à la fin d'un mot pour signifier le genre, le nombre, le temps ou le mode en conjugaison, la fonction du mot quand une langue comporte des déclinaisons.

Destinataire : en théorie de la communication, personne ou groupe auquel un message est destiné.

Deus ex machina : personnage, ou événement, qui intervient brusquement, et sans rapport avec la logique de l'action, pour permettre le dénouement d'une pièce de théâtre. Dans la tragédie classique, ce procédé était interdit, mais il était accepté dans la comédie. C'est ainsi que la reconnaissance ultime des pères et des enfants dans *L'École des femmes* de Molière peut être considérée comme un *deus ex machina* permettant à la comédie de bien se terminer. Cette expression, qui signifie « le dieu surgissant de la machine », remonte à la pratique antique qui consistait à faire descendre un dieu sur la scène par une machinerie pour dénouer l'intrigue.

Dialectique : terme qui désigne l'ensemble des moyens mis en œuvre pour convaincre ou réfuter ; il désigne aussi la stratégie de la pensée qui consiste à examiner thèse et antithèse pour les dépasser dans une synthèse.

Diatribe : texte ou discours qui attaque de façon violente une personne ou une institution.

Didactique : adjectif qui qualifie tout ce qui a pour objectif d'instruire.

Didascalies : indications de l'auteur concernant les personnages présents et leur prise de parole, les décors, les costumes, les gestes, la façon de proférer le texte.

Diérèse : prononciation en deux voyelles nettement séparées de deux sons vocaliques contigus dans un même mot (l'inverse de la synérèse).

Digression : c'est un hors-sujet, c'est-à-dire un propos étranger au sujet général d'un discours, d'un débat, d'un écrit.

Dilemme : obligation de choisir entre deux partis contradictoires, mais qui tous les deux présentent des inconvénients.

Distique : strophe de deux vers.

Dithyrambe : poème ou discours enthousiaste et élogieux.

Dizain : strophe de dix vers.

Double énonciation : terme utilisé pour le texte théâtral, signifiant que le personnage s'adresse à deux interlocuteurs à la fois : à un autre personnage, et indirectement au public.

Dramatique : adjectif. Il ne doit pas être confondu avec « tragique ». Il désigne d'abord ce qui se rapporte à l'action (en grec, *drama* = action) : on parle dans ce sens de l'intérêt dramatique d'une scène ou d'un passage. Mais « dramatique » signifie aussi tout ce qui concerne le théâtre : l'expression « genre dramatique » désigne tous les types d'œuvres théâtrales.

Dramaturgie : on donne ce nom à l'art de la composition des pièces de théâtre. De ce fait, la personne qui écrit une pièce de théâtre s'appelle un dramaturge.

Drame : genre théâtral qui s'est défini par rapport à la tragédie et à la comédie classiques. Il a pris des formes diverses en fonction de ce à quoi il s'opposait exactement : au XVIIIe siècle, le drame bourgeois (Diderot) veut prendre ses distances vis-à-vis des situations et personnages nobles de la tragédie ; au XIXe, le drame romantique refuse la distinction entre tragique et comique ; le drame moderne prend des formes variées qui nient la distinction en genres prédéfinis.

Écart : dans l'étude du style, un écart est une variation originale, propre à un auteur, qui s'éloigne de l'usage habituel du langage.

École : on appelle école un groupe d'artistes qui partagent les mêmes idées sur les techniques et les buts de leur art, comme par exemple l'école romantique ou l'école naturaliste au XIXe siècle.

Éditorial : dans un journal ou dans un magazine, un éditorial est un article qui définit la ligne politique, l'orientation de l'équipe de rédaction. Celui qui l'écrit est en général le rédacteur en chef.

Effet de réel : impression de réalité perçue par le lecteur et qui est obtenue à l'aide de procédés divers, comme par exemple la description ou l'adoption du point de vue du personnage.

Élégie : poésie lyrique, souvent amoureuse, dont le ton est mélancolique et tendre.

Ellipse : omission de un ou plusieurs éléments dans une phrase ou dans un récit.

Éloquence : l'art de bien parler.

Emphase : on parle d'emphase pour caractériser une expression d'une solennité excessive.

Encyclopédie : ouvrage ayant pour ambition de recenser et exposer l'état actuel de toutes les connaissances humaines. C'est au XVIIIe siècle qu'eut lieu en France la première entreprise encyclopédique. La fabrication de cette première encyclopédie dura vingt ans et ce fut Diderot qui la dirigea.

Enjambement : il y a enjambement lorsque la fin d'un vers ne coïncide pas avec la fin d'un groupe syntaxique.

Énonciation : l'acte de production de l'énoncé.

Épigramme : tout petit poème qui se termine par une attaque satirique. L'une des plus connues de la littérature française est celle de Voltaire contre un adversaire des « philosophes » :

> « L'autre jour au fond d'un vallon,
> Un serpent piqua Jean Féron.
> Que pensez-vous qu'il arriva ?
> Ce fut le serpent qui creva. »

Épilogue : à la suite d'un récit, l'épilogue raconte rapidement ce qui s'est passé.

Épistolaire : adjectif qui désigne tout ce qui concerne les lettres. On parle par exemple de roman épistolaire, lorsque le roman est une série de lettres échangées entre des personnages. *La Nouvelle Héloïse* de Rousseau, ou *Les Liaisons dangereuses* de Choderlos de Laclos, sont des romans épistolaires du XVIIIe siècle.

Épître : lettre en vers.

Épopée : ce long poème narratif raconte les actions héroïques d'un homme ou d'un peuple, en y mêlant une part de merveilleux.

Étymologie : ce terme a deux sens :
- science qui fait des recherches sur l'origine des mots ;
- histoire d'un mot depuis son origine.

Euphémisme : figure de style dont le but est d'atténuer le sens d'un mot en employant à sa place un autre mot ou une autre expression.

Euphonie : on parle d'euphonie quand un ensemble de phonèmes produit un effet harmonieux.

Exergue : citation en tête d'un texte. On en trouve par exemple au début des chapitres dans certains romans.

Exorde : en rhétorique, c'est la première partie d'un discours, l'entrée en matière, qui a souvent pour but d'attirer l'attention et la bienveillance de l'auditoire.

Exposition : terme désignant, au théâtre, la ou les scènes dont la fonction principale est de fournir sur la situation et les personnages les renseignements nécessaires pour que le lecteur ou le spectateur comprennent l'action et ses enjeux.

Fable : petit récit imaginaire, en vers ou en prose, qui met en scène des animaux, ou des personnages symboliques ou allégoriques, et qui permet d'illustrer une morale.

Fabliau : forme poétique du Moyen Âge. C'était un texte narratif bref, à rimes plates, qui racontait une histoire amusante, triviale, et mettait en scène des personnages à l'opposé des personnages de la littérature courtoise.

Farce : petite pièce bouffonne, qui a pour but de faire rire avec un comique assez schématique.

Fiction : le terme désigne ce qui est inventé dans une œuvre littéraire.

Focalisation (ou point de vue) : choix d'un type de narration qui consiste à faire savoir au lecteur tout ou partie de l'histoire racontée : ou il sait tout (focalisation zéro), ou il ne sait que ce qu'il verrait de l'extérieur (focalisation externe), ou il ne sait que ce que voit, pense et ressent un personnage (interne).

Francophonie : on désigne ainsi l'ensemble des personnes qui parlent le français à travers le monde. Il existe donc une littérature appelée francophone.

Genre : catégorie dans laquelle on rassemble les œuvres littéraires ayant un certain nombre de points communs. On parle de genre poétique, de genre romanesque...

Gradation : succession de termes d'intensité croissante (gradation ascendante) ou décroissante (gradation descendante).

Grotesque : adjectif qui désigne, en art, la représentation risible de ce qui est bizarre, caricatural, fantastique.

Harmonie imitative : répétition de sons par laquelle l'auteur imite le bruit de ce qui est évoqué dans le texte.

Harmonie suggestive : répétition de sons par laquelle l'auteur suggère un sentiment ou une sensation.

Hémistiche : chacune des deux moitiés de l'alexandrin ou du décasyllabe.

Hermétisme : caractéristique d'une œuvre très difficile à comprendre, secrète, et peu accessible au profane.

Héros : personnage principal d'un récit, d'une pièce de théâtre, d'un film.

Hiatus : on appelle hiatus la rencontre de la voyelle sonore qui termine un mot avec la voyelle sonore qui commence le mot suivant. La doctrine classique interdisait le hiatus en poésie, car désagréable à l'oreille.

Homonyme : on appelle homonymes

des mots qui ont un sens différent mais qui se prononcent de la même façon. Exemple : sot, seau, sceau, saut.

Humour : c'est une forme d'esprit qui jette un œil neuf sur les conventions en usage, pour en dénoncer les dysfonctionnements, mais sans agressivité, à la différence de l'ironie qui est beaucoup moins bienveillante. Cependant, il existe aussi l'humour noir, qui souligne, avec une certaine cruauté et une désillusion extrême, les absurdités du monde.

Hymne : poème ou chant à la gloire des héros, des dieux. Il ne correspond pas à une forme littéraire précise. Au XVIe siècle, Ronsard a écrit de nombreux hymnes.

Hyperbole : figure de style consistant à employer des termes trop forts, exagérés.

Idéogramme : signe d'écriture qui représente à lui seul un objet ou une idée, et non pas seulement un son (écriture phonique), ou une syllabe (écriture syllabique). L'écriture chinoise est idéogrammatique.

Imbroglio : situation très embrouillée, très complexe, dans laquelle il est difficile de se retrouver. On peut parler d'imbroglio pour l'intrigue de certaines pièces de théâtre.

Index : liste, par ordre alphabétique, des noms propres ou des sujets dont il a été question dans un ouvrage ; il en figure un à la fin de cet ouvrage.

Induction : type de raisonnement qui consiste à passer du particulier au général. C'est un raisonnement fréquent dans les sciences expérimentales, quand on tire des règles générales d'une série d'observations.

Intermède : sorte de divertissement entre deux actes d'une pièce de théâtre. Molière a souvent utilisé des intermèdes dans les comédies (ex. : *Le Bourgeois gentilhomme*).

Incipit : première phrase d'une œuvre, qui introduit le lecteur dans cette œuvre.

Intertextualité : dans un texte, c'est l'ensemble des allusions à d'autres textes déjà écrits, aux idées qui existent déjà, aux motifs culturels déjà développés par d'autres écrivains. Quand on explique un texte, il est important de savoir déceler ces allusions plus ou moins implicites.

Intimiste : adjectif qui qualifie une œuvre littéraire ou un film centré sur la peinture très approfondie et très nuancée de la vie psychologique.

Intonation : mouvement mélodique de la parole, caractérisé par des variations de hauteur.

Intrigue : enchaînement des événements dans un récit de fiction ou dans une pièce de théâtre. Dans un récit de fiction, on peut mettre en évidence les phases successives de l'intrigue.

Inversion : dans une phrase, construction non conforme à l'ordre habituel de succession des mots. L'inversion permet parfois de mettre en valeur un terme.

Ironie : moquerie qui crée une distance et qui consiste à faire entendre le contraire de ce qu'on dit, ou à donner aux mots un sens détourné.

Légende : ce terme a deux sens. Il désigne un récit en grande partie imaginaire, mais qui s'est développé sur un fond de réel. Dans un tout autre domaine, il désigne le texte qui accompagne une image.

Leitmotiv : thème ou formule qui revient plusieurs fois dans une œuvre.

Lexique : terme employé pour désigner l'ensemble des mots propres à un groupe ou à une personne. On peut donc avoir plusieurs types de lexique.

Linguistique : science fondée par Ferdinand de Saussure, qui a pour ambition l'étude des faits de langue phonétiques, syntaxiques, sémantiques ou sociaux.

Litote : figure de style consistant à dire le moins pour suggérer le plus.

Madrigal : quelques vers destinés à faire un compliment galant.

Manifeste : désigne l'écrit par lequel un mouvement politique expose sa théorie et ses intentions. Ce terme s'est ensuite étendu : il désigne l'écrit par lequel un mouvement artistique expose ses conceptions.

Marivaudage : terme qui désigne ce qui fait penser aux échanges amoureux des pièces de Marivaux : galanteries précieuses, raffinement, frivolité élégante.

Maxime : c'est une règle de conduite. Mais c'est aussi la formule concise et frappante qui énonce cette règle de conduite. Au XVIIe siècle, La Rochefoucauld en a écrit un recueil.

Mélodrame : drame populaire qui accentue et exagère les effets de pathétique. Beaucoup de mélodrames ont été écrits au XIXe siècle.

Mémoire : récit écrit par un auteur ayant lui-même participé aux événements.

Merveilleux : à la différence du fantastique où le lecteur hésite entre une solution rationnelle et l'irruption de l'irrationnel, dans le merveilleux la présence du surnaturel est acceptée comme telle. C'est par exemple le cas dans les contes de fées.

Métalangage : ensemble des termes et des propos utilisés pour décrire une langue ; c'est la langue parlant de la langue.

Métaphore : figure de style qui consiste à utiliser, pour désigner une réalité, un terme ou des termes (métaphore filée) qui sont habituellement employés pour désigner une autre réalité qui entretient avec la première un rapport de ressemblance.

Métonymie : figure de style consistant à désigner un référent par un terme désignant habituellement un autre référent, mais qui entretient avec le premier un rapport soit de contenant à contenu (« la salle a applaudi »), soit d'instrument pour celui qui l'emploie (« c'est le premier violon »), soit de lieu pour la chose (un coulommiers).

Métrique : étude des éléments de mesure dont sont formés les vers.

Modalisation : tout ce qui dans l'énoncé définit l'attitude de l'émetteur par rapport à cet énoncé, en particulier son degré d'adhésion, les nuances qu'il apporte.

Monologue : au théâtre, il s'agit des propos que tient un personnage qui se trouve (ou se croit) seul.

Monologue intérieur : l'expression appartient au lexique du récit. Elle désigne l'artifice qui consiste à rapporter telle quelle la pensée du personnage, comme si nous étions à l'intérieur de sa conscience.

Moralité : le terme possède en littérature un sens particulier. Il s'agit d'une sorte de pièce de théâtre brève, qui comporte souvent des allégories de notions appartenant à la morale, et qui a existé à la fin du Moyen Âge.

Mythe : on peut dégager trois sens :
- le mythe est un récit fabuleux anonyme, auquel on peut trouver un sens symbolique, et qui fait partie des traditions d'une communauté humaine ;
- on appelle également mythe la représentation de faits ou de personnages de façon amplifiée et déformée parce que cela exprime les désirs de la communauté qui véhicule ce mythe ;
- dans un sens péjoratif, on traite de mythe une construction de l'esprit qui ne repose sur rien de réel.

Narrateur : celui par lequel est racontée une histoire. Le narrateur peut être l'un des personnages ; et même lorsqu'il n'est pas un personnage il est celui qui prend en charge le récit sans vraiment représenter l'auteur, sauf dans le cas de l'autobiographie.

Néologisme : invention d'un mot qui n'existait pas précédemment dans le lexique. Le terme de néologisme désigne aussi le mot inventé lui-même. Le fait de donner un sens nouveau à un mot déjà existant peut aussi créer un néologisme.

Nouvelle : récit bref, qui se distingue du conte parce qu'il ne fait pas appel au merveilleux, et du roman par sa brièveté.

Octosyllabe : vers de huit syllabes.

Ode : poème lyrique dans lequel le poète exprime ses sentiments. Elle est composée de plusieurs strophes, semblables par le nombre et la mesure des vers.

Omniscient : le narrateur est omniscient lorsque par convention il est censé tout connaître sur les événements et les personnages, y compris leur pensée.

Onirique : on caractérise ainsi un texte où abondent les visions de rêve ou de délire.

Onomatopée : mot qui rappelle, par ses sonorités, le bruit que fait l'objet, l'être, ou l'action qu'il désigne. Exemple : le glou-glou, le coucou, le tic-tac.

Oraison funèbre : expression qui désigne le sermon ou le discours écrit pour être prononcé au moment de la mort d'un personnage illustre. Au XVIIe siècle, Bossuet en a écrit un certain nombre, en particulier *L'Oraison funèbre d'Henriette de France*.

Oxymore (ou alliance de mots) : figure de style permettant de relier étroitement dans la même expression deux termes évoquant des réalités contradictoires.

Pamphlet : il est destiné à attaquer une personne ou une institution. Voltaire en a écrit beaucoup, souvent anonymes ou sous des pseudonymes, pour ne pas être poursuivi par la censure.

Panégyrique : discours de cérémonie, composé pour chanter la gloire d'une personne illustre.

Parabole : petit récit qui a pour but de dégager une morale, une leçon, par l'intermédiaire de son symbolisme.

Paradoxe : un paradoxe est une idée qui surprend parce qu'elle est en contradiction avec ce qui est habituellement admis.

Parallélisme : succession de deux constructions lexicalement et/ou syntaxiquement très proches pour exprimer deux idées.

Paraphrase : elle consiste à réécrire un texte avec d'autres mots mais sans rien changer au sens du texte. Faire de la paraphrase quand on commente un texte, c'est répéter le contenu du texte sans expliquer la façon dont il est écrit, sans apporter des précisions pour élucider et interpréter.

Parataxe : ce procédé consiste à juxtaposer des phrases sans exprimer le lien logique qui les unit.

Paratexte : le terme désigne l'ensemble des informations données sur un texte : introduction, notes, renseignements biographiques sur l'auteur…

Parodie : imitation comique, qui peut même être moqueuse.

Paronomase : figure de style qui consiste à rapprocher des mots dont les sonorités sont voisines mais les sens différents.

Paronyme : on appelle paronymes des mots de sens différents mais proches par leurs sonorités. *Exemple* : avoir-asseoir, argent-ardent… Ils peuvent être responsables de confusions qui perturbent la communication, mais ils sont aussi à l'origine de la figure de style qu'on appelle la paronomase. Le jeu sur les paronymes est aussi une source inépuisable de quiproquos comiques (ex. : la grammaire et la grand-mère dans la fameuse scène 6 de l'acte II des *Femmes savantes*).

Pastiche : écrit dans lequel l'auteur imite le style d'un autre auteur. Ce peut être dans une intention parodique, c'est aussi un moyen d'apprendre soi-même à écrire. Dans certains cas, le pastiche atteint même les dimensions d'un véritable texte littéraire : Marcel Proust a réalisé de remarquables pastiches, en particulier ceux qui sont réunis dans son recueil intitulé *Pastiches et Mélanges*.

Période : phrase complexe amplement, clairement et harmonieusement développée, qui comporte une phase montante et une phase descendante.

Péripétie : dans une pièce de théâtre ou un récit, c'est un changement brusque de la situation.

Périphrase : remplacement d'un mot par une expression équivalente qui exprime une des qualités ou un des attributs de la réalité désignée.

Péroraison : en rhétorique, c'est la dernière partie d'un discours, qui fait appel à la pitié ou à la clémence.

Personnification : figure de style consistant à prêter des comportements ou des sentiments humains à un être inanimé ou à un animal.

Phonème : la plus petite unité de son de la langue. Chaque langue en comporte un certain nombre qui se lient pour former des mots.

Picaresque : le mot vient de l'espagnol «picaro», qui signifie coquin. Les romans picaresques mettent en scène de pauvres personnages qui circulent à travers le pays et les milieux sociaux, et sont parfois sans scrupules.

Plagiat : le fait de recopier des passages appartenant à d'autres auteurs, en faisant croire qu'on les a écrits soi-même.

Pléonasme : le fait de donner deux fois la même information dans une expression, ex. : «monter en haut».

Point de vue (voir focalisation).

Polysémie : pluralité de sens d'une unité de discours (mot, expression, phrase...). Le terme ou l'expression admet plusieurs sens entre lesquels rien ne permet de choisir.

Poncif : on parle de poncif lorsqu'un thème ou une forme d'expression est d'une grande banalité.

Préfixe : élément composé d'une ou plusieurs lettres, qui se place au début du radical d'un mot pour en modifier le sens.

Préromantisme : nom donné après coup à certains écrivains du XVIIIe siècle qui annonçaient le romantisme. Ils cultivaient déjà le goût pour la nature et privilégiaient l'expression du moi. Rousseau fait partie des préromantiques.

Présent de narration : cette expression qualifie le présent utilisé pour raconter un récit passé lorsqu'on veut le rendre plus vivant.

Prétérition : figure de style qui consiste à parler de quelque chose en commençant par annoncer qu'on ne vas pas en parler : « Je ne vous dirai pas... ».

Prologue : au théâtre, il s'agit d'une déclaration qui précède la pièce elle-même. Extérieure à l'intrigue, elle peut annoncer ce que sera l'intrigue, en proposer d'emblée une interprétation, etc. *L'Antigone* de Jean Anouilh, par exemple, commence par un prologue, comme toutes les pièces antiques.

Prosodie : étude de la durée et du caractère mélodique des sons dans un poème.

Prosopopée : figure de style qui consiste à imaginer le discours d'une personne morte ou absente, ou même d'une chose personnifiée.

Protagoniste : on désigne ainsi l'acteur qui joue le rôle principal dans une pièce de théâtre, un film ou même une situation quotidienne.

Pseudonyme : nom d'emprunt sous lequel un artiste, un écrivain se fait connaître.

Purisme : souci extrême de la correction du langage.

Quatrain : strophe de quatre vers.

Quintil : strophe de cinq vers.

Quiproquo : confusion qui peut porter sur un personnage, un objet ou un lieu, qui est pris pour un autre. Le quiproquo est un ressort de la comédie, il permet à l'action de rebondir. Un quiproquo célèbre du théâtre français se trouve dans *L'Avare*, lorsque Harpagon parle du vol de sa cassette pendant que le prétendant de sa fille Marianne croit qu'il s'agit de celle-ci.

Rabelaisien : on emploie cet adjectif pour qualifier ce qui rappelle la verve excessive, grossière mais aussi pleine de vie qui caractérise l'œuvre de Rabelais.

Radical : partie centrale du mot, porteuse de sa signification essentielle, avant que s'ajoutent préfixes, suffixes, désinences.

Redondance : c'est donner plusieurs fois la même information sous des formes différentes. Le pléonasme est une des manifestations de la redondance.

Réfutation : en rhétorique, il s'agit de la partie du discours où l'on démonte les arguments de la thèse adverse.

Rejet : terme indiquant qu'un groupe syntaxique, une phrase ou une proposition s'achève, non à la rime, mais au début du vers suivant.

Réplique : au théâtre, c'est ce qu'un acteur répond à un autre.

Réseau lexical : ensemble des mots d'un texte qui, par leur sens dénoté, mais aussi par leurs sens connotés (c'est la différence avec le champ lexical) se rattachent à un même domaine.

Rhétorique : ce mot a plusieurs sens. Il peut signifier l'art de bien parler et l'éloquence oratoire. Mais il désigne aussi l'art de présenter les idées de la façon la plus persuasive possible.

Rime : répétition du même son à la fin de deux ou plusieurs vers.

Rime intérieure : répétition de la rime finale au milieu du vers.

Roman : à l'origine, le nom de roman a été donné à la langue vulgaire issue du latin. Par extension, on a donné le nom de roman à un écrit en langue romane, qui n'était d'ailleurs pas un écrit en prose, mais une forme poétique en octosyllabes (*Le Roman de Renart*). Puis il a désigné un récit en prose d'aventures imaginaires. Actuellement, la prise en considération de sa longueur conduit à faire la distinction entre la nouvelle, récit court, et le roman, récit beaucoup plus long.

Romanesque : ce terme a deux sens bien distincts. Il désigne tout ce qui se rapporte au roman. Mais il qualifie aussi tout ce qui rappelle le côté très sentimental et très aventureux des intrigues de romans faciles.

Rondeau : poème composé d'octosyllabes organisés en trois strophes de cinq, trois puis cinq vers. Les deux dernières strophes sont suivies d'un refrain.

Rythme : dans un vers, il est caractérisé par le retour, à intervalles relativement réguliers, des temps marqués ou accents rythmiques. Par exemple le rythme de l'alexandrin classique correspond à une accentuation sur la 6e et la 12e syllabe. Cette régularité est un des traits distinctifs de la poésie classique, puisqu'en prose, et dans le vers libre, la place des syllabes accentuées n'est pas prédéterminée.

Satire : dans un premier sens, le terme désigne un poème de forme libre, à rimes plates. Mais il s'applique aussi à des écrits en prose. Le but de la satire est de critiquer les mœurs ou une institution. Très souvent l'auteur y attaque les vices et les ridicules de ses contemporains.

Sémantique : cette partie de la linguistique étudie la signification des mots. L'adjectif « sémantique » signifie : « qui concerne le sens ».

Sentence : pensée exprimée de façon dogmatique et littéraire à la fois.

Sizain : strophe de six vers.

Solécisme : faute de syntaxe.

Sonnet : poème composé de quatorze décasyllabes ou alexandrins répartis en deux quatrains et un sizain lui-même divisible en deux tercets. Les deux quatrains comportent les mêmes rimes : le dernier vers crée un effet de surprise.

Sophisme : raisonnement structuré et articulé qui, de par sa construction, donne l'impression de véracité rigoureuse alors qu'il est en réalité faux.

Stance : la stance est un groupe de vers formant un système de rimes complet. Au pluriel, les stances signifient un poème composé de ce style de strophes, et qui aborde un sujet sérieux, philosophique, religieux ou élégiaque.

Stéréotype : idée toute faite, qui se révèle à la fois banale et simpliste.

Stichomythie : ce terme appartient au lexique du théâtre. Il désigne la partie d'un dialogue dramatique où les interlocuteurs se répondent vers pour vers.

Strophe : groupe de vers organisé en un ensemble structuré qui participe à la composition d'un poème.

Suffixe : élément composé d'une ou plusieurs lettres, qui s'ajoute à la fin du radical d'un mot pour en modifier le sens.

Synecdoque : figure de style consistant à employer, pour désigner un être ou un objet, un mot désignant une partie ou la matière dont il est fait.

Suspense : dans un récit ou un film, c'est un moment qui a été organisé pour créer chez le lecteur ou le spectateur une attente anxieuse.

Syllogisme : raisonnement qui consiste à tirer une conclusion à partir de deux propositions : les prémisses. Exemple : les hommes sont mortels (prémisse majeure). Or Socrate est un homme (prémisse mineure). Donc Socrate est mortel (conclusion). Les syllogismes, pour être justes, obéissent à des règles rigoureuses étudiées dès l'Antiquité par les philosophes (Aristote).

Synérèse : prononciation en une seule syllabe des deux sons vocaliques contigus dans un même mot. On dira par exemple « lion » en une seule syllabe.

Synonymes : mots qui ont le même sens, ou un sens très proche.

Syntaxe : la syntaxe est la partie de la grammaire qui concerne la façon dont se combinent les divers constituants de la phrase.

Tercet : strophes de trois vers.

Terminologie : ensemble des termes propres à une science, à une technique, ou à un domaine artistique.

Thème : élément de contenu qui revient très souvent à l'intérieur d'une œuvre. Par exemple, le thème de l'eau peut être étudié chez Maupassant, ou le thème de l'automne chez Apollinaire.

Tirade : au théâtre, le terme désigne une suite de phrases ou de vers que l'auteur dit sans interruption.

Tragédie : dans sa définition classique, pièce de théâtre centrée sur une situation de crise que vivent des personnages hors du commun, et qui se termine mal.

Tragi-comédie : genre dramatique du XVIIe siècle, qui mêlait à la tragédie des éléments de comédie. *Le Cid*, qui se termine bien, alors qu'une tragédie doit se terminer mal, a été qualifié de tragi-comédie.

Trilogie : désigne un ensemble de trois œuvres dramatiques dont les sujets font suite les uns aux autres. Au XVIIe siècle, Beaumarchais a écrit une trilogie comprenant *Le Barbier de Séville*, *Le Mariage de Figaro* et *La Mère coupable*.

Trope : terme ancien de la rhétorique qui désigne toutes les figures de style dans lesquelles on emploie les mots avec un sens différent de leur sens habituel. C'est le cas de la métaphore, de la synecdoque, de la métonymie.

Truculent (style) : un style qui n'hésite pas à employer des mots crus, grossiers ou des mots violents.

Truisme : désigne de façon péjorative une banalité, une vérité tellement évidente qu'elle ne valait pas la peine d'être dite.

Utopie : le mot signifie à l'origine le pays de nulle part (*u-topia* : le non-lieu). C'est le titre que l'écrivain anglais Thomas More a donné à son œuvre, dans laquelle il imagine une société idéale. Ce fut le point de départ d'un genre littéraire qui consiste à imaginer une communauté parfaitement organisée. C'est ce que fait Rabelais quand il décrit l'abbaye de Thélème, ou Voltaire lorsqu'il imagine le pays d'Eldorado dans *Candide*.

Vers libres : cette expression a d'abord été employée pour désigner le mélange de divers types de vers dans un ensemble ne respectant pas les systèmes strophiques traditionnels (chez La Fontaine par exemple). Puis l'expression a évolué et peut désigner aussi des vers non rimés.

Verset : dans la Bible, phrase ou petit paragraphe, portant chacun un numéro. Le terme a été repris par Claudel et désigne un ensemble de mots prononcés d'une seule respiration et au terme desquels on va à la ligne, ce qui fait alors du verset l'unité de base de la poésie non versifiée.

Vraisemblance : c'est le fait de donner l'impression que ce que l'on raconte aurait pu se passer tel quel dans la réalité. Pour certains auteurs, le vraisemblable est encore plus exigeant que le vrai, puisque « le vrai peut parfois n'être point vraisemblable ».

Vulgarisateur : un vulgarisateur a pour but de mettre à la portée du grand public les connaissances des spécialistes.

INDEX

Index des auteurs

Index des œuvres

Index des notions

Crédit photographique

P. 13 : SPRL Jean Roba © Dargaud Bénélux ; p. 14 : So & Sau – Prima Linea ; p. 16 : © éditions Hatier ; p. 23 : Jerrican/Dianne ; p. 55 : Jean & Montmarin/Jean Hoffner ; p. 58hg : SDP/Pictures ; hd : SDP/AGE. Fotostock ; hmg : SDP/Agnès Patrix ; hmd : Specto/Ph. Coqueux ; bmg : SDP/AGE ; bmd : SDP/R. Panier ; bg : SDP/Lancelot ; bd : SDP/Mauritius ; d : © Rafal Olbinski ; p. 60 : Lauros-Giraudon ; p. 82-83 : Bibliothèque nationale de France/éditions Zulma ; p. 93 : Armande Ponge ; p. 108 : J.L. Charmet ; p. 117 : Top/E. Boubat ; p. 121 : Fatras/© ADAGP, Paris 2000 ; p. 129 : Kharbine/Tapabor ; p. 133 : Rapho/R. Doisneau ; p. 134 : Giraudon ; p. 145 : Rapho/ F. El Khoury ; p. 154 : Réunion des Musées nationaux ; p. 158 : Giraudon ; p. 167 : Cahiers du Cinéma/Zade Rose ; p. 176 : Giraudon ; p. 181 : Dessain et Tolra/©ADAGP, Paris 2000 ; p. 191 : Plantu ; p. 197 : Photothèque René Magritte – Giraudon/ © ADAGP, Paris 2000 ; p. 201g : © Casterman ; hd : Giraudon ; bd : © Chayan Khoi ; p.202hg : Paul Mohs/D.R. ; hd : © Les Humanoïdes Associés SA Genève ; bd : Magnum/Hiroji Kubota ; p. 203hg : Top/E. Boubat ; hd : AKG ; bg : Magnum/Bruno Barbey ; p. 204hg : Marc Riboud ; hd : AKG ; bd : BL Giraudon ; p. 206 : Specto/Ph. Coqueux ; p. 207 : BIFI ; p. 212g : BIFI et Cahiers du Cinéma ; d : BIFI et Cahiers du Cinéma ; p. 218 : éditions Gallimard. Fonds Futuropolis ; p. 242 : Magnum/Harry Gruyaert ; p. 247 : © 1947 éditions Denoël ; p. 267 : © ADAGP, Paris 2000 ; p. 269 : éditions Gallimard/Roger-Viollet ; p. 275 : Specto/Ph. Coqueux ; p. 295 : Marc Enguerrand ; p. 298 : Françoise Chevalier ; p. 310 : Renault/Publicis Conseil ; p. 313 : © ADAGP, Paris 2000. Couverture hd : Image Bank/Romilly Lockyer ; md : Opale/Gallimard/J. Sassier ; bg : d'après Ernest Pignon Ernest/©ADAGP, Paris 2000 ; bd : Getty Stone/ Anania Ross.

Édition : Carole Coulon
Coordination artistique : Évelyn Audureau
Conception intérieure : Grégoire Bourdin - Jehanne-Marie Husson - Évelyn Audureau
Couverture : Daniel Musch
Fabrication : Pascal Mégret
Iconographie : Maryse Hubert
Mise en page : Jehanne-Marie Husson
Dessins : Éric Caligaris
Composition : I.G.S. - Charente Photogravure

Imprimé en Italie par Rotolito
N° D'éditeur 10080457 (III) 93. CSBL 80
Dépôt légal Septembre 2000